T0413994

La politique africaine du Maroc

Studies in the History and Society of the Maghrib

Edited by

Amira K. Bennison (*University of Cambridge*)
Léon Buskens (*University of Leiden*)
Houari Touati (*École des hautes études en sciences sociales, Paris*)

VOLUME 12

La politique africaine du Maroc

Identité de rôle et projection de puissance

Par

Yousra Abourabi

BRILL

LEIDEN | BOSTON

Cover illustration: A map of Africa drawn by a Moroccan geographer in the 19th century. Ahmed Chahboune, *Al Jughraphiya Al Maghribiya* (الجغرافية المغربية) 1898. Manuscript of the Royal Library No. 11654, Rabat, Morocco.

Library of Congress Cataloging-in-Publication Data

Names: Abourabi, Yousra, author.
Title: La politique africaine du Maroc : identité de rôle et projection de puissance / par Yousra Abourabi.
Other titles: Identité de rôle et projection de puissance
Description: Leiden ; Boston : Brill, [2021] | Series: Studies in the history and society of the Maghrib, 1877-9808 ; volume 12 | Includes bibliographical references and index.
Identifiers: LCCN 2020045260 (print) | LCCN 2020045261 (ebook) | ISBN 9789004439139 (hardback) | ISBN 9789004439160 (ebook)
Subjects: LCSH: Morocco—Foreign relations—Africa. | Africa—Foreign relations—Morocco. | Morocco—Politics and government—1999- | Mohammed VI, King of Morocco, 1963—Influence.
Classification: LCC DT317.5.A35 A64 2021 (print) | LCC DT317.5.A35 (ebook) | DDC 327.6406—dc23
LC record available at https://lccn.loc.gov/2020045260
LC ebook record available at https://lccn.loc.gov/2020045261

Typeface for the Latin, Greek, and Cyrillic scripts: "Brill". See and download: brill.com/brill-typeface.

ISSN 1877-9808
ISBN 978-90-04-43913-9 (hardback)
ISBN 978-90-04-43916-0 (e-book)

Table des matières

Annexes

Préface

L'ouvrage de Yousra Abourabi consacré à la diplomatie africaine du Maroc re-
late et analyse la politique poursuivie par le Royaume vis-à-vis du continent auquel il appartient. Appartenir à un ensemble régional est un fait géographique
sans pour autant être nécessairement un fait identitaire. En même temps qu'il
se situe en Afrique, le Maroc appartient à un autre ensemble qui ne se définit
pas seulement par la géographie : l'Afrique du Nord et le Moyen-Orient. Rien
n'implique, en effet, de réunir le nord de l'Afrique à l'extrême ouest de l'Asie,
sinon le fait que les Etats situés dans cette zone se reconnaissent (à l'exception du Liban) comme arabophones et musulmans. Pour beaucoup, ces deux
caractéristiques proclamées génèrent une identité spécifique, fortement distincte de l'identité africaine. Le Maroc, lui, revendique les deux identités et les
inscrit dans sa Constitution de 2011. De fait, sa diplomatie la plus active, depuis l'accession au trône de Mohammed VI, concerne le continent africain. Ce
recentrage (relatif) répond à plusieurs raisons. La première relève à nouveau
de la géographie : les frontières du Maroc sont africaines, le Moyen-Orient est
lointain ; ses problèmes ne sont pas ceux du Royaume. La deuxième tient à la
possibilité d'exercer un leadership régional : ce ne saurait être qu'en Afrique ;
la troisième, découlant des deux premières, est que le continent, à commencer
par l'Afrique de l'Ouest, représente un important marché économique pour le
Maroc ; la quatrième, qui n'est pas surdéterminante, concerne les Provinces du
Sud et la défense de la position marocaine.

Sans doute pourrait-on procéder à l'inverse de ce que je viens de faire et,
plutôt que de lister les bonnes raisons qu'a le Maroc de s'intéresser par priorité au continent africain, pourrait-on lister les bonnes raisons qui font que
l'Afrique, par elle-même et pour elle-même, suscite l'intérêt : c'est, par excellence, le continent émergeant, un continent rempli de promesses où les positions ne sont pas figées, un continent intellectuellement stimulant. Bien sûr,
il en découle des contreparties dramatiques : l'instabilité politique, les conflits
difficiles à clore, la violence, les embûches du développement. Cependant, ces
contreparties ne suffisent pas à contrecarrer les promesses de l'émergence. Le
Maroc a ainsi de bonne raisons africaines – et non pas seulement marocaines –
de s'orienter résolument vers l'Afrique.

C'est le grand mérite du présent ouvrage que de décrire l'origine et le déroulement de cette réorientation. Yousra Abourabi le fait d'une plume sûre, sur la
base d'une maîtrise assurée des outils de sa discipline (les relations internationales), de l'utilisation de nombreuses sources documentaires et d'une enquête

multisituée, impliquant les différents acteurs de cette politique. Il ne s'agit pas, bien sûr, d'en connaître l'histoire secrète. Celles-ci est hors de portée des chercheurs. Toutes les péripéties de la diplomatie ont des histoires secrètes, mais ce que montre précisément le travail scientifique c'est que la totalité de l'explication peut être supportée par des données publiques. Le secret ne concerne jamais que certaines modalités. Il en découle que ce livre nous permet de comprendre de manière claire et étayée pourquoi et comment le Maroc s'est « redécouvert » africain. Il le fait en prenant une position mesurée vis-à-vis de son acteur principal, décrivant les aléas, les insuffisances et les erreurs d'une politique par ailleurs gagnante, tout en évitant de se lancer dans un surcroit de critique ou dans un excès d'éloges, ni l'un ni l'autre ne rendant jamais justice aux phénomènes.

Comme souvent, la description de la politique internationale d'un Etat est un analyseur efficace de sa politique intérieure et, tout particulièrement, de la logique de ses institutions. La politique étrangère se construit, en effet, sur la base des intérêts nationaux (ce qui est souvent plus raisonnable que de prétendre la conduire sur la base de référentiels altruistes, du reste jamais entièrement assumés) et dépendamment des fonctionnements politiques du pays. Il en résulte que la monarchie apparaît comme l'acteur prépondérant d'une diplomatie africaine scandée par les voyages royaux sur le continent, dont nul ne met en question la pertinence. Les institutions et les acteurs politiques suivent, les acteurs économiques et la société civile aussi. De manière générale, au Maroc, le choix des grandes orientations relève de la monarchie et entraîne un large consensus. Ceci facilite les choses et peut favoriser des avancées rapides. Le retour du Maroc au sein de l'Union africaine a été incontestablement mené avec maestria, s'accompagnant du lancement d'une nouvelle politique migratoire qui impliquait une large régularisation des migrants clandestins, pour une large part originaires d'Afrique subsaharienne. Ce faisant, le Maroc mettait sa politique interne au diapason de sa politique extérieure : être un Etat africain impliquait de ne pas traiter les migrants du continent comme le fait l'Europe, de les régulariser là où l'Europe entend essentiellement leur interdire l'accès sur son sol. Une telle politique ne pouvait pas ne pas avoir d'échos favorables en Afrique. Prendre rang parmi les Etats d'un continent implique la mise en place de relations symétriques et solidaires. L'Europe n'en a pas besoin, puisqu'elle rachète (ou espère racheter) son attitude rugueuse avec l'aide au développement. La compensation apparait, toutefois, de plus en plus incertaine et l'obsession migratoire de plus en plus contreproductive à l'intérieur comme à l'extérieur. Le Maroc échappe à cette contrainte parce qu'une partie de ses choix politiques sont indépendants du résultat des élections, ce qui n'est pas le cas sur le continent européen. La lutte contre l'immigration y découle directement des craintes électorales des partis de gouvernement concurrencés par des extrêmes droites en cours de banalisation. Paradoxalement, le Maroc parvient à avoir une politique migratoire ouverte soutenant sa politique étrangère, plutôt qu'une politique la discréditant, parce que les craintes électorales y sont limitées. Avoir une politique intérieure conforme à sa politique extérieure est un luxe rare. Comme le montre l'autrice, le Maroc peut, en outre, faite converger plusieurs politiques pour soutenir son inscription africaine : la politique religieuse, la politique culturelle, la politique environnementale ainsi que la politique sécuritaire.

Cet avantage comparatif a aussi ses revers et ses inconvénients. Jusqu'à présent, le processus d'adhésion à la CEDEAO n'a pas abouti. Conçu comme devant suivre l'adhésion à l'Union africaine, il s'est assez rapidement enlisé dans les atermoiements et les inquiétudes, et ne semble plus avoir été porté par le sommet de l'Etat. Pour le coup, il n'est pas sûr que le Maroc soit prêt à régionaliser sa sécurité en acceptant le principe d'une carte d'identité unique pour la zone (ce qui devrait normalement découler de l'adhésion à la CEDEAO) ou à renoncer au dirham pour rejoindre une monnaie unique. Du côté des autres États, il est évident que la puissance économique du Royaume inquiète les milieux économiques des différents pays membres. Si le processus d'adhésion était relancé, il ne pourrait l'être que par le souverain, et l'effort devrait vraisemblablement être à la mesure des efforts consentis pour l'entrée dans l'UA, voire davantage si l'on considère qu'il s'agit ici d'enjeux économiques et politiques (notamment considérant l'instabilité d'une part de la zone) bien plus impliquants. Les progrès diplomatiques du Maroc sur le continent semblent ainsi liés à la convergence des plusieurs politiques publiques et à l'engagement du souverain. Ce n'est qu'à partir de ce niveau d'engagement qu'une politique peut porter ses fruits.

On le voit, l'ouvrage de la professeure Abourabi suscite plus d'un intérêt. Il ne nous apprend pas seulement la construction d'une politique publique régionale. Il nous livre un pan complet du fonctionnement des politiques publiques au Maroc et de leur rapport avec les institutions politiques. Il nous rappelle, à bon escient, qu'une politique étrangère est doublement dépendante de l'intérieur et de l'extérieur, même si la dépendance avec l'intérieur y est largement moindre qu'en Europe. Il nous permet, enfin – et ce n'est pas l'un de ses moindres mérites – de nous familiariser avec le foisonnante vie diplomatique du continent. Ce bel ouvrage d'une spécialiste des relations internationales et d'une africaniste talentueuse, nous livre le passionnant récit – conduit dans la plus parfaite forme académique – d'un engagement diplomatique réussi. Au-delà de celui-ci, il rappelle que les réussites politiques naissent de la convergence des politiques et de l'adéquation des acteurs au *momentum*. Elles demandent aussi de la conviction et de la clairvoyance.

> *Jean-Noël Ferrié*
> Doyen de l'Ecole des Sciences politiques
> Université internationale de Rabat

Sigles et acronymes

AFRICOM	Commandement des États-Unis pour l'Afrique
AMERM	Association Marocaine d'Études et de Recherche en Migrations
AQMI	Al-Qaïda au Maghreb Islamique
BADEA	Banque Arabe pour le Développement Économique en Afrique
BRICS	Brésil Russie Inde Chine Afrique du Sud
CCDH	Conseil Consultatif des Droits de l'Homme
CCG	Conseil de Coopération du Golfe
CDT	Confédération Démocratique du Travail
CEDAW	Committee on the Elimination of Discrimination against Women
CEAO	Communauté Économique de l'Afrique de l'Ouest
CEDEAO	Communauté Économique des États d'Afrique de l'Ouest
CEEAC	Communauté Économique des États d'Afrique Centrale
CEMAC	Communauté Économique et Monétaire d'Afrique Centrale
CENSAD	Communauté des États Sahélo-Sahariens
CIA	Central Intelligence Agency
CIJ	Cour Internationale de Justice
CNDH	Conseil National des Droits de l'Homme
COMESA	Common Market For Eastern and Southern Africa
CORCAS	Conseil Royal Consultatif pour les Affaires Sahariennes
DGSN	Direction Générale de la Sûreté Nationale
DGST	Direction Générale de la Surveillance du Territoire
ECOMIB	Mission de la CEDEAO en Guinée-Bissau
ECOMOG	Mission de la CEDEAO en Sierra Léone
ENVR	École Nationale à Vocation Régionale
FAR	Forces Armées Royales
FAO	Organisation des Nations Unies pour l'Alimentation et l'Agriculture
HCIM	Haut Conseil Islamique Malien
ICPC	Instance Centrale de Prévention de la Corruption
IER	Instance Équité et Réconciliation
INDH	Initiative Nationale de Développement Humain
IRCAM	Institut Royal de la Culture Amazighe
MACP	Moroccan American Center for Policy
MAP	Agence Marocaine de Presse
MEPI	Middle East Partnership Initiative
MICECI	Mission de la CEDEAO en Côte d'Ivoire
MINURSO	Mission des Nations Unies pour l'Organisation d'un Référendum au Sahara Occidental

MINUSMA	Mission multidimensionnelle Intégrée des Nations Unies pour la Stabilisation au Mali
MISMA	Mission Internationale de Soutien au Mali sous conduite Africaine
MNLA	Mouvement National de Libération de l'Azawad
MUJAO	Mouvement pour l'Unicité et le Jihad en Afrique de l'Ouest
MPLA	Mouvement Populaire de Libération de l'Angola
NEPAD	Nouveau Partenariat pour le développement de l'Afrique
NGAP	Nouvelle Gestion des Affaires Publiques
PJD	Parti Justice et Développement
PARAP	Programme d'Appui à la Réforme de l'Administration Publique
OCDE / OECD	Organisation de Coopération et de Développement Économiques
OCP	Office Chérifien des Phosphates
OGP	Open Government Partnership
OIF	Organisation Internationale de la Francophonie
OMP	Opération de Maintien de la Paix
OMS	Organisation Mondiale de la Santé
ONEE	Office National de l'Électricité et de l'Eau
ONUDC	Office des Nations Unies contre la Drogue et le Crime
OPEP	Organisation des Pays Exportateurs de Pétrole
OTAN	Organisation du Traité de l'Atlantique Nord
OUA	Organisation de l'Unité Africaine
PNUD	Programme des Nations Unies pour le Développement
RAM	Royal Air Maroc
RASD	République Arabe Sahraouie Démocratique
RDA	République Démocratique Allemande
RNI	Rassemblement national des indépendants
TICAD	Tokyo International Conference on African Development
TSCTP	Trans Sahara Counterterrorism Partnership
UA	Union Africaine
UE	Union Européenne
UEMOA	Union Économique et Monétaire Ouest-Africaine
UMA	Union du Maghreb Arabe
UNCAC	Convention des Nations Unies contre la Corruption
UNITA	Union Nationale pour l'Indépendance Totale de l'Angola
UNECA	Nations Unies Commission Économique pour l'Afrique
URSS	Union des Républiques Socialistes Soviétiques
USFP	Union Socialiste des Forces Populaires

Introduction

1 « Le Maroc prend le Sud » : élan apollinien ou dionysien ?

« Il faut avoir participé au 6e Sommet Africités, qui s'est tenu à Dakar, du 4 au 8 décembre 2012, sur le thème « Construire l'Afrique à partir de ses territoires : quels défis pour les collectivités locales ? », aux côtés de près de 5000 personnes issues d'une cinquantaine de pays, dont la moitié d'élus, pour mesurer l'ambition marocaine en Afrique. Les Marocains, qui ont largement financé l'événement, avaient là le plus grand stand de tous les pays, affirmant ainsi la disponibilité des pouvoirs publics et des collectivités marocaines à mettre sur pied des coopérations dans tous les domaines. (...) Un demi-siècle après la création de l'OUA et un peu moins de trente ans après s'en être retiré, le Maroc n'a pourtant jamais été aussi présent au sud du Sahara »[1]. Ce passage consacré au Royaume dans un rapport parlementaire français sur l'Afrique convoitée, illustre, de façon adéquate, un nouveau phénomène à l'œuvre dans les relations internationales africaines : il s'agit du déploiement progressif d'une politique africaine par le Maroc sous le règne de Mohammed VI. Comme le montre la carte présentée dans la couverture de l'ouvrage, les géographes, historiens et décideurs marocains étudient et s'intéressent à l'Afrique depuis des siècles. Toutefois le Maroc n'a jamais été aussi présent à l'échelle continentale qu'à l'heure actuelle.

Manifestation du développement du Royaume, cette politique africaine est aussi présentée comme une destinée naturelle et historique : « L'Afrique, pour le Maroc, c'est bien davantage qu'une appartenance géographique et des liens historiques. Elle évoque, en vérité, des sentiments sincères d'affection et de considération, des liens humains et spirituels profonds et des relations de coopération fructueuse et de solidarité concrète. Elle est, somme toute, le prolongement naturel et la profondeur stratégique du Maroc »[2]. Tout en s'inscrivant dans continuité dans les relations maroco-africaines, ce cadre de légitimation discursif reflète des ambitions tout à fait inédites. L'ex-Empire chérifien constitue désormais un État-nation pleinement intégré dans la mondialisation, engagé sur la voie de l'émergence et en quête d'une puissance d'un nouveau genre.

Depuis une vingtaine d'années, la présence marocaine sur le continent s'affirme peu à peu. Les ambassades sont plus nombreuses, les accords de coopération s'élargissent à de nouveaux domaines, les entreprises marocaines font leurs premiers pas dans le marché continental, les forces armées participent

---

1 *Ibid.*

2 « Discours de SM le Roi à la nation à l'occasion du 63ème anniversaire de la Révolution du Roi et du Peuple », *Maroc.ma*, 20 août 2016.

© KONINKLIJKE BRILL NV, LEIDEN, 2021 | DOI:10.1163/9789004439160_002

aux OMP en Afrique, de même que les dirigeants se rapprochent des mécanismes institutionnels régionaux. Au cœur de ce processus, l'appareil diplomatique, composé du Ministère des affaires étrangères, des ambassades, ainsi
que du Cabinet royal, se développe, s'organise, et s'affirme. La dimension politique de ce déploiement apparaît prévalente. Un certain nombre d'intérêts
nationaux sous-tendent cette nouvelle dynamique, tandis que le Palais s'érige
comme une institution déterminée à accomplir le nouveau dessein qui se profile. Ainsi la politique extérieure s'élabore et se construit dans sa relation avec
son nouveau terrain d'expression africain.

Ce tournant diplomatique intervient dans un contexte de transformations
internes. Le règne de Mohammed VI, qui coïncide avec les désamorçages politiques initiés sous Hassan II après la Guerre froide, est aussi celui de la consécration d'une « transition politique », pour reprendre la terminologie privilégiée
par Abdallah Saaf[3], Mohammed Tozy[4] ou encore Jean-Noël Ferrié et Baudouin
Dupret[5]. Tandis que la transition démocratique renvoie à la transition d'un régime à un autre, la transition politique implique que le changement d'élites
s'effectue au sein d'un même régime. Dans le cas de la transition politique marocaine, ce changement consacre une néo-libéralisation à travers un ensemble
de réformes institutionnelles. La Monarchie a fait de cette néo-libéralisation
son « chantier de règne ». C'est pourquoi on peut parler d'ouverture libérale
sur le plan économique sans courir le risque de la partialité, mais l'on ne peut
parler de complète libéralisation politique. On ne peut dire du Maroc qu'il est
une démocratie libérale au sens politique, mais il ne s'agit pas non plus un État
autoritaire ou néo-patrimonial. Le Royaume se place dans un interstice aux
contours subtils et singuliers. Aux plans culturel et technique, comme le remarque Daniel Rivet, « la souffrance d'inadaptation au monde moderne, rele-
vée au milieu du XXe siècle par Louis Massignon, ne correspond plus au temps
présent »[6]. Outre la croissance fulgurante avec laquelle se développent les infrastructures, tant urbaines que rurales, le Maroc fait partie des pays d'Afrique
les plus connectés à internet. Ainsi la société civile a accès à des systèmes
d'auto-éducation alternatifs et des informations sur les transformations du
monde en temps réel. La jeunesse se lie davantage avec d'autres communautés
transnationales sur des thématiques telles que l'environnement, le genre ou
les inégalités économiques. Elle se politise et se mobilise de façon croissante.

---

3   Saaf, Abdallah, « L'expérience marocaine de transition politique », *IEMed Institut Européen
    de la Méditérannée*, 2009.
4   Tozy, Mohamed, *Monarchie et islam politique au Maroc*, Paris : Presses de Sciences Po, 1999.
5   Ferrié, Jean-Noël et Dupret, Baudouin, « La nouvelle architecture constitutionnelle et les
    trois désamorçages de la vie politique marocaine », *Confluences Méditerranée*, vol. 78, n° 3,
    2011, p. 25.
6   Rivet, Daniel, *Histoire du Maroc*, Paris : Fayard, 2012, p. 399.

La transition politique, à bien des égards, a aussi accéléré le développement du Royaume, tant dans ses ressources humaines que dans ses capacités matérielles. Le temps où les politiques publiques étaient promues sans être effectives semble se dissiper au fur et à mesure que les électeurs acquièrent du poids dans le système politique[7] et que les citoyens se mobilisent dans l'espace public. La Monarchie a aussi lancé de nombreux projets nationaux, portés avec optimisme par cette nouvelle génération d'élites : réforme de l'agriculture, consolidation des industries et des services, restructuration de la formation universitaire et professionnelle, création d'un *hub* financier, valorisation des régions, aspiration à une industrie de défense etc. Autant de projets en cours, qui participent d'une « politique de la reconnaissance », au sens donné par Axel Honneth[8], de l'État marocain. Contrairement à la reconnaissance d'un État au sens juridique (désignée par l'auteur comme une « connaissance » plutôt qu'une « reconnaissance ») la reconnaissance en Relations Internationales ne fait pas référence à « la conséquence nécessaire d'un fait établi, mais à la libre décision des instances dirigeantes d'un État, désireuses de soutenir un autre État en nouant avec lui une relation positive »[9]. Le Palais revendique effectivement une place pour le Maroc au sein du concert des pays émergents, et veut faire du Royaume une puissance africaine, tant dans son espace de projection que dans son identité propre.

D'un autre côté, il parait pertinent de se demander comment le Maroc compte accéder à cette émergence, lui qui est encore en train d'accomplir son propre développement. La population souffre d'importantes lacunes en matière d'éducation, d'accès aux soins ou encore de droits civiques. Sa démographie est faible (36 millions d'habitants), comparativement à celle de géants africains tels que le Nigéria, l'Afrique du Sud ou l'Égypte[10]. Son territoire terrestre et maritime est menacé par un mouvement indépendantiste au sud, convoité par l'Espagne depuis la découverte de pétrole au large des côtes atlantiques à l'ouest[11], morcelé par le maintien des enclaves espagnoles au nord, et

---

7   Ferrié et Dupret, « La nouvelle architecture constitutionnelle et les trois désamorçages de la vie politique marocaine », *art. cit.*

8   Honneth, Axel, *La lutte pour la reconnaissance*, Paris : Les Éditions du Cerf, 2000, 232 p. ; Honneth, Axel, « La reconnaissance entre États », *Cultures & Conflits*, n° 87, 2012, p. 27-36. Voir aussi : Axel Honneth, *La lutte pour la reconnaissance*, Paris, Les Éditions du Cerf, 2000.

9   Honneth, *La lutte pour la reconnaissance*, *op. cit.* ; Honneth, « La reconnaissance entre États », *art. cit.*

10   Statistiques démographiques de la Banque mondiale, 2016 : http://donnees.banque mondiale.org/indicateur/SP.POP.TOTL.

11   Abourabi, Yousra, « La découverte de pétrole au large des Iles Canaries : un facteur de conflit entre le Maroc et l'Espagne ? », Paris, *Centre Interarmées de Concepts de Doctrines et d'Expérimentations*, 2014 (document en ligne).

isolé par sa rivalité avec l'Algérie à l'est. Son armée est consacrée la défense des Provinces du Sud comme région légitime du Maroc[12]. Cette vocation africaine, affichée fièrement par ses dirigeants, ne constitue-t-elle pas dans ce contexte une destinée chimérique ?

L'élan marocain sur le continent apparaît guidé par des représentations dionysiennes du sens de son histoire tout en étant déterminé par des considérations apolliniennes dans sa conduite. Dionysos est le dieu grec de l'excès, du vin et de la folie ; il est le seul dieu qui peut mourir, mais qui renait. Il symbolise à la fois l'enthousiasme de la démesure et la force de la persévérance. Apollon est l'antithèse de Dionysos. Dieu des arts et de la beauté, il symbolise l'ordre et la clarté mais il porte aussi en lui une dimension orgueilleuse, vengeresse voire belliqueuse. D'une part, en dépit des faiblesses matérielles et structurelles qui retardent et nuancent la portée de la politique étrangère, les ambitions l'emportent sur la prudence, au risque de creuser l'écart entre la projection d'une présence africaine et la capacité à l'accomplir. D'autre part, cette motivation royale, visible dans la priorisation de l'Afrique dans l'agenda diplomatique marocain, poussera les dirigeants à devoir fixer les orientations, penser une stratégie, et inventer les instruments de cette politique de puissance, taillés au gré des ambitions, des moyens et des valeurs identitaires prônés par le Royaume. On assiste dès lors au déploiement d'une véritable « politique africaine », c'est à dire une politique qui détermine la conception d'un ensemble de dispositifs diplomatiques et stratégiques subordonnés à la satisfaction des intérêts nationaux. C'est ce qui différencie un État qui entretient des relations diplomatiques avec un ensemble de pays dans une aire géoculturelle spécifique, d'un pays qui formule une politique envers cet espace perçu comme un ensemble géopolitique. Dans le cas du Maroc, cette politique africaine répond aussi plus généralement d'une politique de puissance. On dira donc que le Maroc est une puissance qui se construit dans un rapport dialectique avec son environnement africain, affectant à la fois l'identité nationale et la géopolitique continentale. C'est là l'hypothèse principale qui guidera cet ouvrage et qui sera explicitée plus loin : celle de la construction d'une identité de rôle du « juste milieu » par le Maroc à travers sa politique extérieure.

Tout ceci ne prédispose pas pour autant le Royaume à revendiquer son exception ou sa supériorité à ses voisins, comme le font beaucoup trop souvent ses patriotes. L'État marocain est aussi un État comme les autres, dont les intérêts, les ambitions, les contraintes et les contradictions peuvent être comparés à ses pairs, et mesurés à l'aune d'un appareil théorique et méthodologique dont la valeur scientifique a pu être éprouvée dans l'étude de la politique étrangère de

---

12   Abourabi, Yousra, *Maroc*, De Boeck, Bruxelles, 2019.

nombreux États. L'intérêt du sujet réside plutôt dans sa dimension heuristique pour analyser, de manière interdisciplinaire, le lien entre puissance et identité de rôle en Relations internationales sur le plan théorique (notamment à travers une approche constructiviste), ainsi que pour illustrer l'une des formes que peut prendre l'émergence de l'Afrique sur le plan empirique. L'étude de la politique africaine du Maroc démontrera plus généralement une transformation majeure à l'œuvre dans le continent : celle d'une intégration régionaliste « par le haut » entre le Maghreb et l'Afrique de l'Ouest.

2   Monde arabe et monde africain dans l'étude des relations internationales

À ce jour, aucun travail académique sur la politique africaine du Maroc sous le règne de Mohammed VI ne fut publié. La thèse de Bakary Sambe, dont le titre se rapproche le plus de notre étude[13] porte en réalité sur l'histoire des liens religieux entretenus entre le Maroc et les confréries soufies transnationales, ainsi que, dans une moindre mesure, sur l'histoire des relations diplomatiques maroco-sénégalaises. Celle d'Irène Fernandez[14], remaniée et publiée dans sa version anglophone[15], dresse un tableau général des relations du Maroc de Mohammed VI avec différents pays. Elle ne consacre cependant, sur les 700 pages que comporte la première version, qu'une vingtaine de pages aux relations maroco-africaines. La thèse de Abdessamad Belhaj, consacrée à la dimension islamique de la politique étrangère du Maroc[16], porte, comme l'indique son titre, sur un aspect spécifique de cette politique. Son auteur s'intéresse aussi davantage aux relations diplomatiques avec les pays arabes musulmans qu'aux relations avec les pays africains.

Dans l'ensemble, les contributions scientifiques qui s'intéressent de près ou de loin à notre sujet, bien qu'elles aient été d'un intérêt précieux dans l'élaboration de cette étude, ont laissé de côté l'analyse des relations internationales maroco-africaines, au sens général donné par la discipline, à savoir l'étude des

---

Sambe, Bakary, *Islam Et Diplomatie : La Politique Africaine Du Maroc*, Phoenix Press International, 2011, 286 p.

14   Fernández-Molina, Irene, *La política exterior de Marruecos en el reinado Mohamed VI (1999-2008) : actores, discursos y proyecciones internas*, Thesis, Madrid : Universidad Complutense de Madrid, 2013, 716 p.

15   Fernandez-Molina, Irene, *Moroccan Foreign Policy under Mohammed VI, 1999-2014*, Routledge, 2015, 251 p.

16   Belhaj, Abedessamad, *La dimension islamique dans la politique étrangère du Maroc*, Louvain : Presses univ. de Louvain, 2009, 302 p.

interactions politiques, économiques et sécuritaires entre agents étatiques et autres acteurs reconnus du système international, ainsi que l'analyse de la distribution de la puissance et des facteurs de paix. Un ensemble de perspectives de recherche, telles que l'étude de l'intérêt national, des rapports de force ou des stratégies diplomatiques employées, n'apparait que secondairement dans ces études. Par ailleurs, ce que Abdallah Saaf remarquait à la fin des années 1990, nous le constatons encore aujourd'hui : « Les perceptions marocaines de l'Afrique, à la différence des perceptions marocaines de l'Europe, de l'Amérique latine, de l'Amérique du Nord, ou de l'Asie ... constituent un terrain de recherche relativement peu fréquenté »[17]. Toutes ces limites inhérentes à cette littérature démontrent d'une part l'intérêt de ce sujet, et nous poussent d'autre part à devoir repenser les instruments d'analyse des mondes « arabe » et « africains » lorsque, comme dans ce cas précis, ils se rejoignent et annoncent un changement d'orientation diplomatique, géopolitique, mais aussi identitaire.

Cet ouvrage entend donc s'inscrire dans le champ des études africaines ou africanistes. Nous le revendiquons ici car dans le milieu académique, un chercheur qui travaille sur un pays du Maghreb est souvent considéré comme un spécialiste du « monde arabe ». On associe généralement le Maroc à un espace composé des pays d'Afrique du nord et du Moyen-Orient, et caractérisé par le partage de la langue arabe, de la religion musulmane et d'une forme de reconnaissance d'une identité collective. De même, les politiques étrangères de nombreux pays séparent administrativement l'Afrique subsaharienne de la région MENA (*Middle East North Africa*). Inversement, dans le milieu académique, la qualification d'africaniste est souvent apposée au chercheur qui est familier d'une ou plusieurs régions de l'Afrique subsaharienne, et non de l'Afrique du nord ou bien des rapports entre ces deux espaces. Or non seulement l'existence d'un système géopolitique dit « monde arabe » mérite d'être interrogée, mais celle d'un système géopolitique africain qui ne regroupe qu'une partie du continent n'a été que trop peu remise en question. Pourtant, la prise en compte de l'Afrique du nord dans l'espace géopolitique africain apparaît d'autant plus pertinente que les États de cette région ont exprimé, à différents moments de l'histoire, leur intérêt pour le continent par le développement d'une politique africaine. Ce fut le cas de l'Éthiopie de Hailé Sélassié, de l'Égypte de Nasser, de la Libye de Kadhafi, ou encore du Maroc de Mohammed VI. Outre ces politiques de puissance, il existe une interdépendance croissante entre le Nord et le Sud du continent à propos des questions de développement et de

---

17   Saaf, Abdallah, *Le Maroc et l'Afrique après l'indépendance*, Rabat, Maroc : Université Mohammed V, Actes de colloque organisé par l'Institut des Études Africaines, 1996, p. 15.

sécurité, ainsi que de nouvelles formes d'échanges humains et commerciaux[18]. Les exemples de la crise au Sahel, de l'hydropolitique du Nil, ou des défis que soulève la migration en Libye ou au Maroc, attestent de cette dimension, toujours plus prégnante. Sur le plan culturel, rappelons aussi que les États sahéliens partagent des liens religieux, linguistiques et commerciaux avec les États du Nord. Tout cela doit conforter l'idée d'une prise en compte des pays du Nord dans les études africaines.

Par ailleurs, l'Afrique constitue un objet déconsidéré, un terrain pauvre des théories des Relations Internationales. L'insertion de l'étude de la politique marocaine dans ce prisme concourt donc à participer aux réflexions en cours sur les relations internationales africaines. Très souvent, les États africains en particulier sont relégués, comme l'a si bien remarqué Kevin Dunn, à la place de « note de bas de page »[19] pour signifier leur exception à la règle édictée en théorie des Relations Internationales. Les outils et les concepts élaborés par les différentes écoles théoriques ne sont pas tous pertinents dans la compréhension, l'explication ou la définition des phénomènes politiques africains. Certains africanistes se sont intéressés aux relations internationales africaines sous un angle théorique, contribuant à l'émergence d'écoles de Relations Internationales à Yaoundé[20], Nairobi[21], et à Johannesburg[22], en s'efforçant d'orienter la recherche vers un changement de perspective épistémologique[23]. Cependant, le champ des Relations Internationales en Afrique reste encore largement inexploré. Cette limite inhérente à la théorie des Relations Internationales, rappelée par Luc Sindjoun notamment[24], soulève le défi posé par la formulation d'une approche à la fois nomothétique et idéographique, à savoir une approche qui privilégie tantôt la particularité, tantôt l'universalité des concepts. Le concept de puissance en particulier est polémique. Doit-on appréhender les enjeux de la puissance en Afrique selon les mêmes termes

---

18   Marfaing, Laurence et Wippel, Stephen, *Les relations transsahariennes à l'époque contemporaine : un espace en constante mutation*, Karthala, 2004, 490 p. ; Mokhefi, Mansouria et Antil, Alain, *Le Maghreb et son Sud : vers des liens renouvelés*, Paris : CNRS, 2012.

19   Dunn, Kevin C. et Shaw, Timothy M. (dir.), *Africa's Challenge to International Relations Theory*, Palgrave Macmillan, 2013, p. 4.

20   Voir à ce sujet : Edobé, Joseph-Vincent et Ebogo, Frank, « Le Cameroun », dans Balzacq, Thierry et Ramel, Frédéric, *Traité de relations internationales*, Paris : Les Presses de Sciences Po, 2013, p. 89-112.

21   Voir notamment l'Institute of Diplomacy and International Studies, Nairobi, Kenya.

22   Voir : Smith, Karen, « International Relations in South Africa : A Case of 'Add Africa and Stir' ? », *Politikon*, vol. 40, n° 3, 2013, p. 533-544.

23   Par exemple : Zeleza, Paul Tiyambe, *Manufacturing African Studies and Crises*, Dakar : Codesria, 1997, 632 p.

24   Sindjoun, Luc, *Sociologie des relations internationales africaines*, Paris : Karthala, 2002, 250 p.

qu'en Occident par exemple ? Loin de vouloir formuler une réponse exhaustive à cette question, cette étude ambitionne plutôt d'ajouter une pierre à l'édifice en apportant un éclairage à la fois empirique et théorique sur les conditions, les ressources et les enjeux de la puissance marocaine.

3   Une approche constructiviste de l'identité

3.1   *Un raisonnement hypothético-inductif*

Afin de justifier et de résoudre l'équation posée par ce choix sinueux (à savoir l'équilibre entre une approche nomothétique et idéographique) un raisonnement hypothético-inductif semble approprié : il va du particulier au général, tout en postulant des hypothèses préalables. Ces hypothèses sont formulées de façon inductive, à savoir qu'elles sont induites par l'observation empirique d'un certain nombre de relations ; puis vérifiées méthodologiquement et théoriquement, dans l'objectif de contribuer à construire une théorie qui établit ces relations. La méthode hypothético-inductive se rapproche de la méthode hypothético-déductive dans le sens où toutes les deux postulent des hypothèses préalables mais, tandis que la dernière tente de les faire valider par des exemples sans forcément requestionner les hypothèses, la seconde induit les hypothèses à partir de l'observation empirique. La déduction cherche à expliquer les faits, à déterminer des relations causales, ce pourquoi ce raisonnement a souvent été utilisé comme moyen de preuve, limitant le poids de l'observation et de l'expérience. Dans les cas extrêmes, le raisonnement déductif conduit des chercheurs à falsifier le résultat empirique pour l'intégrer dans le cadre hypothétique. À l'inverse, l'induction va du particulier au général, produisant des conclusions plus globales que le corps de l'étude. Elle repose sur l'interprétation des phénomènes. Les énoncés sont induits de l'observation empirique et de l'expérience. Dans les cas extrêmes, l'induction peut pousser à l'inductivisme, un raisonnement qui se veut purement empirique sans aucune idée préconçue du réel, mais qui finit par devenir en soi une posture épistémologique normative. Ce n'est pas notre posture.

Dans les deux cas, le raisonnement hypothétique se définit par des *a priori* conceptuels et théoriques. C'est le cas ici puisque nous analyserons la politique africaine du Maroc au prisme d'une approche constructiviste (définie plus loin) et d'un certain nombre de concepts issus du champ de la philosophie des Relations Internationales. La différence entre les raisonnements hypothético-déductif et hypothético-inductif réside dans le fait que l'objectif de ce dernier est de construire des connaissances et non de vérifier des connaissances existantes pour éventuellement produire d'autres connaissances par causalité. Ce processus constructif s'intègre bien avec le cadre théorique choisi car il permet de tenir compte des significations qu'ont les phénomènes étudiés pour les acteurs tout en l'accompagnant d'analyses conceptuelles permettant de dégager des stratégies d'action non formulées par les acteurs.

À ce stade, il convient de préciser davantage notre raisonnement en distinguant aussi les raisonnements hypothético-inductif et empirico-inductif. L'induction semble en effet aller plutôt de pair avec le raisonnement empirique car ce type d'approche rejette tout cadre théorique ou conceptuel prédéterminé. Le raisonnement empirico-inductif se concentre sur les représentations des acteurs et analyse les phénomènes au prisme de leurs subjectivités. Cependant l'observation seule des faits ne permet pas non plus d'aboutir à une connaissance scientifique de qualité. À l'inverse dans le raisonnement hypothético-inductif, la théorie est induite, tout au long de la démonstration. Elle guide les approches et aide à la définition des termes et des phénomènes. Cette forme de pensée se situe donc à mi-chemin entre les raisonnements hypothético-déductif et empirico-inductif. Que le lecteur ne s'étonne donc pas de ne point trouver de première partie entièrement dédiée à la présentation d'un cadre théorique, comme c'est souvent le cas dans les ouvrages académiques. Cela ne signifie pas qu'il est inexistant, seulement qu'il se profile dans l'ombre de l'étude empirique. Nous privilégierions donc une présentation des approches théoriques privilégiées dans la section suivante de cette introduction. Parallèlement, l'étude affirme une orientation déterminée pour l'empirie, dans la mesure où celle-ci ne peut être séparée du raisonnement inductif. Il s'agit donc d'un raisonnement dialogique et interactif, qui repose sur un va-et-vient constant entre terrain et théorie selon plusieurs étapes. Avant de commencer le travail, nous avons procédé à l'observation empirique du terrain et l'induction d'hypothèses générales, puis, nous avons formulé des prémisses théoriques comme point de départ de l'étude (section ci-dessous). Par la suite, de retour sur le terrain, nous avons procédé à la description empirique des phénomènes pertinents et leur analyse compréhensive à l'aune de concepts théoriques existants ou élaborés de façon originale en fonction de l'observation, dans une logique dialogique. Il s'agit là du cœur du travail, composé de l'ensemble des chapitres de cet ouvrage. Enfin, nous avons modestement tenté de répondre aux hypothèses par la formulation de conclusions générales sur notre sujet d'étude, et discuté les leçons théoriques héritées de l'analyse.

3.2   *Un cadre de différenciation théorique*

L'ensemble des méthodes choisies ou élaborées dans le sens d'un raisonnement hypothético-inductif converge vers la voie constructiviste. Né au départ dans d'autres disciplines (philosophie, sociologie), le constructivisme s'est répandu dans le champ des Relations Internationales à partir de la fin des années 1980, notamment sous la plume de Nicholas Onuf. Ce dernier, dans son ouvrage *World of Our Making*[25], se réfère à la philosophie de Foucault, de Kant ou encore celle de Wittgenstein pour défendre l'idée que notre monde est constitué d'êtres sociaux, qui peuvent être rationnels, mais qui ne sont pas guidés par cette seule loi. À travers, notamment, des actes de langages normatifs, nous participons à la construction de notre système international. Alexander Wendt poursuivra les travaux d'Onuf en déclarant que l'anarchie du système international, décrite comme un état naturel des choses par les réalistes – pour ces derniers l'individu est par nature égoïste, ainsi notre système international est à l'image de notre société à l'échelle individuelle – est au contraire une conséquence sociale du comportement des États[26]. Les constructivistes remettent en question, sur le plan épistémologique, les approches positivistes de la connaissance[27]. Certains se placent clairement dans une perspective post-positiviste (constructivisme critique), tandis que d'autres, en premier lieu Wendt, souhaitent jeter le pont entre les deux approches (constructivisme conventionnel).

Ainsi, pour les constructivistes, notre monde est formé par des « structures idéationnelles »[28], c'est-à-dire l'ensemble des règles, des normes et des représentations des acteurs qui le composent. Loin d'avoir une vision stato-centrée, les constructivistes considéreront tous les acteurs pouvant avoir un effet sur le système en plus des États, comme les firmes multinationales, les communautés transnationales, les organisations internationales et non gouvernementales, les individus ou encore les communautés épistémiques. Ce dernier concept a notamment été forgé par Peter Haas pour désigner les canaux normatifs par lesquels des groupes d'experts influencent les relations internationales. Il s'agit de « réseaux de professionnels ayant une expertise et une compétence reconnues dans un domaine particulier qui peuvent faire valoir un savoir pertinent sur les politiques publiques du domaine en question »[29]. Tous ces acteurs contribuent donc à façonner le système de la même façon que le système influe sur leurs

---

25   Onuf, Nicholas, World of Our Making, *Columbia (S.C.), University of South Carolina Press, 1989.*

26   Wendt, Alexander, « Anarchy is what States Make of it : The Social Construction of Power Politics », *International Organization,* 1 avril 1992, vol. 46, n° 2, pp. 391-425.

27   Guzzini S., 2005, « The Concept of Power : a Constructivist Analysis », *Millennium – Journal of International Studies* n° 33, 3.

28   Macleod, Alex et O'Meara, Dan, *Théories Des Relations Internationales : Contestations Et Résistances,* Athéna Éditions (CAN), 2010, p. 243.

29   Haas, Peter M., « Introduction : Epistemic Communities and International Policy Coordination », *International Organization,* 46 (1), hiver 1992, pp. 1-35.

représentations, leurs choix et leurs comportements. En ce sens, l'approche constructiviste des relations internationales n'est ni holiste (ou déterministe) ni individualiste sur le plan méthodologique, elle se veut réflexive[30]. On considère alors que l'agent (l'acteur dans le système international) et la structure (le système) se co-constituent, dans la mesure où notre environnement, bien qu'il façonne nos intérêts et nos identités, n'est pas une structure indépendante. À l'inverse, nous façonnons à notre tour cet environnement. C'est pourquoi le principal objet d'étude des constructivistes sera de saisir, de comprendre les mécanismes par lesquels notre réalité sociale est construite. De ce fait le constructivisme rompt radicalement avec l'approche réaliste dominante, qui considère que notre réalité internationale est le reflet de la nature égoïste de l'homme (en référence à la philosophie pessimiste hobbesienne).

L'approche constructiviste est intéressante car elle jette le pont entre l'idéalisme et le matérialisme[31] dominant les Relations Internationales en mettant l'accent sur l'étude des représentations des acteurs et de la façon dont ces représentations affectent leurs idées et leurs interactions, sans pour autant déconsidérer les facteurs matériels déterminant leurs comportements. Comme le rappelle Wendt « Un fusil dans la main d'un ami n'est pas la même chose qu'un fusil dans la main d'un ennemi ; l'inimitié est une relation sociale, non pas matérielle »[32]. Cette hypothèse guidera notamment l'analyse des rapports d'amitiés et d'inimitiés prévue au chapitre 4 de cet ouvrage. Ainsi on considèrera que, contrairement à idée réaliste, les rapports de puissance ne sont pas les seuls déterminants des relations sociales à l'échelle internationale. D'ailleurs le concept de puissance chez les constructivistes ne repose pas uniquement sur les critères classiques tels que définis dans les approches positivistes comme : l'économie, l'armée, la taille du territoire, la démographie ou la souveraineté du pouvoir. D'autres critères non matériels sont à l'œuvre, critères qui n'ont pas été préétablis dans la littérature constructiviste mais qui peuvent être induits de l'analyse empirique si nous prenons en compte cette hypothèse de départ. C'est que nous avons notamment démontré dans une étude consacrée à « L'émergence des puissances africaines de sécurité », publiée il y a quelques

---

30   Braspenning, Thierry (2002), « Constructivisme et réflexivisme en théories des Relations Internationales », dans *Annuaire Français des Relations Internationales* (Vol. III, pp. 314-329). Bruylant.

31   Notamment le matérialisme et le déterminisme dominant l'approche marxiste des Relations Internationales.

32   Wendt, Alexander, « Constructing International Politics », *International Security*, 20 (1), été 1995, pp. 71-81.

années[33]. Nous tenterons de ce fait, dans ce présent ouvrage, d'aboutir sur un examen renouvelé des critères de la puissance induit de l'expérience maro-caine. D'autre part, si les mutations du système international peuvent objec-tivement déterminer la distribution de la puissance, l'Histoire peut aussi être lue et réinterprétée différemment selon les acteurs et participer à façonner de nouvelles formes d'identités de puissance. Cette hypothèse sera notamment mise à l'épreuve dans les chapitres 2, 4 et 5.

Qu'ils soient critiques ou conventionnels, les constructivistes américains aboutissent aux mêmes conclusions que Raymond Aron, ainsi que de nom-breux auteurs français, sur la nécessité de l'approche sociologique et la prise en compte des variables historiques, géopolitiques et sécuritaires. Il ne s'agira pas cependant d'appliquer l'ensemble du modèle constructiviste au cas maro-cain, ni d'endosser l'intégralité de ses présupposés normatifs, mais d'emprun-ter ponctuellement certains de ses concepts. En effet, le constructivisme ne doit pas être considéré comme un paradigme ou une théorie remplissant tous les devoirs permettant d'acquérir ce statut (ontologie, épistémologie, et mé-thodologie propres), mais comme une *via media*, qui jette le pont entre les approches rationnelles et réflexivistes, holistes et individualistes. Une telle obédience théorique n'exclut donc pas de se référer ponctuellement à d'autres paradigmes, comme le démontre notamment Barry Buzan, à condition d'opé-rer la différenciation nécessaire à la cohérence de la démarche sociologique employée[34]. Cette étude s'inscrit donc dans ce cadre théorique général, tant en raison des choix méthodologiques et épistémologiques évoqués plus haut, que du fait de l'importance accordée à la notion d'identité, concept largement étudié, défini et approfondi par les constructivistes. Plus précisément, à tra-vers cette étude, nous tenterons de définir l'identité de la puissance marocaine, tant dans ses caractéristiques internes que dans les rôles qu'elle projette. En effet, l'une de nos hypothèses de départ est que la compréhension de l'iden-tité de l'État marocain peut nous aider à comprendre son comportement international.

---

33   Abourabi, Yousra et Durand de Sanctis, Julien, *L'émergence de puissances africaines de sé-curité : Étude comparative*, Paris, Institut de Recherche Stratégique de l'Ecole Militaire, 2016, 87 p.

34   Buzan, Barry et Albert, Mathias, « Differentiation : A sociological approach to interna-tional relations theory », *European Journal of International Relations*, vol. 16, n° 3, 2010, p. 315-337.

3.3   *Des identités étatiques plurielles*

L'avènement de l'approche identitaire dans le champ des sciences humaines et sociales est récent. Le sens contemporain que l'on adjoint à l'identité dans la recherche scientifique, à savoir non plus la similitude mais le caractère fondamental et permanent de quelqu'un ou de quelque chose, tire son origine des travaux du psychologue Erik Erikson dans les années 1950 sur la crise identitaire des adolescents[35]. Dès les années 1970, quelques chercheurs français commenceront à s'intéresser au lien entre identité nationale et politique étrangère[36]. Mais ce n'est qu'à partir des années 1990 que la naissance des approches réflexivistes américaines (constructivisme, post-modernisme) fera éclore la notion dans l'analyse historique, anthropologique ou politique des sociétés et des États. En Relations Internationales, l'analyse des identités s'impose comme une approche critique des théories du choix rationnel, permettant d'éluder la genèse des conflits, les facteurs de mobilisation pendant la guerre, la formation des intérêts, ou encore les pratiques diplomatiques et stratégiques des différents acteurs du système international. On connaît bien le fameux postulat d'Alexander Wendt : « Les identités sont à la base des intérêts »[37]. Ce qu'affirme également Ted Hopf : « En vous disant qui vous êtes, les identités impliquent fortement un lot de préférences »[38]. Les identités constituent le socle de l'unité et de la puissance des États. Au demeurant, les constructivistes préconisent de reconstruire les « topographies identitaires »[39] de ces derniers, pour mieux comprendre leur comportement sur la scène internationale. L'identité est à la fois le résultat des transformations systémiques mondiales et d'un certain nombre de valeurs internes (normes, culture, valeurs sociétales)[40]. La construction de l'identité est intersubjective : elle repose notamment sur l'idée qu'un acteur se fait de lui-même mais aussi l'image que lui

---

35   Pour une historiographie du concept, voir Battistella, Dario *et alii*, *Dictionnaire des relations internationales*, Dalloz, 2012, p. 277-280.

36   Paret, Roger et Vernant, Jacques, « Tradition, identité nationale et développement dans la définition et la conduite de la politique étrangère », *Politique étrangère*, vol. 40, n° 6, 1975, p. 663-669.

37   Wendt, Alexander, « Anarchy is what States Make of it : The Social Construction of Power Politics », *International Organization*, vol. 46, n° 2, 1992, p. 398.

38   Hopf, Ted, « The Promise of Constructivism in International Relations Theory », *International Security*, vol. 23, n° 1, 1998, p. 171.

39   Pour reprendre le terme emprunté à Battistella *et alii*, *Dictionnaire des relations internationales – 3ᵉ éd.*, *op. cit.*, p. 279.

40   Sur la différence entre constructivisme holiste et individualiste, voir Macleod, Alex et O'Meara, Dan, *Théories Des Relations Internationales : Contestations Et Résistances*, Athéna Éditions (CAN), 2010, 661 p.

renvoie les autres acteurs et sa réaction face à cette image etc. Par conséquent l'identité doit être analysée à la fois dans une approche holiste et individualiste, par le haut et par le bas, de façon exogène et endogène. Pour autant, si l'approche en termes d'identité se révèle essentielle dans l'interprétation du comportement des États, elle n'est pas sans encombre.

La première difficulté induite par l'approche identitaire est qu'elle ne se prête pas à une méthodologie unique et systémique. De ce fait, de nombreux chercheurs refusent d'en tenir compte en tant que variable compréhensive, fustigeant son caractère insaisissable et inconstant. Il est vrai que la définition de l'identité ne repose en définitive que sur des conjectures, des représentations ou bien des faits historiques dont la rigueur et l'objectivité de la documentation sont loin d'être démontrées. Cette démarche n'est donc nullement naturelle et relève d'un parti pris méthodologique. Nonobstant cette fragilité, plusieurs études empiriques effectuées au cours des trente dernières années, saisissant le prisme de l'identité, ont su apporter des résultats convaincants[41] (notons cependant qu'elles forment le plus souvent la chasse gardée de la littérature scientifique anglophone, dont la méthode est peu sociologique en comparaison de l'école française des Relations Internationales, laquelle a faiblement exploré le sujet à ce jour[42]). Ainsi, parce que de nombreux chercheurs ont démontré comment les identités des États pouvaient avoir une incidence sur leurs politiques étrangères, il apparaît que la notion possède une valeur scientifique en tant que trame de la diplomatie marocaine.

Une deuxième difficulté s'impose également. Le prisme de l'identité implique de démontrer « la relation entre ce que les acteurs font et ce qu'ils sont »[43]. Par conséquent, il peut facilement mener à un déterminisme causal,

---

41   L'une des études les plus classiques est celle de Campbell, David, *Writing Security : United States Foreign Policy and the Politics of Identity*, Minneapolis : Univ Of Minnesota Press, 1998, 308 p. On trouve aussi parmi les théoriciens constructivistes contemporains Telhami, Shibley et Barnett, Michael N., *Identity and Foreign Policy in the Middle East*, Cornell University Press, 2002, 228 p. Plus récemment la thèse de Altoraifi, Adel, *Understanding the Role of State Identity in Foreign Policy Decision-Making. The Rise and Demise of Saudi-Iranian Rapprochement* (1997-2009), London : The London School of Economics and Political Science, 2012, 349 p.

42   Plus généralement, certains politistes français déplorent le désintérêt des chercheurs pour les « Relations Internationales » françaises – dont Raymond Aron et Marcel Merle seraient les figures tutélaires – en tant que sous-catégorie de la discipline de « Science Politique ». Voir à ce propos : Battistella, Dario, « La France », dans Balzacq, Thierry et Ramel, Frédéric, *Traité de relations internationales*, Paris : Les Presses de Sciences Po, 2013, p. 157-180.

43   Wendt, « Anarchy is what States Make of it », *art. cit.*, p. 424.

voire un « nécessitarisme »[44], visible dans l'assignation d'une trajectoire unique et indéfectible à une identité particulière. Pour éviter de tomber dans cet écueil, il apparaît plus prudent de distinguer les identités nationales et étatiques, bien qu'elles reposent sur un socle général commun et qu'elles s'influencent mutuellement. Comme le remarquent MacLeod et ses co-auteurs à propos de l'identité « *Le contenu de la notion est largement fonction de l'unité d'analyse que le chercheur entend privilégier (l'État, la nation, la région, la société, voire l'individu)* »[45]. Mais tandis que ces derniers font le choix méthodologique d'utiliser de façon interchangeable identité nationale et identité étatique, il apparaît plus pertinent de distinguer les deux expressions. À l'image de la distinction entre pouvoir et puissance présentée par Raymond Aron[46], l'identité nationale relève de la sphère interne et l'identité étatique de la sphère externe de l'État[47]. Dans les deux cas, l'identité est co-constituée par des croyances et des normes tout aussi internes qu'externes à l'État. Si l'identité nationale de permet pas nécessairement de comprendre ce que les acteurs font, l'identité étatique qui s'y superpose, parce qu'elle repose aussi sur la projection d'un rôle, sied davantage à la formulation de cette relation.

La définition d'Alexander Wendt parait dans son contexte comme la plus pertinente. Ce dernier distingue quatre niveaux de l'identité :

1. L'identité de corps : définie comme une entité sociale, qui permet de la différencier des autres structures sociales (que ce soit d'autres États, ou d'autres tribus ou groupes). Cette identité doit exister dès que l'on se trouve face à « *un acteur organisationnel relié à une société qu'il gouverne par l'intermédiaire d'une structure d'autorité politique*[48] ». Ce niveau d'identité est ainsi formé aussi par les attributs physiques de l'État (territoire, ressources naturelles, structures démographiques). Dans le cas du Maroc, nous nous intéresserons à la façon dont la représentation de son identité de corps, marquée par la considération d'une amputation territoriale (provinces du sud) et d'un manque de ressources énergétiques

---

44 Un déterminisme psychologique qui rejette toute idée de contingence ou de libre-arbitre.

45 Macleod, Alex *et alii*, « Identité nationale, sécurité et la théorie des relations internationales », *Études internationales*, vol. 35, n° 1, 2004, p. 7.

46 Aron, Raymond, *Paix et guerre entre les nations*, Paris : Calmann-Lévy, 1962, 804 p.

47 Rejoignant ce propos, Paul Kowert distingue l'identité interne qui « décrit la cohésion ou l'uniformité des parties d'un État-nation et, en particulier la façon dont une telle cohésion se manifeste dans la fidélité à l'État-nation », de l'identité externe, qui renvoie « au caractère distinct d'un État-nation par rapport aux autres États-nations » Paul Kowert, « The Three Faces of Identity », dans Glenn Chafetz, Michael Spirtas et Benjamin Frankel (dir.), *The Origins of National Interests*, London, Frank Cass, pp. 4-5.

48 Wendt, Alexander, Social Theory of International Politics, *op. cit.*, p. 201.

(en comparaison à son voisin algérien) va marquer ses représentations géopolitiques.

2. L'identité de type : constituée par l'ensemble des valeurs, règles et culture politique autour du régime de l'État. L'histoire, les « valeurs nationales », les langues pratiquées, le type de droit (positif ou religieux), les croyances nationales (laïcité ou religion d'État), ou encore les normes économiques choisies (capitalistes, socialistes ...) forment autant de caractéristiques définissant l'identité de type d'un État. Dans le cas du Maroc, nous intéresserons notamment à la façon dont les particularités de la structure monarchique du pouvoir et le choix de la redéfinition d'un islam d'État concourent à la définition des intérêts nationaux.

3. L'identité de rôle : formée par la projection d'un rôle à l'échelle internationale. Pour comprendre ce concept, il conviendrait l'analyser à la lumière de la fameuse étude de Kalevi J. Holsti sur le rôle des États dans leurs politiques étrangères[49]. Dans cette étude, Holsti avait élaboré une typologie de dix-sept rôles majeurs[50] à partir d'une observation de la politique étrangère d'un échantillon d'États entre 1965 et 1967. L'auteur conclue qu'un État peut cumuler plusieurs rôles à la fois (États-Unis) ou aucun (Côte d'Ivoire), estimant à 4,6 la moyenne du nombre de rôles joués par chacun dans la période désignée. L'intérêt de l'étude d'Holsti est qu'elle montre que le rôle est défini par des facteurs endogènes (valeurs nationales par exemple) tout aussi bien qu'exogènes (statut au sein du système international). Il montre aussi que certains rôles son auto-attribués par les États (promoteurs des droits de l'homme) et que d'autres sont attribués ou renforcés par d'autres acteurs (un rôle autoproclamé de « gendarme du monde » peut être renforcé par la sollicitation d'intervention par d'autres États). Wendt ira plus loin que Holsti dans sa conceptualisation de l'identité de rôle dans la mesure où, si celle-ci est aussi bien co-construite par l'agent et sa structure, elle parait plus stable et plus pérenne. On peut changer facilement de rôle mais on ne changera pas facilement d'identité de rôle, car cette dernière est interdépendante avec les autres niveaux de l'identité et met plus de temps à se construire. Holsti ne fait pas cette distinction, tandis que certains rôles identifiés par l'auteur (promoteur de valeurs universelles) semblent être davantage des

---

49   Holsti, Kalevi J. (1970), « National Role Conceptions in the Study of Foreign Policy », *International Studies Quarterly* n° 14, 3.

50   Leader régional, protecteur régional, défenseur de la foi, défenseur de la libération, médiateur-intégrateur, pont, indépendant, isolé, bastion de la révolution, de la libération, développeur, agent anti-impérialiste, développeur interne, indépendant actif, sous-système régional, allié loyal, et bénéficiaire.

identités de rôles. Dans le cas du Maroc, il s'agira de définir les caractéristiques et de retracer le processus de construction de son identité de rôle. Ce concept formera d'ailleurs le cœur hypothétique de cet ouvrage.

4. L'identité collective : elle renvoie aux ensembles régionaux ou internationaux avec lesquels un État considère qu'il partage des normes, des valeurs et des intérêts communs. Contrairement à l'alliance (fondée sur la seule dimension de l'intérêt), les organisations régionales (l'Union européenne, l'Union africaine) ou internationales (l'OTAN) peuvent former des socles d'identité collective. Dans d'autres cas, cette identité collective peut être postulée sans faire l'objet d'une institutionnalisation politique, ce que nous contribuerons à démontrer dans cette étude. Ainsi l'une des hypothèses qui guidera l'analyse de la politique étrangère marocaine est que sa perception d'appartenance à un ensemble arabe ou africain va influencer tout autant qu'elle va être influencée par ses choix en matière de politique étrangère, dans une logique intersubjective. Nous tenterons alors de retracer les bases des représentations et les conditions de leurs évolutions.

4   Le défi de la multidisciplinarité dans l'étude de la politique étrangère du Maroc

Ce livre se veut à la fois au croisement de l'histoire, de la sociologie, de la géopolitique, des études de sécurité et des Relations Internationales ; de même qu'il tient compte des dimensions économique, anthropologique et stratégique de la politique. Une telle ambition de pluridisciplinarité peut être accusée, à juste titre, de masquer les déficiences de la pensée. Clouée au pilori par certains chercheurs, cette approche s'avère pourtant nécessaire à la compréhension de l'évolution du Maroc dans son environnement africain. De façon plus prégnante, ce sont les caractéristiques et les implications de la politique africaine du Maroc qui ont induit notre raisonnement. Il convient toutefois de préciser comment et sous quel angle chacune des disciplines choisies servira dc trame à l'étude.

4.1   *La variable historique*
Acteur historique de longue date, le Maroc est un territoire de conquêtes romaines, berbères et arabes, commandé par de nombreuses dynasties ; étendu à l'est, au sud et au nord puis réduit par ses défaites, partagé par des puissances coloniales puis décolonisé successivement, constitué enfin d'un important métissage ethnique et culturel. Il est aussi un pays dont on ne sait pas très

bien à quand remontent ses débuts en tant qu'unité géopolitique consciente d'elle-même. Pour beaucoup, la naissance du Maroc est associée à la naissance du sentiment national, et remonte au protectorat, au moment de l'apparition des premiers mouvements nationalistes. D'autres démontrent qu'il existait déjà un sentiment d'unité nationale au XIXe siècle[51]. Certains considèrent que cette entité s'esquisse depuis bien longtemps, à partir de l'avènement de la dynastie des Mérinides, au XVIe siècle[52]. D'aucuns affirment que la dynastie Idrisside, fondée en 789, forme le premier embryon d'unité politiquement organisée et dotée d'une identité propre[53].

Ces contradictions de datation posaient donc le problème méthodologique de la place de l'histoire dans l'étude de la diplomatie : devait-on prendre en compte le déploiement d'Ambassadeurs auprès des Royaumes européens au XVIIIe siècle comme un élément acquis dans l'expérience diplomatique marocaine ? Quelle est la place de la conquête du Mali par le sultan Ahmed el Mansour au XVIe siècle dans l'imaginaire collectif ? Quelle est l'influence de la politique africaine de Valéry Giscard d'Estaing sur celle du Roi ? La préférence affichée par le Maroc pour le camp de l'Ouest pendant la Guerre froide comptait-elle plus que les liens religieux symboliques noués par la dynastie alaouite au XIXe siècle, dans les représentations de ses dirigeants au sujet des anciens États révolutionnaires africains ? Au fur et à mesure que se multipliaient les interrogations, il apparaissait que le problème était certainement mal posé.

Une réflexion sur le rôle de l'histoire en relations internationales suggère qu'elle peut-être un déterminant parfois objectif (il en résulte des données géopolitiques), parfois subjectif (elle guide les représentations), et d'autres fois instrumentalisé par le politique (elle sert la légitimation) : des dimensions que nous présenterons plus précisément dans le deuxième titre de cette étude. Or la lecture de l'histoire à travers ces trois dimensions démontre qu'on est en droit de parler de Maroc en soi, car c'est bien dans toute cette histoire ancienne ou récente, que la politique africaine du Maroc puise son identité. À tel point que l'intérêt du Royaume pour le continent apparait dans certains de ses aspects comme une prédestination de son histoire plus que de celle imposée par le nouvel ordre mondial. De ce fait nous évoquerons tous les faits historiques qui objectivement, subjectivement ou de façon instrumentalisée, conditionnent cette politique africaine ; pourvu que soit évitée toute tentative

---

51   Ayache, Germain, « Le sentiment national dans le Maroc du XIXe siècle », *Revue Historique*, vol. 130, 1968, p. 393-410.

52   Rivet, *Histoire du Maroc, op. cit.*

53   Il s'agit de la version présentée dans la plupart des ouvrages d'histoire marocains.

faustienne de réduire la conduite de la politique étrangère à ces seules causalités. Contrairement à des études sur le même thème qui ont privilégié l'histoire seule comme fil conducteur de l'analyse[54], cet ouvrage ambitionne d'offrir une analyse tout aussi bien sociologique, géopolitique et théorique du sujet. C'est pourquoi, à l'inverse, nous ne rédigerons pas de première partie historique et contextuelle, tandis que le plan ne suivra pas d'ordre chronologique. Certains passages historiques, aussi détaillés soient-ils, n'apparaîtront que pour servir l'argumentation, quitte à être présentés anachroniquement.

4.2   *Pour une approche sociologique de la politique étrangère*

La transformation du système international a aussi conduit le Maroc à reconsidérer sa posture diplomatique, à reformuler les instruments de sa politique étrangère et à revoir l'ordre de ses priorités. Depuis le basculement d'époque provoqué par la fin de la Guerre froide, la diffusion massive du paradigme libéral, et l'émergence de nouvelles problématiques de sécurité transnationales, la diplomatie s'est développée. Elle englobe désormais de nombreux domaines aussi stratégiques (diplomatie climatique) qu'insignifiants (diplomatie culinaire). La transformation de la diplomatie, et par extension, de la politique étrangère, est une conséquence institutionnelle de l'avènement d'un nouvel ordre mondial, multipolaire, voire « multiplex »[55]. En outre, la politique étrangère est une politique publique qui s'exerce dans un milieu fondamentalement opposé au milieu domestique, érigée dans un rang noble, tout en étant aussi trivialement déterminée par les mêmes conditions matérielles, relationnelles et bureaucratiques. Ces nouvelles conditions posaient dès lors le défi de l'approche à adopter pour saisir le rôle la diplomatie en tant que dispositif administratif dans la conduite de la politique africaine, ainsi que pour en déterminer les orientations et la stratégie. L'étude de la personnalité de Mohammed VI compte-t-elle dans l'interprétation de la politique étrangère ? Une sociologie des décideurs et des diplomates est-elle nécessaire à l'étude ?

---

54   Il s'agit notamment de la thèse de : Bugwarabi, Nicodeme, *La politique sudsaharienne du Maroc de 1956 à 1984*, Thèse de doctorat, Paris, France : Université Panthéon-Sorbonne, 1997, 467 p.

55   Acharya, Amitav, *Rethinking Power, Institutions and Ideas in World Politics : Whose IR ?*, London – New York (N.Y.) : Routledge, 2014. L'auteur fait référence à un monde post-américain, voire post-occidental, où il n'existe plus de logiques de pôles hégémoniques, mais bien une multitude de dynamiques régionales, multilatérales et transnationales qui s'entrecroisent. Plus complexe que le monde multipolaire, le monde multiplex n'est pas centré autour de logiques d'équilibre des puissances étatiques. Les postulats ontologiques d'Amitav Acharya permettent au chercheur d'élargir l'étude du système international à de nouveaux acteurs, de nouvelles problématiques, et de s'intéresser plus spécifiquement aux dynamiques régionales.

La politique étrangère est définie par Jacques Vernant comme « le cours des évènements qui se déroulent actuellement, dans lesquels nous sommes engagés plus ou moins directement – et dont nous admettons par hypothèse rationaliste qu'ils possèdent une certaine structure »[56]. En ce sens, la politique étrangère relève plus, selon l'auteur, de la sociologie que de l'histoire. Rappelons à ce titre que la sociologie politique peut-être définie par l'étude des rapports entre l'État et ses institutions, ainsi que des rapports de pouvoir au sein des différents organismes de l'État. On ne peut donc se contenter de raconter la politique étrangère ; il faut bien en saisir la structure et formuler des hypothèses sur son organisation. Ainsi Raymond Aron considérait-il que « la sociologie est un intermédiaire indispensable entre la théorie et l'événement »[57]. Tandis que l'historien classique est limité par un horizon temporel passé, le sociologue doit interpréter le présent pour expliquer les comportements en cours à l'aune des nouvelles évolutions de l'environnement.

La politique africaine du Maroc est effectivement une politique en constante construction. Les lunettes du sociologue sont donc nécessaires à l'étude. Elles sont compatibles à la fois avec l'approche historique, puisque la sociologie s'intéresse à la profondeur historique des phénomènes, et avec l'approche théorique, puisque, comme le souligne Guillaume Devin, « l'enquête sociohistorique n'exclut pas la formulation de propositions générales et leur mise en discussion avec les paradigmes des théories des RI »[58]. La sociologie offre aussi un réservoir de concepts pertinents dans l'analyse des relations internationales, mais c'est davantage la méthode d'approche sociologique qui nous intéresse ici.

Dans l'analyse de la politique étrangère, l'approche sociologique a pris plusieurs formes : certaines seront prises en compte et d'autres écartées. En premier lieu, il s'agit de l'approche perceptuelle, portée en Relations internationales par des penseurs idéalistes de l'entre-deux-guerres. Kenneth Boulding[59] d'une part, et Robert Jervis[60], d'autre part, ont tous deux consacré de nombreuses études à l'explication du comportement des États sur la base des perceptions[61]

---

56   Vernant, Jacques, « La recherche en politique étrangère », *Politique étrangère*, vol. 33, n° 1, 1968, p. 9-17.

57   Aron, *Paix et guerre entre les nations, op. cit.*, p. 26.

58   Devin, Guillaume, *Sociologie des relations internationales*, Paris : La Découverte, 2013, p. 3.

59   Boulding, K.E., « National Images and International Systems », *The Journal of Conflict Resolution*, vol. 3, n° 2, 1959, p. 120-131.

60   Jervis, Robert, *Perception and Misperception in International Politics*, Princeton (N.J.) : Princeton University Press, 1976 ; Jervis, Robert, *The logic of images in international relations*, Princeton, N.J., États-Unis d'Amérique : Princeton University Press, 1970, 281 p.

61   Pour une présentation détaillée de l'étude des images et des perceptions dans l'analyse de la politique étrangère depuis 1940, voir : Ramel, Frédéric, *Recherche ennemi désespérément.*

qu'avaient leurs décideurs de leur environnement international. En France, la thèse de Julien Freund[62], qui se situe dans le prolongement des travaux de Carl Schmitt, de Georg Simmel et de Max Weber, a également ouvert la voie de nombreuses études portant sur la sociologie des conflits. La reconstitution de l'univers des décideurs, au sein d'une démarche perceptuelle, présente un intérêt heuristique dans la compréhension de la décision. Néanmoins, les contributions de ces auteurs sont aussi limitées par l'orientation stratégique de leurs approches, confisquant le débat sur la représentation autour de la question de la guerre. Afin de contourner cet obstacle épistémologique, il s'agira donc de prendre en compte la question de la représentation à travers une approche non pas seulement sociologique mais aussi géopolitique, comme nous l'expliquerons par la suite.

Par ailleurs, nous pouvons mentionner l'approche psychologique, prégnante dans les travaux anglophones en particulier[63]. Celle-ci repose sur l'étude de la psychologie des décideurs, et comporte donc le risque de biaiser l'information. Comme le souligne Jean-Noël Ferrié, « si les actions sont causales, les intentions et les intelligibilités qui les soutiennent sont discontinues. La connaissance détaillée des motivations et des interactions à l'intérieur d'un groupe ne nous renseigne donc pas sur les interactions de celui-ci avec d'autres et ainsi de suite »[64]. Plus concrètement, la psychologie de Mohammed VI, ses intérêts en tant qu'individu et sa vie privée, ne constituent pas un facteur causal suffisamment pertinent pour que l'on s'y intéresse dans cette étude. C'est davantage l'identité sociale du Monarque, dans ses aspects discursifs, relationnels, et stylistiques, qui fera l'objet d'une attention particulière. Ainsi l'émotion ne sera pas appréhendée comme un élément de compréhension d'une identité[65], mais comme un moyen de communication d'une représentation[66].

En deuxième lieu, l'analyse bureaucratique remet en cause l'État comme acteur unitaire ou anthropomorphe, et le décompose en une multitude

Origines, essor et apport des approches perceptuelles en relations internationales, Quebec, 2001, 60 p.

62 Freund, Julien, *L'essence du politique*, Paris : Dalloz, 2003, 867 p.

63 Ripley, Brian, « Psychology, Foreign Policy, and International Relations Theory », *Political Psychology*, vol. 14, n° 3, 1993, p. 403-416.

64 Ferrié, Jean-Noël, « Démocratisation de l'Afrique du Nord et du Moyen-Orient : l'impossible accélération de l'histoire », dans Abidi, Hasni, *Monde arabe, entre transition et implosion : les dynamiques internes et les influences externes*, Paris, France : E. Bonnier, impr. 2015, 2015.

65 Braud, Philippe, *L'émotion en politique : problèmes d'analyse*, Presses de la Fondation nationale des sciences politiques, 1996, 276 p.

66 Hall, Todd H., *Emotional diplomacy : official emotion on the international stage*, Ithaca : Cornell University Press, 2015.

d'organisations bureaucratiques, d'individus en compétition, dont les intérêts sont parfois contradictoires. Cette méthode fut portée par l'école *Foreign
Policy Analysis* (FPA), née au États-Unis dans les années 1960, dont la principale figure de proue est Graham Allison[67]. Elle n'est cependant pas véritablement pertinente dans notre cas empirique, tant l'appareil diplomatique est
subordonné à un cœur exécutif constitué exclusivement par la Monarchie.
Aucun conflit d'intérêts au sein de l'unité décisionnelle, aucune compétition
bureaucratique observable, ne peuvent être conçus comme des phénomènes
déterminants dans la conduite de la décision. La thèse de Mohammed Riziki
le démontre bien[68]. Décrivant soigneusement et méticuleusement l'ensemble
des caractéristiques sociologiques des diplomates marocains, sur la base de
centaines d'entretiens conduits de façon directive ou libre, l'ouvrage n'apporte
pas d'éclaircissement majeur à la compréhension de la politique étrangère. La
tentation encyclopédique de l'étude l'apparente à un catalogue des différents
profils diplomatiques et de leurs évolutions, déconnecté de toute dimension
politique. Elle constitue un matériel pertinent pour illustrer certains de nos
propos sur le développement de l'appareil diplomatique, tout en confortant
l'hypothèse de la faible influence des interactions diplomatiques internes dans
l'orientation et l'élaboration de la politique africaine du Maroc. De même, la
thèse de Rachid El Houdaïgui[69] sur la période hassanienne dévoile la même
tendance. Focalisée au départ sur la description de l'appareil décisionnel marocain, cet ouvrage illustre encore une fois que les partis politiques ainsi que
les institutions de l'État constituent des « unités décisionnelles » marginales
dans l'élaboration de la politique étrangère, au point que c'est à la faveur d'une
analyse historique et non de celle des rapports de pouvoir ou des évolutions
bureaucratiques, que l'auteur a pu tracer les contours politiques de son sujet.

Une autre approche méthodologique repose sur l'idée que toute décision répond à des intérêts rationnels, bien calculés, et immuables[70]. L'action est présentée comme le résultat de ce choix rationnel, tandis que les buts stratégiques
sont définis selon une liste prédéfinie d'intérêts (la sécurité, la puissance, les

67   Allison, Graham Tillett, *Essence of decision : explaining the Cuban missile crisis*, Boston :
      Little, Brown and Company, 1971, 338 p.
68   Riziki, Mohamed Abdelaziz, *Sociologie de la diplomatie marocaine*, Paris : L'Harmattan,
      2014, 587 p.
69   El Houdaïgui, Rachid, *La politique étrangère sous le règne de Hassan II : acteurs, enjeux et
      processus décisionnels*, Paris : L'Harmattan, 2003.
70   Allison, Graham T. et Zelikowv, Philip D., « L'essence de la décision. Le modèle de l'acteur
      rationnel », *Cultures & Conflits*, n° 36, 2000. ; voir aussi : Snidal, Duncan, « Rational Choice
      and International Relations », dans *Handbook of International Relations*, 1 Oliver's Yard, 55
      City Road, London EC1Y 1SP United Kingdom : SAGE Publications Ltd, 2002, p. 73-94.

gains économiques etc.). Ce postulat présente l'intérêt d'interroger les explica-
tions à l'origine de la décision, mais comporte aussi des limites dans l'analyse
de notre cas d'étude. En effet, si la rationalité est souvent recherchée par l'acteur, elle n'est pas toujours accomplie. La rationalité pure de l'acteur politique
est un postulat paradoxalement antiréaliste du fait du caractère imprédictible
du comportement de l'Autre, et en raison du rôle des « passions » – pour reprendre l'expression de Marcel Merle – dans la prise de décision[71]. Par ailleurs,
comme le remarque justement Franck Petiteville, « il n'existe pas de « rationalité substantielle » en politique étrangère qui n'implique pas en même temps un
jugement normatif »[72] ; toute décision est aussi le fait de représentations. Dans
le cas du Maroc, en plus des limites mentionnées, l'approche rationnelle empêche l'exploration de nouvelles problématiques. S'il est vrai que le Royaume
poursuit des intérêts définis en termes de puissance et de sécurité, quelle est
la conception de cette sécurité ? Quelle identité de puissance est recherchée ?
Quels types de ressources sont mobilisés ? Autant de questions auxquelles l'approche rationnelle ne permet pas de répondre avec acuité.

En outre, au sein de cette approche, la politique étrangère est décrite
comme le résultat de l'action des décideurs, et non pas de la contrainte de leur
environnement. Cet individualisme méthodologique limite aussi les perspectives d'analyse de la politique étrangère marocaine. En tant que petite puissance, le Maroc est soumis à une double influence internationale : normative,
d'une part, puisque son modèle institutionnel est presque entièrement inspiré
des normes européennes, et en particulier françaises, déterminant l'organisation bureaucratique du Ministère, la structure juridique des accords de coopération, ou encore le choix des concepts dans les discours diplomatiques.
Politique, d'autre part, puisque sa marge de manœuvre est réduite par les
pressions exercées par les grandes puissances dans la défense de leurs intérêts
propres, ce qui détermine la liste des choix et donc la conduite de la politique
étrangère. Nul doute que l'influence de l'environnement externe, tout autant
que les intérêts domestiques, doivent être pris en compte simultanément dans
l'interprétation de la décision.

Toutes ces approches, qu'elles soient psychologiques, perceptuelles, rationnelles ou bureaucratiques, comportent des limites. Une approche réflexiviste
a de ce fait émergé dans les années 1990, proposant d'interpréter les perceptions et les facteurs rationnels à l'aune de la notion d'image : c'est par exemple
l'image que se font les acteurs de l'ordre systémique qui les pousse à rechercher

---

71   Merle, Marcel, *Sociologie des relations internationales*, Paris : Dalloz, 1982, 527 p.
72   Petiteville, Franck, « De la politique étrangère comme catégorie d'analyse des relations
       internationales », *Critique internationale*, vol. n° 20, n° 3, 2003, p. 59-63.

la puissance. À l'inverse de l'approche bureaucratique, l'État est défini comme un acteur unitaire doté de qualités anthropomorphes. L'approche réflexiviste de la politique étrangère intègre aussi les facteurs culturels et normatifs à l'analyse. Le réflexivisme arbore une vision post-positiviste, et repose sur une épistémologie interprétative, selon laquelle les données empiriques doivent être interprétées avant de présenter des résultats. Or « le réflexivisme ouvre ainsi la voie à une prolifération métathéorique, ce qui pousse certains sociologues qui s'en réclament à rouvrir la voie pluraliste »[73], au point qu'il est difficile de dégager une méthode scientifique objective.

Dans l'objectif de trouver une voie adaptée à l'observation de notre objet, notre méthode se situe au croisement des approches perceptuelle, rationnelle et réflexive de la politique étrangère. L'État est présenté comme une unité décisionnelle et politique cohérente, et non pas comme un ensemble d'institutions bureaucratiques en concurrence, car, comme nous l'avons déjà souligné, l'appareil diplomatique est subordonné aux ordres de la Monarchie. Il est aussi conçu comme une structure anthropomorphe, tant l'identité du Roi et celle de l'État se confondent, et tant une forme d'identité étatique semble émerger. À ce titre, au plan rédactionnel, on évoquera souvent l'État comme un sujet qui pense, qui se représente, ou qui conduit, puisqu'il renvoie au Roi, à ses conseillers, et à tous les décideurs qui pensent selon les directives qu'on leur a transmises. Il ne s'agit pas là d'une faute de langage, mais bien d'un parti pris méthodologique qui sied à notre observation du terrain empirique : on s'intéressera ainsi au système décisionnel dans sa globalité. En outre, on évoquera le style décisionnel plutôt que la psychologie du décideur, dans l'interprétation de la décision. On définira les intérêts en termes construits, tout en démontrant que la puissance et la sécurité guident de manière prégnante la conduite de la politique étrangère. De même, on s'intéressera au rôle des perceptions comme un déterminant influençant la décision. Enfin, on traitera l'évolution et l'organisation de la structure bureaucratique, non pas comme un résultat de l'évolution de l'environnement externe ou interne, mais comme un instrument de mesure des ambitions politiques. L'approche sociologique permettra donc, plus généralement, de s'interroger sur les facteurs internes de la pratique diplomatique. L'intérêt de l'approche sociologique, contrairement à l'approche théorique pure, est qu'elle permet de minimiser l'influence normative des théories des Relations Internationales.

À travers ces changements de perspective, le principal objet sociologique de cette étude sera alors de démontrer de quelle façon la Monarchie conduit cette

---

73   Braspenning, Thierry, « Constructivisme et réflexivisme en théorie des relations internationales », *Annuaire français des Relations Internationales*, vol. III, 2002, p. 314-329.

politique étrangère d'une part, et quelle est la nature du lien entre politiques domestiques et politique étrangère d'autre part. Il s'agira plus généralement de saisir les superstructures, la charpente institutionnelle et décisionnelle de cette politique étrangère (la place du Ministère, du Cabinet royal, des conseillers), plutôt que de s'attarder sur le travail des diplomates marocains dans leur pratique.

4.3   Le rôle de la géopolitique

Sur la question des représentations, l'approche géopolitique est nécessaire à l'analyse. La géopolitique est une discipline en voie de re-légitimation, car elle est devenue porteuse d'une réflexion sur l'hétérogénéité des espaces dans une société mondialisée. En cela on a assimilé sa démarche à une ontologie spatiale[74], confortant de ce fait l'idée de sa scientificité. Dans sa définition classique, la géopolitique est l'étude des « rivalités de pouvoirs ou luttes d'influences sur des territoires et sur les populations qui y vivent »[75]. Or, de nos jours, la plupart des manuels de géopolitique offrent une description scolaire des particularités territoriales, démographiques, sociologiques, historiques, culturelles, stratégiques, et politiques d'un espace donné, une approche faussement exhaustive qui a tendance à affaiblir la pertinence de l'analyse. Olivier Zajec soulève à ce titre les limites de cette pluridisciplinarité, qui contribue selon lui à apparenter la géopolitique « à une méthode d'approche plutôt qu'à une science »[76], tout en proposant une nouvelle définition qui, bien que stato-centrée, est à la fois classique et moderne[77]. D'autres s'intéresseront à des acteurs non étatiques et à des stratégies non militaires. Ainsi peut-on entendre parler de la « géopolitique du football », de la « géopolitique de la cuisine » ou encore de « la géopolitique des frustrations sexuelles », inflations du terme qui, selon Yves Lacoste, contribuent à faire de la géopolitique un gadget publicitaire[78]. Cette multiplicité des domaines d'application a longtemps indisposé les chercheurs, dont Hervé Couteau-Bégarie s'est fait entre autres le

---

74   Dussouy, Gérard, « Vers une géopolitique systémique », *Revue Internationale et straté-gique*, vol. 47, n° 3, 2002, p. 53.

75   Lacoste, Yves, *Géopolitique : la longue histoire d'aujourd'hui*, Paris : Larousse, 2009, p. 8.

76   Zajec, Olivier, *Introduction à l'analyse géopolitique*, Paris, France : Argos, 2013, 2013, p. 50.

77   « La géopolitique étudie les inerties physiques et humaines qui affectent et guident le comportement interne et externe des États. Elle éclaire ainsi les fondements politiques des actions pacifiques ou guerrières qui, par le biais de stratégies militaires, économiques et politiques à visées territoriales défensives ou offensives, cherchent à assurer la pérennité d'une communauté dans l'Histoire » *Ibid.*, p. 14.

78   Lacoste, *Géopolitique, op. cit.*, p. 8-9.

porte-parole par une formule inquiète : finalement, « on ne sait pas très bien ce qu'est la géopolitique »[79].

La géopolitique conserve cependant une certaine cohérence sur le plan épistémologique. En effet, c'est une approche fondée sur la représentation, une dimension souvent oubliée par les géopoliticiens, mais rappelée par les tenants de l'école de la *critical geopolitics*[80] : « la « Géopolitique Critique » porte son attention sur le rôle joué par les processus sociaux, culturels et politiques pour « donner un sens » et participer à la « construction » de la réalité politique internationale »[81]. Autrement dit, dans l'analyse des rapports de pouvoir au sein d'un espace, l'étude des discours qui accompagnent la représentation de cet espace est tout aussi importante que l'étude des caractéristiques géoéconomiques. Comme le rappelle justement Gérard Dussouy, « c'est dans l'intersubjectivité – autrement dit, grâce à la synthèse intersubjective des paradigmes et des modèles que ceux-ci inspirent – que réside la pertinence de la géopolitique »[82]. Cela nous conduit également à souligner la nécessité de distinguer notre approche en tant que chercheure, du point de vue des acteurs politiques de l'espace marocain ou encore des réalités structurelles qui caractérisent la géographie marocaine, afin de garder une certaine neutralité axiologique. De même il apparaît essentiel de croiser différents niveaux d'analyse (spatiale, institutionnelle et discursive) puisqu' « il n'y a pas de méthode géopolitique en soi »[83].

Prenant en compte les débats liés à l'incommensurabilité des théories en Relations Internationales, ces précautions méthodologiques visent à soutenir l'idée d'une commensurabilité tout en admettant la complexité de l'enjeu théorique qui en découle. La nécessité pour les théories des Relations Internationales de prendre en compte la variable spatiale, tout en se prémunissant d'un point de vue trop normatif (caractéristique des paradigmes dominants), permettrait de faciliter cet aspect[84]. Nous définirons donc la

---

79   Coutau-Bégarie, Hervé et Motte, Martin, *Approches de la géopolitique : de l'Antiquité au XXIe siècle*, Paris : Economica Institut de stratégie comparée, 2013, p. 31.

80   École de pensée anglo-américaine née à la fin années 1980, sous la plume de Gearóid Ó Tuathail, John Agnew et Klaus Dodds.

81   Criekemans, David, « Réhabilitation et rénovation en matière de pensée géopolitique », *L'Espace Politique. Revue en ligne de géographie politique et de géopolitique*, n° 12, 2011.

82   Dussouy, « Vers une géopolitique systémique », *art. cit.*

83   Coutau-Bégarie et Motte, *Approches de la géopolitique, op. cit.*, p. 24.

84   Un point de vue partagé par Gérard Dussouy également, selon qui « le panoptisme qui légitime la géopolitique doit se garder de tout essentialisme, de tout point de vue unique et surplombant, pour proposer des configurations alternatives, parce que conçues selon différentes hypothèses d'évolution. Cette démarche est sans aucun doute indispensable parce qu'elle se loge au creux de la théorie des relations internationales qui ne peut plus,

géopolitique comme l'étude de la représentation et de l'organisation de l'espace, des significations données par les États ou les acteurs transnationaux à un territoire, des dynamiques stratégiques, politiques et socioéconomiques qui le caractérisent, et des rapports de puissance qui en découlent. En tant qu'approche plutôt que science, elle permet de compléter les analyses privilégiant le prisme unique et dominant des théories des Relations Internationales, par l'intégration de la variable spatiale. Les spécificités inhérentes à notre champ empirique nous conduisent en effet à privilégier cette voie.

4.4   Les études de sécurité

L'un des objectifs de cette étude est de démontrer que la sécurité constitue une préoccupation vitale pour le Royaume, confirmant ainsi un postulat réaliste classique. La sécurité est cependant un concept polysémique, défini au Maroc comme la défense de l'intégrité territoriale, de la vie des individus, des valeurs de l'État et de l'identité nationale, ainsi que la défense d'un rôle en matière de sécurité extérieure. Appréhender la sécurité selon un point de vue purement réaliste s'avère donc réducteur, tant cette approche ne permet pas de saisir la diversité des domaines et des implications de ce champ d'action de la politique. La sécurité s'est sectorisée, ses acteurs se sont diversifiés, ses niveaux se sont multipliés et ses enjeux se sont complexifiés[85]. Les études de sécurité, plus particulièrement les travaux qui s'inscrivent ou qui s'inspirent de l'École de Copenhague[86], prennent justement en compte la sécurité dans ses contours les plus larges. Ils constituent de ce fait un corpus méthodologique éclairant la plupart des problématiques relatives à la sécurité marocaine.

Deux distinctions inhérentes à la sécurité comme intérêt national seront donc interrogées ici, à travers la vision copenhagoise : il s'agira premièrement de distinguer la menace comme un objet géopolitiquement observable, de la menace comme objet social construit, ou sécuritisé[87]. Cette nuance fondamentale permettra de mesurer et de séparer les différents niveaux d'action de la sécurité ayant un lien avec cette politique africaine, à l'exemple de la question

---

elle-même, ignorer la variable spatiale, au titre d'un universalisme idéalisé ou parce que la géographie est réputée avoir été élevée au rang de déterminant en dernier ressort par l'ancienne géopolitique, alors qu'elle servait surtout de support au culturalisme ». Dussouy, « Vers une géopolitique systémique », *art. cit.*

85   Balzacq, Thierry, « La sécurité : définitions, secteurs et niveaux d'analyse », *Fédéralisme Régionalisme*, 2006.

86   Buzan, Barry *et alii*, *Security : a new framework for analysis*, Boulder, 1998, 239 p.

87   Albert, Mathias et Buzan, Barry, « Securitization, sectors and functional differentiation », *Security Dialogue*, vol. 42, n° 4-5, 2011, p. 413-425 ; Balzacq, Thierry, « The Three Faces of Securitization : Political Agency, Audience and Context », *European Journal of International Relations*, vol. 11, n° 2, 2005, p. 171-201.

du Sahara. Deuxièmement, il s'agira de marquer la nuance, tout en montrant les imbrications existantes, entre une vision des champs et de la sécurité influencée par les normes internationales, reprise telle quelle par les dirigeants marocains, soit par mimétisme institutionnel, soit dans l'objectif de légitimer une politique (il s'agit pas exemple de la sécurité globale et de la sécurité humaine) et celle, construite par le Maroc, qui définit de nouveaux champs de la sécurité (illustrés en particulier par l'apparition du concept de « sécurité spirituelle »). À terme, cette approche devra permettre de mesurer le poids, le rôle et les niveaux de la sécurité, en tant qu'intérêt et instrument de l'État, dans la conception de la politique africaine du Royaume.

L'étude de la dimension sécuritaire souffrira cependant d'une carence notable, sur les questions relatives à la sécurité militaire et plus généralement à la politique de défense. Tandis que l'administration marocaine de la défense ne publie aucun rapport d'activité ou d'analyse sur ses activités, et ne répond pas aux demandes d'entretiens (contrairement à de nombreuses autres administrations), peu de chercheurs se sont intéressés au sujet, certainement pour les raisons mêmes qui ont limité notre recherche. Hormis quelques rares articles scientifiques[88], la littérature académique disponible à ce sujet est déplorable. Afin de pallier cette difficulté, notre démarche a consisté à s'appuyer sur des articles journalistiques, des communiqués de presse et des documents diplomatiques ainsi que leur interprétation au regard des enjeux de la politique étrangère du Royaume. Les résultats de cette recherche en matière de défense ne seront mentionnés que pour confirmer ou nuancer un propos préalablement justifié, précaution permettant d'éviter toute tentative de surinterprétation d'un phénomène.

5   Objectifs et plan de l'ouvrage

Ce livre est une étude de la politique africaine du Maroc jusqu'à sa réintégration dans l'UA en 2017. A travers l'exemple marocain, il s'agira de démontrer que l'un des facteurs de la puissance et de la reconnaissance internationale repose sur la diffusion d'une identité d'État à la fois forte et syncrétique. Abdessamad Belhaj considérait, dans son étude sur la dimension islamique de la politique étrangère marocaine, que « les identités des États n'ont pas

---

88   Saidy, Brahim, « La politique de défense Marocaine : articulation de l'interne et de l'externe », *Maghreb – Machrek*, vol. N° 202, n° 4, 2009, p. 115-131 ; Saidy, Brahim, « Relations civilo-militaires au Maroc : le facteur international revisité », *Politique étrangère*, vol. Automne, n° 3, 2007, p. 589-603.

encore remplacé, dans le monde arabe, l'identité supra-étatique islamique »[89]. Cet ouvrage prend le contrepied des deux hypothèses soulevées par l'auteur. L'étude de la politique africaine du Maroc tend à montrer qu'il existe bien une nouvelle identité étatique en construction et en recherche de reconnaissance, alors que l'idée d'un monde arabe comme entité géopolitique définie par une forme de solidarité organique (à travers la reconnaissance d'une identité religieuse collective) ou mécanique (à travers des institutions et des intérêts partagés), devient obsolète dans les représentations marocaines, au profit de la définition d'un islam propre à l'État marocain, ainsi que d'un intérêt nouveau pour le système régional africain. À ce titre, la dimension islamique de la politique étrangère marocaine telle qu'elle est étudiée par l'auteur ne nous renseigne que très partiellement sur la nouvelle identité de la puissance marocaine dans son environnement continental, tant celle-ci se construit dans un triple rapport entre le système de valeurs et de croyances internes, les intérêts politiques, et l'image renvoyée par les autres États, en particulier africains. Ici, nous nous interrogerons les intérêts, les déterminants et les conséquences de la politique africaine du Maroc. Nous questionnerons également la façon dont l'orientation africaine de cette diplomatie contribue à la construction de la puissance marocaine.

Enfin, il conviendra, au terme de cette étude, de proposer une « définition herméneutique » de l'identité de l'État, qui puisse donner un sens à la relation entre d'une part les différents éléments constitutifs de sa politique, et d'autre part les éléments discursifs et pratiques de sa conduite diplomatique. En parlant de « définition herméneutique », bien que cette expression paraisse contradictoire, nous insistons sur l'idée qu'il n'y a pas un seul caractère dans l'identité, qu'elle doit donc être définie de façon représentative, et que sa relation causale avec la diplomatie ne va pas sans interprétation.

Pour comprendre comment le Maroc se transforme dans un esprit d'intégration de son environnement africain, il conviendra d'identifier qui est à l'origine de cette politique et qu'est-ce qui la guide (chapitres 1, 2, 3). On étudiera l'évolution du système décisionnel marocain en matière de politique étrangère, en particulier le rôle prépondérant et le style du Monarque, à l'aune des évolutions structurelles et économiques internes, afin de démontrer comment le Maroc affirme peu à peu une « identité de rôle » sur la scène internationale, au sens défini par Alexander Wendt[90], diffusée par un appareil diplomatique qui se modernise et se développe. Nous éclairerons le lecteur sur les ambitions territoriales du Maroc en Afrique au lendemain de l'indépendance et la

89   Belhaj, *La dimension islamique dans la politique étrangère du Maroc, op. cit.*, p. 77-78.
90   Wendt, Alexander, *Social Theory of International Politics*, Cambridge, UK ; New York : Cambridge University Press, 1999, 447 p.

répercussion de ces conditions sur l'évolution de ses relations avec les États africains. Nous évoquerons notamment le rôle de la France dans la construction des relations maroco-africaines durant la Guerre froide.

Dans un second temps, nous interrogerons la façon dont cette identité de rôle se construit sur le plan normatif et discursif (chapitres 4, 5) comment elle se déploie sur le plan stratégique et diplomatique (chapitres 6, 7), et de quelle façon elle affecte cet environnement africain ainsi que le Maroc lui-même (chapitre 8). Nous présenterons le cadre de représentation et de légitimation qui structure cette politique, sur la base des conditions historiques analysées précédemment et des nouvelles ambitions marocaines, ainsi que la façon dont celles-ci font l'objet d'une stratégie de légitimation discursive. Nous analyserons de la stratégie et la conduite de la politique africaine à l'aune d'une étude des différents instruments mobilisés (politiques, économiques, culturels etc.) ainsi que d'une réflexion sur leur utilisation au sein d'une diplomatie d'influence. Cette partie ambitionne plus généralement de définir cette stratégie à l'échelle de la politique étrangère en s'inspirant du concept de stratégie indirecte développé par André Beaufre[91]. Nous nous intéresserons enfin aux retombées de cette politique étrangère, tant en termes de gains (relatifs ou absolus) que dans son potentiel de transformation de l'identité marocaine, de façon réflexive.

---

91   Beaufre, André, *Introduction à la stratégie*, Paris : Armand Colin, 1963, 192 p.

CHAPITRE 1

Genèse d'une politique africaine au Maroc : le Royaume à la quête de reconnaissance internationale

1   Introduction

Le Maroc ne dispose pas des gisements d'hydrocarbures de son voisin algérien, de même qu'il enregistre une importante dette publique (près de 84% du
PIB marocain). Pourtant, l'efficience avec laquelle il a engagé des réformes et
accéléré son développement économique est remarquable. Dès le début des
années 2000, le Maroc s'est engagé dans une politique de réduction de la dette
interne et externe, bénéficiant d'une conjoncture internationale favorable, de
la hausse des IDE (Investissements Directs à l'Étranger) en direction du Maroc,
ainsi que de la croissance des activités touristiques. Entre 1998 et 2007, la part
de la population pauvre en fonction du seuil de pauvreté national est ainsi
passée de 16,3% à 8,9%[1]. L'espérance de vie est en hausse, de même que le
Revenu National Brut par habitant, qui est passé de 1310$ en 2000 à 8410$ fin
2018[2]. Plus généralement, le Maroc affiche un taux de croissance de 3,5%[3] en
moyenne depuis près de vingt ans, occupant la cinquième place parmi le classement des pays africains les plus prospères[4] et la 7e place dans le classement
des puissances économiques africaines en fonction du PIB.

Le modèle d'émergence poursuivi par le Gouvernement est fondé sur la croissance, tirée par les exportations et les investissements étrangers dans le secteur
industriel, ainsi que celui des services. Dans un premier temps, sous l'influence
des normes néolibérales et la pression du « Consensus de Washington », le
Maroc avait adopté dans les années 1980, comme beaucoup d'autres États du
« tiers-monde », une politique d'ajustement structurel. Dans un deuxième
temps, au regard des résultats mitigés de cette politique d'ajustement, les organisations internationales, dans une perspective néo-institutionnaliste, ont
alors prôné « l'émergence économique » fondée sur la croissance ; de telle

---

1   Données de la Banque mondiale sur le Maroc : http://donnees.banquemondiale.org/pays/
     maroc.

2   *Ibid.*

3   *Ibid.*

4   « Rapport mondial sur la compétitivité 2015-2016 : le classement des pays africains », *Agence
     Ecofin*, 3 septembre 2014.

© KONINKLIJKE BRILL NV, LEIDEN, 2021 | DOI:10.1163/9789004439160_003

façon que de nombreux pays souscrivent à présent à ce paradigme. Comme le remarquait si justement Philippe Hugon, « le consensus de Washington a signifié la normalisation, voire la fin de l'économie du développement. (…) Lorsque le marché acquiert un statut d'universalité, que l'ordre spontané l'emporte sur l'ordre décrété et que la rationalité substantielle devient l'axiomatique, l'économie s'autonomise et l'économie du développement perd sa spécificité »[5].

Un pays émergent, au sens admis par ce consensus, est un pays à forte croissance économique, caractérisé par une certaine stabilité politique ainsi que par une forte extraversion de l'activité économique[6]. Le concept d'émergence fut pensé dans le but de reconnaître les pays en développement où le climat des affaires est favorable[7]. Tandis que plusieurs pays semblent entrer dans cette catégorie sans être qualifiés de pays émergents, d'autres sont identifiés comme émergents alors que leur économie est encore fragile. Bien qu'il n'y ait pas de consensus précis sur l'identification des pays émergents, la notion est néanmoins devenue aussi populaire que celle de démocratie ; un graal que les États en développement s'efforcent d'acquérir. C'est donc parce que « le terme est à la mode chez gouvernants et bailleurs »[8] que de nombreux pays comme la Côte d'Ivoire, le Gabon ou même le Tchad et le Togo ont des plans d'émergence à l'horizon 2030. De la même façon, au Maroc, Mohammed VI estimait y a quelques années que le modèle marocain de développement « a atteint un niveau de maturité qui l'habilite à faire une entrée définitive et méritée dans le concert des pays émergents »[9]. On constate dès lors que l'ouverture politique et économique poursuivie par le Roi Mohammed VI est à l'image d'un mouvement de réfraction, c'est-à-dire à la fois le résultat de l'influence des normes néolibérales à l'échelle internationale, et le moteur de l'émergence à l'échelle interne d'une façon particulière au Maroc. Le développement du pays est lié à l'ambition de l'émergence dans son acception néolibérale, comme l'indique son Discours du Trône de 2005[10], tandis que l'appareil monarchique constitue

---

5   Hugon, Philippe, « La crise va-t-elle conduire à un nouveau paradigme du développement ? », *Mondes en développement*, vol. n° 150, n° 2, 2010, p. 53-67.

6   Jaffrelot, Christophe *et alii*, *L'enjeu mondial : Les pays émergents*, Paris : Les Presses de Sciences Po, 2008, 381 p.

7   Nicet-Chenaf, Dalila, « Les pays émergents : performance ou développement ? », *La Vie des Idées*, 4 mars 2014.

8   Innocent, Marc, « La quête de l'« émergence » en Afrique, ou la fin de l'afro-pessimisme », *Abidjan.net*, 19 mars 2015.

9   « Discours à la Nation à l'occasion du 61ème anniversaire de la Révolution du Roi et du Peuple », *Lavieeco.com*, août 2014.

10   « Le développement global ne peut se réaliser sans la mise à niveau et la modernisation de notre économie et sans gagner les paris de l'intégration au sein de l'économie mondiale et du libre-échange. Cette exigence est incontournable si l'on veut accélérer le

le point d'incidence sans lequel aucune des transformations ne pourrait être initiée effectivement. La Monarchie admet toutefois qu'il n'existe pas un seul modèle de pays émergent et que certaines évolutions peuvent aussi contribuer à créer les écarts socio-économiques. Dans cette perspective, le Roi a proposé que ce modèle d'émergence marocain repose sur trois critères : « le niveau d'évolution démocratique et institutionnelle, le progrès économique et social, et l'ouverture régionale et internationale »[11].

Ce n'est donc pas un hasard si, à partir du début de son règne en 1999, l'émergence devint progressivement une priorité nationale, soutenue par un ensemble de réformes juridiques et sociales, par des programmes industriels et économiques ainsi que par la construction de nombreuses infrastructures. L'année 2005 en particulier s'est caractérisée par le lancement de l'Initiative Nationale pour le Développement Humain, en même temps qu'une série de « plans d'émergence » dont le contenu et les objectifs visent directement l'affirmation du Maroc en tant que puissance. Le premier programme allant dans ce sens, baptisé « Plan Émergence » a été lancé en 2005 et consiste en une politique industrielle visant à consolider les secteurs existants et ouvrir de nouveaux secteurs prometteurs (aéronautique, *offshoring*, automobile …). Dans le même objectif s'inscrivent le « Plan National pour l'Émergence Industrielle » lancé en 2009 et le « Plan National d'Accélération Industrielle » lancé en 2014. Selon le Ministre de l'Industrie, grâce à ces plans, la part de l'industrie dans le PIB devait passer de 14% à 23% entre 2014 et 2020[12]. Dès 2018, le pourcentage avait déjà atteint 25,9%[13], dépassant ces objectifs prévisionnels. Au chevet de son industrie le gouvernement s'est efforcé de drainer le maximum d'IDE tout en développant le commerce extérieur[14]. Cette stratégie a porté ses fruits puisque de nombreux groupes industriels étrangers (automobile, aéronautique, électronique) se sont implantés au Maroc ces dernières années. Cependant, les industries nationales demeurent faiblement développées et compétitives. Comme l'indique cette note d'analyse de l'AFD, cette voie est semée d'embuches : « la transformation structurelle de l'économie marocaine,

---

rythme de la croissance, améliorer la compétitivité, accroître la productivité et créer les richesses génératrices d'emplois » « Discours de S.M. le Roi Mohammed VI à l'occasion du 5ᵉ anniversaire de la Fête du Trône », *Maroc.ma*, 30 juillet 2005.

11   « Discours de SM le Roi à l'occasion du 61ᵉᵐᵉ anniversaire de la révolution du Roi et du peuple », *Maroc.ma*, 20 août 2014.

12   Merchet, Jean-Dominique, « En 2020, le Maroc entend être une puissance industrielle émergente », *L'Opinion.fr*, 07 avril 2014.

13   Données de la Banque mondiale. https://donnees.banquemondiale.org.

14   Vloeberghs, Ward, « Quand le royaume rayonne : La géopolitique marocaine au prisme du commerce extérieur », *Confluences Méditerranée*, vol. 78, n° 3, 2011, p. 157.

marquée par une tertiarisation relativement rapide, traduit les faiblesses du secteur industriel et le manque de compétitivité du secteur exportateur manufacturier marocain »[15]. Conscient de ces lacunes, le gouvernement a donc parallèlement orienté sa stratégie d'émergence vers d'autres secteurs, qui, bien qu'ils ne soient pas proprement industriels, contribuent tout de même à l'effort industrialiste.

Outre la planification industrielle, un grand nombre de projets sectoriels ont ainsi vu le jour dans des domaines très diversifiés durant cette même période : le « Plan Maroc Vert » en 2008, annonçant d'importants moyens financiers destinés à dynamiser l'agriculture, le « Plan Azur » en 2000 prévoyant la construction de six grands complexes touristiques dans des stations balnéaires marocaines, le « Plan Rawaj » en 2008 pour le développement du commerce, la « Vision Artisanat 2015 » pour développer les métiers des artisans du Maroc, le « Projet Halieutis » sur l'exploitation des ressources halieutiques, ou encore le projet « Maroc Numérique » en 2013. Afin d'attirer les investissements étrangers vers ces programmes, une Agence Marocaine de Développement des Investissements a été créée en 2009, appuyant les bureaux régionaux d'investissements déjà existants depuis 1999. Toute cette effervescence politique, en plus d'une politique gouvernementale de subvention de produits alimentaires et énergétiques, va, encore une fois, dans le sens de l'émergence telle que conçue du point de vue étatique. Selon ce rapport publié en 2006 : « L'intégration habile à l'économie du savoir, par le biais d'un alignement sur les *benchmarks* régionaux et internationaux dans ce domaine, offre une « sortie par le haut » pour l'économie marocaine. Notre pays peut ainsi légitimement ambitionner, au cours des deux décennies qui viennent, le passage d'une situation de « pays intermédiaire » à un statut de « pays émergent », avec un revenu dépassant 8000 dollars constants par habitant »[16]. Un objectif atteint puisque, comme nous l'avons relevé précédemment, le Revenu National Brut par habitant, est passé de 1310$ en 2000 à 8410$ fin 2018.

Les premiers effets de cette politique nationale sont d'ores et déjà visibles. Au niveau des infrastructures, on observe par exemple que le raccordement au réseau électrique a atteint 90% des zones rurales, que l'accès au réseau internet s'est élargi[17], que les réseaux routiers et les aéroports se sont développés,

---

15   Vergne, Clémence, « Le modèle de croissance marocain : opportunités et vulnérabilités », *Agence Française de Développement*, n° 14, 2014.

16   « Cinquantenaire de l'Indépendance du Royaume du Maroc – 50 ans de développement humain – perspectives 2025 », Document de Synthèse du Rapport Général, janvier 2006.

17   Le Maroc est le 3e pays africain le plus connecté à internet après les Seychelles et l'Ile Maurice. Chéneau-Loquay, Annie, « L'Afrique au seuil de la révolution des télécommunications », *Afrique contemporaine*, n° 234, 2010, p. 93-112.

que de nombreux ponts ont été construits, de même que des résidences visant à accueillir les futures familles de la classe moyenne émergente, des tramways dans les grandes villes, une ligne TGV ainsi qu'un grand port commercial à Tanger disposant d'une zone franche d'exportation ont vu le jour. Sur le plan institutionnel plusieurs mesures destinées à attirer les investissements étrangers ont été entreprises et sont encadrées par l'État. Tout cela démontre que le Royaume revient progressivement à la planification macro-économique après son abandon pendant la période de l'ajustement structurel, dans l'objectif de consolider ses ressources structurelles et de le faire reconnaître comme un pays émergent.

C'est ainsi qu'à l'échelle internationale, la quête de l'émergence a poussé le Maroc à signer plusieurs accords de libre-échange, notamment avec les pays arabes et méditerranéens (2001), avec les États-Unis (2004), et avec l'Union européenne (« Accord d'association », 2000). De la même façon, l'idée d'une interdépendance économique avec l'Afrique se profile. Selon ce rapport officiel, la politique d'émergence marocaine correspond à « une nouvelle approche de coopération Sud-Sud pour une croissance africaine partagée, positionnant le pays en tant que partenaire privilégié de co-émergence intégrée du continent »[18]. Dans cette perspective de « co-émergence » et de « croissance intégrée », le Maroc a consolidé ses relations commerciales avec un certain nombre de pays investisseurs en Afrique issus du « Sud global », comme la Chine, l'Inde, la Turquie ou le Brésil[19]. Au total, le Royaume a signé des accords de libre-échange avec 54 pays, qui représentent près d'un milliard d'habitants[20]. Cependant ce type d'accord profite davantage aux pays étrangers et ne fait que renforcer, pour le moment, une balance commerciale déjà déficitaire ainsi que des lacunes en matière de développement.

Ainsi, malgré la vitesse avec laquelle s'effectuent les réformes, le modèle de croissance marocain a aussi des chances de s'essouffler. Tout d'abord ce modèle parait insuffisamment inclusif[21], dans la mesure où de nombreux déséquilibres caractérisent le marché du travail et où la politique de subvention – insuffisante – ne peut à elle seule supporter le faible taux d'emploi et le poids d'une balance commerciale déficitaire. Or si la crise financière de 2007 a suscité l'émergence d'un nouveau débat sur la responsabilité des pays disposant des

---

18   « Rapport Annuel », Conseil Économique Social et Environnemental du Royaume du Maroc, 2013.

19   Pour plus de détails sur les différents échanges voir : Vloeberghs, « Quand le royaume rayonne », *art. cit.*

20   Aït Akdim, Youssef, « Entretien avec Mohammed Bachir Rachdi : "Le Maroc doit veiller à la cohérence de ses stratégies" », *JeuneAfrique.com*, 10 juin 2014.

21   Vergne, « Le modèle de croissance marocain : opportunités et vulnérabilités », *art. cit.*

capitaux internationaux dans l'équilibre du développement global, ainsi que d'une nouvelle théorie altermondialiste du « post-ajustement », le Maroc persiste dans sa quête de l'émergence selon les termes institués par les communautés épistémiques néolibérales. Par ailleurs, la dimension éco-responsable et sociale des projets n'est pas toujours prise en compte, si bien que la politique environnementale du Maroc demeure principalement nichée dans le secteur de l'énergie[22]. C'est l'une des raisons pour lesquelles, en dépit des nombreux progrès réalisés, le Maroc est classé 123e sur 189 pays dans l'Indice de Développement Humain. De même, les écarts de revenus ne cessent d'augmenter. Selon l'indice de Gini, 1/5e de la population contrôle 48% des richesses nationales[23]. Dans un rapport intitulé « Un Maroc inégalitaire, une taxation juste », l'ONG Oxfam notait ainsi que « *alors que le SMIG est de 2 570 dirhams mensuels* [environ 237 euros], *il faudrait 154 ans à une personne à ce niveau de salaire pour gagner l'équivalent de l'augmentation de la fortune sur une année de l'un des milliardaires du Maroc* »[24]. Enfin, sur le terrain de l'équité de genre, là encore, le déséquilibre est alarmant. Selon l'indice du *Global Gender Gap*, le Maroc est classé 137e sur 144 pays.

2   Mesurer l'émergence du Maroc à l'aune du nouvel ordre mondial : l'émergence de l'Afrique dans un monde « multiplex »

Le Maroc est-il véritablement sur la voie de l'émergence ? Comme le remarque ce chercheur : « S'il est facile d'identifier des économies riches qui ont fini d'émerger et d'autres, par exemple en Afrique, qui n'ont jamais émergé, le partage entre les deux n'est pas aussi clair : la Corée, la Grèce ou le Portugal ont-ils fini d'émerger ? Le Pérou ou le Maroc sont-ils entrés dans ce club envié ? »[25]. De même, s'il est difficile d'établir le degré d'émergence du Maroc à l'échelle macroéconomique mondiale à partir des chiffres et des projets nationaux évoqués plus haut, son développement doit être considéré à l'aune d'un double contexte global pour être véritablement mesuré : d'une part, celui du développement structurel de l'ensemble du continent africain, dont le Maroc

---

22   Abourabi, Yousra et Ferrie, Jean-Noël, « La diplomatie environnementale du Maroc en Afrique : un mix intérieur-extérieur », Revue Telos, 7 juin 2018. URL: https://www.telos-eu.com/fr/politique-francaise-et-internationale/la-diplomatie-environnementale-du-maroc-en-afrique.html.

23   Vergne, « Le modèle de croissance marocain : opportunités et vulnérabilités », *art. cit.*

24   https://www.oxfam.org/fr/publications/un-maroc-egalitaire-une-taxation-juste.

25   Sgard, Jérôme, « Qu'est-ce qu'un pays émergent ? », dans Jaffrelot, Christophe (dir.), *L'enjeu mondial. Les pays émergents*, Paris : Presses de Sciences Po, 2008, p. 41-54.

est l'un des reflets; d'autre part, celui du nouvel ordre politique mondial
« multiplex »[26], où le poids des petites et moyennes puissances est d'autant
plus reconnu qu'il est effectif.

Tout d'abord, le développement économique et structurel du Maroc semble
être amplifié par celui de l'ensemble du continent au lendemain de la Guerre
froide et surtout à partir des années 2000. Tandis que l'Afrique postcoloniale
était préoccupée par la construction d'États modernes et indépendants et a
représenté, sur le plan international, un « terrain » d'affrontement idéologique entre les deux pôles hégémoniques, l'Afrique post-bipolaire atteste au
contraire d'une émergence économique et politique significative qui découle
d'un certain nombre de facteurs.

1) Premièrement, la fin des conflits liés à la définition des frontières : comme
le remarquent Ali A. Mazrui[27] et plus récemment Michel Foucher[28], les frontières entre les États, bien qu'il ne s'agisse pas, dans la plupart des cas, de frontières naturelles, ont été progressivement intégrées par les pays africains, si
bien qu'elles ne font aujourd'hui l'objet que de très faibles contestations. Le
Maroc est l'un des rares pays africains qui subit une revendication d'indépendance à ses frontières, comme nous le verrons par la suite.

2) Deuxièmement, l'adoption de constitutions libérales qui autorisent le
multipartisme : comme le remarque Stephen Ellis[29], la chute du mur de Berlin
en 1989 coïncide plus particulièrement avec la publication d'un rapport de
la Banque mondiale intitulé « *Subsaharan Africa From Crisis to Sustainable
Growth* », suscitant de nombreuses critiques au sein du continent. C'était la
première fois que la Banque mondiale introduisait l'idée de la nécessité d'une
« bonne gouvernance » en Afrique, et appelait à des contributions financières
pour soutenir la démocratisation des différents gouvernements. Les pays souhaitant bénéficier d'une aide au développement devaient désormais accepter
de se « démocratiser », ne serait-ce qu'en surface. On remarque toutefois que
les mêmes difficultés inhérentes à l'adaptation du modèle de l'État westpha-
lien en Afrique postcoloniale, se réitérèrent lors des tentatives d'adoption d'un
mode de gouvernance démocrate et libéral en Afrique post-bipolaire, suscitant

---

26   Acharya, *Rethinking power, institutions and ideas in world politics, op. cit.*

27   Adebajo, Adekeye et Mazrui, Ali A., *The Curse of Berlin : Africa After the Cold War*, Oxford
       University Press, 2014, p. xiii.

28   Foucher, Michel, *Frontières d'Afrique : Pour en finir avec un mythe*, Paris : CNRS, 2014, 61 p.

29   Ellis, Stephen, « Africa after the Cold War : new patterns of government and politics »,
       Development and change, vol. 27, n° 1, 1996, p. 1-28.

un ensemble de réflexions sur la lenteur des transitions démocratiques[30] ou encore sur la nécessité de construire une démocratie « à l'africaine »[31].

3) Troisièmement, si durant la période postcoloniale bipolaire, les idéologies ont constitué un facteur majeur dans la définition des intérêts nationaux des États africains[32], il apparaît que la diplomatie des pays africains durant la phase systémique actuelle s'est modernisée : développement des appareils administratifs, élargissement et sectorisation du champ de compétence des diplomates (culture, économie, sécurité, religion etc.). Le retrait relatif des anciennes puissances coloniales et l'arrivée de « nouveaux acteurs de la coopération »[33], ont aussi contribué à l'autonomisation progressive des politiques étrangères étatiques.

4) Quatrièmement, la libéralisation des économies nationales africaines a transformé en partie leurs ambitions, inspirant pour de nombreux chercheurs l'idée d'une « privatisation des États » : une hypothèse fondée sur la privatisation montante des entreprises et services publics. Largement interprétée comme une énième illustration de la déliquescence de l'État africain, la privatisation des États peut néanmoins être considérée comme une poursuite de leur formation[34]. Les privatisations ont eu notamment pour conséquences la production de nouveaux espaces de pouvoirs, la reconfiguration des routes commerciales, des règles douanières etc., si bien que, comme le constate ce chercheur, « plusieurs parties de l'Afrique atlantique redécouvrent une forme néo-mercantiliste d'échanges commerciaux »[35]. L'extraversion de l'activité économique fut en partie à l'origine de la croissance du continent. Depuis 2000 on observe une croissance moyenne de 4,5% par an. Tandis que la pauvreté est en baisse, le revenu national par habitant est en hausse constante[36]. En dehors de ces considérations macro-économiques, la prise en compte des dynamiques locales (économies informelles ou *clusters*) révèle une véritable dynamique développement. Dans l'ensemble, les indicateurs sociaux affichent

---

30   Ferrié, Jean-Noël, « Les limites d'une démocratisation par la société civile en Afrique du Nord », *Études et Documents du CEDEJ*, n° 7, 2004.

31   Sakpane-Gbati, Biléou, « La démocratie à l'africaine », *Éthique publique. Revue internationale d'éthique sociétale et gouvernementale*, vol. 13, n° 2, 2011.

32   Zartman, Ira William, *International relations in the new Africa*, Englewood Cliffs, N.J., États-Unis d'Amérique : Prentice-Hall, 1966, p. 47.

33   Hugon, Philippe, « Les nouveaux acteurs de la coopération en Afrique », *International Development Policy | Revue internationale de politique de développement*, n° 1, 2010, p. 99-118.

34   Hibou, Béatrice, « La « décharge », nouvel interventionnisme », *Politique africaine*, vol. N° 73, n° 1, 1999, p. 6-15.

35   Ellis, « Africa after the Cold War », *art. cit.*

36   Données de la Banque mondiale sur la période 2000-2015. www.banquemondiale.org.

d'importants progrès tandis que la hausse de la part des classes moyennes au sein des sociétés africaines se confirme[37]. Ce contexte favorise l'émergence de nouvelles générations de décideurs, d'activistes et d'entrepreneurs.

5) Cinquièmement, on observe un développement du régionalisme africain, dont l'une des caractéristiques réside dans l'intérêt croissant des organisations régionales africaines pour la sécurité, alors même que ces différentes organisations avaient pour but, à l'origine, la coopération économique. On distinguera ici régionalisme et régionalisation. Le régionalisme est défini par Daniel Bach comme un projet qui « postule la construction explicite d'une identité, en opposition à sa formation. Il renvoie à la mise en œuvre d'un programme, voir à la définition d'une stratégie. Il peut s'agir de construction institutionnelle dans le cadre d'une Organisation intergouvernementale (OIG), mais aussi la conclusion d'arrangements politico-juridiques bilatéraux »[38] À titre d'exemple, la CEDEAO a créé l'ECOMOG en 1990, puis des forces de sécurité en attente en 1999. La mission de l'ECOMOG au Libéria en 1990 constitue la première intervention multilatérale africaine sur le continent. Depuis, plusieurs missions d'interventions de la CEDEAO ont été déployées parmi lesquelles l'ECOMOG en Sierra Leone (1997) et en Guinée Bissau (1999), la MICECI en Côte d'Ivoire (2003), l'ECOMIB en Guinée Bissau (2012), et la MISMA au Mali (2012). Par ailleurs, lorsque l'Organisation de l'Union africaine est devenue l'Union africaine en 2002, elle s'est dotée d'un Conseil pour la Paix et la Sécurité en Afrique, et a créé les « Forces Africaines en Attente », à qui on reconnaît un droit d'ingérence en cas de violation grave des droits de l'Homme (Charte de l'UA, art. 4), ainsi que la capacité d'intégrer le dispositif des OMP. L'ensemble de ces projets contribue fortement à une régionalisation[39] progressive du système africain.

6) Enfin, sixièmement, le paradigme de la « sectorisation » de la sécurité, principalement inspiré des travaux de l'école de Copenhague, a permis de rendre compte des différents facteurs et acteurs de la sécurité, une terminologie réutilisée très souvent par les États africains pour clarifier les objectifs de leurs politiques dans ce domaine (Déclaration de Kampala, 1991). Cette démarche leur a permis d'identifier et de formuler des stratégies pour répondre

---

37   Jacquemot, Pierre, « L'émergence de classes moyennes en Afrique », *Afrique contemporaine*, n° 244, 2013, p. 124-125.

38   Bach, Daniel C., « Régionalismes, régionalisation et globalisation », dans Gazibo, Mamoudou et Thiriot, Céline, *Le politique en Afrique – État des débats et pistes de recherche*, Paris, 2009, p. 346.

39   Toujours selon Bach, Daniel, « La régionalisation renvoie à des processus. Ceux-ci peuvent être le fruit de la concrétisation de projets régionalistes. La régionalisation peut également résulter de l'agrégation de stratégies individuelles, indépendantes de toute aspiration ou stratégie régionaliste identifiée ». *Ibid.*, p. 347.

aux nouvelles formes de menaces sécuritaires : l'activité terroriste, l'augmentation des migrations intra-africaines et des flux vers l'Europe, la piraterie maritime, les trafics de marchandises illégales, les risques environnementaux et sanitaires, etc. Cette diversification des champs d'action des États en matière de sécurité a favorisé l'émergence de puissances de sécurité africaines caractérisées par des rôles complémentaires en matière de consolidation de la paix sur le continent[40].

Toutes ces évolutions continentales ont fait apparaître l'Afrique comme un continent émergent, une terre d'opportunités pour les investisseurs, une nouvelle « frontière » du marché mondial des capitaux, et un acteur stratégique des relations internationales, et ce, dès le début du XXIe siècle. Si la thèse de l'émergence de l'Afrique peut être critiquée pour de nombreuses raisons[41], la reconnaissance de ce statut n'en est pas moins ancrée dans les discours. Par exemple, dès 2002, l'OCDE, dans un rapport sur l'émergence de l'Afrique, met en avant le rôle de la croissance et ses effets bénéfiques dans la lutte contre la pauvreté[42]. De même, l'ONU a organisé un sommet « Afrique émergente » visant à observer le développement des marchés frontaliers du continent. Les États-Unis, la Chine, le Brésil, l'Inde la Turquie ou encore les pétromonarchies du Golfe investissent désormais massivement en Afrique, tandis que leurs dirigeants déclarent l'importance stratégique que revêt l'Afrique dans l'élaboration de leurs politiques étrangères. Ces rapports et ces déclarations d'inspiration néolibérales contribuent à la diffusion de ce paradigme tout autant qu'elles instituent la reconnaissance de l'émergence africaine et en font un état de fait incontestable. Ainsi François Hollande, entre autres, avait déclaré en 2013 déjà que « le Maroc n'est pas un pays en développement, c'est déjà un pays émergent »[43] : une affirmation diplomatique qui atteste, sinon de l'émergence économique du Maroc, d'une émergence politique bien moins contestée. Tout cela consolide la reconnaissance internationale de l'émergence du Maroc,

---

40   Abourabi, Yousra et Durand de Sanctis, Julien, *L'émergence de puissances africaines de sécurité : Étude comparative*, Paris, 2016, 87 p.

41   L'Afrique est encore dépendante des aides extérieures, tandis que ses ressources naturelles sont surexploitées par des puissances étrangères et ne profitent pas encore suffisamment aux populations locales. Voir aussi : Sylla, Ndongo Samba, « From a marginalised to an emerging Africa ? A critical analysis », *Review of African Political Economy*, vol. 41, n° sup. 1, 2014, p. S7-S25.

42   Berthélemy, Jean-Claude *et alii*, *Emerging Africa*, Paris : Organisation for Economic Co-operation and Development, 2002, 232 p.

43   « Intervention du président de la République devant la communauté française au Lycée Lyautey de Casablanca », www.elysee.fr, 5 avril 2013.

deuxième destinataire des IDE en Afrique, bien que, comme pour le reste du continent, les conditions de cette émergence doivent être nuancées[44].

Par ailleurs, cette reconnaissance intervient dans un contexte plus global de reconfiguration des pôles de puissance. Le déclin de l'hégémonie américaine, la montée en puissance de la Chine, l'émergence de nombreuses puissances moyennes dans différentes aires régionales, l'apparition d'acteurs non-étatiques proactifs au sein des institutions de gouvernance globale, la diversification des normes et des contres-normes internationales ainsi que le développement de la coopération Sud-Sud, forment autant de manifestations de la formation d'un nouvel ordre mondial contemporain, post-hégémonique et multilatéral. Dans la vision d'Amitav Acharya, « le multilatéralisme post-hégémonique renvoie à une coopération formelle et informelle entre les acteurs, incluant mais ne se limitant pas aux États, sur la base de principes partagés et d'un leadership non-coercitif sur les plans global et régional »[45]. Autrement dit, l'ordre actuel n'est plus fondé sur l'équilibre d'une ou de plusieurs puissances hégémoniques, tandis que de nombreux acteurs étatiques et non-étatiques (société civile, communautés transnationales, firmes multinationales etc.) ne reconnaissent plus la domination absolue des grandes puissances traditionnelles. Le postulat de l'intérêt des États défini uniquement en termes de puissance et de sécurité, au sens réaliste, n'est plus aussi communément admis, à l'heure où la coopé-ration prend de multiples formes, sur les plans global et local. On admet donc aisément l'influence des normes, des idées, des croyances et des identités des États[46] sur la définition de leurs intérêts et de leurs orientations stratégiques. De même, on imagine aisément le développement de la coopération multila-térale sans le soutien et l'influence d'une puissance hégémonique telle que les États-Unis[47]. Enfin le développement du multilatéralisme post-hégémonique ne paraît pas incompatible avec le régionalisme, puisqu'on observe également que de nombreuses structures régionales, dont nous avons évoqué quelques exemples en Afrique plus haut, évoluent dans le sens d'une meilleure institu-tionnalisation de la coopération alors que de nouvelles dynamiques interré-gionales sont à l'œuvre[48].

---

44   À cet égard, voir les chapitres consacrés à l'économie et à la société dans : Abourabi, Yousra, *Maroc*, Bruxelles, De Boeck, 2019.

45   Acharya, *Rethinking power, institutions and ideas in world politics, op. cit.*, p. 141.

46   Wendt, *Social Theory of International Politics, op. cit.*

47   Keohane, Robert Owen, *After Hegemony : Cooperation and Discord in the World Political Economy*, Princeton, N.J. Oxford : Princeton University Press, 2005.

48   Rakotonirina, Haingo Mireille, « Le dialogue interrégional UE-Afrique depuis Cotonou : le cas de la facilité de soutien à la paix en Afrique », *Politique européenne*, n° 22, s. d.,

Dans ce contexte, le rôle des petites et moyennes puissances apparaît plus significatif. Les puissances moyennes constituent des États dont les ressources sont inférieures à celles des grandes puissances hégémoniques, mais suffisamment importantes pour qu'elles puissent exercer leur influence au sein de leur région ou au sein des structures de gouvernance multilatérales. Plusieurs États peuvent être désormais rangés dans cette catégorie à l'instar du Canada, de l'Australie et de la Suède, qui constituent des moyennes puissances traditionnelles, mais aussi de l'Argentine, du Brésil ou de l'Afrique du Sud, qui constituent des moyennes puissances émergentes[49]. Par ailleurs, les petites puissances jouissent aujourd'hui « d'un prestige et d'une visibilité internationales plus importants que jamais dans leur histoire »[50].

Cette nouvelle dynamique repose sur une double évolution : d'une part la puissance n'est plus évaluée à l'aune des ressources traditionnelles telles que définies par les écoles réalistes et libérales[51], excluant de nombreux facteurs immatériels, relationnels et réflexifs. Au contraire, certains critères traditionnels de la puissance peuvent s'avérer handicapants pour les petites et moyennes puissances : c'est le cas du territoire de la RDC ou de la démographie de l'Égypte. D'autre part, les politiques étrangères des petites et moyennes puissances se caractérisent par leur spécialisation dans un ou plusieurs domaines au sein desquels elles peuvent effectivement agir, ce qui rend leurs actions d'autant plus effectives. Sur la base d'un examen comparatif des politiques étrangères du Canada et de l'Australie, Cooper, Higgott et Nossal démontrent ainsi comment les puissances moyennes s'approprient les nouveaux thèmes de l'agenda international et se distinguent par leur comportement international. Ce qui différencie une puissance moyenne d'un État disposant des mêmes ressources est donc la capacité du premier à exercer une activité reconnue dans l'un des domaines de la gouvernance globale. Dans cette perspective, les puissances moyennes sont devenues, comme le remarque Eduard Jordaan[52], des acteurs stabilisateurs et légitimateurs de l'ordre mondial. Stabilisateurs grâce à leur capacité à apporter des changements profonds à un ordre régional ; légitimateurs

---

p. 125-147 ; Chaponnière, Jean-Raphaël, « Le basculement de l'Afrique vers l'Asie », *Afrique contemporaine*, n° 234, 2010, p. 25-40.

49   Jordaan, Eduard, « The concept of a middle power in international relations : distinguishing between emerging and traditional middle powers », *Politikon*, vol. 30, n° 1, 2003, p. 165-181.

50   Hey, Jeanne, « Introducing Small State Foreign Policy », dans Hey, Jeanne (dir.), *Small States in World Politics*, Boulder, 2003, p. 1-11.

51   Pour une revue du concept de puissance en théorie des Relations Internationales voir : Abourabi et Durand de Sanctis, *L'émergence de puissances africaines de sécurité : Étude comparative, op. cit.*

52   Jordaan, « The concept of a middle power in international relations », *art. cit.*

en raison de leur absorption des normes néolibérales institutionnalistes qui leurs confèrent leur légitimité et qu'ils contribuent en retour à appuyer. De la même façon, enfin, les petites puissances se distinguent par la concentration de leurs ressources dans des domaines spécifiques de la politique étrangère, capables de générer des bénéfices. Diplomatie de niche[53], diplomatie de rôle et diplomatie d'alliances constituent donc les trois principaux modèles d'action permettant aux petits États d'accéder au statut de puissance[54].

À partir de ces quelques définitions et au regard de ce nouveau contexte, le Maroc peut être considéré comme une petite puissance à l'échelle internationale et une moyenne puissance à l'échelle du continent, et ce malgré la faiblesse de ses ressources matérielles et les résultats mitigés de ses plans d'émergence. C'est en effet une question de perception et de projection. Les perceptions et les projections des dirigeants marocains à propos de l'évolution de leur pays et de celle du système international conforte aussi cette représentation de l'émergence. Sur ce point, la participation du Maroc au développement de l'Afrique représente aux yeux de ses dirigeants une façon de s'insérer dans cette dynamique d'émergence continentale. Comme le confirme ce discours royal, « le choix de l'ancrage africain pour notre pays participe d'une logique qui s'accorde avec les reconfigurations actuelles de l'économie mondiale caractérisées par le rattrapage économique des pays émergents et l'évolution vers un système mondial multipolaire ou notre continent est appelé à se positionner en tant que nouveau pôle mondial de croissance »[55].

3   De l'ambition de l'émergence à l'ambition de la puissance : le développement des relations internationales du Royaume

Le développement économique et structurel du Maroc, ainsi que le processus de transition politique initié sous Mohammed VI ont renforcé la confiance de l'État dans ses propres capacités à projeter sa puissance. De nouvelles

53   Cooper, Andrew F. (dir.), *Niche Diplomacy : Middle Powers After the Cold War*, Houndmills, Basingstoke, Hampshire : New York : Palgrave Macmillan, 1997, 221 p. ; Wyk, Jo-Ansie van, « Nuclear diplomacy as niche diplomacy : South Africa's post-apartheid relations with the International Atomic Energy Agency », *South African Journal of International Affairs*, vol. 19, n° 2, 2012, p. 179-200.

54   Öniş, Ziya et Kutlay, Mustafa, « The dynamics of emerging middle-power influence in regional and global governance : the paradoxical case of Turkey », *Australian Journal of International Affairs*, vol. 71, 2016, p. 1-20.

55   « Relations Maroc-Afrique : l'ambition d'une "nouvelle frontière" », Rabat : Ministère de l'Économie et des Finance, Direction des Études et des Prévisions Financières, 2014, p. 29.

orientations en matière de politique étrangère sont apparues au cours de ces vingt dernières années, visant l'ouverture vers des régions du Sud lointain comme l'Amérique latine et l'Asie ou encore l'évolution de ses rapports avec ses alliés traditionnels. Dès 2002, le Roi avait annoncé ces nouveaux objectifs : « Nous cherchons, avant tout, à conforter la position internationale privilégiée du Maroc, en tant que partenaire écouté des grandes puissances, défenseur vigilant des intérêts des pays en développement à l'ère de la mondialisation, et en tant que pôle de stabilité et de paix dans son environnement régional et dans le contexte international »[56]. Le développement des relations internationales du Royaume s'est donc traduit dans un premier temps par un certain nombre de choix politiques orientés vers une diplomatie des alliances, puis dans un second temps, vers une diplomatie de rôle.

1) La première orientation réside dans l'obtention d'un « statut avancé » auprès de l'Union européenne en 2008 : les relations entre le Maroc et l'Union européenne sont stables et continues depuis 1963, si bien que le Maroc constitue actuellement le premier bénéficiaire régional des aides financières européennes. On peut donc dire que le développement économique du Maroc a été conforté par les aides et aux investissements européens et plus particulièrement français[57]. La deuxième phase commence avec la signature du « Statut avancé », aboutissement de longues négociations fondées sur la politique euro-méditerranéenne et la politique européenne de voisinage[58]. Le « Statut avancé » comprend un accord de pêche, un accord de coopération en matière de sécurité et un accord de libre-échange économique, de même qu'un cadre de coopération en matière de démocratie et des droits de l'Homme. Le Maroc reconnaît à travers ce statut que l'Europe ne représente pas simplement un allié stratégique ou un pourvoyeur d'aide économique, mais aussi un modèle institutionnel et normatif.

Depuis 2008, le « statut avancé » sert également de cadre de renforcement des relations bilatérales : concertation politique, inclusion du Maroc dans les réseaux énergétiques et de transport européens, renforcement des liens entre acteurs publics et privés des deux rives harmonisation des règlements. Bien que ce statut soit critiqué en raison d'un manque de définition sur le plan juridique[59], et surtout de sa faible densité politique, il symbolise néanmoins

---

56   « Discours de S.M le Roi Mohammed VI à l'occasion du 49ème anniversaire de la Révolution du Roi et du Peuple », *Maroc.ma*, 2002.

57   Voir Annexe 3 et 3 bis.

58   Jaïdi, Larabi et Abouyoub, Hassan, *Le Maroc entre le statut avancé et l'Union pour la méditerranée*, 2008, 56 p.

59   Delort, Nicolas, « Statut avancé : passer du symbolique au pratique », *Institut Amadeus*, 2010.

une avancée diplomatique. Pour Abdallah Saaf, « le Maroc tient à mettre en relief son avance sur les autres pays du Sud, faisant valoir qu'il est le seul pays arabe et musulman à avoir engagé un vrai dialogue avec l'UE sur les questions de gouvernance, de démocratie ou de respect des droits de l'Homme[60] ». En effet plusieurs pays, dont la Tunisie et l'Égypte, avaient émis le souhait d'obtenir eux aussi un statut avancé à la suite des négociations marocaines, sans succès[61].

2) Deuxièmement, on peut évoquer la réaffirmation de l'alliance stratégique avec les États-Unis : l'intérêt des américains pour le Maghreb s'est illustré, depuis 2001, par la mise en place d'un nombre important de partenariats stratégiques à l'instar du MEPI (*Middle East Partnership Initiative*), du *Millenium Challenge Account* (Compte du Millénaire), ou du TSCTP (*Trans Sahara Counterterrorism Partnership*). Le Maroc a profité de cette conjoncture de sécuritisation de l'espace maghrébin par les américains au lendemain du 11 septembre, pour engager une alliance en faveur de la coopération économique et militaire, en particulier dans le domaine de la lutte anti-terroriste. Rappelons que la « sécuritisation » renvoie à la légitimation d'un domaine comme un enjeu de sécurité. Elle est selon Buzan, Waever et De Wilde « une version extrême de la politisation » et renvoie à la présentation d'un problème « comme une menace existentielle, requérant des mesures extrêmes et justifiant des actions en dehors des limites habituelles des procédures politiques »[62]. La sécuritisation est observée par les auteurs dans 5 secteurs : militaire, politique, économique, sociétal et environnemental. On reconnaît ainsi un objet sécurisé par l'identification des actes de langage et des politiques institutionnelles qui suggèrent l'importance sécuritaire que revêt tel ou tel enjeu. Ces actes de langage (des discours notamment), grâce à leur rhétorique particulière, « accomplissent un effet suffisant pour faire tolérer par un public la violation des règles habituellement respectées ? »[63]. En effet, l'entrée en guerre en Irak a fortement contribué à la construction du nouvel ennemi post-bipolaire, tandis que la crise islamiste algérienne durant la période 1992-1996 a renforcé l'intérêt des États-Unis pour l'espace maghrébin, de crainte que la vague islamiste algérienne ne se propage

---

60   Saaf, Abdallah, « Le partenariat euro-maghrébin », dans Mohsen-Finan, Khadija (dir.), *Le Maghreb dans les relations internationales*, Cnrs Éditions, 2011, p. 189-211.

61   Khémaies Chammari « Tunisie – UE : confusions autour du statut avancé », e-Joussour, 16 juin 2010.

62   Buzan, Barry *et alii*, *Security : A New Framework for Analysis*, Boulder (Colo.) London : Lynne Rienner publishers, 1998, p. 23-25.

63   *Ibid.*

dans la sous-région[64]. Les attentats du 11 septembre, enfin, ont définitivement reconfiguré les objectifs de la politique étrangère américaine, ainsi que sa représentation de l'espace « arabo-musulman ». L'initiative pour un « *Greater Middle East* », allant de la Mauritanie au Pakistan[65], lancé par George Bush en 2004, conforte cette nouvelle représentation géopolitique assimilant le Maghreb au Moyen-Orient. Dans ce contexte, l'islam politique a fait l'objet d'une sorte sécuritisation.

C'est pourquoi, depuis 2012 l'instauration du « Dialogue Stratégique », objet d'une session annuelle dont le but est de renforcer les instruments de coopération entre les deux pays, participe à faire du Maroc un allié régional de premier plan dans la lutte anti-terroriste. La signature d'un « Accord de libre-échange » économique (ALE) en 2004 a accompagné la signature d'un accord qui présente le Maroc comme un « allié majeur non-OTAN », ce qui montre, comme le souligne Larbi Jaïdi également, que l'accord de libre-échange est « essentiellement une question de politique étrangère, plutôt qu'un enjeu économique pour les deux partenaires »[66].

3) Troisièmement, on peut noter la préférence accordée, au sein de l'aire culturelle arabo-musulmane, au développement de la coopération avec l'Arabie Saoudite et les Émirats du golfe persique. En tant que président du Comité Al Qods et membre actif de l'OCI (Organisation de la Conférence Islamique), le Maroc réaffirme, sous le règne de Mohammed VI, son engagement en faveur de la médiation des conflits au sein de cet espace et se rapproche davantage des pays du Golfe.

4) Quatrièmement, il convient de souligner le développement de la coopération avec de nouveaux pays du Sud : dans l'objectif de consolider son ouverture économique et politique, le Maroc s'est tourné vers les continents asiatique et sud-américain. Le développement de ses relations diplomatiques avec l'Amérique Latine est le résultat d'une série de visites royales en 2004 dans 5 grands pays du sous-continent[67], aboutissant à l'intégration par le Maroc de

---

64   Une étape également observée par Y.H. Zoubir « Durant la crise algérienne, particulièrement dans la période 1992-1996 où le terrorisme islamiste faisait ravage, plus de 400 000 cadres algériens (informaticiens, médecins …) auraient fui vers l'Europe et l'Amérique du Nord. Et, c'est précisément durant ces années de la crise algérienne que le Maghreb est devenu important aux yeux des États-Unis » Zoubir, Yahia H., « Les États-Unis et le Maghreb : primauté de la sécurité et marginalité de la démocratie », *L'Année du Maghreb*, II, 2007, p. 563-584.

65   N. Rfaif dénonce « l'arabitude » de la politique américaine au Maroc. Selon lui « L'appartenance à cette nébuleuse constitue un boulet ». Rfaif, Najib, « L'arabattitude dans tous ses États », *La Vie Eco*, 16 avril 2004.

66   Jaidi L., « Trois vérités sur l'accord Maroc-USA », *La Vie Économique*, 12 avril 2004.

67   Voir Annexe 1 et 1 bis.

nombreuses organisations régionales en tant que membre observateur[68] ainsi que par l'octroi d'aides humanitaires à des États insulaires des Caraïbes[69]. Parallèlement, en Asie, la politique étrangère fut orientée sous Mohammed VI vers deux groupes d'États principaux : ce que cet Ambassadeur dénomme les « grands pays » (Chine, Japon, Inde, Vietnam, Indonésie, Corée du Sud et Philippines) et ce qu'il dénomme les « petits pays, nouveaux Émirats pétroliers, gaziers et miniers »[70] (Kazakhstan, Malaisie, Brunei, Turkménistan, Mongolie, Azerbaïdjan). La politique marocaine en Asie s'est caractérisée, comme pour l'Amérique Latine, par un effort constant de représentation dans les organisations multilatérales de coopération économique et dans les forums interrégionaux[71]. À partir de 2016 notamment, les relations entre le Maroc et la Chine connaitront un développement accéléré par la signature, dans le cadre d'une visite royale à Pékin, d'une multitude d'accords de coopération publics et publics-privés.

L'orientation africaine de la politique étrangère marocaine s'inscrit en premier lieu dans ce cadre général. Dans l'objectif de consolider ses relations avec l'ensemble des pays évoqués plus haut, le Maroc se présente comme un « pont », comme un acteur du rapprochement interrégional. Il projette de devenir un « hub régional entre le monde arabo-africain et le monde ibéro-américain » qui entend jouer un rôle clé dans le « rapprochement bi-régional » entre l'Afrique et l'Amérique latine[72]. De même, vis-à-vis de l'Asie, le Royaume

---

68 Le Maroc est membre observateur du PARLANTINO, Parlement latino-américain qui regroupe 22 pays, de l'AEC, Association des États des Caraïbes, qui regroupe 25 pays, et de la SEGIB, Conférence ibéro-américaine, qui réunit des États souverains d'Amérique et d'Europe de langue espagnole et portugaise. Il est le seul pays arabe et africain à bénéficier de ce statut.

69 En 2007, Rabat a abrité sa première réunion avec les pays membres de CARICOM (Communauté des Caraïbes), au bénéfice du développement humain de ses populations. Dès février 2013, une mission marocaine en tournée au Caraïbes a procédé à la signature d'une « feuille de route » pour la période 2013-2015, dont l'objectif principal était de renforcer le développement socioéconomique de la région.

70 Selon l'Ambassadeur du Maroc en République Populaire de Chine, El Hakim, Jaafar, « Le nouveau partenariat Maroc-Asie », dans Azzouzi, Abdelhak (dir.), *Annuaire marocain de la stratégie et des relations internationales*, Rabat : L'Harmattan, 2012.

71 Le Maroc a intégré le FOCAC (Forum de Coopération sino-africaine) lancé en 2000, le FSA (Forum de Coopération sino-arabe) lancé en 2004, le NAASP (Nouveau partenariat stratégique Afrique-Asie) fondé en 2005, l'ACD (Dialogue de Coopération Asiatique) créé en 2002 et au sein duquel le Maroc est devenu Partenaire au Développement en 2008, l'ASEAN (Association des Nations de l'Asie du Sud-Est) dont le Maroc est membre observateur depuis 2008, ou encore l'AMED (Dialogue Asie-Moyen-Orient) établi en 2004.

72 Selon l'Ambassadrice du Maroc au Pérou, Aouad, Oumama, « Les Relations du Maroc avec l'Amérique latine », dans Azzouzi, Abdelhak (dir.), *Annuaire marocain de la stratégie et des relations internationales*, Rabat : L'Harmattan, 2012.

ambitionne d'être reconnu comme une plateforme africaine pour les investisseurs. Or cette ambition égale le besoin de construire et de conforter son
ancrage en Afrique, qui représente désormais une profondeur stratégique nécessaire à l'affirmation de la puissance marocaine. La projection de l'économie
du pays vers le continent africain[73] apparaît liée au processus d'émergence initié sous Mohammed VI.

Ainsi, d'une part, le processus d'émergence apparaît, à bien des égards et
malgré les écarts socio-économiques qu'il peut provoquer, comme un cata-
lyseur d'optimisme public. Il révèle l'orientation diplomatique fortement régionaliste souhaitée par la société, qui brigue un statut de future puissance
pour le Maroc, tout en la projetant dans ses dimensions spécifiquement relationnelle, interdépendante et multilatérale. Une vision que l'on retrouve également dans la thèse de doctorat de Mohammed VI selon qui le Maroc sera
porté dans le futur à s'intégrer dans sa région au détriment de ses relations
bilatérales avec l'Europe[74]. D'autre part, les ambitions du Royaume rendent
compte de sa propre représentation de sa place en tant que pont géoculturel et
géostratégique. Plus généralement, ces ambitions participent à la construction
de l'identité de rôle du Maroc, à savoir le rôle qu'il souhaite jouer sur la scène
internationale sur la base de sa perception de sa propre identité et de l'image
que lui renvoient les autres États[75].

4   La construction discursive de l'identité de rôle internationale du Maroc autour de la notion de « juste milieu »

L'identité de rôle d'un État repose, rappelons-le, sur un ensemble de normes,
de valeurs et de perceptions partagées par les dirigeants d'un État et par la
communauté internationale. Elle est co-construite par l'État et son entourage
de façon réflexive, de même qu'elle s'inscrit dans un temps long. Un État peut

73   Selon le portail du Ministère de l'Économie et des Finances : « L'ambition du gouvernement est de hisser l'industrie marocaine à des niveaux de compétitivité plus élevés
pour renforcer le positionnement du Maroc en tant que hub industriel et relais de
croissance pour les investisseurs étrangers. Ces derniers auront ainsi facilement accès à
l'Afrique subsaharienne dont la croissance pourrait atteindre 6 à 7% dans les années à
venir. Le Maroc est par ailleurs sur le point de conclure des accords préférentiels avec
les pays de l'Union Économique et Monétaire Ouest-africaine (UEMOA) ». URL: https://
www.finances.gov.ma/fr/pages/strat%C3%A9gies/pacte-national-pour-l%E2%80%
99emergence-industrielle.aspx.

74   Alaoui, Mohammed Ben El Hassan, *La coopération entre l'Union européenne et les pays du Maghreb*, op. cit., p. 16.

75   Wendt, *Social Theory of International Politics*, op. cit., p. 224.

changer de rôle international d'une décennie à l'autre, mais il ne pourrait légitimement revendiquer une identité de rôle sur la seule base d'une spécialisation de l'appareil diplomatique dans un domaine particulier. C'est la combinaison de cette spécialisation avec les autres dimensions de l'identité étatique (de type, de corps et éventuellement collective[76]) qui peut légitimer cette posture.

Il est possible en revanche pour un État de retrouver dans son histoire des éléments lui permettant de rendre légitime une posture qui jusqu'alors n'était ni officiellement revendiquée ni reconnue. La valorisation de cette lecture de l'histoire passera alors par les discours. Or, contrairement au concept de « soft power » aujourd'hui intégré dans le langage politique, celui « d'identité de rôle » est peu utilisé, y compris dans le milieu académique. Si un État revendique aujourd'hui aisément son soft power, il n'en fait pas de même de son identité de rôle, mais cela ne veut pas dire qu'il n'en a pas ou qu'il ne la projette pas. Dans le cas du Maroc, tout l'enjeu de cet ouvrage sera de dévoiler son existence et d'en décrire la consistance, par l'analyse comparée de la diplomatie africaine et de l'appareil de légitimation discursif qui l'accompagne.

Notre observation de départ est que la notion de « juste milieu » figure de façon prégnante et récurrente dans les discours politiques et les médias. Il est possible d'identifier un « réseau dialogique », c'est-à-dire un ensemble d'actes de langages « fait de reprises successives de propos orientés vers une thématique unique (...) liées entre elles par une série de connecteurs »[77], et porté par différents acteurs, autour de cette notion. Le « juste milieu » n'est pas officiellement présenté comme un caractère de l'identité nationale ou une doctrine étatique en matière diplomatique et stratégique. Néanmoins, l'emploi collectif de cette notion par différents acteurs est tel qu'il lui confère une intelligibilité propre coïncidant précisément avec la politique étrangère du royaume.

La première utilisation officielle du terme semble remonter au « Discours à l'occasion de la fête de la jeunesse », prononcé par Hassan II en 1973, dans lequel il définit le Maroc comme « la nation du juste milieu ». Ses occurrences se dévoilent néanmoins avant et après. En 1969, un journaliste du *Monde Diplomatique* décrivait l'admission du Maroc à la Conférence du Désarmement comme « la consécration d'un comportement qui, au cours des treize années d'indépendance, a pris pour règle de garder la juste mesure et le juste milieu entre les blocs rivaux »[78]. Sur un autre registre, en 1983, la thèse de Lhouceine

---

[76]   Sur la définition de ces autres dimensions de l'identité, voir l'introduction.

[77]   Dupret, Baudouin *et alii*, « Derrière le voile. Analyse d'un réseau dialogique égyptien », *Droit et Société*, n° 68, 2008, p. 4.

[78]   Gravier, Louis, « Le Maroc défend ses intérêts nationaux à l'écart des antagonismes des Grands », *Le Monde diplomatique*, 1 septembre 1969.

Boubkraoui a présenté le Maroc comme le « pays du juste milieu par excellence »[79], sans lui donner de définition précise. Dès 1989, Driss Basri explique, au sein d'une campagne élogieuse sur Hassan II, l'étymologie religieuse du terme : « Ici comme dans les autres domaines, le Souverain s'est inspiré de l'Islam qui a fait de ses adeptes une nation heureuse et prospère du juste milieu »[80]. En 1992, le chercheur Abdelhak Berramdane a soulevé « la mise en œuvre d'une nouvelle philosophie politique, celle du juste milieu »[81], tandis que Hammad Zouitni a remarqué en 1998 le choix d'un « juste milieu » dans le comportement diplomatique marocain[82].

L'année suivante, le nouveau Roi Mohammed VI a affirmé dans son tout premier discours que la culture marocaine s'inspirait « des enseignements et préceptes de notre religion, ceux qui préconisent le juste milieu, la pondération, la tolérance et l'ouverture »[83]. Un énoncé simple, qui aura néanmoins force de résonance dialogique. Chaque année depuis 1999, le terme « juste milieu » apparaît dans l'un des discours du Roi, le plus souvent dans le Discours du Trône annuel. À défaut d'être mentionné *per se* dans un Discours du Trône, il est remplacé dans le même contexte par les termes « modération » ou « tolérance » (par exemple dans le Discours du Trône de 2002). Dans le sillage des discours royaux, chaque année depuis 1999, des rapports parlementaires, ministériels, des articles journalistiques ou encore des émissions audio-visuelles mentionnent, à cor et à cri, la culture marocaine du « juste milieu ».

L'usage de cette expression à grande échelle laisse donc entrevoir des représentations opposées et diversifiées du concept. Pour Abdelkhaleq Berramdane, il est d'ordre économique, et se traduit par la marocanisation des biens étrangers dans le commerce et l'industrie (*dahirs*[84] de mars et mai 1973)[85]. Dans les écrits de Mimoun Hilali, le juste milieu est employé comme un adjectif qui renvoie à « l'adoption d'un libéralisme dit mesuré, destiné à ménager les

---

79   Boubkraoui, Lhouceine, *Essai de formalisation du fonctionnement de l'économie marocaine*, Reproduction en version papier du Centre National de Documentation du Royaume du Maroc, Université Paris 1 Panthéon-Sorbonne, 1983, p. 15.

80   Basri, Driss, *Le Maroc des potentialités : génie d'un roi et d'un peuple*, Royaume du Maroc, Ministère de l'information, 1989, p. 58.

81   Berramdane, Abdelkhaleq, *Le Sahara occidental, enjeu maghrébin*, Paris : Karthala, 1992, p. 13.

82   Zouitni, Hammad, *La diplomatie marocaine à travers les organisations régionales (1958-1984)*, Casablanca, 1998, p. 33.

83   « 1er Discours du Trône de Sa Majesté le Roi Mohammed VI », *Maroc.ma*, 30 juillet 1999.

84   Un dahir est un décrêt royal. Il désigne plus généralement le sceau du Roi sur les textes de lois votés au parlement.

85   Berramdane, *Le Sahara occidental, enjeu maghrébin, op. cit.*, p. 13.

révolutionnaires de l'intérieur sans décevoir les partenaires de l'extérieur »[86]. Sur le site web de la mission marocaine à l'ONU, on peut lire que : « Cette démarche volontariste adoptée dès l'indépendance du Maroc en 1956 s'est notamment traduite par l'instauration du multipartisme et de la liberté d'entreprise et s'est prolongé dans une politique de réformes qui met l'individu au centre des préoccupations du Gouvernement »[87]. Selon Driss Basri, le juste milieu caractérise plus généralement tous les domaines de la politique, dont la diplomatie : une « approche du monde extérieur (...) empreinte de libéralisme, de tolérance, de juste milieu »[88].

Plus spécifiquement, Lhouceine Boubkraoui associe le juste milieu à une identité géoculturelle, qui renvoie à l'ancrage à la fois africain et méditerranéen du Maroc, de sort qu' « il se situe par conséquent de par sa position dans le juste milieu de plusieurs civilisations et courants à la fois d'orient et d'occident et du 'nord et du sud' »[89]. Dans un autre registre, Eric Bonnier voit dans le rite malékite pratiqué au Maroc, « une doctrine du juste milieu où le politique et le théologique se correspondent »[90]. Pour Mohsine Elahmadi le juste milieu est également lié à la réforme de la politique religieuse en 2002, permettant de « défendre habilement l'identité malékite du royaume sans compromettre le choix irréversible du libéralisme fait par le Royaume »[91]. Dans la même perspective, Mounia Bennani-Chraïbi affirme que les campagnes législatives de 2002 étaient marquées par une série de débats sur « une approche de la marocanité et de l'islamité, se voulant une vision du 'juste milieu', ménageant le conservatisme de l'ordre social et moral, imprégnée de 'civilité urbaine' des 'gens de bien' »[92]. Plus récemment, les chercheurs Cedric Baylocq et Aziz Hlaoua ont publié un article démontrant comment la diplomatie religieuse africaine du Maroc s'est développé par un positionnement symbolique « qui consiste en l'affirmation d'un « islam du juste milieu » basé sur trois piliers doctrinaux et spirituels » : le rite malékite, l'acharisme et le soufisme[93].

---

86   Hillali, Mimoun, « Du tourisme et de la géopolitique au Maghreb : le cas du Maroc », *Hérodote*, vol. 127, n° 4, 2007, p. 47-63.

87   À l'adresse : http://www.mission-maroc.ch/fr/pages/16.html.

88   Basri, *Le Maroc des potentialités, op. cit.*, p. 114

89   Boubkraoui, *Essai de formalisation du fonctionnement de l'économie marocaine, op. cit.*, p. 15.

90   Bonnier, Henry, *Une passion marocaine*, Artège, 2015, p. Chap. 7.

91   Elhamadi, Mohsine, « Modernisation du champs religieux au Maroc 1999-2009 », dans *Une décennie de réformes au Maroc (1999-2009)*, Karthala, 2009, p. 119.

92   Bennani-Chraïbi, Mounia, *Scènes et coulisses de l'élection au Maroc : les législatives 2002*, Karthala 2005, p. 154.

93   Baylocq Cédric, Hlaoua Aziz, « Diffuser un « islam du juste milieu » ? Les nouvelles ambitions de la diplomatie religieuse africaine du Maroc », *Afrique contemporaine*,

Enfin, plus généralement, de nombreux marocains interrogés (d'âges, de milieux socio-professionnels, et économiques différents) reconnaissent le terme sans pouvoir le définir politiquement ou le reconstituer étymologiquement avec précision. Pour la plupart, ils l'assimilent de mémoire à un hadith prophétique populaire, érigé en adage : *khayru al 'umûr awsatuha* (la meilleure des voies est celle du milieu). Il apparaît donc que peu importe le domaine ou la perspective dans lesquels on le place, le juste milieu est la juste assertion qui spécifie toute affaire publique, tant la notion possède un caractère surplombant. Ce réseau dialogique en dévoile néanmoins trois attributs majeurs : premièrement son étymologie religieuse dans la lecture marocaine du terme ; deuxièmement son rapport ambigu, à ce stade, à la philosophie libérale, et enfin troisièmement sa dimension politique et diplomatique. Cette constellation de termes ou d'actes reliés directement ou indirectement à l'idée de juste milieu, forment donc autant de terrains d'expression stratifiés et hétérogènes pouvant nous aider à conférer à cet ensemble une signification cohérente.

En effet la notion de « juste milieu » trouve, dans la définition marocaine, ses origines étymologiques dans le Coran. Le réseau dialogique étudié révèle clairement cette connexité : on dit de l'islam qu'il est une religion du juste milieu, en référence à la Sourate Al Baqara[94], verset connu et cité à plusieurs reprises par le Monarque pour justifier, sous la forme d'un syllogisme, que la nation marocaine, en tant que nation musulmane, est également une nation du juste milieu. Le juste milieu forme la traduction du mot *wasatiya* dans le vocabulaire théologique (la médiété) ou de son synonyme politique *i'tidal*. La *wasatiya* est parfois traduite par « juste », parfois par « milieu » et parfois les deux, ce qui suppose que le juste et le milieu, sont mis en équivalence. Au demeurant, le terme *wasat* et ses variations (*al waset, awsatuhum, awsatna*) n'apparaissent que cinq fois dans le Coran : dans Sourate Al Baqara (Versets, 143 et 238), Sourate Al Ma'ida (Verset 89), Sourate Al Qalam (Verset 28), Sourate Al 'Adiate (Verset 5), sans qu'il ne signifie systématiquement un principe théologique.

Sur le plan politique, le juste milieu renvoie à la modération dans l'exercice du pouvoir. Dans la définition aristotélicienne, le juste milieu signifie l'adoption d'une constitution qui symbolise ce qui est commun aux citoyens, à une voie médiane entre l'idéalisme et le réalisme dans la théorie et la pratique de

---

2016/1 (n° 257), pp. 113-128. DOI : 10.3917/afco.257.0113. URL : https://www.cairn.info/revue-afrique-contemporaine-2016-1-page-113.htm.

94   « C'est ainsi que Nous avons fait de vous une communauté du juste milieu afin que vous soyez témoins parmi les hommes et que le Prophète vous soit témoin » (témoins parmi les gens du Livre le jour du Jugement dernier). Le Coran, Sourate de la Vache, Verset 143.

la puissance, et enfin au point d'unité entre l'espace de la cité et l'espace des institutions[95]. La considération soignée dont jouit la notion dans la littérature philosophique d'Aristote au sein des pays arabes a influencé l'interprétation politique de ce concept. Elle pourrait même justifier la mise en équivalence quasi-naturelle que Mohammed VI admet entre le « juste milieu » dans l'identité nationale d'une part et le « juste milieu » dans l'islam d'autre part, puisque, selon lui : « les Marocains ont choisi d'adopter l'Islam parce que, religion du juste milieu, il repose sur la tolérance »[96].

Cependant l'étude épistémologique de ce terme démontre aussi qu'il doit être situé dans un sens proprement éthique. Le caractère plurivoque du concept ne se dévoile qu'après interprétation, que ce soit celle des spécialistes du Coran ou d'Aristote. Ainsi sa dimension politique ne peut être comprise dans la même valeur que celle apportée par Machiavel à son éthique politique par exemple, à savoir une philosophie matérialiste de l'action. Au contraire, le juste milieu aristotélicien comme coranique apparaît comme un concept lié à une philosophie réflexiviste de l'être. L'étude du réseau dialogique marocain dévoile une compréhension du juste milieu qui dépasse le niveau éthique, mais qui appréhende aussi des leviers d'action politique. En vue d'offrir une meilleure interprétation de cette vision, l'analyse du contexte international dans lequel s'est exprimé la notion s'avère plus utile à l'analyse du passage de sa version philosophique à sa version politique.

Les Rois successifs du Maroc ont tour à tour participé à l'extension de ce réseau dialogique et donné plus de précisions à la définition du concept de juste milieu. Ainsi selon le Roi Mohammed V, le juste milieu renvoie effectivement en premier lieu à « trait d'union » entre l'orient et l'occident. Le 18 novembre 1956, il déclara que le Maroc était « fermement décidé à définir une politique qui (lui) permette (...) de jouer son rôle de trait d'union entre l'Orient et l'Occident »[97], et ajouta, un an plus tard, que ce « rôle historique joué par le Maroc, trait d'union entre les civilisations » constituait un rôle qui lui « était naturellement prédisposé par sa position géographique, au carrefour de quatre continents »[98].

Le Roi Hassan II a aussi participé à la consolidation de cette définition, notamment par cette formule si couramment citée par les Marocains, tirée

---

95   Vilatte, Sylvie, *Espace et temps : la cité aristotélicienne de la Politique*, Presses Univ. Franche-Comté, 1995, p. 241-242.

96   « Discours royal à l'occasion du 4ème anniversaire de la Fête du Trône », *Maroc.ma*, 30 juillet 2003.

97   Discours du Trône de Mohammed V, le 18 novembre 1956. Cité dans Saint-Prot, Charles, *Mohammed V ou la monarchie populaire*, Monaco : Éditions du Rocher, 2012, p. 189.

98   Déclaration de Mohammed V devant le Roi Abdel Aziz ibn Saoud en 1957. Cité dans *Ibid.*

des mémoires du défunt Monarque : « Le Maroc ressemble à un arbre dont les racines nourricières plongent profondément dans la terre d'Afrique et qui respire grâce à son feuillage bruissant aux vents d'Europe. (...) Aujourd'hui le Maroc reprend la place qui était géographiquement, historiquement, politiquement la sienne : il est redevenu une nation de synthèse, une communauté de liaison entre l'Orient et l'Occident »[99]. Le recours à la métaphore de l'arbre et à l'image de la liaison, s'avère dans ce contexte salutaire pour le pouvoir (et produira comme nous le verrons plus loin d'autres ramifications dialogiques concernant l'identité du Maroc en tant que trait d'union entre les civilisations). Dans le contexte de la Guerre froide, le choix d'une monarchie qui se proclame à la fois sociale et libérale[100], et d'une diplomatie qui se dit non-alignée sans être engagée activement dans le combat tiers-mondiste[101], force la délicatesse dans la définition de l'identité de l'État. Comme le formulait l'ancien Ministre Driss Basri, c'est ainsi que « dans sa quête du juste milieu, le Maroc a, dès l'indépendance, proclamé sa volonté de non-dépendance, et d'équilibre entre les grandes puissances »[102]. Le concept de 'non-dépendance' distinguait la posture marocaine du « neutralisme positif égyptien » de la « neutralité active » de la Jordanie ou encore du « non-suivisme » sénégalais[103], autant de nuances rhétoriques des pays non-alignés, État-nations naissants, chacun clamant la singularité de sa posture diplomatique. Dans le cas du royaume, l'alliance avec l'Europe occidentale lui paraissait aussi nécessaire qu'elle était désirée historiquement, tandis que l'appui aux idéologies des peuples anciennement colonisés permettait de satisfaire les anciens résistants marocains et faire céder la France à ses impératifs. Parallèlement, le maintien de son alliance avec les États-Unis lui paraissait aussi inévitable que le maintien d'un équilibre avec les régimes socialistes[104]. Dans ce contexte, la rhétorique du juste milieu avait l'apparence d'une tentative d'équilibre géopolitique, et non celle d'une stratégie diplomatique formalisée.

Au lendemain de la Guerre froide, le juste milieu ne suscitait plus de débat mais continuait de figurer comme une dimension rassurante et pérenne de l'identité de l'État dans le contexte de la menace représentée par

---

99   Hassan II, *Le défi*, Paris, France : A. Michel, 1976, p. 189.

100   *Ibid.*, p. 71.

101   Voir à ce propos : Lacouture, Jean, « À chacun son neutralisme : il n'y a pas de non-alignement, il y a des pays non alignés », *Le Monde diplomatique*, 1 octobre 1961.

102   Basri, *Le Maroc des potentialités, op. cit.*, p. 121.

103   Benjelloun, Thérèse, *Visages de la diplomatie marocaine depuis 1844*, Casablanca : Éditions EDDIF, 1991, p. 215 ; Berramdane, Abdelkhaleq, *Le Maroc et l'Occident : 1800-1974*, Paris, France : Karthala, DL 1987, 1987, p. 164-165.

104   Berramdane, *Le Maroc et l'Occident, op. cit.*, p. 147-148.

la mondialisation économique et culturelle. Hassan II déclarait ainsi que le Maroc « est un vieux compagnon de l'histoire. Nation du juste milieu, il est marqué du sceau de la modération, imprégné de sa foi en lui-même et en ses possibilités intrinsèques, apte à faire le meilleur usage de la règle du dialogue et du consensus »[105]. Cette volonté de « re-traditionalisation » de la vie politique et sociale était suscitée par les mouvements anticoloniaux et par celui de la *nahda* (idéologie de la renaissance culturelle et intellectuelle) en vogue dans la région arabophone. La « re-traditionalisation » a provoqué un clivage identitaire entre un mouvement fondamentaliste et parfois violent qui idéalise un âge d'or perdu, et un mouvement moderniste qui absorbe sans esprit critique les nouvelles normes néolibérales internationales. Il était difficile pour le pouvoir, dans ce contexte, de redonner une force de cohésion identitaire à la nation. C'est pourquoi dès son arrivée au pouvoir en 1999, le nouveau monarque alaouite s'est approprié le débat de l'identité, suscitant un deuxième « tour de parole »[106] dans le réseau dialogique sur le juste milieu.

Le tout premier Discours du Trône de Mohammed VI était entièrement tourné vers la question de l'identité marocaine : une identité définie à présent comme « plurielle », composée de « civilisations variées », et dont on mérite d'enseigner tous les dialectes dans les écoles (arabe darija, amazighe). Mohammed VI s'est investi de la mission de protection de cette identité en promettant dans ce contexte « la permanence d'un pouvoir fort apte à garantir la pérennité de l'État ». Cette approche confirme le postulat de Juan Linz selon lequel la stabilité des États démocratiques reposera désormais sur leur capacité à durcir l'État tout en assouplissant la conception de l'identité nationale[107]. Dans cette perspective, s'adressant à la France dans une interview accordée en 2001, le monarque affirma que « le Maroc a une identité différente » en raison, comme le mentionnait également Hassan II, de sa particularité géoculturelle, au croisement de plusieurs régions[108]. Bien qu'il n'ait pas directement relié le juste milieu à cette identité géoculturelle, le souverain chérifien en a fait un usage analogue au point que la presse marocaine se demandait

---

105 « Discours de SM le Roi Hassan II à l'occasion de la fête de la jeunesse », *Maroc Hebdo*, 11 juillet 1998.

106 Un « tour de parole » renvoie à la circulation d'une expression ou d'un ensemble de propos autour d'une thématique unique, formant un réseau dialogique. Dupret *et alii*, « Derrière le voile. Analyse d'un réseau dialogique égyptien », *art. cit.*

107 Darviche, Mohammad-Saïd, « Sortir de l'État-nation : Juan Linz avec et au-delà de Max Weber », *Revue internationale de politique comparée*, vol. 13, n° 1, 2006, p. 115-127.

108 « Interview accordée par Sa Majesté le Roi Mohammed VI au quotidien français « Le Figaro » », *Maroc.ma*, 4 septembre 2001.

aussitôt : « Quelle est cette identité marocaine qu'on nous envie tant selon Mohammed VI ? »[109].

Le Palais demeure le principal producteur de sens de la politique du pays du fait de l'utilisation fréquente de l'expression « juste milieu » dans ses discours, son rôle proclamé de garant de l'identité nationale et sa capacité politique à promulguer des réformes conséquentes, donnant une signification observable au concept. Depuis 1999, ce travail rhétorique et institutionnel est porteur de cohésion, comme nous pouvons le constater dans les commentaires des observateurs marocains les plus enthousiastes, à l'instar des chercheurs du Centre d'Études Internationales, convaincus qu'« en l'espace de dix ans (...) l'image d'un Maroc comme un pont entre le Nord et le Sud, et entre l'Occident et l'Orient s'est renforcée »[110]. De même, dans son étude comparative sur la contestation des identités nationales dans l'espace euro-méditerranéen, Raffaella A. Del Sarto constate que « le Maroc a servi de contre-exemple à (son) argument. Malgré l'existence de préférences domestiques variées, les lignes de failles domestiques sont bien moins profondes qu'en Israël et en Égypte. (...) Contrairement à l'Égypte, l'identité historique du Maroc (moderne) n'a pas connu de ruptures majeures »[111].

Ainsi, l'expérience marocaine démontre à quel point la construction de l'identité de l'État, dont l'identité de rôle, repose sur une stratégie de légitimation discursive. Le réseau dialogique dont nous avons tracé les principaux points d'ancrage et connecteurs discursifs donne un sens à la représentation par le Maroc de son environnement géopolitique. La nécessité d'une profondeur africaine apparait dès lors liée à cette définition du « juste milieu » comme fondement de la politique étrangère du pays. L'étude de ce réseau dialogique a aussi permis de montrer que la définition du juste milieu comme posture géoculturelle projetée à l'échelle internationale, est tout aussi bien intentionnelle, construite et instrumentalisée, qu'elle parait inscrite dans un inconscient collectif[112].

---

109   Akalay, Aïcha, « Quelle est cette identité marocaine qu'on nous envie selon Mohammed VI ? », *Telquel.ma*, 30 juillet 2015.

110   Centre d'études internationales (dir.), *Une décennie de réformes au Maroc : 1999-2009*, Paris, France : Karthala, 2009, p. 5.

111   Del Sarto, Raffaella A., *Contested state identities and regional security in the Euro-Mediterranean area*, Basingstoke New York : Palgrave Macmillan, 2006, p. 226.

112   Sur le lien entre inconscient collectif et représentations géopolitiques, voir notamment Lakhdari Sadi, « Nations, représentations, inconscient », *Outre-Terre*, 2003/2 (n° 3), pp. 281-306. DOI : 10.3917/oute.003.0281. URL : https://www.cairn.info/revue-outre-terre1-2003-2-page-281.htm.

5   L'Afrique comme « nouvelle frontière »

Désigné comme un « continent d'appartenance », comme un ensemble de « pays frères »[113], ou encore comme un « prolongement naturel » du Royaume[114], l'Afrique forme donc le nouveau terrain d'expression privilégié de la politique étrangère du Maroc, un continent au sein duquel il souhaite devenir un acteur de la sécurité, une force économique, et un modèle institutionnel. Selon le Ministère des Affaires étrangères et de la Coopération, « le Royaume du Maroc place son continent d'appartenance à la tête de ses priorités de développement et au cœur de ses préoccupations diplomatiques internationales (...) Cet engagement procède de sa foi en une Afrique forte de son patrimoine culturel, de ses richesses et potentialités, mais aussi une Afrique résolument tournée vers l'avenir »[115]. Depuis le début des années 2000, l'intérêt diplomatique du Maroc pour son sud se développe et se loge au creux d'une construction identitaire de sa puissance. Cette ambition stratégique découle d'une volonté royale, ce qui confirme encore une fois son rôle essentiel dans le processus décisionnel de l'appareil diplomatique, dans l'orientation des principaux axes de la politique étrangère ainsi que le contrôle de l'action. Elle est néanmoins acceptée par l'ensemble des acteurs de la diplomatie étatique et publique, dont certains bravent leurs préjugés raciaux, culturels, ou sécuritaires, désormais convaincus des avantages que pourraient offrir une telle posture diplomatique. En effet, si l'importance stratégique accordée à l'Afrique s'inscrit dans cette représentation du Maroc comme un « juste milieu » géoculturel, la façon dont l'Afrique est perçue – ou plutôt, la façon dont les promoteurs de cette politique africaine souhaitent mobiliser un large éventail

---

113   « C'est dans cette perspective que les multiples visites Royales effectuées par Sa Majesté le Roi Mohammed VI, depuis son intronisation, à de nombreux pays africains, ont créé une nouvelle dynamique dans les relations avec ces pays frères » « Dossier de presse – Séminaire des Ambassadeurs de Sa Majesté le Roi accrédités en Afrique », *Ministère des Affaires Étrangères et de la Coopération, Direction de la diplomatie publique et des acteurs non-étatiques*, août 2012.

    « S'agissant de la solidarité, le Maroc suit une approche diplomatique stratégique visant à consolider une coopération sud-sud efficiente, notamment avec les pays africains frères » dans « Discours de Sa Majesté le Roi à la Nation à l'occasion de la fête du Trône », *op. cit.*

114   « Pour ce qui est de nos relations en rapport avec notre prolongement africain, qui constitue un espace d'opportunités prometteuses, nous tenons à suivre, en la matière, une approche sans cesse renouvelée », « Discours de Sa Majesté le Roi à la Nation à l'occasion de la fête du Trône », 30 juillet 2011.

115   « Dossier de presse – Séminaire des Ambassadeurs de Sa Majesté le Roi accrédités en Afrique », Ministère des Affaires étrangères et de la Coopération, Direction de la diplomatie publique et des acteurs non-étatiques, août 2012.

d'acteurs, s'inscrit dans une représentation néolibérale partagée avec d'autres États, celle de l'Afrique comme « nouvelle frontière », au sens figuré.

Le concept de « nouvelle frontière » a été introduit pour la première fois par le Président américain John Kennedy pour désigner une politique d'ouverture américaine qui se voulait progressiste et anti-isolationniste. Progressivement, l'expression accompagnera des politiques interventionnistes (l'intervention américaine au Vietnam) et impérialistes (le drapeau américain sur la lune) puis des politiques impérialistes néolibérales à partir des années 1970. Dès lors la nouvelle frontière évoquera celle du marché mondial des capitaux, qui devra être étendue. Au lendemain de la Guerre froide et surtout avec l'accélération de la mondialisation au cours des années 2000, le continent africain sera présenté comme la nouvelle frontière de la croissance. Cette vision partagée dans les communautés épistémiques néolibérales donnera lieu à la publication de plusieurs ouvrages étayant cette représentation. Aujourd'hui l'expression est synonyme dans le langage courant de « terres d'opportunités économiques ». Elle est aussi reprise par les acteurs africains pour désigner leur propre continent, parfois avec et parfois sans conscience de la charge normative que comporte ce terme. Le Maroc n'est pas exempt de cette tendance. En 2014, le Ministère de l'Économie publiait un rapport sur les relations Maroc-Afrique intitulé « l'ambition d'une nouvelle frontière »[116]. De nombreux autres textes et discours, que nous analyserons plus en détail par la suite, projettent la même représentation néolibérale du continent.

Ainsi, si les origines de l'intérêt du Maroc pour le continent sont multiples et diverses, la façon dont ses dirigeants s'y projettent semblent conforter ce puissant cadre normatif de la « nouvelle frontière ». Les ambitions du Royaume doivent cependant composer avec un autre cadre d'une représentation géopolitique clivé du continent. D'une part, il existe pour les Marocains une Afrique de l'Ouest et centrale francophone globalement amie, espace correspondant étonnamment aux régions sud de l'empire chérifien précolonial et aux zones de départ des routes transsahariennes maroco-africaines, ainsi qu'aux pays alliés de la France et du Maroc durant la Guerre froide, qui constitue une aire de coopération privilégiée. D'autre part, il existait aussi une Afrique représentée comme un axe hostile[117] historique comprenant principalement l'Algérie est

---

116   « Les relations Maroc-Afrique : l'ambition d'une nouvelle frontière », Étude, Ministère de l'Économie et des Finances, Direction des Études et des Prévisions Financièress, septembre 2014, p. 29.

117   Pour reprendre l'expression d'un diplomate. Entretien avec un diplomate, Ministère des Affaires étrangères et de la Coopération, avril-mai 2013.

ses alliés, qui défie la projection de la puissance marocaine. Après 2016, la représentation de cet axe commencera à changer par suite du rapprochement
maroco-nigérian en 2018 d'une part[118] et de la nomination d'un Ambassadeur
en Afrique du Sud en 2019 d'autre part.

De ce cadre de représentation découle une diplomatie sectorielle et diversifiée, visant à renforcer les liens du Royaume avec, prioritairement, les pays les
plus favorables à l'établissement d'une zone d'influence marocaine. Projets humanitaires, formation scientifique et religieuse, accords économiques et sécuritaires ; autant de domaines au sein desquels l'appareil diplomatique souhaite
désormais s'investir, en contribuant à faciliter la mobilisation et les rencontres
des acteurs, les cadres juridiques des accords ou encore la médiatisation des
évènements qui favorisent la diffusion d'une bonne image internationale du
Maroc. La création récente d'une Direction de la Diplomatie Publique et des
Acteurs Non-Étatiques[119] au sein du Ministère participe à l'extension de ces
vecteurs diplomatiques par l'intégration de nouveaux acteurs à ce grand projet.
Au sommet de cet édifice, le Roi, surnommé « Mohammed VI l'Africain »[120] par
la presse locale et étrangère, multiplie ses « tournées africaines » au Sénégal,
en Côte d'Ivoire, au Gabon et au sein d'autres pays, renouant avec un héritage
de son père, celui d'une diplomatie bilatérale de haut niveau, en même temps
qu'il « montre l'exemple » aux politiques et aux entrepreneurs les plus scep-
tiques, et contribue enfin par ses discours à la construction d'une identité partagée entre le Maroc et des pays africains de rite malékite.

Axe fort d'une politique étrangère en plein essor, le rapprochement avec
l'Afrique constitue au départ une politique plus visible que réelle : dans de
nombreux domaines, le discours officiel anticipe asvec bien trop d'optimisme
l'influence marocaine sur le continent ou les bénéfices qu'elle en retire.
Nonobstant les limites structurelles et humaines à l'œuvre dans ce contingen-
tement, l'ambition du Royaume révèle sa perception de l'identité de rôle qu'elle
souhaite incarner sur la scène extérieure et conforte la reconnaissance de ce
rôle par les pays africains, tout autant que son expérience africaine joue un rôle

---

118   Yousra Abourabi, « Maroc Nigéria : vers une reconstruction de la géopolitique ouest-
       africaine », Middle East Eye, 23 juin 2018. URL : https://www.middleeasteye.net/fr/
       opinion-fr/maroc-nigeria-vers-une-reconstruction-de-la-geopolitique-ouest-africaine.

119   « Decret n° 2.11.428 » du 6 septembre 2011 portant sur les attributions et l'organigramme
       du Ministère des Affaires étrangères et de la Coopération.

120   « Mohammed VI l'Africain », Aujourd'hui le Maroc, 23 septembre 2013, François Soudan,
       « Mohammed VI, African King », Jeune Afrique, 15 juin 2015, « Dossier. Mohammed VI,
       l'Africain », www.le360.ma, 2015. Mohammed Maradji, Mohammed VI l'Africain, éditions
       la croisée des chemins.

essentiel dans la construction de cette identité, de façon réflexive. Plus généralement, le Maroc s'efforce de s'intégrer dans les sphères multilatérales continentales. Ces ambitions le conduiront à élaborer un ensemble de mécanismes
diplomatiques qui, une fois regroupés, révèlent la pratique d'une stratégie indirecte à l'échelle diplomatique, stratégie définie dans le chapitre six. À terme,
cette construction progressive de la stratégie diplomatique du Maroc contribuera à pallier les faiblesses matérielles de l'État, et offrira à ses dirigeants de
nouvelles perspectives d'action diplomatiques.

CHAPITRE 2

Les déterminants historiques de l'orientation africaine de la diplomatie

1   Introduction

L'histoire est un temps perçu qui détermine l'orientation de la politique étrangère. Sur la scène internationale, les acteurs étatiques tentent toujours de tenir compte des changements géopolitiques et des bouleversements systémiques, pour s'adapter, et être à la bonne page du cours de l'histoire. C'est d'ailleurs dans cette perspective que le Maroc a poursuivi une politique d'émergence, une aspiration confirmée par ce discours royal, selon lequel « soit l'économie marocaine devient une économie émergente grâce à ses potentialités et à la coordination des énergies de toutes ses composantes, soit elle manquera son rendez-vous avec l'Histoire »[1]. L'histoire contemporaine influence le comportement des acteurs étatiques, tandis que l'histoire passée détermine leurs orientations diplomatiques. Suivant cet ordre d'idées, il serait vain de vouloir expliquer les facteurs à l'œuvre dans la formulation d'une politique africaine, sans tenir compte de l'histoire des relations du Maroc avec son environnement africain. Loin d'émerger *ex-nihilo*, les notions de profondeur stratégique, de grandeur, de rayonnement civilisationnel ou de carrefour géoculturel, s'enracinent dans une triple appréhension de l'histoire :

– L'histoire comme un déterminant objectif de l'ordre géopolitique ;
– L'histoire comme un déterminant subjectif des orientations diplomatiques ;
– L'histoire comme un cadre de légitimation de la politique étrangère ;

Tout d'abord, l'histoire est un déterminant objectif dans la mesure où les évènements passés sont à l'origine d'un ordre géopolitique, culturel et structurel qu'on ne peut ignorer. Comme le constate pertinemment Fernand Braudel, « songez à la difficulté de briser certains cadres géographiques, certaines réalités biologiques, certaines limites de la productivité, voire telles ou telles contraintes spirituelles : les cadres mentaux, aussi, sont prisonniers de longue durée »[2]. Ces permanences, ou survivances historiques, constituent des cadres

---

1   « Discours de SM le Roi à l'occasion du 61ème anniversaire de la révolution du Roi et du peuple », *art. cit.*

2   Braudel, Fernand, « Histoire et Sciences sociales : La longue durée », *Annales. Histoire, Sciences Sociales*, vol. 13, n° 4, 1958, p. 725-753.

résistants à toute tentative d'innovation ou de rupture politique. Les dirigeants sont contraints de composer avec les données et les résultats de l'histoire, que ce soit pour les surmonter ou pour s'en inspirer. Les effets de la colonisation, les choix idéologiques des États africains indépendants durant la Guerre froide, les mutations socio-économiques et culturelles du continent ou encore les conséquences des choix diplomatiques des anciens dirigeants du Maroc, forment autant de données historiques déterminantes dans la formulation d'une politique africaine.

Deuxièmement, l'interprétation des évènements historiques par les décideurs, influence leur lecture de toute nouvelle situation. L'histoire apparaît donc également comme un prisme, un arrière-plan mémoriel qui détermine leurs représentations. Il existe de ce fait, dans leur esprit, une recherche de cohésion avec une interprétation du sens de l'histoire. C'est pourquoi les pouvoirs publics ne peuvent se désintéresser du passé. Évidemment, cette dimension pose le problème épistémologique de la recherche de la vérité, ou du moins de l'objectivité historique, qui peut devenir un problème politique, ou au contraire, un moteur de la politique étrangère. Dans le cas du Maroc, le problème du Sahara a souvent conduit les diplomates à s'intéresser à l'histoire, soucieux de comprendre la nature des rapports culturels et économiques de cet espace avec le reste du pays, ou encore la teneur des liens d'allégeance de ses habitants avec le pouvoir central.

Enfin, en faisant de l'histoire une grille de lecture et d'aide à la décision, les décideurs s'éloignent de la dimension physique et adoptent une approche qualitative du temps. Il ne s'agit plus du poids du passé, mais du choix du passé. La reconstruction des évènements ou des valeurs adoptées par l'État durant son histoire, et leur usage dans le discours, permettent de démontrer l'existence de « constantes » dans la politique étrangère, la persistance de « valeurs ancestrales » de la nation, ou encore l'entretien de « relations séculaires » avec un ou plusieurs acteurs, faisant de l'histoire un cadre de légitimation de la politique étrangère. Cette dernière dimension (le cadre discursif de légitimation) fera cependant l'objet d'un développement approprié dans une autre partie de cet ouvrage.

2   L'histoire comme déterminant objectif de l'ordre géopolitique. Le projet du « Grand Maroc » d'Allal El Fassi

Le « grandisme » est l'expression d'une volonté d'élargissement territorial étatique lié à des revendications destinées à contribuer à la grandeur de la nation, et qui sont considérées comme justes. Le grandisme souhaite réunir les territoires qui ont appartenu à l'État dans son histoire[3]. Il existe ainsi deux formes de grandisme : un grandisme réaliste voire réalisable, et un grandisme fantasmé, reposant sur une représentation géo-idéologique et non plus géo-politique de l'espace. Dans le premier cas, le grandisme renvoie à ce que l'on dénomme aujourd'hui la recherche de « l'intégrité territoriale ». Dans le deu-xième cas, le grandisme est un maximalisme cartographique et constitue une *irrealpolitik*[4]. Dans les deux cas, la formulation d'un projet « grandiste » par un État a très souvent conduit à une représentation de l'espace qui a influencé sa politique étrangère sur une longue période.

Plusieurs pays ont, à un moment dans leur histoire, projeté un idéal « gran-diste ». C'est le cas de la « Grande Bulgarie », de la « Grande Albanie », de la « Grande Hongrie », de la « Grande Grèce » ou encore de la « Grande Russie » par exemple. En Afrique, d'autres manifestations de ce type peuvent être évo-quées : durant les années 1960, l'entourage de Sékou Touré aurait conservé la nostalgie d'une « Grande Guinée », tandis que les revendications de Modibo Keita sur le Hodh mauritanien avaient dévoilé l'ambition d'un « Grand Soudan »[5]. Au Maroc, la conversion de l'Empire chérifien en un État monar-chique, dont le territoire était près de cinq fois plus petit que les empires sulta-niques précédents, a également fait naitre des scénarios de retour à la grandeur à l'approche de l'indépendance. En tant que figure majeure du mouvement in-dépendantiste de l'Istiqlal, Allal El Fassi était aussi le plus fervent négociateur des frontières, et le héraut d'un projet grandiste fondé sur les frontières histo-riques et naturelles du pays, un projet baptisé le « Grand Maroc ». Ce concept a séduit une bonne partie de la classe dirigeante nationaliste dans les années 1950-1960, et a conditionné de façon non négligeable la conduite de la poli-tique étrangère du Maroc en Afrique après l'indépendance.

Le projet du « Grand Maroc » visait, selon Allal El Fassi, à recouvrir tous les territoires qui lui étaient historiquement dévolus, c'est-à-dire le Sahara espagnol, l'ensemble de la Mauritanie jusqu'au fleuve Sénégal, une partie du nord-ouest du Mali longeant le fleuve Niger, et une partie de l'ouest algérien actuel (Colomb-Béchar et Figuig)[6]. Cette revendication géopolitique était exposée pour la première fois dans son ouvrage *Al Harakat al Istiqlalia Fil Maghrib* (Les mouvements Indépendantistes au Maghreb) publié au Caire en 1946. De retour au Maroc après l'indépendance, il réitéra et illustra son propos

---

3 Zajec, *Introduction à l'analyse géopolitique, op. cit.*, p. 132.
4 Entretien avec l'auteur, Lyon, mars 2016.
5 Decraene, Philippe, « L'évolution politique : les résolutions adoptées à Casablanca suscitent les inquiétudes de certains États », *Le Monde diplomatique*, février 1961.
6 Voir Annexe 4 : carte du « Grand Maroc ».

dans le quotidien arabophone *Al Alam* du 6 janvier 1956, par la production d'une carte géopolitique de ce grand Maroc tel qu'il le projetait, tout en diffusant massivement son message à la presse étrangère[7].

Au départ, le « Grand Maroc » n'intéressait qu'un petit cénacle, mais le charisme d'El Fassi et la campagne menée par les Mauritaniens pour leur rattachement au Maroc ont su faire gagner progressivement l'adhésion du reste du gouvernement[8]. Largement relayées par la radio et la presse marocaines, une fois admises, les revendications du Maroc sur la Mauritanie confortèrent des arguments divers et furent soutenues à des degrés divergents tout autant qu'ils accaparèrent l'ensemble de la politique extérieure marocaine vis-à-vis de l'ONU, de la France et de l'Afrique pendant près de quinze ans. Cette légitimité historique revendiquée en Afrique reposait sur les différents territoires occupés par la dynastie alaouite au début du XVIIIe siècle, ainsi que celles qui l'ont précédées. Pour Allal el Fassi : « De tout temps et jusqu'à l'occupation (militaire) française le pays de Chenguitt, appelé aujourd'hui Mauritanie, ainsi que les territoires qui le lient naturellement à Tarfaya et au Sous, ont fait partie de l'ensemble des provinces marocaines »[9]. Aussi, Mohammed V était sollicité par les Mauritaniens eux-mêmes pour ce rattachement, comme en témoigne une correspondance diplomatique française : « Le sultan aurait reçu le 8 janvier une délégation de trois leaders Mauritaniens : Horm Ould Babana, Ma el Ainin, et Mohammed Ould Jiddou. Ces derniers lui avaient donné lecture d'une adresse par laquelle les représentants du Mouvement national Mauritanien protestaient contre la nationalisation par la France des zones sahariennes du Maroc, y voyaient une violation des accords conclus entre la France et l'Empire chérifien et demandaient au gouvernement de Rabat de prendre toutes mesures en vue du rattachement au Maroc desdites zones sahariennes qui étaient siennes. Selon le journal El Alam, le sultan leur aurait répondu que

---

7   Voir notamment l'entretien accordé par Allal al Fassi à Fauvet, Jacques, « La Mauritanie a toujours fait partie du Maroc », *Le Monde*, 10 avril 1956.

8   « Lorsque Allal el Fassi, à peine rentré du Caire, rappela que le Maroc libéré en 1956 ne représentait que le cinquième du Maroc historique et se mit à citer les provinces encore occupées : Tindouf et le Touat, la Saoura, le Gourara et le Tidikelt, la Seguia al-Hamra et Chenguit, sans parler de Ceuta, Melilla des îles Zaffarines, la plupart des jeunes leaders ne prêtèrent qu'une oreille distraite à ces noms d'allure exotique. Il a fallu une véritable campagne d'endoctrinement avec cours d'histoire à l'appui pour que l'opinion publique se mobilise et prenne à cœur ces revendications ». Laroui, Abdallah, *Les Origines sociales et culturelles du nationalisme marocain [Livre] : 1830-1912 / Abdallah Laroui*, 1977, p. 11-12.

9   El-Fassi, Allal, « Les revendications marocaines sur les territoires sahariens : le point de vue de M. Allal el-Fassi », *Le Monde diplomatique*, 1 janvier 1960.

cette parcelle marocaine, objet de sa grande préoccupation, ne saurait être sé-parée de la nation marocaine »[10].

Pour le reste de l'élite marocaine, la proposition d'Allal el Fassi a su être convaincante. Rappelons à ce sujet que l'Istiqlal formait dès 1956, un « parti-État »[11] pour certains observateurs, voir « un État dans l'État »[12] pour d'autres. Ainsi, au moyen de la pression conjuguée des Mauritaniens et de l'Istiqlal, et comme le remarquait ce journal français, « le 'Grand Maroc' avait cessé d'être un rêve mystique. Il était devenu un objectif politique »[13].

Il faut dire que, dès 1956, des troupes de l'Armée de Libération Nationale s'étaient dirigées vers le Sahara espagnol ainsi que dans les régions de Colomb Béchar et de Figuig[14]. Parallèlement, le Royaume s'attachait à démontrer en quoi la Mauritanie était une création coloniale de la France, et non une nation naissante. En effet, de nombreuses tribus avaient des liens familiaux avec des Marocains, et entretenaient aussi des liens d'allégeance avec le sultan chéri-fien. Ainsi plusieurs chefs tribaux Mauritaniens, notables ou ministres en exer-cice, à l'exemple de l'émir de Trarza (province proche du Sénégal) Fall Ould Oumer, ou le premier député de Mauritanie Dey Ould Sidi Baba, prêtèrent publiquement allégeance au Roi chérifien entre 1956 et 1958. Parallèlement, le mouvement *Nahda al Watania al Mauritania* (Parti mauritanien) deman-dait le rattachement pur et simple de la Mauritanie au Royaume du Maroc, de même qu'il avait créé une émission de radio diffusée en Mauritanie, « La Voix du Sahara Marocain », caractérisée par des appels à l'insurrection et des invi-tations à la guerre sainte sous le commandement spirituel du sultan chérifien. L'irrédentisme d'une partie des Mauritaniens en faveur de leur rattachement au Maroc était aussi dû au fait que de nombreuses tribus *R'guibat* vivaient et

---

10   Télégramme de M. Maurice Faure, Secrétaire d'État aux Affaires étrangères, Chargé des Affaires marocaines et tunisiennes, à M. Lalouette, chargé d'Affaires de France à Rabat, Paris le 16 janvier 1957. T. n° 318 à 323 dans *Documents diplomatiques français 1957. Tome I, 1er janvier-30 juin*, Paris, France : Ministère des affaires étrangères, Commission de publi-cation des documents diplomatiques français, 1990, lxix + 1008 p.

En 1957, une campagne offensive fut menée par le Maroc à New York pour réclamer le rattachement de la Mauritanie au Maroc. Télégramme de M. Lalouette, chargé d'Affaires de France à Rabat, à M. Maurice Faure, Secrétaire d'État aux Affaires étrangères, Chargé des Affaires marocaines et tunisiennes. Rabat, le 23 février 1957. T. n° 1385 à 1396, dans *Ibid.*

11   Rivet, *Histoire du Maroc, op. cit.*, p. 357.

12   Lugan, Bernard, *Histoire du Maroc : des origines à nos jours*, Paris : Ellipses, 2011, p. 312.

13   Lacouture, Jean, « Les revendications sahariennes du Maroc s'affirment et s'étendent », *Le Monde diplomatique*, mai 1958.

14   Télégramme de M. André-Louis Dubois, Ambassadeur de France à Rabat au Secrétariat d'État aux Affaires Marocaines et Tunisiennes, T. n° 5709 à 5714, Rabat, le 10 octobre 1956, dans *Documents diplomatiques français : 1956 Vol. II*, Paris : Commission de publication des documents diplomatiques français, Ministère des Affaires Étrangères, 1989, 697 p.

circulaient sur les deux territoires. De plus, les commerçants maures avaient l'habitude d'échanger les produits du nord du Maroc contre ceux du sud de la Mauritanie, trafic qui aurait été entaché par un tracé des frontières et l'instauration de droits douaniers[15]. Enfin, certaines populations musulmanes de Mauritanie préféraient le pouvoir chérifien à la loi cadre de Dakar[16]. Au-delà de ces quelques motivations, et comme le remarque Françoise de la Serre, « il est certain que leur geste a servi la cause des revendications marocaines »[17].

C'est ainsi que le gouvernement dirigé par l'Istiqlal publia le 4 novembre 1960 un « Livre Blanc », dans lequel furent présentés les arguments historiques, géographiques, religieux et anthropologiques justifiant le rattachement de la Mauritanie au Maroc[18]. Soulignons à ce propos, qu'une partie de l'argumentaire reposait sur les règles du droit musulman, différentes du droit international. Selon ces derniers, ce n'était pas seulement l'État qui fondait le territoire, mais le *jus religionis*, illustré par le fait qu'une tribu prononce sa prière du vendredi au nom du sultan du Maroc. Sur le plan purement juridique peu de traités étaient présentés pour trancher le débat[19]. Nonobstant ces défis, convaincu de la légalité de cette revendication, Allal el Fassi déclara que, pour la satisfaire, le gouvernement envisageait l'option militaire : « Pas plus que Fès ou Rabat, la Mauritanie n'a le droit de se séparer du reste du Maroc. Le Roi et le peuple auraient éventuellement le devoir de contraindre par la force les Mauritaniens à sauvegarder l'unité de la patrie »[20].

En France, une partie de l'élite a reconnu cette suzeraineté chérifienne, à l'instar du premier commissaire du gouvernement français en Mauritanie Xavier Coppolani selon qui la Mauritanie constituait le « prolongement naturel » du Maroc[21]. Mais ce n'était pas l'avis de l'ensemble de la classe dirigeante française[22], qui, dès 1957, déploya un contingent militaire au nord de la Mauritanie, pour affronter les éventuelles tentatives de pénétration

---

15   Serre, Françoise De La, « Les revendications marocaines sur la Mauritanie », *Revue française de science politique*, vol. 16, n° 2, 1966, p. 320-331.

16   Lacouture, « Les revendications sahariennes du Maroc s'affirment et s'étendent », *art. cit.*

17   Serre, « Les revendications marocaines sur la Mauritanie », *art. cit.*

18   « Livre Blanc sur la Mauritanie », Ministère des Affaires étrangères, Rabat, 1960.

19   Lacouture, « Les revendications sahariennes du Maroc s'affirment et s'étendent », *art. cit.*

20   Allal el Fassi, *Sahara et Maghreb*, 17 septembre 1958, cité dans : Serre, « Les revendications marocaines sur la Mauritanie », *art. cit.*

21   Lugan, *Histoire du Maroc, op. cit.*, p. 316-317.

22   « La Mauritanie est le prolongement naturel et politique de l'Empire chérifien du Maroc'. C'est la France qui baptisa ces étendues désertiques au nom de Mauritanie alors que pour les Marocains, il s'agit des 'provinces de Chenguit', région qui a toujours gravité dans l'orbite du Maroc ». Voir Marchat, Henri, « Les revendications marocaines sur les territoires sahariens : la réponse de M. Henri Marchat », *Le Monde diplomatique*, 1 janvier 1960.

marocaines. L'année suivante, face à l'Armée de Libération Nationale marocaine en marche vers la Mauritanie, la France déploya l'opération « Écouvillon », provoquant la défaite du Maroc. Ainsi l'armée française intervint autant de fois que nécessaire, et ce jusqu'à l'indépendance de la Mauritanie en 1961. Sur le plan politique, le gouvernement français soutint le parti de l'Union Progressiste Mauritanienne, tandis que leur leader M. Ould Daddah manifesta publiquement son attachement à l'ex-puissance coloniale[23].

Le Roi ne poursuivit pas de méthodes belliqueuses, et se concentra sur son offensive diplomatique. À l'approche de l'indépendance la Mauritanie, il dénonça l'ingérence de la France, et tentait de s'assurer de l'appui des pays africains[24]. Or, en Afrique, si le rôle des puissances coloniales dans le traçage des frontières était évident pour tout le monde, il n'était pas évident, paradoxalement, de le faire reconnaitre en particulier. De nombreux autres facteurs entraient en jeu : les pressions de la France, la corruption des élites et aussi, quelques années plus tard, les alliances idéologiques de la Guerre froide.

La revendication du Maroc sur la Mauritanie conduisit donc le gouvernement à l'ONU, où il demanda l'inscription de la question à l'ordre du jour de la XVe session. Mehdi Ben Abboud, ambassadeur du Maroc à Washington et auprès de l'ONU défendait ardemment la position marocaine, en tachant de démontrer en quoi l'affaire mauritanienne était une « farce », une « fantasmagorie » du néocolonialisme français[25]. La France reniait fermement son implication. En atteste cet article du journal Le Monde, qui titrait à l'époque « Le représentant du Maroc à l'O.N.U. : on veut faire de la Mauritanie un autre Katanga »[26], alors même que l'ambassadeur, cité dans le même article, déclarait « Nous ne voulons pas de la katanganisation de la Mauritanie ». Une contradiction qui en dit long sur le rôle de la presse dans la stigmatisation et l'affaiblissement du Maroc sur la scène internationale.

Assurée néanmoins du soutien de la Ligue Arabe (à l'exclusion de la Tunisie), la diplomatie marocaine enregistra tout de même une première victoire. Cependant, le Maroc n'a pas pu obtenir le soutien des autres puissances

---

23   « Au moment où la France, par des institutions généreuses, nous donne le droit de nous gouverner nous-même et de nous déterminer librement, je dis non au Maroc ». Cité dans : Serre, « Les revendications marocaines sur la Mauritanie », art. cit.

24   « La France s'apprête le 28 novembre à exécuter le complot ourdi contre notre pays en accordant une pseudo-indépendance à une vaste partie de notre territoire. Après avoir installé un gouvernement fantoche et mis de véritables représentants Mauritaniens en prison, elle cherche ainsi à perpétuer sa domination sur la Mauritanie ». Cité dans Ibid.

25   Intervention de M. Ben Abboud, documents officiels, ONU PV/AG XVe session Point 20 de l'ordre du jour « admission de la Mauritanie », 988e séance, 16 avril 1961, pp. 342-351.

26   « La question mauritanienne. Le représentant du Maroc à l'O.N.U. : on veut faire de la Mauritanie un autre Katanga », Le Monde.fr, 27 août 1960.

occidentales et asiatiques dont l'URSS, en raison notamment de leurs dissensions autour de l'entrée de la Mongolie dans l'ONU[27]. Finalement, une partie de l'Afrique francophone réunie à Brazzaville adoptera une résolution permettant de soutenir la candidature de la Mauritanie à l'ONU, ce qui accentuera l'inimitié du Royaume à l'égard de ce groupe.

3   Premiers pas vers la construction du multilatéralisme africain

Dès le début des années 1960 le gouvernement marocain s'était tourné vers l'Afrique subsaharienne pour renverser la tendance hostile et rechercher un appui diplomatique à sa politique territoriale, mais aussi et surtout pour participer la consolidation des indépendances africaines à l'échelle internationale. Ainsi, en 1957, Mohammed V faisait partie des initiateurs, aux côté de 6 autres États[28], de la première conférences des Chefs d'États des pays indépendants, qui s'est tenue à Accra l'année suivante. La déclaration conjointe issue de cette conférence encourageait les autres États à « revendiquer une personnalité africaine »[29] dans le monde. Cette conférence est très importante dans l'histoire de l'Afrique car elle a suscité l'intérêt de l'élite continentale pour la cause de l'unité africaine et surtout, elle a conduit à une réunion des représentants désignés à New York aboutissant à la création du Groupe africain à l'ONU[30].

   Durant cette période de tensions bipolaires, deux groupes d'élites dominaient la scène politique africaine : les « révolutionnaires » ou « progressistes » (Kwamé N'krumah, Sékou Touré, Gamal Abdel Nasser, Modibo Keita) d'une part, et les « libéraux » ou « modérés » (Leopold Sedar Senghor, Felix Houphouet-Boigny) d'autre part. Ces deux groupes avaient non seulement deux orientations diplomatiques différentes (camps de l'Ouest et camps de l'Est), mais aussi représentations différentes de ce qui constituait un problème de décolonisation. On aurait pu imaginer, au regard de la position adoptée par le Maroc dans les années 1970-1980, que ce dernier aurait dès le départ choisi le camp des « libéraux ». En réalité, la question mauritanienne conduisit à un rapprochement du Maroc avec des pays progressistes dans le cadre du Groupe de Casablanca[31], sans pour autant revendiquer un alignement quelconque à

---

27   Berramdane, *Le Maroc et l'Occident, op. cit.*, p. 125-127.
28   Éthiopie, Égypte, Liberia, Libye, Soudan et Ghana.
29   Austin, Dennis, *Politics in Ghana, 1946-1960*, London : Oxford University Press, 1970, p. 396.
30   Baker, William Gedney, *The United States and Africa in the United Nations ; a Case Study in American Foreign Policy.*, Washington : Offset Composition Services, 1968, p. 36.
31   Bouzidi, Mohammed, « Le Maroc et l'afrique sub-saharienne », *Annuaire de l'Afrique du Nord*, vol. 17, 1979, p. 87-111.

un bloc. Il convient d'ailleurs de souligner que les blocs idéologiques n'étaient pas aussi affirmés et clivés avant la Crise de Cuba. En atteste notamment un rapport datant de 1959, de James S. Lay, secrétaire au Conseil National de Sécurité américain, qui reconnait l'impuissance des États-Unis à contrôler les aspirations des Africains au non-alignement[32].

En tout état de cause, le Maroc rappelait sans cesse que ses revendications territoriales étaient un acte anticolonialiste et anti-impérialiste[33] contre la France et l'Espagne, un argument qui avait trouvé un écho favorable chez les progressistes africains et plus généralement au sein du bloc de l'Est dans un premier temps. C'est l'une des raisons pour lesquelles l'Union soviétique s'opposa brièvement à l'indépendance de la Mauritanie entre 1960 et 1961, en guise de soutien.

Parallèlement, le Maroc s'est engagé dans une voie diplomatique plus offensive. Il a tenté par exemple de déployer une diplomatie religieuse, en présentant à Sékou Touré un projet sur l'Islam comme lien fédérateur[34]. Sur le plan économique et sécuritaire, le Maroc avait proposé d'industrialiser ses pays africains alliés et de former leurs officiers et leurs pilotes[35], mais cette ambition n'était réalisable que sur le long terme. Pour illustrer son engagement en faveur de la solidarité continentale, le Royaume se déploya militairement en Afrique. À cette période, la crise au Congo intéressait les de nombreux États africains, qui y voyaient une menace contre leurs propres souverainetés[36]. Dans un esprit de leadership, le Monarque apporta son assistance militaire, logistique et diplomatique à Patrice Lumumba, contribuant à chasser les troupes belges du Katanga. Il intégra tout d'abord des contingents militaires au sein des forces onusiennes, puis prit part aux développements politiques à partir de 1961. Très vite, le Général Kettani, commandant des troupes marocaines, fut chargé par l'ONU de réorganiser l'armée nationale congolaise. Pour les observateurs de l'époque, l'intervention au Congo constituait pour le Maroc un terrain idéal

---

32   Laronce, Cécile, *Nkrumah, le panafricanisme et les États-Unis*, KARTHALA Éditions, 2000, p. 139.

33   Voici les arguments de Allal El-Fassi en 1960 : « L'occupation militaire, politique ou économique de territoires africains ou asiatiques par des puissances européennes, entreprise durant le dix-neuvième ou au début du vingtième siècle, est aujourd'hui mise en cause sur la base de principes unanimement et solennellement proclamés, tels le droit des peuples à disposer d'eux-mêmes et la non-ingérence de tiers dans les affaires des États. C'est dans ce cadre que se place la question des territoires sahariens ». El-Fassi, « Les revendications marocaines sur les territoires sahariens », *art. cit.*

34   Lefèvre, Jean, « À propos de la crise congolaise. Le Maroc confirme la vocation africaine de sa politique étrangère », *Le Monde diplomatique*, 1 septembre 1960.

35   *Ibid.*

36   Bouzidi, Mohammed, « Le Maroc et l'afrique sub-saharienne », *art. cit.*

d'affirmation de son rôle continental, de son éthique « modérée » et de son rôle de « conciliateur » ; tout cela lui permettant d'agir conformément à ses intérêts territoriaux[37]. Fort de sa nouvelle nomination, Kettani avait encouragé la nomination de Mobutu en tant que chef de la nouvelle armée[38].

Tout cela confortait l'idée d'une implication du Royaume dans la sécurité congolaise, premier terrain d'expression militaire de la politique du Maroc moderne en Afrique sub-saharienne. De même, cet acte illustrait la doctrine diplomatique qui se construisait au lendemain de l'indépendance et qui prévaut encore aujourd'hui. D'une part, elle se manifeste par la centralité monarchique dans le processus décisionnel en matière de politique étrangère[39]. D'autre part, elle exprime cette identité de rôle du Maroc du « juste milieu », considérée à l'époque comme un principe allant dans « le sens de l'action permanente du Maroc, lien entre les races et les peuples, pont entre l'Occident et l'Orient, trait d'union entre l'Europe et l'Afrique »[40]. Enfin, l'intervention marocaine constituait le point de départ d'une nouvelle diplomatie multilatérale continentale, confirmée par ce communiqué : « Devant la détérioration de la situation au Congo, et l'impuissance des Nations Unies à mener à bien la mission qui lui a été confiée, et après consultation des Chefs d'État africains directement concernés par les événements du Congo, Sa Majesté Mohammed V propose la tenue d'une conférence au sommet de Casablanca du 3 au 6 janvier 1961 »[41].

Le Groupe de Casablanca s'était assigné pour objectif la consolidation du projet de l'unité africaine présenté à Accra en 1958. Il formait pour le Maroc le creuset d'un double espoir : jouer un rôle déterminant dans l'intégration multilatérale africaine, et obtenir un soutien inconditionnel en faveur de ses revendications territoriales historiques. C'est dans cette double perspective que Mohammed V accueillit le Mali, la Guinée, le Ghana et la République Arabe

---

37   « Les Marocains ont trouvé sur les rives du Congo un terrain idéal pour se défaire enfin de ce complexe d'impuissance dont certains leaders sont tout près de les accuser. (...) Il est possible que devant les éclats pour ne pas dire les écarts, démagogiques de M. Lumumba, les dirigeants Marocains soient amenés à jouer un rôle modérateur, « de conciliation » comme aime à le répéter Mohammed V. ». Lefèvre, « À propos de la crise congolaise. Le Maroc confirme la vocation africaine de sa politique étrangère », *art. cit.*

38   Selon Demba Dialo et le Général Karl Von Horn, voir : Bouzidi, « Le Maroc et l'afrique sub-saharienne », *art. cit.*

39   Selon ce journaliste : « Jusqu'à présent, le roi seul, ou pratiquement seul, a conduit cette politique africaine du Maroc. Le pays n'a appris l'envoi de troupes au Congo qu'une fois la décision prise ». Lefèvre, « À propos de la crise congolaise. Le Maroc confirme la vocation africaine de sa politique étrangère », *art. cit.*

40   *Ibid.*

41   Cité dans Bouzidi, « Le Maroc et l'afrique sub-saharienne », *art. cit.*

Unie (Égypte-Syrie)[42] à Casablanca, Conférence à l'issue de laquelle fut adoptée, entre autres, l'idée de développer un haut commandement des États Majors africains, afin de réaliser une défense africaine commune. Mohammed V bénéficiait d'une bonne image internationale, ce pourquoi, pour Ahmed Balafrej, « les observateurs s'accordaient à attacher aux travaux de la conférence une attention toute particulière »[43]. Ainsi Mohammed V avaient notamment obtenu l'approbation de « toutes les actions menées par le Maroc pour recouvrer ses droits légitimes en Mauritanie »[44].

Plus généralement la Conférence de Casablanca a jeté les bases de l'intégration institutionnelle continentale. Ensemble, les différents représentants réaffirment la pertinence de la présence de troupes africaines au Congo, sous l'égide de l'ONU et plaident pour la réalisation d'une solution africaine au conflit. Une partie du projet de Kwamé N'Krumah (qui rêve d'une institution supranationale africaine), notamment en matière d'intégration économique continentale par la création d'un marché commun, et de la construction d'un mécanisme de coopération sécuritaire africain, avaient trouvé un écho favorable parmi les membres du Groupe de Casablanca.

Cependant tout le monde ne percevait pas cette initiative d'un bon œil. Dans de nombreuses capitales africaines, on critiquait les ambitions « expansionnistes » des participants du groupe de Casablanca, et on voyait leur projet de création d'un haut commandement comme un moyen d'ingérence militaire dans les affaires des autres États africains[45]. En France, de nombreux diplomates considéraient que cette orientation progressiste du Maroc allait entraîner, à plus ou moins longue échéance, un rejet du Maroc du groupe des puissances africaines proches de la France[46]. En réalité, ces critiques étaient davantage liées, pour les Français, à des intérêts de puissance et d'influence, et pour les pays africains les plus critiques, à une opposition aux fondements de « l'unité africaine » telle que projetée à Casablanca. Il s'agissait en particulier du Groupe de Brazzaville, élargi à Monrovia en 1961. Constitué de pays

---

42   L'Algérie et la Libye étaient également représentées. L'Éthiopie, le Libéria, le Nigéria, la Somalie, le Soudan, le Togo et la Tunisie ont décliné l'invitation. Les autres pays de l'Afrique francophone n'ont pas été conviés.

43   Balafrej, Ahmed, « La charte de Casablanca et l'unité africaine », *Le Monde diplomatique*, 1 juin 1962, https://www.monde-diplomatique.fr/1962/06/BALAFREJ/24768, consulté le 12 juin 2020.

44   Serre, « Les revendications marocaines sur la Mauritanie », *art. cit.*

45   Decraene, « L'évolution politique : les résolutions adoptées à Casablanca suscitent les inquiétudes de certains États », *art. cit.*

46   Lettre de M. Roger Seydoux, Ambassadeur de France à Rabat, à M. Couve de Murville, Ministre des Affaires étrangères, Rabat le 28 mars 1962. Dans : *Documents diplomatiques français 1962, Tome I, 1er janvier-30 juin*, Paris, France : Impr. nationale, 1998, xlvii + 717 p.

« libéraux » tels que le Nigéria, le Sénégal, le Togo, et le Libéria, le Groupe de Monrovia s'opposait à l'idée d'intégration continentale au profit d'une union d'États souverains. Il y avait donc un groupe « d'intégrationnistes » correspondant au Groupe de Casablanca élargi et un groupe de « souverainistes » correspondant au Groupe de Monrovia élargi. Les deux groupes finiront par s'unir au profit de la création de l'OUA, comme nous le verrons plus loin, mais la vision de Monrovia conduira à une logique collective de capture souverainiste du multilatéralisme[47] : une configuration dans laquelle ce ne sont pas les obligations communes ou l'idéal collectif qui représentent l'objectif premier de la rencontre, mais les engagements que chacun serait prêt à consentir pour obtenir du groupe un gain qu'il estimerait relatif à ses concessions, manifestation d'un réalisme politique qui dominait le champ des idées dans les années 1960.

Finalement, cette division africaine a affaiblit la portée de réunion de Casablanca, au point que les chancelleries occidentales s'en étaient réjouies[48]. En moins de deux ans, le groupe de Casablanca fut paralysé : plusieurs réunions avaient été reportées ou annulées, tandis que l'émergence d'une Algérie révolutionnaire inquiétait Hassan II, lequel avait préféré réviser ses choix d'alliances idéologiques. C'est ainsi que tout en gardant des relations proches avec le Mali ou la Guinée progressistes, Hassan II se rapprocha des États libéraux. Les dirigeants marocains s'engagèrent ainsi dans la création de l'OUA aux côtés du groupe de Brazzaville.

En 1963, à l'approche de la naissance de l'OUA, portée par le groupe des modérés, la position du Royaume était tout de même fragile : la presse française continuait de soutenir la politique d'influence et de division française en diffusant l'idée que le Maroc était « entré par la petite porte dans le cercle d'Addis-Abéba, (et) devait encore donner les preuves de son africanisme »[49]. Par ailleurs, le Maroc s'était absenté de la première réunion panafricaine à Addis Abéba, en raison de son refus de reconnaître la Mauritanie, et finit par signer la charte avec réserve : celle de faire respecter les frontières du Maroc précolonial. Tandis qu'il assistait à la consécration de la Mauritanie au sein de l'organisation panafricaine, ses chances d'obtenir un appui africain à ses

---

47   Pour reprendre une expression usitée par Zaki Laïdi : « La capture souverainiste du multilatéralisme signifie que, dans une configuration non hégémonique, la stricte mesure du rapport coût/bénéfice de chacun devient la mesure exclusive de son engagement international » Laïdi, Zaki, « Négociations internationales : la fin du multilatéralisme », *Esprit*, vol. novembre, n° 11, 2013, p. 108-117.

48   Decraene, « L'évolution politique : les résolutions adoptées à Casablanca suscitent les inquiétudes de certains États », *art. cit.*

49   Lacouture, Jean, « Le Maroc voit se prolonger son isolement diplomatique », *Le Monde diplomatique*, 1 septembre 1963.

autres revendications d'intégrité territoriale avaient été affaiblies par l'hostilité affichée de nombreux États africains[50].

4   De la Guerre des sables à la trahison de l'OUA : le Sahara occidental marocain, un problème africain

Après la naissance de l'OUA, le Maroc continuait de revendiquer la marocanité de la Mauritanie – que le chef de l'Istiqlal qualifiait de « plus importante question nationale »[51] – durant près d'une décennie (jusqu'en 1969). En 1963, l'Istiqlal publia de nouveau la carte d'un « Grand Maroc », au moment où le Roi Hassan II mettait à profit de ce Parti les Forces Armées Royales. La récupération du Sahara espagnol en particulier était plus que stratégique, tant cette région constituait l'un des fondements de l'identité de rôle du « juste milieu » précédemment évoquée. Comme le déclarait Allal el Fassi à la France en 1960 : « La fonction propre, l'originalité du Maroc, c'est d'être à tous égards le lien, le lieu de passage, entre l'Europe méditerranéenne et l'Afrique tropicale. Ignorer soit ce qui lui est venu par le Sahara, soit le rayonnement de son action à travers le désert, c'est le mutiler et se condamner à ne pas le comprendre »[52]. À ce titre, le couper de son prolongement saharien, c'était aussi le couper de ses liens africains.

Dans un premier temps, le Maroc choisit de négocier cette question directement avec l'Algérie naissante. Lorsqu'en 1961, le Roi Hassan II et Ferhat Abbas, chef du Gouvernement Provisoire de la République d'Algérie (GPRA), se rencontrèrent à Rabat, le Maroc consentit à soutenir le GPRA et à reporter la délimitation de leurs frontières au lendemain de l'indépendance algérienne. Ayant conscience qu'il perdrait ainsi le soutien de la France sur cette question, il privilégia néanmoins la confiance envers le Front de Libération National de l'Algérie, sur la base d'une convention signée entre les deux parties[53]. Mais en

---

50   Serre, « Les revendications marocaines sur la Mauritanie », *art. cit.*

51   Lettre de M. Roger Seydoux, Ambassadeur de France à Rabat, à M. Couve de Murville, Ministre des Affaires étrangères, Rabat le 28 mars 1962. Dans : *Documents diplomatiques français 1962, Tome I, 1er janvier-30 juin, op. cit.*

52   Allal el-Fassi reprend ici les propos de J. Celerier lorsqu'il s'exprimait au huitième congrès de l'Institut des hautes études marocaines en 1930. Voir El-Fassi, « Les revendications marocaines sur les territoires sahariens », *art. cit.*

53   « Le gouvernement de S.M le Roi du Maroc réaffirme son soutien inconditionnel au peuple algérien dans sa lutte pour son indépendance et son unité nationale. (...). Le Gouvernement Provisoire de la République Algérienne reconnaît pour sa part le problème territorial posé par la délimitation imposée arbitrairement par la France entre les deux pays, qui trouvera sa solution dans des négociations entre le gouvernement

1962, l'Algérie occupa la région de Tindouf, faisant des morts et des blessés parmi les dignitaires qui avaient prêté allégeance au Roi du Maroc quelques mois plus tôt, tandis que la France avait, comme prévu, recouvré sa neutralité de forme face à la question[54]. Selon Edouard Méric, « les frontières administratives fixées par la France avaient permis à l'Algérie de lancer vers l'océan Atlantique un véritable pseudopode. Elles aboutissaient à faire du Maroc un territoire encerclé par l'Algérie »[55].

C'est ainsi que la Guerre des sables entre le Maroc et l'Algérie commença en octobre 1962 : elle dura cinq mois et aboutit au *statu quo*. Si la frontière orientale était ainsi fixée, la frontière sud faisait encore l'objet de vifs débats, surtout depuis la découverte d'un important gisement de phosphates près de Laâyoune, la même année. Confrontés à l'impossibilité de parvenir à un accord, les deux pays acceptèrent dès lors de s'en remettre à la médiation de l'OUA à partir de 1963. En attendant une issue diplomatique, Hassan II tenta de réparer l'État des relations avec l'Algérie, qui s'attelait à soutenir l'opposition de gauche au Maroc[56]. Il conclut tout d'abord un « Traité d'amitié et de fraternité » avec le président Houari Boumediene en 1969. Puis, trois ans plus tard, il accepta de partager l'exploitation des minerais situés dans la région de Tindouf, et de les acheminer vers l'océan Atlantique à travers le Sahara.

Cette lune de miel ne fut cependant que de courte durée. Elle accorda néanmoins du temps à Hassan II pour préparer et lancer la Marche Verte le 6 novembre 1975. Ainsi quelques 350 000 civils Marocains marchèrent depuis les quatre coins du pays vers le Sahara, sans armes, drapeau et Coran à la main, au risque d'une guerre avec l'Espagne de Franco qui occupait encore la région. L'organisation préalable de la Marche verte était un acte bien pensé : un an plus tôt, Hassan II avait sollicité l'avis de la Cour Internationale de Justice sur le statut du Sahara occidental. Était-ce un territoire sans souveraineté (*terra nullius*) avant la colonisation ? Si non quels liens entretenaient les habitants de ce territoire avec le Royaume ? La CIJ répondit que le peuple vivant au Sahara occidental avait conservé des liens d'allégeance avec le Sultan marocain. C'est ainsi qu'en mai 1975, l'Espagne franquiste annonça son intention de se retirer

---

du Royaume du Maroc et le gouvernement de l'Algérie indépendant » Convention du 6 juillet 1961, signée entre Hassan II et Ferhat Abbas, Rabat. Méric, Édouard, « Le conflit algéro-marocain », *Revue française de science politique*, vol. 15, n° 4, 1965, p. 743-752.

54   La France avait reconnu en 1957 qu'elle respecterait l'intégrité territoriale du Maroc, qui, en vertu d'un accord de 1911 avec l'Angleterre, comprenait toute la partie nord-africaine s'étendant entre l'Algérie, l'AOF et le *Rio Del Oro*.

55   Méric, « Le conflit algéro-marocain », *art. cit.*

56   Hughes, Stephen O., *Le Maroc de Hassan II*, Bouregreg, 2003, p. 299.

de cette région[57], soit six mois avant l'offensive pacifique de la « Marche verte ». Une semaine après la marche marocaine, les accords de Madrid établirent les conditions de partition du territoire entre le Maroc et la Mauritanie. Le 20 novembre, on annonça le décès du Général, et on reconnut officiellement la décolonisation du Sahara dans le Bulletin officiel[58]. Le Maroc avait gagné, pour quelques mois seulement.

Le 6 mars 1976, le Front sahraoui dénommé Polisario (*Frente Popular Para la Liberacion de la Saguia El Hamra et Del Rio Del Oro*) proclama la « République Arabe Sahraouie Démocratique » (Rasd), reconnue, hébergée, et soutenue par l'Algérie. Il déclara la guerre au Maroc alors que les Forces Armées Royales venait d'affronter militairement – et sans issue – les troupes algériennes à Amgala. L'Organisation de l'Unité Africaine fut invitée par l'ONU à tenter de régler ce différend. C'est alors que l'enjeu devint véritablement international : l'influence de l'URSS en Afrique fraîchement décolonisée fut à l'origine de l'apparition de régimes socialistes – dont l'idéologie s'opposait à l'hégémonisme occidental – invoquant le droit des peuples à disposer d'eux-mêmes. Dès 1978, 75 pays reconnaissaient ainsi le Polisario comme le représentant légitime du peuple sahraoui[59]. L'Algérie, le Nigéria et la Tanzanie, puissances régionales en devenir, favorisèrent l'indépendance des Sahraouis, tandis qu'un certain nombre de pays francophones soutinrent le Maroc. Pour ce dernier, l'Algérie convoitait surtout les ressources sahraouies (phosphates, minerais, poissons) et projetait d'y instaurer un régime socialiste hostile à la Monarchie. Du point de vue algérien, l'affaire était hautement stratégique, gage de sa puissance. C'est pourquoi les leaders de la révolution algérienne (dont Ferhat Abbas), qui avaient dénoncé l'hostilité de leur Président face au Maroc, furent immédiatement placés en résidence surveillée par l'Algérie[60]. Quant aux deux grandes puissances de l'époque, l'URSS et les États-Unis, elles voyaient l'opportunité de déverser leurs armes dans un conflit gelé et peu risqué. La course aux armements entre les deux voisins venait ainsi de débuter.

Dans un premier temps, la candidature du Front Polisario auprès de l'OUA pour faire reconnaitre la Rasd comme un État se solda par une fin de

---

57   Benkhattab, Abdelhamid, « Le rôle de la politique saharienne franquiste dans l'internationalisation de l'affaire du Sahara occidental », dans Centre d'Études Internationales (dir.), *Le différend saharien devant l'Organisation des Nations Unies*, Paris, France : Karthala, 2011, p. 27-45.

58   Loi n° 40/1975, *Boletin Oficial*, n° 278, Madrid, 20 novembre 1975.

59   Berramdane, *Le Sahara occidental, enjeu maghrébin, op. cit.*, p. 71.

60   Hughes, *Le Maroc de Hassan II, op. cit.*, p. 305.

non-recevoir[61]. Sur le terrain, la construction de murs de sables et l'installation de champs de mines par les Forces Armées Royales leur permit de gagner
du terrain face aux guérilléros du Polisario[62]. Mais quelques années plus tard,
en 1984, l'OUA reconnut la Rasd comme un État membre, avec une majorité
simple (26 États sur 50) : humilié, le Maroc quitta aussitôt l'organisation. Il
constituait, pendant plus de 30 ans et jusqu'en janvier 2017, le seul pays africain
non-membre de l'Union africaine. La guerre du Sahara, guerre spécieuse, plus
verbale que martiale, venait de s'achever à la suite d'une défaite diplomatique,
et non pas militaire, à l'échelle africaine[63]. Le Maroc avait résisté à la tentation
du conflit militaire avec l'Algérie, mais avait perdu sa place au sein de la plus
importante organisation multilatérale du continent.

Si le Royaume avait perdu le soutien de l'OUA, c'est aussi parce qu'il n'avait
pas pu jouer de rôle déterminant dans la décision et l'action de l'organisation. Il avait bel et bien assisté aux réunions et prôné des actions de solidarité
africaine, de même qu'il avait présidé l'organisation de juin 1972 à juin 1973 ;
mais il n'était pas porteur de projets panafricains d'envergure, par manque de
moyens, tandis que l'Algérie dominait financièrement l'OUA. En principe, le
Maroc s'était engagé dans la défense de nombreux intérêts africains : soutien
des armées de libération nationales en Afrique australe, défense du droit à la
mer pour les pays enclavés, revendications économiques et sociales pour le
développement du continent auprès des puissances étrangères, défense de
l'intégrité territoriale des États africains etc.[64] Cependant, au sein des institutions ou bureaux régionaux africains (OMS, Commission Économique pour
l'Afrique, Union africaine de Radio et de Télévision et autres conférences),
ainsi que dans ses relations bilatérales, le Maroc se distinguait par sa version
de la « doctrine Hallstein ».

La doctrine Hallstein porte le nom de son inventeur Walter Hallstein, secrétaire d'État en République Fédérale Allemande entre 1955 et 1959. Cette doctrine visait à ne pas reconnaître ou à rompre les relations diplomatiques avec
tout pays qui reconnaitrait l'Allemagne de l'est. Le Maroc avait poursuivi une
politique similaire en Afrique à l'époque précédant et suivant son départ de
l'OUA : il rompait généralement ses relations diplomatiques avec les pays qui

---

61   Lamouri, Mohamed, « L'affaire du Sahara : de l'Organisation de l'Unité Africaine à l'Or-
      ganisation des Nations Unies », dans Centre d'études internationales (dir.), *Le différend
      saharien devant l'Organisation des Nations Unies*, Paris, France : Karthala, 2011, p. 65-79.

62   Hughes, *Le Maroc de Hassan II, op. cit.*, p. 327-337.

63   Pour plus de détails les aspects militaires, voir la thèse de doctorat de Arrigoni, Michael,
      La dimension militaire du conflit au sahara occidental : enjeux et stratégies, Thèse de doc-
      torat, France : Université de Reins, 1997, 408 p.

64   Bouzidi, « Le Maroc et l'afrique sub-saharienne », *art. cit.*

reconnaissaient le Front Polisario comme une république indépendante. Ce fut le cas en Éthiopie par exemple, où l'Ambassade marocaine fut fermée du 1ᵉʳ octobre 1979 au 4 avril 1996[65]. La conduite de cette doctrine ne faisait en réalité qu'affaiblir sa politique multilatérale africaine, déjà hésitante. Comme le confirme ce diplomate, « la période où la diplomatie a connu son plus important passage à vide est celle de M'hamed Boucetta (Ministre des affaires étrangères de 1977 à 1983), qui a décidé d'arrêter les relations diplomatiques avec tous les pays qui reconnaissaient la Pseudo-Rasd. Cette politique nous a impacté pendant près de 25 ans »[66]. Par ailleurs, la responsabilité de la France dans la délimitation des frontières sahariennes, expliquée dans le titre précédent, était peu considérée ou ignorée par les rivaux du Maroc.

Finalement, la politique étrangère du Royaume fut fondée sur la base des liens personnels entre le Roi et les chefs d'États africains. Mobutu, Senghor, Bongo ou Boigny, présidents à vie, étaient devenus progressivement les amis proches de Hassan II à partir des années 1970, comme nous le verrons plus loin. Pour la classe dirigeante marocaine, l'idée que l'Afrique avait trahie le Maroc[67] allait déterminer la conduite de sa politique étrangère sur le continent durant les vingt années suivantes.

5   **La recherche de leadership au sein d'une union régionale avec la Libye : une alternative échouée**

Confronté aux difficultés inhérentes à la conciliation de ses intérêts pragmatiques avec un multilatéralisme africain porté essentiellement par les progressistes, le Maroc a réorienté son action dans la construction régionale du Maghreb arabe. À cette période, la République Libyenne émergeait par suite du coup d'État de Kadhafi en 1969, lequel avait élaboré une politique de puissance en Afrique, fondée sur la coopération économique et financière. La victoire des troupes libyennes au Tchad, bastion de l'influence française, confirmait la robustesse de cette puissance révolutionnaire et engagée dans le soutien des mouvements de libération sur le continent, dont le leader ne tardera pas à présider l'OUA. Afin de justifier son intérêt pour l'Afrique aux dirigeants favorables à un engagement plus exclusif pour la solidarité arabe, l'État

---

65   Information communiquée par l'Ambassade du Maroc en Éthiopie que nous avons contacté par téléphone, décembre 2015.

66   Entretien avec un diplomate (n° 6), Ministère marocain des Affaires étrangères et de la Coopération – juin 2013.

67   Bouzidi, « Le Maroc et l'afrique sub-saharienne », *art. cit.*

libyen avait évoqué « l'africanisation croissante de la nation arabe dont 70% de la population et 65% du territoire sont situés sur le continent noir »[68], manifestation de la conviction de ses engagements. L'alliance avec la Libye était donc indispensable à la construction d'une union régionale.

Tandis que les rapports de la Monarchie marocaine avec l'ancienne monarchie libyenne étaient positifs, la nouvelle Libye de Kadhafi avait favorisé l'isolement du Maroc en soutenant le rattachement des provinces sahariennes à la Mauritanie, de même qu'elle s'était réjouie ouvertement de la tentative de putsch militaire contre Hassan II en 1973[69]. De son côté, Hassan II envisageait de restaurer la Monarchie libyenne en aidant le neveu du Roi Idris à s'extraire de sa prison[70]. Parallèlement, le Maroc se rapprocha de la Mauritanie, dont le régime était encore fortement soumis à l'influence française. Dans un contexte de tensions entre la Libye et la France, cette situation avait porté Kadhafi à condamner ouvertement cette nouvelle alliance maroco-mauritanienne, annonçant le début de son soutien militaire au Front Polisario. Mais l'historiographie de la Libye suggère que Kadhafi ne s'attendait pas à la création d'un groupe proto-étatique au Sahara. Cette erreur d'analyse le conduisit à envoyer un message personnel à Hassan II le jour de l'auto-proclamation de la Rasd (27 février 1976), indiquant qu'il allait finalement défendre l'intégration de cette région à l'ensemble marocain[71], bien qu'au départ il ne le souhaitait pas. Hassan II se saisit sans tarder de cette opportunité pour engager un dialogue avec le dirigeant libyen. Ce rapprochement inédit permettait aussi de réagir à la signature d'un traité d'amitié algéro-tunisien (Traité de Fraternité et de Concorde) en mars 1983 auquel a adhéré la Mauritanie quelques mois plus tard[72]. L'année suivante, en 1984 (année durant laquelle le Maroc s'est aussi retiré de l'OUA), Hassan II et Kadhafi signèrent le « Traité Maroco-Libyen », dit « Traité d'Oujda », instituant « L'Union des États Arabes-Africains »[73].

---

68   Interview de M. Kikhia, ancien Ministre des Affaires étrangères de la Libye, dans *Jeune Afrique*, 1973, voir Otayek, René, « Libye et Afrique : Assistance financière et stratégie de puissance », *Politique africaine*, I(2), 1981, p. 77-98.

69   L'armée libyenne fut mise en état d'alerte pour soutenir les éléments putschistes de l'armée royale. Otayek, René, *La politique africaine de la Libye : 1969-1985*, Karthala, 1986, p. 61.

70   Bat, Jean-Pierre, *Le syndrome Foccart : La politique française en Afrique, de 1959 à nos jours*, Paris : Folio, 2012, p. 331.

71   Otayek René, *La politique africaine de la Libye, op. cit.*, p. 68.

72   Habib Melyani, Le Traité de Fraternité et de Concorde de 1983, ou un nouveau droit de la coopération maghrébine, Annuaire de l'Afrique du Nord, Tome XXIV, Édition du CNRS, 1985, pp. 89-99.

73   Voir le texte intégral du traité à l'adresse : http://aan.mmsh.univ-aix.fr/Pdf/AAN-1984 -23_61.pdf.

Le Traité d'Oujda s'était assigné comme objectif de consacrer une union régionale pour la défense des intérêts des Arabes et des musulmans d'Afrique et du Proche-Orient. De même, cette alliance maroco-libyenne devait permettre de soutenir l'intégration maghrébine sur les plans politique et économique. Les deux pays envisageaient la création de quatre Conseils (Politique, Défense, Économique, Coopération culturelle et technique) devant élaborer des propositions allant dans le sens de l'intégration. Au-delà de cet engouement régionaliste, l'accord a aussi permis un échange de procédés : Kadhafi voyait le Maroc comme un relai pour engager le dialogue avec les partisans du bloc de l'Ouest, tandis que Hassan II recherchait un soutien des partisans du bloc de l'Est à sa politique d'intégrité territoriale[74]. Ceci étant, si l'application des objectifs envisagés lors de la signature du traité n'a pas été poursuivie, la valeur symbolique de cette alliance pour le Maroc a contribué à la validation de son rôle de « pont » entre deux blocs idéologiques, et de son identité « modérée » confirmée par le pragmatisme dont il avait fait preuve vis-à-vis de la puissance libyenne, ainsi qu'au renforcement de la légitimité de Hassan II au niveau interne, considéré comme le précurseur de l'unité du Maghreb Arabe par une partie de l'opinion publique[75].

Séduits par la politique libyenne de Hassan II, la presse et les partis politiques marocains se sont montrés favorables à la ratification du traité, exhortant le peuple à voter massivement pour l'union du Maroc et de la Libye, tandis que la presse algérienne exprimait ses réticences quant à l'édification d'une future unité maghrébine, en fondant ses arguments sur le devoir de reconnaissance de la Rasd par le Maroc. Selon le journal *Al-Alam*, l'Algérie avait « fait tout son possible pour détruire l'accord maroco-libyen »[76], et de ce fait, tandis que « le Maroc avait toujours tenté de jeter des ponts entre les frères du Maghreb, l'Algérie avait toujours cherché à faire sauter ces ponts »[77], une idée communément partagée au sein de l'opinion publique marocaine, contribuant à la cristallisation du conflit algéro-marocain. En dépit des efforts fournis par le Maroc et la Libye pour exhorter les autres pays du Maghreb à rejoindre l'Union Arabe Africaine, leurs appels sont restés lettre morte. Deux ans plus tard,

---

74   Otayek, *La politique africaine de la Libye, op. cit.*, p. 71.

75   Benkhalloul, Mohamed, « Le traité d'union maroco-libyen d'Oujda (13 août 1984) dans la presse marocaine de langue arabe », *Annuaire de l'Afrique du Nord, Centre national de la recherche scientifique ; Centre de recherches et d'études sur les sociétés méditerrannéenes (CRESM)*, vol. 23, 1986, p. 693-704.

76   *Ibid.*, p. 703. Pour en savoir plus sur le comportement de l'Algérie face au traité maroco-libyen voir : Majdi Ali Attya « Le dialogue algérien libyen à propos de l'union. Hypothèses et conséquences », *Politique internationale*, 1987, n° 90 octobre, pp. 183-185.

77   *Ibid.*, p. 698.

l'accueil du président Shimon Perez au Maroc, critiqué par la Libye, conduisit Hassan II à rompre le Traité d'Oujda[78] et se rapprocher des États-Unis. C'est alors que, dans une interview accordée à un journaliste quelques années plus tard, le Roi chérifien éclaira l'opinion publique sur la dimension réaliste de sa politique : « À l'époque où nous nous plaçons, en 1984, j'avais contre moi deux canons, l'un à longue portée et plutôt bien alimenté, l'autre à moyenne portée. Il me fallait en neutraliser un. L'opportunité m'a été donnée tandis que j'attendais avec impatience la réponse des Algériens à un projet de fédération ou de confédération (…). Le jour où j'ai reçu, devant plusieurs témoins, l'émissaire qui m'apportait la lettre de Kadhafi (…) l'idée m'est venue (…) qu'il n'y avait aucune raison d'exclure une union entre le Maroc et la Libye »[79].

L'échec de la construction d'une Union Arabe Africaine était en partie imputable à l'hostilité de l'Algérie, laquelle avait des ambitions de puissance en Afrique subsaharienne (et avait préalablement conclu un traité de fraternité avec la Tunisie et la Mauritanie), mais elle était aussi déterminée par choix d'alliances régionaux dans un contexte de Guerre froide. L'édification d'une union régionale était aussi tributaire d'un rapprochement entre les deux voisins. C'est ainsi qu'en 1985, alors qu'un nouveau tronçon du mur des sables au Sahara était en construction, et que Hassan II annonçait son intention de moderniser l'armée, l'ONU invita le Maroc à négocier directement avec le Front Polisario. Après plusieurs « négociations de proximité » organisées à New York, contribuant à maintenir un cessez-le-feu, et tandis que la construction du mur touchait à sa fin en 1987, donnant un avantage tactique et stratégique aux troupes marocaines, le président algérien Chadli accepta finalement de rencontrer Hassan II à Oujda, en présence du Roi Fahd d'Arabie Saoudite, qui servait d'intermédiaire à la rencontre. Les deux États acceptèrent d'effectuer un échange de prisonniers et normalisèrent progressivement leurs relations. En Algérie, l'essoufflement du modèle socialiste avait en effet poussé le gouvernement à stabiliser ses relations régionales pour se consacrer aux problèmes internes, ce qui conduisit le Président Chadli à effectuer sa première visite officielle au Maroc, en février 1989, amorçant un possible rapprochement des deux voisins. Cette situation ouvrit la voie, le même mois, à la rencontre de l'ensemble des chefs d'État du Maghreb et à la signature d'un traité à Marrakech portant création de l'Union du Maghreb Arabe.

---

78   Abusitta, Abdelgadir, *La dimension africaine dans la politique étrangère libyenne 1969-2002*, PhD thesis, Université d'Auvergne – Clermont-Ferrand I, 2012, p. 39.

79   Interview accordée par Hassan II à Jean Daniel dans *Le Nouvel Observateur*, 4 avril 1986, cité dans : Nigoul, Claude, « De Gaulle et Hassan II », dans Sehimi, Mustapha (dir.), *De Gaulle et le Maroc*, Paris, 1990, p. 179-192.

Au moment de la naissance de l'UMA, le Maroc espérait le soutien de l'organisation à ses revendications territoriales. Comme dans les précédents projets de construction d'unions multilatérales (Conférence de Casablanca puis OUA, ou Traité maroco-libyen) le Maroc avait défendu une clause stipulant que les membres de l'UMA conviendraient « de ne pas tolérer sur leur territoire tout mouvement ou activité qui pourrait menacer la sécurité ou l'intégrité territoriale d'un État membre ou son système politique »[80]. Autrement dit, le Maroc exigeait des États maghrébins de refuser d'accueillir, de rencontrer ou de soutenir le Front Polisario. Cette condition avait dès lors été au centre de la majorité des discussions à l'intérieur de l'union pendant de longues années. Dans un premier temps, les querelles intra-maghrébines se sont estompées et le Royaume a pu engager une politique de stabilisation régionale. Comme le remarque ce chroniqueur, le Roi Hassan II : « s'est rendu à bord de son Palais flottant à Tripoli pour assister aux cérémonies marquant le 30e anniversaire du renversement du Roi Idriss Senoussi par le colonel Kadhafi, ironie qui en disait long sur la manière dont les choses avaient changé en Afrique du Nord. Le Polisario était en plein désarroi. Plusieurs centaines de ses membres sont passés au Maroc pour obtenir le pardon royal »[81]. Dans un deuxième temps, l'attentat de Marrakech de 1994 a provoqué la fermeture des frontières algéro-marocaines, fermeture dont l'UMA a fortement subi les conséquences puisque ses chefs d'États membres ne se sont pas réunis depuis cette date.

Finalement, il apparaît que le projet du « Grand Maroc » et sa variante chérifienne ont participé à pousser le Royaume à s'engager dans une politique africaine dépassant le cadre saharien. En même temps, Abdallah Saaf considère que dès la fin des années 1970, le Maroc « a été détourné de sa vocation africaine pour s'orienter davantage vers l'Europe, en particulier vers la France »[82]. Illustration d'une fausse contradiction, la coopération franco-marocaine a en réalité redonné les moyens au Palais de reformuler une politique africaine singulière, fondée sur des rapprochements bilatéraux, personnels et à haut-niveau, qui ont parfois bénéficié et d'autres fois souffert d'une « main invisible » française.

---

80 Hughes, *Le Maroc de Hassan II*, op. cit., p. 363-364.

81 *Ibid.*, p. 364.

82 Barre, Abdelaziz, « La politique marocaine de coopération en Afrique », dans Saaf, Abdallah, *Le Maroc et l'Afrique après l'indépendance*, Rabat, Maroc : Université Mohammed V, Publications de l'Institut des Études Africaines, 1996, p. 17.

6   Le Royaume de la Guerre froide face à la puissance française en Afrique

Vassal, allié, partenaire, concurrent? Le rapport du Maroc à la France et les conséquences de ce rapport sur ses relations continentales méritent d'être interrogés. Plusieurs dimensions de la diplomatie du Royaume, à l'exemple de sa proximité de l'Afrique francophone, des liens étroits entretenus par le Monarque avec un certain nombre de chefs d'États africains francophones, ou encore la dimension francophone de la politique africaine du Maroc, caractéristiques développées ultérieurement, tendent à soulever l'hypothèse de cette influence.

Tout en poursuivant la politique de « non-engagement » formulée par son père (soutien des mouvements de libération, rejet d'une alliance militaire avec l'une ou l'autre des grandes puissances, contestation des bases étrangères présentes sur le territoire national etc.)[83], Hassan II a durablement consolidé les relations franco-marocaines. Cet équilibre fut possible dans la mesure où, pour les partis politiques marocains, « la normalisation franco-marocaine apparaissait comme un contrepoids nécessaire à l'extension au Maroc de l'influence américaine »[84]. Plus généralement Hassan II avait tissé des liens spéciaux avec les dirigeants français. Dès l'indépendance en 1956, alors qu'il était encore prince héritier, les diplomates français ne tarissaient pas d'éloges sur le futur Roi, tandis que ce dernier exprimait régulièrement son sentiment d'amitié à l'égard des français[85].

Moulay Hassan, alors prince héritier, avait séduit la France par sa personnalité, son engagement auprès de la République, ses intentions déclarées de se tenir à l'écart de l'URSS et de l'Égypte de Nasser[86], et plus généralement par

---

83   Berramdane, *Le Maroc et l'Occident, op. cit.*, p. 170-175.

84   *Ibid.*, p. 390.

85   Moulay Hassan est décrit dans les correspondances diplomatiques françaises comme un prince courageux, doté d'une élégance et d'un art de la propriété des termes. Les français semblent dès 1956 convaincus de l'esprit francophile du futur roi : « *Lorsqu'il parle de son amitié pour la France et les Français, on peut le croire sincère dans la mesure où il est convaincu, comme il l'a dit au Caire, de la nécessité pour le Maroc de s'appuyer sur un partenaire fort et dont l'autorité internationale soit incontestable. Son impatience, son impulsivité, le goût qu'il éprouve pour certains avantages matériels s'émousseront et s'effaceront, on doit l'espérer, devant le sentiment que l'on sent croître en lui de ses responsabilités vis-à-vis de la couronne et de son pays* ». Télégramme de M. Lalouette, Chargé d'Affaires de France à Rabat, au Secrétariat d'État aux Affaires Marocaines et Tunisiennes, T. n° 3205 à 3209, Rabat, le 10 juillet 1956, dans *Documents diplomatiques français, op. cit.*

86   Télégramme de M. André-Louis Dubois, Ambassadeur de France à Rabat à M. Savary, Secrétaire d'État aux Affaires Marocaines et Tunisiennes, T. n° 3573 à 3575, Rabat, le 25 juillet 1956, dans *Ibid.*

son anticommunisme. Il confiait à ses homologues français ses craintes « de voir surgir un Ho Chi Minh, champion d'une République algérienne progressiste et laïque »[87]. Son accession au trône l'avait donc naturellement porté à rompre soudainement et définitivement le possible choix révolutionnaire du Royaume. Selon cet ancien Ambassadeur français en poste au Maroc à cette époque, Hassan II avait réussi à rétablir « presque du jour au lendemain de meilleurs rapports avec la France, et, subsidiairement, avec les États-Unis »[88]. L'une des conséquences de ce rapprochement allait résider dans l'influence du système gaullien dans l'organisation du pouvoir monarchique[89], et dans la façon dont le Maroc envisageait désormais sa politique africaine. Bien que les styles des deux dirigeants aient été différents, De Gaulle et Hassan II conduisaient leurs politiques étrangères selon un même pragmatisme réaliste[90].

Malgré l'influence admise de l'organisation de la République gaullienne sur le gouvernement hassanien ainsi que l'existence d'intérêts communs, les relations entre les deux chefs d'État étaient véritablement tendues. Il fallut attendre l'arrivée au pouvoir du Président Pompidou pour officialiser le rétablissement de ces relations en 1969[91]. La nouvelle coopération franco-marocaine qui commençait donc avec Georges Pompidou puis Valéry Giscard d'Estain s'avérait plus ambitieuse tout en restant secrète dans son contenu. La France avait adopté une politique particulière envers le Maroc qui résultait avant tout des décisions conclues entre chefs d'États plutôt que des orientations ministérielles. D'après Hubert Durand : « on observe d'une part, que le parlement n'est jamais consulté sur les choix possibles de la politique marocaine de la France, et d'autre part, (...) que le Ministère des Affaires étrangères joue un rôle secondaire dans l'élaboration de cette politique. (...) Depuis trente ans,

---

87 Télégramme de M. Lalouette, chargé d'Affaire de France à Rabat à M. Maurice Faure, Secrétaire aux Affaires étrangères, chargé des affaires Marocaines et Tunisiennes, Rabat le 13 février 1957. T. n° 1039 à 1045. Dans *Documents diplomatiques français 1957. Tome I, 1er janvier-30 juin, op. cit.*

88 Lettre de M. Roger Seydoux, Ambassadeur de France à Rabat, à M. Couve de Murville, Ministre des Affaires étrangères, Rabat le 28 mars 1962. Dans : *Documents diplomatiques français 1962, Tome I, 1er Janvier-30 Juin, op. cit.*

89 La possibilité pour la Monarchie de proclamer l'État d'exception, ainsi que le rôle d'arbitre qu'elle incarne, lui ont notamment été inspirés par la république de De Gaulle. Ce rôle se fonde « *sur la nécessité de défendre l'intérêt général et national : elle fait du souverain une autorité supérieure en mesure de représenter la volonté de vie nationale et la légitimité de la nation* ». Sehimi, Mustapha, « L'influence gaullienne sur la constitution marocaine », dans *De Gaulle et le Maroc*, Paris, 1990, p. 104-122.

90 Nigoul, « De Gaulle et Hassan II », *art. cit.*

91 Grimaud, Nicole, « L'introuvable équilibre maghrébin », dans Cohen, Samy et Smouts, Marie-Claude (dir.), *La Politique extérieure de Valéry Giscard d'Estaing*, Presses de la Fondation Nat. des Sciences Politiques, 1985, p. 323-347.

la politique marocaine résulte des négociations qu'ont en tête à tête les deux chefs d'États »[92].

L'opacité constante qui caractérisait les relations politiques franco-marocaines à partir des années 1970 permettait d'une part à la France de conserver une neutralité de forme vis-à-vis des autres pays maghrébins, et d'éviter d'autre part au Royaume une opposition acerbe des partis politiques les plus anti-occidentaux (communistes puis islamistes). Par ailleurs, la France avait besoin du soutien du Maroc dans sa politique africaine et avait donc tout intérêt à protéger la stabilité du Royaume. La rencontre des politiques marocaine et française en Afrique subsaharienne a donc véritablement commencé à partir des années 1970 sous Hassan II, qui s'est engagé, comme le constate Jean-Pierre Bat, « dans une voie bien plus francophile que celle de son père Mohammed V, devenant pour de nombreuses années un allié très fidèle de la France en Afrique »[93] ; et s'est érigé, comme le remarque Raymond Aron, comme « le plus pro-occidental des pays du Maghreb »[94]. Confirmant cette alliance, Hassan II effectua une visite officielle à Paris en 1970, et publia un article élogieux sur les relations franco-marocaines dans *Le Monde Diplomatique* la même année[95], tandis que le journal préparait l'opinion publique en annonçant que « la coopération avec l'Europe occidentale, et particulièrement avec la France, paraît être un postulat inscrit dans les données géopolitiques du Maroc »[96]. La visite privée du Roi Hassan II en France avait de même conforté cette normalisation, qui prenait désormais la forme d'une alliance discrète et loyale.

Durant toute la période de la Guerre Froide donc, alors que la France développait sa stratégie postcoloniale en Afrique, le Maroc de Hassan II nouait et entretenait des relations bilatérales et personnelles avec de nombreux chefs d'États africains, dans la poursuite notamment de son intégrité territoriale. Entre 1960 et 1987, ces échanges bilatéraux ont conduit à la signature de près de 120 nouveaux accords de coopération entre le Maroc et les pays d'Afrique occidentale (Sénégal, Gambie, Côte d'Ivoire, Niger, Cameroun, Zaïre, Centrafrique, Tchad, Gabon)[97], un rapprochement qui n'a cependant pas toujours bénéficié à la France ou obtenu son appui.

---

92   Durand, Hubert, « La France a-t-elle une politique marocaine ? », *Confluences Méditerranée*, vol. 23, Automne 1997, s. d., p. 171-177.

93   Bat, *Le syndrome Foccart, op. cit.*, p. 26.

94   Aron, Raymond, *De Giscard à Mitterrand : 1977-1983*, Fallois, 2005, p. 416-417.

95   Hassan II, « Assumer son destin », *Le Monde diplomatique*, 1 mars 1970.

96   « Dans la voie du développement et du progrès », *Le Monde diplomatique*, 1 mars 1970.

97   Barre, « La politique marocaine de coopération en Afrique », *art. cit.*, p. 25.

Les premiers accords de coopération maroco-africains avaient porté sur différents secteurs : technique, scientifique, culturel, financier, économique, militaire etc. On remarque cependant que le plus souvent, ces accords avaient bénéficié *a priori* ses partenaires africains. L'assistance technique pour développer le secteur du textile au Sénégal, l'offre de bourses aux étudiants Guinéens (à travers l'Agence Guinéenne et Marocaine de Coopération créée en 1958), l'octroi de prêts directs et parfois sans intérêts (28 millions de dollars au Gabon pour financer le premier tronçon du Transgabonais en 1975, 10 millions de dollars au Zaïre pour l'acquisition de matériel militaire en 1977, 8 millions au Tchad en 1975, 7 millions à la Guinée en 1984)[98], forment des exemples de cette tendance. Sur le plan économique, le Maroc espérait développer les échanges commerciaux, et augmenter l'exportation de ses produits. Mais cet objectif n'a jamais pu être atteint, en raison notamment du fait que ces transactions passaient par des intermédiaires français bien implantés dans les États d'Afrique francophone. D'autres raisons, à l'exemple d'un manque de transports maritimes proprement marocains, des restrictions liées à la législation des organisations régionales, ou des contraintes du GATT et du FMI, peuvent être évoquées. Sur le plan culturel, le Royaume avait très tôt envisagé de diffuser son modèle et se considérait, comme l'affirmait Hassan II, « investi de la mission de préservation et de diffusion de la religion musulmane par le biais des universités, des mosquées, des prédicateurs, des oulémas et des professeurs »[99], qu'il envoyait au Sénégal, au Gabon, ou au Niger. Sur le plan politique enfin, Hassan II avait privilégié expressément l'établissement d'une communauté d'intérêts avec le groupe des libéraux afin de combattre les communistes sur le continent, convaincu qu'ils représentaient une menace à l'intégrité territoriale, en raison de leur soutien au Front Polisario. Cette posture en apparence idéologique, mais guidée par des intérêts beaucoup plus réalistes, lui permettait d'envisager le leadership régional et d'obtenir l'appui français, notamment lorsqu'il s'agissait de développer l'armée. Comme le remarque Nicole Grimaud, cette « large convergence de Paris et Rabat en matière de Relations Internationales a trouvé une application concrète en Afrique »[100].

Au départ, l'alliance franco-marocaine avait pris la forme d'un échange de bons procédés favorisant des intérêts communs. Ainsi, au moment où Paris déclencha officiellement pour le compte de la Mauritanie l'opération « Lamantin », destinée à combattre le Front Polisario, Rabat était déjà

---

98   *Ibid.*, p. 39.
99   Hassan II, Conférence de presse à Taef (Arabie Saoudite), 9 février 1980, cité dans *Ibid.*, p. 47.
100   Grimaud, « L'introuvable équilibre maghrébin », *art. cit.*, p. 340.

parfaitement au courant et très favorable à l'intervention[101]. De façon réciproque, lorsque Hassan II envisagea, pendant un court instant, de restaurer la
Monarchie libyenne en 1972, les services secrets français avaient appuyé cette
opération[102], qui allait dans le sens de la politique libyenne de la France. Le
Royaume avait par ailleurs mobilisé des combattants du Royaume de Jordanie
afin de renforcer les effectifs français, ce qui permettait à la France de minimiser ses risques de pertes humaines. Tout cela suggère *a priori* une rupture
importante avec la période de l'indépendance, durant laquelle la France soutenait l'indépendance de la Mauritanie en dépit de revendications marocaines.

Assuré de sa position d'allié loyal de la République, le Royaume chérifien fut
sollicité de plus en plus par Paris. De nombreuses opérations demeurent secrètes à ce jour, tandis que d'autres ont été rendues publiques. En 1977, au moment où le Shaba (anciennement Katanga), région Zaïroise, renouait avec son
passé sécessionniste, Valéry Giscard d'Estain souhaitait assister le régime de
Mobutu. Il fit donc appel à Hassan II, lequel a aussitôt envoyé ses troupes ché-
rifiennes au sein d'une force multilatérale bénéficiant du soutien logistique de
la France ; une opération baptisée « Verveine ». Au sein de cette coalition militaire, l'Arabie Saoudite s'était chargée du financement des opérations, tandis
que les partenaires égyptiens et soudanais servaient de caution[103]. Ceci avait
permis au contingent marocain, constitué de 1500 hommes[104] sous les ordres
du Commandement Loubaris (face aux 2000 hommes du Front National de
Libération du Congo), de se déployer rapidement et de libérer le Shaba. Un
an plus tard, en 1978, de nouveaux séparatistes katangais, aidés par l'Angola
et Cuba, envahirent le Shaba. Les troupes marocaines étaient donc intervenues deux fois aux côtés des Français, des Belges et des Américains. Les deux
interventions étaient victorieuses : en France, la presse s'empressa d'affirmer
que « l'effet souhaité fut obtenu : Paris s'opposait à la pénétration soviétique en
Afrique »[105]. De son côté, le Roi Hassan II se félicita du succès des opérations,
qui marquait selon lui une véritable avancée diplomatique : l'Afrique avait désormais son syndic pour faire pièce à l'avancée du communisme, syndic au
sein duquel le Maroc revendiquait un rôle de premier plan[106]. C'est alors que le

---

101 Bruyère-Ostells, Walter, *Dans l'ombre de Bob Denard : Les Mercenaires Français de 1960 à 1989*, Nouveau Monde éditions, 2014, p. Section 10.

102 Bat, *Le syndrome Foccart, op. cit.*, p. 331.

103 Bat, *Le syndrome Foccart, op. cit.*, p. 406.

104 « Maroc-France : Ces interventions militaires communes », *L'Économiste, n° 4621*, 18 sep-
     tembre 2015.

105 C.J., « Les trois grands mérites de l'intervention française », *Le Monde diplomatique*, 1 mai
     1977.

106 Berramdane, *Le Sahara occidental, enjeu maghrébin, op. cit.*, p. 299.

Monarque tenta de rallier d'autres pays africains sous son leadership, en déclarant : « Nous voulons que les pays amis voisins du Zaïre fassent un effort, même symbolique, pour montrer que cette question ne concerne pas uniquement le président Mobutu et Moi-même, mais qu'il s'agit d'un problème stratégique intéressant toute la région »[107].

Du point de vue du Royaume, la question du voisinage était essentielle. Elle-même entouré par des voisins hostiles, la Monarchie établissait un parallèle entre la question du Katanga et celle du Sahara, et espérait certainement que le soutien du Président Mobutu pourrait lui apporter de nouveaux alliés, par principe de réciprocité. Informé du fait que l'Angola représentait une menace pour le régime de Mobutu[108], c'est dans cette perspective que le Royaume avait hébergé en 1979 des camps d'entraînement de l'UNITA (Union Nationale pour l'Indépendance Totale de l'Angola) dirigé par Jonas Savimbi. Cet entraînement s'était fait aussi avec le soutien de la France qui souhaitait placer à la tête de l'Angola un dirigeant « modéré ». Afin d'affirmer son soutien à ce cercle africain francophile, Hassan II participa à l'opération[109]. Symbole et étendard de la lutte anti-communiste en Angola, l'UNITA était alliée au camp de l'ouest (États-Unis, Afrique du Sud, France), et luttait contre le MPLA (Mouvement Populaire pour la Libération de l'Angola), allié au camp de l'Est (URSS, Cuba, RDA). Mais l'aide française destinée à Savimbi finit par s'essouffler au fur et mesure que le territoire apparaissait éloigné et insignifiant pour la France, qui ne souhaitait pas entretenir de tensions diplomatiques avec Moscou[110]. Cela n'empêcha pas le Maroc de continuer à soutenir l'effort de libération de l'Angola en octroyant des passeports marocains aux indépendantistes, ce qui permit de faciliter leurs déplacements[111].

Quelques années plus tard, la France envisagea d'influencer les conditions du rapprochement maroco-libyen de 1984, qui présentait un intérêt pour sa

---

107 « Interview de S.M. Hassan II au 'Washington Post' », *Discours et interviews de S.M. le roi Hassan II Tome VI, [1978-1980]*, Rabat : Ministère de l'information, 1990, 574 p.

108 « Lorsque le Président Mobutu M'a rendu dernièrement visite, Je lui ai demandé, compte tenu de l'amitié qui nous lie, les mobiles qui ont fait que son pays a fait l'objet d deux attaques successives en deux années. J'ai été surpris par la réponse qu'il m'a faite et qui était pourtant facile à deviner. Il M'a, en effet, rappelé qu'entre 1965 et 1975, la paix a régné de façon absolue. Mais aussitôt que l'Angola a réalisé son indépendance et qu'elle a adopté une certaine idéologie, le Zaïre a fait l'objet de deux attaques en deux années. Il nous appartient, Cher Peuple, de tirer une leçon de ce phénomène, une leçon concernant la notion de voisinage » – Interview de S.M. Hassan II dans *Ibid.*

109 Bat, *Le syndrome Foccart, op. cit.*, p. 400.

110 *Ibid.*, p. 392.

111 « Hommage au Maroc pour la libération de l'Angola », *Hommage au Maroc pour la libération de l'Angola – La Nouvelle Tribune*, 10 septembre 2012.

politique au Tchad, menacée par Kadhafi. Dans cette perspective, Valéry Giscard d'Estaing avait effectué deux visites privées au Maroc peu avant et au lendemain du référendum populaire sur l'adoption du traité d'Oujda au cours desquelles il s'entretînt avec le Roi, au point que les médias avaient établi un lien entre ces rencontres et la situation au Tchad[112]. Cette politique à triple tour avait bénéficié au passage aux relations maroco-tchadiennes : dès 1985, le Président tchadien Hissène Habré se rendit au Maroc. Les deux États conclurent un accord de coopération, de même qu'ils inaugurèrent l'instauration de la première commission de coopération mixte[113].

Malgré l'échec de l'Union des États Arabes Africains, la convergence des intérêts français et marocains en Afrique et leur rapport de force asymétrique avait maintenu le développement de la coopération militaire entre les deux pays. C'est ainsi que lors du conflit sénégalo-mauritanien (1989-1991), le Maroc participa aux côtés de la France, mais aussi de l'Espagne et de l'Algérie, à la mise en œuvre du pont aérien permettant de rapatrier des dizaines de milliers de réfugiés ; après avoir dépêché une mission de conciliation maghrébine à Nouakchott. À la fin des années 1980, le bilan de la coopération diplomatique et stratégique était positif. Le gouvernement français déclara que, finalement, « la France a toujours considéré, au travers de tous les gouvernements français qui se sont succédés, que les relations politiques franco-marocaines constituaient un élément essentiel de notre politique étrangère, dans la mesure où nos liens historiques avec ce pays en font une région où la présence française reste importante et active, mais aussi dans la mesure où le rôle politique, diplomatique et stratégique du Maroc dans le Maghreb, l'Afrique et le monde arabe est important », et ses positions diplomatiques « modérées et équilibrées »[114]. Ici, il convient de lire entre les lignes.

Finalement, la France et le Maroc ont obtenu de leur coopération épisodique en Afrique des gains relatifs et des gains absolus[115]. Parmi les gains relatifs, on peut citer en premier lieu les effets de l'aide française à l'effort de guerre marocain (au Sahara et en Afrique subsaharienne), sur la modernisation et le

---

112 Benkhalloul, « Le traité d'union maroco-libyen d'Oujda (13 août 1984) dans la presse marocaine de langue arabe », *art. cit.*

113 Bouhout, El Mellouki Riffi, « La politique marocaine de coopération avec l'Afrique Subsaharienne », dans Saaf, Abdallah (dir.), *Le Maroc et l'Afrique après l'indépendance*, Rabat, Maroc : Université Mohammed v, Publications de l'Institut des Études Africaines, 1996, p. 57-86.

114 Huntginger, J., « Les relations économiques entre la France et le Maroc », *Avis et Rapports du Conseil Économique et Social*, n° 10, 1987, p. 1-25.

115 Sur la différence entre gains absolus et gains relatifs, voir : Robert Powell, « Absolute and Relative Gains in International Relations Theory », *The American Political Science Review*, 1991, vol. 85, n° 4, pp. 1303-1320.

développement des Forces Armées Royales d'une part, et l'économie française d'autre part. Malgré la concurrence des États-Unis, la France était devenue, à la fin des années 1970, le premier fournisseur d'armement du Maroc. Au regard de l'importance des sommes mobilisées par le Royaume (aidé par ses alliés arabes, notamment l'Arabie Saoudite), la France lui accordait des crédits avantageux et acceptait des paiements différés[116]. Plus généralement, pour Nicole Grimaud : « le Maroc au cours de cette période fournissait peut-être la meilleure illustration du bénéfice que pouvait retirer l'économie française de l'aide financière distribuée par l'État au Tiers-Monde »[117]. La France était le premier fournisseur du Maroc et lui livrait 38% de ses équipements. Plus généralement, en tant que premier investisseur du Royaume, la France avait aussi plaidé auprès des créanciers publics (Club de Paris) et privés (Club de Londres) pour le rééchelonnement de la dette du Royaume en 1983, alors que ce dernier affrontait une importante crise financière, et qu'il soumettait sa politique économique à un programme d'ajustement structurel[118].

Réciproquement, les Français contribuèrent à la professionnalisation et au développement des Forces Armées Royales, dans le cadre des accords de défense bilatéraux. L'instruction des officiers marocains, en France et au Maroc, et l'aide financière apportée à l'armée, fit porter les effectifs de 60 000 en 1975 à 185 000 en 1981[119]. Le renforcement du service de renseignement marocain facilita aussi le déploiement « d'actions spéciales » en Afrique, toujours avec l'agrément de la France et parfois des États-Unis. Le développement de l'armée marocaine lui a permis, à partir des années 2000, de développer une offre de formation des officiers africains d'une part, et de déployer une cellule anti-terroriste efficace au sein du service de renseignement d'autre part, deux axes sur lesquels nous reviendrons plus loin.

Durant l'ensemble de la Guerre froide, le Maroc a plus généralement conforté son rôle de médiateur en Afrique, en dehors du giron français. Par exemple, dès le lendemain du succès de l'opération militaire au Shaba en 1977, Hassan II avait été sollicité par le général Mobutu pour l'aider à normaliser ses relations avec la Belgique. Le Maroc nouait à cette période de très bonnes relations avec le Royaume de Léopold III : le prince héritier Mohammed y résidait pour un stage au sein de la Commission Européenne, le pays abritait une communauté marocaine forte de 120 000 personnes, tandis le Maroc venait de permettre

---

116 Grimaud, « L'introuvable équilibre maghrébin », *art. cit.*
117 *Ibid.*
118 Moha, Édouard, *Histoire des relations franco-marocaines ou Les aléas d'une amitié*, Paris, France : Picollec, DL 1995, 1995, p. 288-289.
119 Grimaud, « L'introuvable équilibre maghrébin », *art. cit.*

aux F-16 des forces aériennes belges de s'entrainer dans le sud saharien. Le Ministre Belge des Affaires étrangères, Henri Simonet, avait donc aisément accepté l'invitation du Roi de se rendre à Rabat pour s'entretenir avec lui des relations belgo-zaïroises[120]. À la suite du succès de cette première médiation, Hassan II réitéra son rôle diplomatique entre le Zaïre et la Belgique en 1989, lors de la crise de la dette, et sollicita le gouvernement marocain pour éclairer la partie Belge sur les besoins du Zaïre[121]. Le 25 juillet 1989, après de nombreuses négociations, les parties belge et zaïroise signèrent un protocole d'accord au sein du Palais royal de Rabat, mettant fin à leur contentieux[122]. Ce fut une victoire diplomatique pour le Royaume, qui affirmait par là son rôle en matière de médiation au sein du continent. On remarque cependant que cet effort n'était déployé que vers un petit groupe de pays amis, puisque le Maroc avait, rappelons-le, rompu progressivement ses relations avec les États qui reconnaissaient la « Rasd » à partir des années 1980. L'application de cette « doctrine Hallstein » avait constitué une limite tangible à son rayonnement diplomatique en Afrique durant les 25 années suivantes.

7   « Partenariat rénové » et nouvelle politique en Afrique à la fin de la Guerre froide

À la fin des années 1980, Hassan II était, aux yeux de l'opinion publique française, « le chef d'État arabe le plus populaire devant Chadli, Arafat et Kadhafi »[123]. Selon un sondage de Figaro Magazine Sofres, réalisé en mai 1989, 32% des personnes interrogées éprouvaient de la sympathie pour Hassan II[124].

---

120   « Le Souverain marocain téléphonera en sa présence au président zaïrois pour lui faire part de ce qui vient d'être dit, en substance : que la Belgique ne cherche en aucune matière à promouvoir un changement à la tête de l'État zaïrois. La médiation royale met (donc) fin à l'ostracisme politique avait été frappé M. Simonet. Au début août, celui-ci se rend au Zaïre » Villers, Gauthier de, *De Mobutu à Mobutu : trente ans de relations Belgique-Zaïre*, De Boeck Supérieur, 1995, p. 96.

121   C'est le ministre des Affaires étrangères, M. Filali, qui explique « qu'à partir du moment où la Belgique aura formulé des propositions consistantes en matière de dette, acceptant d'aller au-delà de ce qu'envisage le Club de Paris, le Zaïre renoncera sans difficulté à réinscrire à l'ordre du jour le problème du 'contentieux' global entre les deux pays », *Ibid.*, p. 203.

122   Braeckmann, Colette, « Belges et Zaïrois signent à Rabat l'accord de réconciliation », *Lesoir.be*, 25 juillet 1989.

123   Jouve, Marie-Hélène, *Effet et usage de l'opinion publique dans les relations franco-marocaines : la crise des années 1990-1991*, Paris, France : Mémoire de D.E.A., Université de Pari I Panthéon-Sorbonne, 1991, p. 18.

124   *Ibid.*

Selon un autre sondage effectué auprès des partisans de la gauche française, 63% des interrogés ont déclaré avoir une bonne opinion du Roi chérifien[125], malgré l'existence d'un « lobby anti-marocain » au sein de la gauche française depuis l'affaire Ben Barka. Selon le journaliste Jean Daniel, Hassan II apparaissait aux yeux des Français comme un homme « atypique » : « il surprenait par sa façon d'être si soucieux d'être et de paraître Français tout en restant lui-même »[126], ce qui le rendait fascinant et attrayant. Cette relation s'est néanmoins très vite dégradée au lendemain de la chute du mur de Berlin, conduisant à une reformulation des termes de l'alliance franco-marocaine en Afrique.

Tout d'abord, dès juin 1990, François Mitterrand, en prononçant son fameux discours à la Baule, avait amorcé un tournant stratégique dans la diplomatie française en Afrique. La France allait désormais privilégier le multilatéralisme et la coopération économique, et ne distinguerait plus ses alliés traditionnels, son pré carré, des autres États africains. Gage de bonne foi, Mitterrand avait reconnu l'ingérence politico-militaire française en Afrique durant la Guerre froide, de même qu'il avait officiellement annoncé la fin de cette pratique[127]. Le discours de la Baule avait révélé l'ambition de la France d'œuvrer pour la démocratisation des régimes africains, souscrivant de ce fait au principe de la « conditionnalité démocratique », en vogue dans la *doxa* internationale. Or Hassan II prit aussitôt le contrepied de ce discours qu'il jugeait trop excessif, et se fit porte-parole d'un groupe africain (composé du Togo et du Tchad notamment)[128], opposé à la mise en place des réformes démocratiques dans l'urgence. Il déclara aussitôt que les pays occidentaux devaient « aider les jeunes démocraties à s'épanouir sans leur mettre le couteau sous la gorge, sans passer d'une manière brutale au multipartisme »[129], et accusa la France de provoquer « le cancer en Afrique en utilisant des doses de cheval, alors que la démocratie devait s'instaurer à dose homéopathique »[130].

---

125   *Ibid.*, p. 19.

126   *Ibid.*

127   « De la même manière, j'interdirai toujours une pratique qui a existé parfois dans le passé et qui consistait pour la France à tenter d'organiser des changements politiques intérieurs par le complot ou la conjuration. Vous le savez bien, depuis neuf ans, cela ne s'est pas produit et cela ne se produira pas ». « Discours de François Mitterrand à La Baule », juin 1990.

128   « Mitterrand et l'Afrique : une relation marquée par le discours de La Baule », *RFI Afrique*, 8 janvier 2016.

129   Cité dans : Jouve, *Effet et usage de l'opinion publique dans les relations franco-marocaines*, *op. cit.*, p. 38.

130   « Discours et Interviews de S.M. le Roi Hassan II », mars 1991-1992, p. 101, cité dans El Houdaïgui, *La politique étrangère sous le règne de Hassan II, op. cit.*, p. 275.

La réaction de Hassan II à l'appel de Mitterrand fut à l'origine de troubles diplomatiques entre la France et le Maroc, accentués en septembre de la même
année par la publication de l'ouvrage de Gilles Perrault, « Notre Ami le Roi », au
sein duquel l'auteur se livrait à un réquisitoire sur le régime. Afin de revaloriser
l'image du pays, le Palais fut à l'origine d'une initiative qui consistait à organiser un événement culturel et folklorique d'octobre 1990 à mars 1991 à Paris intitulé : le « Temps du Maroc ». Sa tenue fut toutefois annulée suite à l'opposition
active de mouvements associatifs français. À cette même période, le Président
Mitterrand s'était rapproché de l'Algérie tandis que la Première dame, Danielle
Mitterrand, avait établi des liens directs avec le Polisario. L'accroissement des
tensions entre les deux États, alimentée en partie par l'activisme des organisations humanitaires (Amnesty International notamment) et les publications
des médias, a finalement provoqué la fameuse crise franco-marocaine de 1990.

La crise franco-marocaine de 1990 symbolise l'amorcement d'une réorientation ainsi que d'une redéfinition de la politique franco-marocaine en Afrique.
Tout d'abord, elle marque officiellement la fin des opérations secrètes françaises visant à renverser des régimes africains. Elle engage les deux pays dans
une nouvelle forme de coopération militaire plus institutionnalisée. Ainsi les
Forces Armées Royales sont intervenues aux côtés de la France en Somalie en
1992, mais dans le cadre d'une opération humanitaire sous l'égide de l'ONU.
Le 11 octobre 1994, le Maroc et la France signent leur premier accord officiel intergouvernemental relatif à la coopération militaire technique, portant sur la
formation du personnel militaire et la gestion des armes. Un accord qui abroge
et remplace l'accord militaire précédent, qui consistait en une série de lettres
échangées entre le gouvernement de la République française et le gouvernement du Royaume du Maroc depuis 1973[131]. À la suite de ce nouvel accord,
entre 1997 et 2007, 31 officiers marocain ont reçu une formation au collège interarmées de défense ; entre 2001 et 2006, 38 missions de courte durée ont été
organisées sur place par 88 formateurs et experts[132]. L'ensemble de la coopération bilatérale repose à ce jour sur cet accord intergouvernemental, qui va dans
le sens d'une formalisation de la coopération militaire.

D'autre part, le Maroc s'est davantage rapproché des États-Unis. De nombreux responsables américains, parmi lesquels le secrétaire d'État James
Baker, ont préparé la visite de Hassan II à Washington en 1991. Cette rencontre permettait aux États-Unis d'exercer une pression discrète pour la

---

131   Roatta, Jean, « Rapport sur le projet de loi (n° 3276) autorisant l'approbation de l'accord
       entre le Gouvernement de la République française et le Gouvernement du Royaume du
       Maroc relatif au statut de leurs forces », Assemblée Nationale, 6 février 2007.
132   *Ibid.*

libéralisation économique et politique du Maroc. Comme le remarque ce chercheur : « L'idée des américains consistait à user de la diplomatie secrète impliquant directement les hauts responsables des deux États (...) pour dialoguer
loin de tout tapage médiatique. Cette démarche qui plaisait particulièrement à
Hassan II se plaçait aux antipodes de la démarche française, particulièrement
médiatique »[133].

Pour autant, le Maroc ne s'est pas détourné de son inclination francophile.
C'est pourquoi de nombreux dirigeants et journalistes français ont continué
de défendre le développement de la coopération bilatérale avec Hassan II.
Parmi eux, ceux qui, comme Charles Pasqua, considéraient le débat français
sur l'universalité des valeurs démocratiques et libérales comme une nouvelle
forme de colonialisme, et ceux qui, comme Claude Imbert, rappelaient le rôle
stabilisateur de Hassan II au sein du monde arabe ou encore ses contributions
dans l'apaisement des banlieues françaises[134]. L'arrivée de Jacques Chirac au
pouvoir a, enfin, rétabli la relation de confiance franco-marocaine, notamment par sa reconnaissance de l'identité de rôle du juste milieu revendiquée
par le Maroc. Il déclarait ainsi : « Il y a dans la modération et dans l'équilibre de
la diplomatie marocaine une constante qui fait sa force. Nous n'oublions pas
que le Maroc n'a jamais été tenté par l'extrémisme. La voie du Maroc a toujours
été spécifique. C'est l'une des raisons qui font de nos deux pays des partenaires
naturels »[135].

Du côté marocain, les dirigeants ont envisagé dès lors, au moment de l'élection de Jacques Chirac, de revisiter les termes, au sens propre comme au sens
figuré, c'est-à-dire dans les discours comme dans le contenu, de la coopération
franco-marocaine. Ainsi Mohammed Berrada (ancien Ministre des Finances,
ancien Ambassadeur du Maroc) a défendu par exemple l'établissement d'un
« partenariat rénové », où le Maroc servirait d'« accompagnateur » de la France
sur la scène internationale. Selon lui « le Maroc de son côté, de par sa position
géographique privilégiée, sa stabilité politique, la solidité de ses institutions, et
la modération de sa diplomatie, est bien placé pour rapprocher les points de
vue et servir d'accompagnateur à une politique française imaginative et hardie
sur la scène internationale. L'exemple de la coopération militaire en Bosnie
et la présence d'un bataillon marocain au sein de la Sfor sont à cet égard très

---

133   El Houdaïgui, *La politique étrangère sous le règne de Hassan II, op. cit.*, p. 277.

134   Jouve, *Effet et usage de l'opinion publique dans les relations franco-marocaines, op. cit.*,
       p. 61-65.

135   « Discours du Président de la République Jacques Chirac à l'occasion du dîner d'État offert
       en l'honneur de Sa Majesté Hassan II, Roi du Maroc », 7 mai 1996.

significatifs »[136]. Cet accompagnement serait, aux yeux de cet ancien dirigeant, fortement souhaitable dans la mesure où il permettrait au Maroc de dévelop-per des accords tripartites avec la France d'un côté et avec les pays africains de l'autre, afin de se placer au centre des négociations et de la coopération[137].

Les instruments de la coopération franco-marocaine en Afrique se sont dès lors élargis aux domaines culturels et techniques, tandis que le mécanisme décisionnel s'est étendu aux différents acteurs du gouvernement et de la so-ciété civile. Selon Laurent Fabius : « Le Maroc veut, sur le plan économique mais aussi sur d'autres plans, travailler de plus en plus avec l'Afrique. La France travaille énormément avec l'Afrique. Notre idée, c'est que notre coopération ne doit pas être simplement bilatérale – France/Maroc, Maroc/France – mais qu'elle doit être en direction de pays tiers, notamment en Afrique. Nous tra-vaillons dans cette direction sur le plan économique, sur le plan culturel. C'est un des éléments du renouvellement de notre coopération dont j'ai parlé »[138].

La fin de la Guerre froide a donné plus généralement l'occasion au Maroc de renouveler sa diplomatie continentale. Cette reconfiguration progressive marque un changement de paradigme stratégique et militaire vis-à-vis de la France d'une part, dont il s'est progressivement autonomisé. Fait illustratif de cette première tendance, les interventions militaires du Maroc en Afrique ont pris, à partir de 1990, une forme plus multilatérale par l'intégration des FAR au sein de plusieurs missions des Casques bleus onusiens[139]. D'autre part le Maroc s'est repositionné par rapport à la question du Sahara, en mettant fin à l'appli-cation de sa « doctrine Hallstein ». Fait illustratif de cette deuxième tendance, Rabat a progressivement rétabli ses relations avec les pays qui avaient recon-nu le Front Polisario comme un État indépendant, comme le Bénin (1990) ou l'Éthiopie (1996). Enfin, de nouveaux efforts ont été réengagés pour participer au processus d'intégration africaine malgré son exclusion de l'OUA. Avec la France, le partenariat rénové a dès lors évolué vers un partenariat « Sud-Sud Gagnant Gagnant », comme nous le verrons plus loin dans la partie consacrée

---

136   Mohammed Berrada (ancien Ministre des Finances, ancien Ambassadeur du Maroc), « Les relations maroco-françaises pour un partenariat rénové », *Défense Nationale*, oc-tobre 1999, n° 10.

137   « La proposition du Maroc d'instaurer une coopération triangulaire, avec la France et des pays d'Afrique, est à méditer à plus d'un titre, tellement son effet serait bénéfique, en particulier dans les domaines de la formation des cadres et du développement agricole », *Ibid.*

138   Ministère français des Affaires étrangères et du Développement, « Maroc – Politique africaine – Entretien de M. Laurent Fabius, Ministre des affaires étrangères et du déve-loppement international, avec la radio marocaine « Medi1 » », *diplomatie.gouv.fr*, 10 mars 2015.

139   Voir à ce propos : Saidy, « La politique de défense Marocaine », *art. cit.*

à la période contemporaine. Dans l'immédiat cependant, avec la fin du mythe de la « françafrique » et l'émergence progressive de nouvelles puissances africaines autonomes, la résolution de l'affaire saharienne était aussi, plus que jamais, tributaire du soutien continental.

8   Cessez-le-feu et plan de paix au lendemain de la Guerre froide : la naissance de la diplomatie des voix

Les Provinces du Sud sahariennes, pour reprendre la terminologie nationale – constituent, dans la représentation géopolitique du Royaume, un « trait d'union entre le Maroc et son prolongement africain »[140]. Pour mieux saisir le sens de ce discours, il faut doublement l'interpréter. D'une part le Sahara constitue en effet un trait d'union géographique qui lie le Maroc à l'Afrique subsaharienne, et sans lequel il ne pourrait légitimer, auprès des puissances extérieures, sa puissance et sa profondeur stratégique ; mais il est aussi un trait d'union politique avec l'Afrique puisque la reconnaissance de la marocanité du Sahara occidental a conditionné dans une large mesure l'état de ses relations diplomatiques avec de nombreux pays africains. La reconfiguration de l'ordre mondial à la fin de la Guerre froide et ses conséquences au Maroc vont d'autant plus déterminer cette dernière condition.

En 1991, un nouveau chapitre de l'histoire du Maroc a commencé avec le cessez-le-feu et le plan de paix proposé au Sahara par l'ONU : le conflit apparaît depuis cette période comme un litige juridique que l'on doit résoudre par la définition d'un statut légal. L'ONU a prévu une consultation référendaire auprès des tribus sahraouies – reprenant une solution déjà évoquée à l'époque de Franco –, à travers la mise en place de la MINURSO (Mission Internationale des Nations Unies pour le Référendum au Sahara Occidental). L'enjeu était double : il fallait définir d'une part le corps électoral qui allait participer à ce référendum (et faire accepter aux parties l'issue du référendum), et surveiller d'autre part le cessez-le-feu entre les deux parties. Or le Royaume avait dès le départ employé la politique du « fait accompli » : il contrôlait *de facto*, au début des années 1990, près de trois quarts du territoire, et vu de l'intérieur, la « pseudo-Rasd » (pour reprendre la terminologie officielle) ne représentait qu'« un gouvernement fantoche soutenu par les ennemis de la Monarchie »[141].

---

140   « Discours royal à l'occasion du 40ème anniversaire de la Marche Verte », *Maroc.ma*, 6 novembre 2015.

141   Entretien avec un diplomate (n° 7) – Ministère marocain des Affaires étrangères et de la Coopération – juin 2015.

Aucun citoyen ne pourrait remettre en question ce principe, sous peine d'être considéré comme un traitre. Pour le reste, la politique de Hassan II dans les années 1990 reposait sur sa fameuse formule selon laquelle « tout est négociable sauf le timbre et le drapeau ». Ainsi, tandis que le Polisario commençait à perdre du poids, à cause de l'affaiblissement des organisations tiers-mondistes au lendemain de la Guerre froide, Hassan II s'attacher à démontrer que les statistiques démographiques au Sahara convergeaient vers l'idée qu'il s'agissait bel et bien de citoyens marocains. En 1992, le Maroc a pu organiser un référendum portant sur une réforme constitutionnelle, incluant le vote des populations sahraouies, sans qu'il n'y ait de protestations majeures.

Durant plusieurs années, le Maroc parvint ainsi à limiter l'application des plans onusiens tout en convainquant l'organisation d'inscrire de nouveaux votants sur les listes électorales. Pour de nombreux observateurs, il apparaît clairement que le soutien dont bénéficiait le Maroc de la part de la France et des États-Unis au sein du Conseil de sécurité de l'ONU avait conforté le retard du référendum. Pour d'autres, ces deux pays n'ont pas fait assez pour le Maroc, dans un esprit de division régionale à des fins de puissance, tandis que l'ONU faisait un travail impartial du fait de la pression de l'Espagne notamment. De ce fait, après avoir annoncé la suspension provisoire du processus d'identification des électeurs en 1996, en raison d'une divergence sur les critères, l'ONU finit par proposer une liste provisoire de 86 383 électeurs en 2000[142], résultat qui avait été apuré par les deux parties (une autre liste de 170 000 autres électeurs étaient éligibles pour le Maroc a entrer dans la liste, mais n'ont pas été pris en compte sous la pression du Front Polisario). Dans le cas où le référendum serait contesté par l'une ou l'autre partie, on envisageait alors une deuxième solution reposant sur l'autonomie. Or le problème était pressant. Comme l'indiquait le rapport onusien de 2001 : « Vingt-six longues années se sont écoulées depuis le début du conflit. (...). Pendant ce temps, toute une nouvelle génération de réfugiés sahraouis est née et a grandi dans les camps de Tindouf, tandis qu'un grand nombre de la première génération sont morts sans avoir pu rentrer dans leurs foyers »[143].

Le conseil de sécurité proposa dès lors un accord cadre (d'une longueur d'une seule page), en 2000, connu sous le nom de « premier plan Baker »[144], et qui propose une autonomie partielle du Sahara, sous la souveraineté marocaine.

---

142   Lalumière, Catherine, « L'évolution de la situation au Sahara Occidental », Parlement
        Européen – Délégation Ad Hoc au Sahara Occidental, 2002.
143   Rapport du Secrétaire Général sur la situation du Sahara occidental, Documents Officiels,
        Nations Unies, 2001.
144   Du nom de l'envoyé spécial de l'ONU au Sahara occidental : James Baker.

Le Maroc l'a accepté et le Polisario l'a rejeté. Dans ses communiqués officiels, le Royaume déclarait son accord de principe pour « un transfert de compétences aux populations locales, en tenant compte des spécificités du Sahara, dans le cadre de la souveraineté et de l'intégrité territoriale du Royaume »[145], tout en rappelant son refus d'évoquer l'idée d'une indépendance future. Il souhaitait proposer son propre plan d'autonomie en espérant qu'il soit plus convenable à tous. L'ONU soumit alors un 2e plan Baker en 2004, mais tandis que le Polisario finit par l'accepter, le Maroc considérait que l'option envisagée ne garantissait pas suffisamment la souveraineté et l'intégrité territoriale du royaume. La raison principale évoquée était que le plan proposait d'établir une période transitoire d'autonomie sous l'autorité de la Monarchie, en attendant que les peuples sahraouis décident de déterminer par eux même leur statut, ce que le Maroc considérait comme une source d'instabilité[146]. Finalement, malgré les nombreuses propositions d'arrangements juridiques et institutionnels suggérées par le conseil de sécurité de l'ONU, le conflit semblait insoluble. Alors que le Maroc avait bel et bien concédé l'idée d'une autonomie partielle, le Polisario se retranchait dans sa position sur l'autodétermination.

Essuyant plusieurs échecs, James Baker a démissionné. De son côté, durant toute cette période, l'Algérie a nié officiellement prendre part au conflit, tout en y étant activement impliquée. En effet, l'Algérie a accueilli les camps des réfugiés sahraouis près de Tindouf et leur lot de prisonniers politiques, ainsi que des dignitaires du Polisario dans la capitale. Mais elle a surtout contribué à appuyer la reconnaissance du Front Polisario comme un État indépendant par ses alliés africains et parmi un certain nombre de pays sud-américains (socialistes) et nord-européens (sensibles à la rhétorique des droits de l'Homme). De ce fait, la même année de la démission de Baker, en 2004, l'Afrique du Sud reconnut officiellement la Rasd comme un État indépendant. Dans la foulée, le Nigéria réaffirma son soutien envers le Polisario, et le Kenya reconnut l'État sahraoui indépendant l'année suivante. Trop confiante envers le soutien européen, la politique marocaine a perdu de nombreuses batailles[147]. L'implication des grandes puissances africaines a donc ouvert la voie à une troisième période d'intensification de la mobilisation diplomatique pour reconquérir la

---

145 « Plan de Paix pour le Sahara Occidental », *Mission du Maroc auprès de l'ONU*, http://www.mission-maroc.ch/fr/pages/241.html.

146 « Sahara occidental : démission de James Baker, Envoyé personnel de Kofi Annan », 11 juin 2004 http://www.un.org/apps/newsFr/storyF.asp ?NewsID=8175&Cr=baker&Cr1=#.Vov1RPH0GRs.

147 Fernández-Arias, Carlos, « Sahara Occidental : Un año después de Baker », *Política Exterior*, vol. 19, n° 107, 2005, p. 73-82.

complaisance des régimes hostiles ou indifférents à sa position. Une politique baptisée « 1 État = 1 voix à l'onu »[148].

La stratégie qui s'exerce depuis le début des années 2000 est donc plus spécifiquement orientée vers la recherche de la reconnaissance diplomatique. L'issue du conflit repose désormais sur la capacité du Maroc ou du Front Polisario à faire reconnaître le statut de la région sahraouie comme étant marocaine ou indépendante, par les autres États représentés à l'onu et plus spécifiquement par les grandes puissances et les États africains. Il apparaît que ce n'est plus véritablement le référendum issu du processus juridique entamé par la minurso qui a valeur de reconnaissance, mais la position proclamée des différents États membres de l'onu vis-à-vis du statut politique de ce territoire. Un diplomate reconnaît à ce titre que la dynamique de règlement est passée d'une « diplomatie des résolutions à une diplomatie des voix »[149].

C'est ainsi que le Maroc s'est engagé dans une vaste opération d'ouverture médiatique : en 2004, comme nous l'avions mentionné dans le titre précédent, Mohammed vi a créé l'Instance Équité et Réconciliation (suivant le modèle des cvr, Commissions de vérité et de réconciliation), chargée de donner la parole aux victimes des exactions commises sous le régime de Hassan ii, parmi lesquelles on compte de nombreuses familles d'opposants sahraouis[150]. Cette commission tend à favoriser une image démocratique du pays vis-à-vis de son environnement international ainsi que d'une partie des sahraouis. Dans le même temps, l'État a élaboré puis défendu avec ferveur son propre Plan d'Autonomie du Sahara[151] qu'il a soumis au Conseil de Sécurité de l'onu le 11 avril 2007 : un pari stratégique. À l'inverse du Plan Baker ii, cette proposition exclut l'option de l'indépendance future. Pour conforter la légitimité de ce plan, la Monarchie a créé le corcas à Laâyoune (Conseil Royal Consultatif pour les Affaires Sahariennes) en 2006, dont le but est, comme le formule son discours fondateur exposé par le Monarque, de « permettre ainsi à nos concitoyens d'apporter, par des propositions concrètes et pratiques, leur contribution pour ce qui concerne toutes les questions ayant trait à notre intégrité territoriale et au développement économique, social et culturel des provinces du Sud »[152].

---

148   Entretien avec un diplomate (n° 7) – Ministère marocain des Affaires étrangères et de la Coopération – juin 2015.

149   *Ibid.*

150   Voir à ce sujet : Slyomovics, Susan, « Témoignages, écrits et silences : l'Instance Équité et Réconciliation (ier) marocaine et la réparation », Safi, Hammadi (trad.), *L'Année du Maghreb*, iv, 2008, p. 123-148.

151   Un site étatique est dédié à la présentation de ce plan : http://plan-autonomie.com/.

152   Discours intégral sur le site du Conseil Royal Consultatif pour les Affaires du Sahara : www.corcas.com.

Plus concrètement, le CORCAS devait permettre aux Sahraouis de participer à l'élaboration du Plan d'Autonomie, de façon à répondre aux attentes socio-économiques et culturelles régionales. La conduite d'une diplomatie parallèle a aussi été pensée dans l'objectif de dépêcher des émissaires au sein des capitales européennes les plus influentes, afin de favoriser un bon accueil au projet marocain[153]. Parallèlement, le Gouvernement a proposé au chef du Polisario, Mohamed Abdelaziz, d'occuper le poste de Gouverneur de la future région autonome du Sahara : une politique de la main tenue qui a divisé, pendant un cours instant, le Polisario[154]. Afin d'éviter toute contestation sociale et politique dans les autres régions du royaume, dont certaines ont historiquement des velléités indépendantistes, le gouvernement a parallèlement entrepris un vaste projet de « régionalisation avancée » en 2010, accordant une plus grande autonomie administrative et financière aux conseils élus dans les différentes collectivités territoriales, dont les provinces sahariennes[155].

Du point de vue onusien, cette période était celle d'un « dialogue renouvelé »[156], surtout depuis que les représentants des deux parties, en plus de l'Algérie et de la Mauritanie, ont accepté de se rencontrer pour des négociations supervisées par l'ONU, à Manhasset (banlieue de New York) en 2007. Les concepteurs du Plan d'Autonomie se sont inspirés de la configuration des régions autonomes catalane et nord-irlandaise notamment. Ainsi, le texte propose que « les populations du Sahara gèrent elles-mêmes et démocratiquement leurs affaires à travers des organes législatif, exécutif et judiciaire dotés de compétences exclusives. Elles disposeront des ressources financières nécessaires au développement de la région dans tous les domaines et participeront, de manière active, à la vie économique, sociale et culturelle du Royaume. Enfin, l'État conservera ses compétences dans les domaines régaliens, en particulier la défense, les relations extérieures et les attributions constitutionnelles et religieuses du Roi »[157].

La France, le Royaume-Uni et les États-Unis ont soutenu la proposition par principe en tant que base de négociations. Les États-Unis ont jugé la

---

153 Baghzouz, Aomar, « Le Maghreb, le Sahara occidental et les nouveaux défis de sécurité », *L'Année du Maghreb*, III, 2007, p. 523-546.

154 *Ibid.*

155 Sur le lien entre autonomie et régionalisation avancée, voir García, Raquel Ojeda et Collado, Ángela Suarez, « El Sáhara Occidental en el marco del nuevo proyecto de regionalización avanzada marroquí », *RIPS : Revista de Investigaciones Políticas y Sociológicas*, vol. 12, n° 2, 2013., pp. 89-108.

156 Note de présentation de l'histoire de la MINURSO sur le site de l'ONU. http://www.un .org/fr/peacekeeping/missions/minurso/background.shtml.

157 Présentation officielle sur le site du Plan d'Autonomie : http://plan-autonomie.com/.

proposition marocaine « sérieuse » et « crédible »[158]. De même, la Russie a reconnu la « disposition du Maroc à prospecter des voies mutuellement acceptables pour sortir de la situation de conflit »[159], tandis que la Chine a gardé une neutralité positive à l'égard du Royaume. Si ces différentes puissances ont déclaré en principe vouloir s'appuyer sur la proposition marocaine, elles ne se sont pas impliquées davantage, participant ainsi à la perpétuation d'un *statut quo*. Par ailleurs, le maintien de cette tension constitue un levier de pression efficace vis-à-vis du Maroc dans le cadre de négociations économiques (accords de pêche ou accords agricoles avec l'Europe notamment), comme nous le verrons plus loin dans cette étude.

De nos jours encore, alors que les pays européens n'ont pas de politique étrangère commune et tranchée sur la question, les États-Unis, malgré leur position « pro-marocaine »[160], ne prennent pas non plus clairement parti : d'une part parce que les compagnies pétrolières et gazières américaines ont investi en Algérie, d'autre part car les Démocrates défendent les mouvements de défense des droits humains au Sahara. La « crise de la MINURSO » de 2012, provoquée par la proposition des États-Unis d'élargir la mission onusienne établie au Sahara aux droits humains, en constitue un exemple probant. Bien que le Maroc ait réussi, par de nombreuses négociations et offensives diplomatiques, à faire abandonner cette proposition, il était averti que la situation des droits humains dans cette région allait faire l'objet d'une attention distincte, propre à décrédibiliser le Projet d'Autonomie[161].

D'un autre côté, la force du Front Polisario réside dans sa capacité à mobiliser l'opinion publique en utilisant le registre des droits de l'Homme et du droit des peuples à disposer d'eux-mêmes, alors même que la situation des réfugiés séquestrés dans les camps algériens de Tindouf constitue un désastre humanitaire – il convient de souligner ici que le Royaume a plusieurs fois offert aux résidants des camps de Tindouf un retour sécurisé dans les régions marocaines. Le Front Polisario a néanmoins réussit à tisser un réseau de solidarités associatives et militantes considérable, et dispose notamment d'un

---

158   « Le congrès réitère l'appui des USA au plan d'autonomie marocain pour le Sahara | Plan Autonomie », http://plan-autonomie.com/5265-le-congres-reitere-lappui-des-usa-au-plan-dautonomie-marocain-pour-le-sahara.html, consulté le 18 août 2016.

159   « La Russie salue les efforts du Maroc pour le règlement du conflit du Sahara », CORCAS, 2 mars 2007.

160   Pour plus de détails concernant la politique américaine face au conflit au Sahara occidental, voir : Zoubir, Yahia H., « Stalemate in Western Sahara : Ending International Legality », *Middle East Policy*, vol. 14, n° 4, 2007, p. 158-177.

161   Rapport « L'Ombre de l'impunité. La torture au Maroc et au Sahara occidental » Amnesty International 2015.

poste de membre observateur de l'Internationale socialiste. Une partie de ses financements proviennent des aides humanitaires accordées par les acteurs européens et les ONG, ainsi que des aides de l'ancien régime de Kadhafi (armes notamment)[162]. Le mouvement bénéficie également de l'appui de plusieurs ONG nord-européennes, d'une partie de la société civile espagnole[163], ainsi que des pays africains et sud-américains sensibles à l'idéologie révolutionnaire. Aux États-Unis, où le Front Polisario est moins populaire, les Algériens défendent le projet d'indépendance en projetant l'existence d'un mouvement terroriste dans la région[164].

C'est pourquoi les négociations de Manhasset, après quatre tours entre 2007 et 2008, ont abouti à un échec : le Polisario n'envisageait pas de solution sans passer par un référendum, tandis que le Maroc considérait qu'il avait déjà fait preuve de beaucoup de bonne volonté et qu'il ne pouvait offrir davantage que l'autonomie. La partition du territoire sahraoui n'était pas une option envisageable non plus. Finalement, la situation restait sans issue, comme l'indique cette note onusienne : « Malgré la persistance de positions divergentes, le dialogue renouvelé a représenté les premières négociations directes entre les parties au conflit depuis plus de sept ans. (...) Toutefois, aucune de ces réunions n'a permis de réaliser d'avancée sur les questions de fond »[165].

La question du Sahara constitue incontestablement un intérêt national vital et « sacré »[166] pour le Maroc. Elle est une question d'intégrité territoriale, en même temps qu'elle constitue un levier de mobilisation citoyenne. Elle dynamise enfin la diplomatie tout en étant le talon d'Achille de la politique étrangère marocaine.

La troisième phase chronologique de l'histoire du Sahara, celle de la diplomatie des voix, coïncide avec la modernisation de l'appareil diplomatique, dont nous discuterons plusieurs aspects dans le chapitre suivant. Le message

---

162 Monjib, Maâti, « Kadhafi et Hassan II, des ennemis de trente ans », *Zamane.ma*, 24 mars 2014.

163 Voir les acteurs présents au sein de l'annuelle Conférence Européenne de Support et de Solidarité avec le Peuple Sahraoui, http://www.eucocomadrid.org/.

164 « L'imposition d'une solution injuste aux Sahraouis peut fort bien entraîner l'implosion de ce mouvement et bien que le Polisario n'ait jamais été impliqué dans des actes terroristes, une fraction de celui-ci pourrait être tentée, par désespoir, d'aller rejoindre un de ces mouvements subversifs et entraîner ainsi la déstabilisation de l'ensemble de la région » Selon une série d'entretiens effectués par Yahia Zoubir avec des officiels algériens et Américains, dans : Zoubir, Yahia H., « Les États-Unis et L'Algérie : antagonisme, pragmatisme et coopération », *Maghreb – Machrek*, vol. n° 200, n° 2, 2009, p. 71-90.

165 Présentation de la MINURSO sur le site de l'ONU : http://www.un.org/fr/peacekeeping/missions/minurso/background.shtml.

166 « Discours royal à l'occasion du 4ème anniversaire de la Fête du Trône », *art. cit.*

adressé par le Roi lors de la première Conférence des Ambassadeurs soutient également cette connexité. Pour le Monarque, les efforts de modernisation de la diplomatie doivent être soutenus dans le but « d'être plus présente dans ce nouvel espace où notre absence a longtemps été mise à profit par les adversaires de notre intégrité territoriale »[167]. La préparation du nouveau personnel diplomatique concourt aussi à cet objectif. On demande par exemple aux nouvelles recrues, au cours de leur formation obligatoire à l'Académie diplomatique, d'élaborer des « fiches pays » dans lesquelles elles doivent porter une attention particulière aux relations du pays étudié avec l'Algérie, à l'instar de sa position vis-à-vis de la Front Polisario, mais aussi vis-à-vis du Kosovo et de Taiwan, considérés comme des problématiques similaires[168]. Plus généralement, les diplomates, nouveaux et anciens, sont tenus de défendre la marocanité du Sahara quel que soit leur champ d'action diplomatique, ou leur spécialité. Tous les moyens sont bons, pourvu que le but soit accompli. Les Ambassadeurs en particulier sont unanimes : le premier sujet sur lequel porte ou doit porter la diplomatie est la question du Sahara[169].

Ainsi, au sein de la Direction des Affaires Juridiques et des Traités, la recherche d'un argumentaire justifiant la marocanité de ce territoire prime sur les dossiers concernant la délimitation des eaux maritimes avec les Iles Canaries, l'immigration clandestine, ou encore le statut des enclaves espagnoles[170]. Au sein de la Direction des Affaires européennes, l'accent est mis sur la défense de la marocanité du Sahara au Parlement européen, ainsi que le recueil d'informations sur les réseaux d'alliances et les manœuvres diplomatiques de l'Algérie et du Polisario. Comme le confirme ce diplomate : « Au sein de notre direction, nous analysons les tendances du Parlement. L'Algérie et le Polisario y ont développé un lobby influent, « Intergroupe pour le Sahara Occidental ». Nous le surveillons activement »[171]. Au sein de la Direction des Affaires multilatérales, la consigne est aussi d'observer et de tenter d'empêcher toute présence active des membres du Front Polisario au sein des organismes internationaux, utilisant principalement des arguments juridiques[172].

---

167   « Message du souverain à la 1ère conférence des ambassadeurs de SM le Roi », *Maroc.ma – Le portail officiel du Maroc*, 1 septembre 2013.

168   Consultation d'une vingtaine de « Fiches Pays » élaborées par des jeunes diplomates. Ministère marocain des Affaires étrangères et de la Coopération – mai-juin 2013.

169   Selon une série d'entretiens avec différents Ambassadeurs entre 2013 et 2015.

170   Entretien avec un Ambassadeur (n° 5), Rabat, Ministère marocain des Affaires étrangères et de la Coopération, mai 2013.

171   Entretien avec un diplomate (n° 8), Rabat, Ministère marocain des Affaires étrangères et de la Coopération – juin 2013.

172   Entretien avec une diplomate (n° 11), Rabat, Ministère marocain des Affaires étrangères et de la Coopération – juin 2013.

Parallèlement à cette veille laborieuse, le Royaume s'est rapproché des pays qui reconnaissent le Front Polisario comme le représentant légitime de la population sahraouie : visites royales, envoyés spéciaux, ouverture d'ambassades, signature d'accords de coopération, projets humanitaires ; les approches sont diversifiées et intéressées, même avec de petits pays. Comme le remarque ce diplomate, « le Maroc a établi des liens diplomatiques avec les îles du Pacifique pour la première fois, car ces pays représentent une voix à l'ONU »[173]. Parallèlement à l'ouverture de nouvelles représentations diplomatiques au sein des pays sud-américains et asiatiques, l'une de ses stratégies des décideurs consiste en une politique de *lobbying* intense aux États-Unis. Selon les presses marocaine et américaine, 20 millions de dollars ont été dépensés dans ce domaine entre 2007 et 2014[174] par l'État chérifien, employant près de neuf compagnies de lobbying[175]. Sur la même période et dans le même secteur, à titre comparatif, l'Algérie a dépensé 2,4 millions, et le Front Polisario quelque 42 400 dollars[176]. Le Maroc constituait ainsi le premier pays du continent africain et le sixième du monde ayant le plus investi dans le *lobbying* aux États-Unis à cette période[177]. S'il recourt principalement aux compagnies spécialisées (à l'exemple du *Moroccan American Center for Policy* (MACP)), certaines personnalités figurent également en qualité d'envoyé spécial comme Mostafa Terrab, PDG de l'Office Chérifien des Phosphates (OCP), ou encore Edward M. Gabriel, ancien Ambassadeur des États-Unis au Maroc. L'objectif est clair : décrédibiliser le Polisario. Les arguments sont principalement sécuritaires : la menace terroriste au Sahel constitue une source de fragilité au Sahara, que seul un État stable comme le Royaume du Maroc peut contrôler. Cette menace a déjà atteint les camps de Tindouf dans lesquels des candidats au djihad furent recrutés par

---

173   Entretien avec une diplomate (n° 11), Rabat, Ministère marocain des Affaires étrangères et de la Coopération – juin 2013.

174   Johnson, Matt, « The $20 Million Case for Morocco », *Foreign Policy*, 26 février 2014.

175   Groupes de lobbying sollicités : HL Group Partners LLC, Moroccan National Tourist Office, Moffett Group, LLC, CRAFT I Media Digita, Gerson Global Strategic Advisors LLC, LeClairRyan, A Professional Corporation, BLJ Worldwide LTD (Brown Lloyd James), The Gabriel Company, LLC, Moroccan-American Center for Policy, Inc., Western Hemisphere Strategies, LLC, The Amani Group, Dutko Worldwide, LLC, Avalanche Strategic Communications, Vision Americas L.L.C., Nurnberger & Associates, Inc. Voir Blum, Elena et Lamlili, Nadia, « Lobbying : ce que dépensent les pays africains aux États-Unis », *JeuneAfrique.com*, 16 mai 2014.

176   Majdi, Yassine, « Les secrets du lobbying marocain aux États Unis dévoilés », *Telquel.ma*, 27 février 2014.

177   Chiffres de l'année 2013. Voir l'outil Foreign Influence Explorer créé par la Sunlight Foundation, pour plus de détails sur les dépenses effectuées par le Maroc aux États-Unis, mais aussi celles d'autres pays, à l'adresse suivante : http://foreign.influenceexplorer .com/location-profile/220.

AQMI. Le Front Polisario est une entité dépourvue de projet politique ou de capacité de défense face au terrorisme islamique. La pauvreté dans les camps de réfugiés, la porosité des frontières, la faiblesse structurelle des États de la région, ainsi que la multitude des foyers terroristes agissant au Sahara, contribuent à conforter ces arguments.

La période actuelle contraste donc avec celle des années 1970-1990 notamment, durant laquelle le Maroc rompait systématiquement le dialogue avec les pays qui soutenaient le Front Polisario. Bien que la question du Sahara constitue une ligne de clivage évidente, de nombreux diplomates estiment aujourd'hui que la tournure récente prise par cette question a paradoxalement fortement contribué à dynamiser la politique étrangère. La quête de reconnaissance a sensiblement développé l'appareil diplomatique marocain, et conforté ses relations avec de nombreux États. Entre 1999 et 2016, 34 pays qui reconnaissaient le Front Polisario comme un État ont retiré officiellement cette reconnaissance[178]. La moitié de ces retraits ont été déclarés à partir de 2004, ce qui tend à montrer que le Plan d'Autonomie marocain a eu un certain poids dans les négociations. Cependant les pays qui ont retiré cette reconnaissance forment pour la plupart des petits États (Saint-Vincent et les Grenadines, Iles Seychelles etc.) qui pèsent peu dans les négociations internationales. Par ailleurs, l'idée de reconnaissance diplomatique apparaît dans ce contexte, incertaine et fluctuante. L'exemple de l'Ile Maurice, qui a retiré sa reconnaissance en 2014, puis s'est rétracté en 2015, ou encore celui d'Haïti, qui déclaré sa reconnaissance en 2006, avant de rejeter sa déclaration en 2013, illustrent bien cette dimension. Plus généralement, le fait qu'un État ne reconnaisse pas le Front Polisario comme une république indépendante – puisqu'elle ne l'est de toute façon pas *de jure* comme *de facto*-, ne signifie pas que l'État soutient la position marocaine sur ce territoire. La reconnaissance de la région du Sahara occidental comme une province du sud du Maroc doit être déclarée en soi et soutenue à travers une coopération bilatérale avec le Maroc qui l'intègre comme faisant partie du Royaume.

C'est pourquoi, qu'elle soit de *facto* ou de *jure*, la reconnaissance diplomatique ne pourrait être considérée comme un acquis définitif. Or le Maroc recherche désespérément la résolution plutôt qu'un prolongement du *statu quo* qui devient, à la longue, infirmatif. Parmi les États qui soutiennent toujours l'étatisation du Front Polisario, on compte au contraire de nombreux pays africains, notamment le Nigéria, l'Afrique du Sud, l'Angola, le Mozambique, ou encore le Kenya, suffisamment influents pour renverser l'équilibre au sein de

---

178   Annexe 5 et 5 bis.

l'Union africaine en faveur d'une exclusion de cet acteur, s'ils le souhaitaient. Plus qu'une diplomatie des voix à l'ONU, c'est une politique africaine qui semble constituer la véritable issue du conflit. Or c'est justement ce conflit qui empêche le Maroc d'accéder géographiquement et politiquement à l'Afrique. Le Sahara constitue donc, en tous points, un déterminant historique et diplomatique essentiel dans l'orientation africaine de la politique étrangère du Maroc sous le règne de Mohammed VI.

CHAPITRE 3

La fabrique de la politique africaine : prééminence royale et mobilisation diplomatique

1   Introduction

Fabriquer le politique, c'est politiser (c'est-à-dire rendre politique) un phéno-mène social par un acte de langage – dans sa définition constructiviste. Ainsi tout ou presque tout peut être politisé ou dépolitisé au gré des contextes élec-toraux et de la définition des intérêts nationaux : le sport, la santé, l'identité, les relations sexuelles ou encore l'incarcération d'un individu. Le « processus de fabrication politique » se caractérise dès lors par l'énonciation des représen-tations et des stratégies, leur traduction en engagements, leur légitimation et leur mise en œuvre dans un système décisionnel. Si la fabrique des politiques domestiques dépend en bonne partie du type de régime en place, celle des politiques étrangère et de défense, sœurs rebelles des politiques publiques, dé-pendent en bonne partie du type de régime mondial en vigueur. Ainsi, elles échappent partiellement ou entièrement aux contraintes qui peuvent carac-tériser la mise en œuvre des politiques publiques, et sont le plus souvent sous une forme de supervision directe de l'exécutif. Or plus un objet est politisé, moins il peut être tenu secret[1]. C'est pourquoi les politiques de défense no-tamment font rarement l'objet d'un débat public à l'instar des autres politiques publiques. En ce qui concerne la politique étrangère, on peut considérer que plus elle est politisée, plus elle devra faire l'objet du processus de fabrication politique décrit plus haut qui devient synonyme d'un processus de publici-sation (rendre publiques et légitimer les décisions) et de gouvernementalité (par l'implication administrée d'un ensemble d'acteurs à la mise en œuvre de cette politique).

Dans le cas du Maroc la fabrique de la politique étrangère traduit cette double posture. D'une part, elle constitue un domaine réservé du monarque, tout comme la politique de défense. Elle reflète donc le style du Roi et le rôle qu'il projette sur la scène internationale. D'autre part, la politique africaine sous le règne de Mohammed VI fait l'objet d'une forte politisation, si bien qu'elle devient soumise en partie au processus de fabrication qui tend à rendre

---

1 Juan J. Linz, *Totalitarian and Authoritarian Regimes*, Boulder, Colorado, Lynne Rienner Publishers, 2000.

publiques les actions et à mobiliser un ensemble d'acteurs au moyen du levier diplomatique. Comprendre le processus de fabrication de la politique africaine du Maroc revient donc à identifier le style du monarque au pouvoir et à analyser la façon dont l'appareil diplomatique est mis au service de la publicisation et de la gouvernementalité de la politique étrangère.

2   Le style du Roi dans la politique étrangère : un rôle à deux niveaux

La nouvelle politique africaine du Maroc découle des orientations royales. Elle ne peut que l'être puisque la monarchie est historiquement au centre de l'appareil décisionnel en matière de politique étrangère depuis que, privé de ses prérogatives diplomatiques durant toute la période de protectorat, le Sultan chérifien, devenu Roi du Maroc le 2 mars 1956, a récupéré ses pouvoirs dans ce domaine. Dans un premier temps, l'attitude du défunt Roi Mohammed V avait privilégié la concertation avec le Parti de l'indépendance et ses leaders, en matière de politique interne comme en matière de politique étrangère, tout en contribuant à la popularité de l'image et du rôle de la Monarchie. Dans un deuxième temps, l'arrivée de Hassan II au pouvoir avait conduit à l'institutionnalisation du rôle prépondérant du Monarque en matière de politique étrangère, inscrit dans la première constitution élaborée en 1962. Cette constitution a fait du Roi, jusqu'à aujourd'hui, le garant de « l'indépendance de la nation et de l'intégrité territoriale du royaume » ainsi que le « chef suprême des forces armées royales ». À ce titre, il nommait le premier ministre et les ministres, présidait le Conseil des ministres, promulguait la loi, et accréditait les ambassadeurs[2]. Bien que certaines règles aient changé depuis – le premier ministre est désormais issu du parti majoritaire au pouvoir – le système gouvernemental dessiné par Hassan II demeure prévalent aujourd'hui.

La question qui se pose n'est pas « est-ce que le Roi est à l'origine de cette politique africaine » mais « comment le Roi envisage-t-il cette politique africaine » ? Le système monarchique actuel, tout en reposant sur les nouveaux pouvoirs acquis depuis l'indépendance, est très différent de celui de Hassan II. Faudra-t-il pour autant tenter de saisir la personnalité de Mohammed VI pour comprendre les nouvelles orientations politiques qui ont marqué son règne ? Les nombreux ouvrages consacrés au règne de Mohammed VI caressent les contours de son identité sans en percer les mystères, ce qui provoque des frustrations parmi les lecteurs. Par exemple, Ignace Dalle a écrit, à propos du

---

2   Constitution du Royaume du Maroc du 7 décembre 1962.

livre de Pierre Vermeren[3], qu'au-delà d'une approche historique sur la politique menée par le Roi, parsemée de quelques jugements discutables, « un portrait de Mohammed VI (...) aurait aussi été le bienvenu. (...) Qui est vraiment Mohammed VI ?? Que veut-il ?? Le lecteur reste sur sa faim »[4]. Cette appétence voyeuriste est-elle pour autant porteuse d'éléments scientifiquement traitables ? Certaines intentions sont causales, mais l'approche psychologique peut aussi biaiser l'information et manquer de pertinence. Il semblerait plutôt que ce sont d'abord les actes publics et l'image que souhaite renvoyer Mohammed VI, ainsi que son statut politique et religieux, qui forment des éléments de compréhension tangibles quant à la nature des intérêts royaux susceptibles d'influencer la conduite de la politique étrangère. Nous nous intéresserons dans cet ouvrage à sa personnalité publique plutôt qu'à sa personnalité privée.

L'étude de la nouvelle identité publique de la Monarchie préfigure, dès 1999, les changements juridiques, politiques et sociaux qui s'ensuivent. En effet, le Roi a permis la réforme du code de la famille (*Moudawana*) en 2004, la création de l'IER la même année (Instance Équité et Réconciliation, chargée d'examiner les exactions commises par l'État sous le régime de Hassan II, et de donner la parole aux victimes), la création de l'IRCAM en 2001 (Institut Royal de la Culture Amazigh), ou encore la création d'une commission de lutte contre la corruption en 2006. Toutes ces réformes (dont cette liste est loin d'être exhaustive), furent investies du sceau royal. La possibilité de médiatiser et critiquer les crimes commis par le gouvernement avant les années 1990[5], de dénoncer la corruption politique ou la violence de la police, forment autant de nouvelles libertés qui contribuent indirectement à légitimer l'utilité de l'action monarchique.

Dès le début de son règne, le Roi s'est donc affirmé par son style, qui était exprimé par une implication personnelle très médiatisée dans le développement social. Outre la création d'une fondation philanthropique (Fondation Mohammed V pour la solidarité), Mohammed VI a initié ou inauguré de nombreuses œuvres sociales et visité plusieurs régions délaissées du Royaume. Afin d'effectuer la mise en œuvre et le suivi de ces projets, de nombreux organismes parapublics ont vu le jour, agissant de façon concertée ou parallèle

---

3   Vermeren, Pierre, *Le Maroc de Mohammed VI : la transition inachevée*, Paris, France : la Découverte, 2011, 331 p.

4   Dalle, Ignace, « Pierre Vermeren. Le Maroc de Mohammed VI. La transition inachevée », *Afrique contemporaine*, vol. n° 239, n° 3, 2012, p. 154-156.

5   Voir à ce sujet : Hughes, *Le Maroc de Hassan II*, *op. cit.* ; Laroui, Abdallah, *Le Maroc et Hassan II : Un témoignage*, Casablanca : Centre culturel arabe – Presses inter-universitaires, 2005, 248 p.

avec les politiques publiques classiques. La popularité du Monarque auprès de la société est véritablement notoire. L'exemple des 75 000 femmes bénéficiaires d'un programme d'alphabétisation dans les mosquées, offrant au Roi une transcription du Coran écrite par chacune d'entre elles (à raison d'un mot par personne), illustre cette forme de reconnaissance particulière[6]. Le mythe charrié par le style chérifien est même observé par les personnes qui critiquent le régime. Ainsi, le journaliste dissident Ahmed Benchemsi, évoquant les réactions compatissantes des internautes à la suite d'une apparition médiatisée du Roi appuyé sur une béquille lors de l'une de ses activités politiques quotidiennes, reconnaît que « Mohammed VI est, à titre personnel, extrêmement populaire »[7]. De ce fait les revendications du « Mouvement du 20 février » durant les Printemps Arabes ont davantage porté sur le système gouvernemental que sur l'institution monarchique.

Pour Jean-Noël Ferrié et Baudouin Dupret, la particularité de la Monarchie marocaine réside dans sa stabilité, la légitimité du pouvoir royal, et sa capacité à réformer : « le Maroc est le seul pays d'Afrique du Nord et du Moyen-Orient à avoir réussi à entamer des réformes de manières suffisamment profondes pour qu'on ne puisse plus se résoudre – sauf de manière polémique – à le dire tout bonnement autoritaire »[8]. C'est pour cette raison que le pays fut aussitôt qualifié d'« exception » du Printemps arabe dans la presse puis dans les discours officiels. Bien sûr, l'exception marocaine est à la fois vraie et fausse. Vraie puisque l'ouverture politique du Maroc a coïncidé avec la fin de la Guerre froide, bien que plusieurs évènements plus domestiques aient encouragé Hassan II à accepter l'alternance politique. Fausse car contrairement à Hassan II, c'est la notoriété de Mohammed VI, précédant les révoltes arabes, qui a consolidé cette assurance. Mohammed VI a été largement médiatisé et présenté comme le Roi des pauvres, Roi du développement, Roi des femmes, Commandeur des croyants, Roi des Marocains résidants à l'étranger, protecteur de l'intégrité territoriale, garant de la stabilité et de la sécurité, ou encore défenseur des intérêts nationaux à l'étranger. Dans ce contexte, les intérêts de la Monarchie résident-ils banalement dans la préservation de son pouvoir ? Il apparaît que cette dimension est presque inexistante, tant le pouvoir est déjà consolidé.

---

6 « 75.000 femmes offrent un cadeau inattendu au Roi Mohammed VI », *H24info*, 19 juin 2015.

7 Benchemsi, Ahmed, « Mohammed VI, despote malgré lui », *Pouvoirs*, vol. n° 145, n° 2, 2013, p. 19-29.

8 Dupret, Baudouin et Ferrié, Jean-Noël, « L' « exception » marocaine : stabilité et dialectique de la réforme », *Moyen-Orient*, n° 14, 2012.

L'hypothèse de la quête de pouvoir est fondée sur le postulat selon lequel la stratégie des acteurs rationnels est de maximiser leurs gains, ou de minimiser leurs pertes (postulats réaliste et libéral). Dans cette perspective, on considère que l'idéologie n'a d'autre fonction que de dissimuler la rationalité des acteurs. Le principe de rationalité est-il pour autant rationnellement fondé ? Ne procède-t-il pas d'une vision trop simpliste des choses ? Remettre en cause le préjugé de la rationalité nécessite de distinguer l'intérêt de la passion. Le premier est issu d'un calcul froid et objectif, le second relève de « la « perception » ou la « représentation » que les décideurs (et à plus forte raison l'opinion publique moins informée et plus affective) se font de l'identité de leurs partenaires, sinon de la nature des problèmes à résoudre »[9]. Ainsi les croyances, les idées reçues, les systèmes de valeurs et les normes partagées au sein d'une société, participent à déterminer les intérêts du décideur. Si la Monarchie ne semble pas avoir besoin d'une idéologie pour exister, elle n'en est pas moins façonnée par l'image que lui renvoie la société et dont elle se doit d'être le reflet. Ses intérêts ne sont pas immuables, mais évolutifs.

En effet, la Monarchie n'est pas dépourvue d'ennemis, mais la menace qu'ils représentent est dérisoire. À titre d'exemple, le parti islamiste radical Justice et Bienfaisance (*Al 'adl Wal Ihsan*) dirigé par le Cheikh Yassine (décédé en 2012), refuse de reconnaître la légitimité du statut du Monarque en tant que Commandeur des croyants et s'affiche clairement républicain, mais il n'a jamais obtenu l'autorisation de se constituer en parti politique comme ce fut le cas du parti islamiste modéré Justice et Développement, vainqueur des élections anticipées de 2011[10]. Cette différenciation a divisé les islamistes d'une façon bénéfique au Maroc.

De même, l'opposition socialiste critique férocement la sacralité royale, ses privilèges ou sa fortune. Constituée principalement de partis non-gouvernementaux tels que la Voix Démocratique (marxiste-léniniste), le parti de l'Avant-Garde Démocratique, et le Parti Socialiste Unifié, l'opposition fait entendre sa voix à travers les syndicats ou les associations, et dans une moindre mesure le parlement[11]. Or l'USFP, principal parti socialiste gouvernemental, s'est tenu à l'écart de ces mouvements. C'est ainsi que dès 2001, l'USFP perdit le soutien du syndicat CDT (Confédération Démocratique des Travailleurs) et que la gauche gouvernementale fut réduite à une simple

---

9   Merle, *Sociologie des relations internationales, op. cit.*, p. 258.

10 Mohsen-Finan, Khadija et Zeghal, Malika, « Opposition islamiste et pouvoir monarchique au Maroc », *Revue française de science politique*, vol. Vol. 56, n° 1, 2006, p. 79-119.

11 Catusse, Myriam, « Au-delà de « l'opposition à sa Majesté » : mobilisations, contestations et conflits politiques au Maroc », *Pouvoirs*, vol. n° 145, n° 2, 2013, p. 31-46.

« opposition à l'opposition islamiste »[12]. Comme le constatent Jean-Noël Ferrié et Baudouin Dupret à propos des contestations en 2011, « ce n'est pas la même chose de dire « rien ne bouge » que de dire « ce n'est pas encore suffisant » ; et ce n'est pas la même chose non plus de dire « Moubarak dehors ! » que de dire « Nous voulons une monarchie parlementaire ». Dès le départ, les demandes des protestataires se situent dans le domaine du socialement acceptable : on ne critique pas le Roi et on ne critique pas l'islam »[13].

D'autres opposants, constitués de quelques personnalités éparses ont tenté de faire porter leurs revendications à l'étranger. À titre d'exemple, le « prince rouge » Hicham Ben Abdellah Alaoui, cousin du Roi et troisième dans l'ordre de succession du trône, a publié de nombreux écrits critiques aux Éditions Grasset[14], dans la revue *Pouvoirs*[15], ou dans le *Monde Diplomatique*[16], depuis l'Université de Stanford au sein de laquelle il est établi comme chercheur associé. Cependant, il n'en reste pas moins attaché à son lignage : pour le Prince, l'élection d'une assemblée constituante pour réviser la constitution est « irréaliste et signifierait la fin du régime ». Il estime ainsi que la Monarchie doit se maintenir comme « une institution d'arbitrage et le symbole de l'unité de la nation »[17].

Les derniers opposants, enfin, se cristallisent autour de quelques imams auto-proclamés et de leurs fatwas, ou encore autour de journalistes de Casablanca et de Paris, mais ne constituent pas une force organisée et suffisamment pesante ou menaçante. Cette situation n'est donc nullement comparable à celle de Hassan II, visé par deux coups d'État militaires (1971, 1972) et une tentative de coup d'État de la gauche révolutionnaire (1973). Tandis que l'acte d'opposition sous Hassan II était synonyme de liquidation[18] ; l'acte d'opposition sous Mohammed VI est synonyme de revendications. Par ailleurs, durant la période hassanienne, l'opposition à la politique étrangère élaborée par le Roi était davantage l'expression d'une opposition globale à la Monarchie

---

12   Maslouhi, Abderrahim El, « La gauche marocaine, défenseure du trône. Sur les métamorphoses d'une opposition institutionnelle », *L'Année du Maghreb*, V, 2009, p. 37-58.

13   Dupret, Baudouin et Ferrié, Jean-Noël, « Maroc : le "printemps arabe" de la monarchie », *Moyen-Orient*, n° 12, 2011,

14   Alaoui, Moulay Hicham el, *Journal d'un prince banni : Demain, le Maroc*, Paris : Grasset, 2014, 368 p.

15   Alaoui, Hicham Ben Abdallah El, « L'autre Maroc », *Pouvoirs*, vol. n° 145, n° 2, 2013, p. 59-69.

16   Alaoui, Hicham Ben Abdallah El, « Le « printemps arabe » n'a pas dit son dernier mot », *Le Monde diplomatique*, vol. n° 719, n° 2, 2014, p. 19-19.

17   Voir l'entretien effectué par Jean-Michel Demetz et Dominique Lagarde, « Moulay Hicham : « La solution au Maroc : une monarchie réformée » », *L'Express*, 15 mai 2011.

18   Maslouhi, « La gauche marocaine, défenseure du trône. Sur les métamorphoses d'une opposition institutionnelle », *art. cit.*

plutôt que l'expression d'une opposition particulière contre une décision ou une orientation politique[19].

Parallèlement, Mohammed VI cultive une approche empathique envers le peuple dans ses discours. Ainsi déclare-t-il : « Tout ce que vous vivez m'intéresse : ce qui vous atteint m'affecte aussi, ce qui vous apporte bonheur me réjouit également. Ce qui vous tracasse figure toujours en tête de mes préoccupations »[20]. En revendiquant un rôle d'arbitre des différends publics comme privés, le Monarque se substitue ainsi à l'État en même temps qu'il s'en distancie. L'acte de grâce joue plus particulièrement un rôle fondamental dans ce processus. L'amnistie des prisonniers politiques (islamistes, journalistes, activistes) après leur condamnation par l'État, constitue un levier par lequel le Monarque affirme sa modération vis-à-vis des pratiques juridiques visant à protéger sa propre souveraineté. La fin de l'exil des anciens adversaires politiques tels qu'Abraham Serfaty illustre également cette tendance. De même, la communication joue un rôle important. Les discours du Roi se montrent de plus en plus critiques envers les dirigeants et les fonctionnaires à propos de leur manque de professionnalisme dans l'application des réformes qu'il a initiées.

On observe ainsi que, le développement des médias ayant rendu les préférences domestiques plus visibles, la construction du pouvoir symbolique[21] de la Monarchie – et par conséquent de ses intérêts – s'inscrit dans un processus d'absorption et de fusion de l'hétérogénéité culturelle et politique, afin de conforter son rôle d'arbitre. Un processus dont prend davantage conscience l'appareil monarchique, comme l'illustre cette déclaration : « Notre doctrine pour l'exercice du pouvoir consiste essentiellement à servir le citoyen, à sanctuariser son identité, à préserver sa dignité et à être constructivement réceptif à ses aspirations légitimes »[22]. La sanctuarisation de l'identité constitue un

---

19   Benjelloun, *Visages de la diplomatie marocaine depuis 1844, op. cit.*, p. 193.

20   « Discours royal à l'occasion du 16ème anniversaire de la Fête du Trône », *Maroc.ma* 30 juillet 2015.

21   L'expression est entendue ici au sens bourdieusien : « Le pouvoir symbolique est un pouvoir qui est en mesure de se faire reconnaître, d'obtenir la reconnaissance ; c'est-à-dire un pouvoir (économique, politique, culturel ou autre) qui a le pouvoir de se faire méconnaître dans sa vérité de pouvoir, de violence et d'arbitraire. L'efficacité propre de ce pouvoir s'exerce non dans l'ordre de la force physique, mais dans l'ordre du sens de la connaissance. Par exemple, le noble, le latin le dit, est un *nobilis*, un homme « connu », « reconnu » ». Pierre Bourdieu, *Interventions, 1961-2001: science sociale & action politique*, Marseille, Agone, Contre-feux, 2002, pp. 173-174. Voir aussi : Idem, « Sur le pouvoir symbolique », *Annales. Histoire, Sciences Sociales*, 1977, vol. 32, n° 3, pp. 405-411.

22   « Discours royal à l'occasion du 16ème anniversaire de la Fête du Trône », « Discours royal à l'occasion du 16ème anniversaire de la Fête du Trône », *art. cit.*

enjeu crucial à une période où la définition de l'identité nationale, comme on le verra par la suite, constitue un pari stratégique dans la préservation de la souveraineté et la survie de l'État marocain au sein du système international.

Cette attitude élargit le potentiel du pouvoir symbolique du souverain au-delà de ses champs traditionnels, issus de sa descendance chérifienne (famille du prophète) et de son statut religieux de Commandeur des croyants (*Amîr Al Mu'minîne*), auquel le peuple, ainsi que quelques confréries religieuses transnationales, prêtent allégeance (à travers la cérémonie de la *Bey'a*[23]). Le pouvoir symbolique du Roi devra résider également dans sa capacité à endosser des rôles parfois difficilement conciliables : Roi des pauvres et défenseur de la libération économique, Commandeur des croyants et défenseur de la tolérance religieuse, partisan des droits des femmes et garant des traditions, « monarchie de proximité » et monarchie parlementaire. Une dimension dont s'enorgueillit également le pouvoir lorsqu'il s'attribue une identité de monarchie citoyenne[24]. En résumé, son pouvoir symbolique siège dans son aptitude à représenter une nation hétérogène. Cette attitude relève originairement de la fonction inclusive de son statut religieux : en tant que guide spirituel, celui-ci se situe symboliquement au-delà des conflits qui traversent la nation, tout en l'incarnant dans son identité propre et lorsqu'elle est confrontée à une menace extérieure[25].

C'est donc parce que le style du Roi Mohammed VI est différent de celui de son père que la diplomatie s'est transformée. Il apparaît dès lors que pour élucider la nature des orientations de Mohammed VI en matière de politique étrangère, il faut nécessairement prendre en compte d'autres facteurs, dépassant le principe d'une simple quête de pouvoir, tant celui-ci est déjà consolidé. Le style est cependant un concept difficile à définir, car chacun en a sa propre vision. Ainsi, la détermination d'un « bon style » ou d'un « mauvais style » est aussi difficile que le jugement du gout. Pour Kant[26], le gout est la faculté de juger du beau, mais porte en lui une contradiction apparente d'être à la fois universel et subjectif. On reconnait quelqu'un qui a du gout tout en admettant

---

23   Cérémonie d'allégeance au Roi.

24   « Tout en demeurant attaché à la spécificité qui distingue la Monarchie marocaine dans ce qu'elle a d'essentiel, à savoir sa légitimité religieuse et constitutionnelle, sa fibre populaire et son patriotisme historique, Nous l'avons hissée au rang de Monarchie citoyenne, à travers les progrès démocratiques accomplis, l'action menée en matière de développement et le travail de mobilisation et de proximité réalisé sur le terrain ». « Discours royal à l'occasion du 16ème anniversaire de la Fête du Trône », *art. cit.*

25   Belhaj, Abdessamad, « L'usage politique de l'islam : l'universel au service d'un État. Le cas du Maroc », *Recherches sociologiques et anthropologiques*, n° 37-2, 2007, p. 121-139.

26   Emmanuel Kant, *Critique de la faculté de juger*, Paris, Flammarion, 2015 (1790), 544 pages.

que chacun a son gout. On peut faire ici le parallèle avec le style : on peut re-connaitre que quelqu'un a du style tout en admettant que chacun a son style.

Il néanmoins possible de déterminer ce qui fait le style, bien que là encore, plusieurs distinctions s'imposent. Dans le champ artistique comme dans le champ politique, le style peut être spontané ou travaillé, il peut être personnel ou celui d'un groupe, il peut résider dans une répétition cohérente et recon-naissable (on reconnaitra dès lors l'appartenance d'une touche ou d'un mode opératoire) ou à l'inverse dans l'imprévisibilité ou le fait de revendiquer un « non style » incohérent (qui devient en l'occurrence un style en soi). Parmi les chercheurs en science politique, le style est très souvent évoqué pour définir celui d'un État en tant que groupe, dans l'objectif de comprendre les orien-tations de politique étrangère. Ainsi Stanley Hoffmann, dès 1968, parlera de « style national »[27] des États-Unis déterminé par un ensemble de représenta-tions historiques, géopolitiques et idéologiques. Dans le même ordre d'idées, la française Marie-Christine Kessler définira le style comme « le recours à des manières de faire standardisées qui caractérisent les processus de formation et de mise en œuvre des politiques publiques dans des systèmes politiques différents »[28]. Il serait difficile d'appliquer de telles définitions dans le cas ma-rocain, car elles abordent le style comme celui d'un groupe historique et non celui d'une personne dans une période déterminée. Or il apparait clairement que le style du Maroc en matière de politique étrangère correspond au style du monarque au pouvoir. D'abord en raison de la nature centralisée du système décisionnel, ensuite parce que la Monarchie marocaine actuelle a fait du style une identité d'action. Hassan II déclarait d'ailleurs dans l'une de ses interviews, à propos de l'éducation de son fils Mohammed VI : « Je souhaite qu'il fasse un bon parcours. Je passe mon temps à lui dire une chose, parce qu'il n'est pas facile de succéder à Mohammed V. Je passe mon temps à lui ressasser cette phrase de Pascal : « le style c'est l'homme ». Je lui dis : je n'aurais pas dévié de ce qu'aurait fait mon père – que Dieu ait son âme – mais je l'aurais fait à ma façon. En essayant de singer mon père – parce que je l'aurais singé, je ne l'aurais pas imité car il avait son style à lui – j'aurais certainement tout raté – je m'excuse du terme –. Ce qui est important c'est le but et la façon éducative et vertueuse, mais le style, c'est l'homme »[29].

---

27   Stanley Hoffmann, *Gulliver empêtré : essai sur la politique étrangère des États-Unis*, Paris, Éditions du Seuil, 1971, 634 pages.

28   Kessler, Marie-Christine, « La politique étrangère comme politique publique », dans Charillon, Frédéric (dir.), *Politique étrangère : nouveaux regards*, Paris : Presses de Sciences Po, 2002, vol. 167-192, p. 174.

29   Voir la vidéo de l'interview sur le lien suivant : https://www.youtube.com/watch?v= DyYN4-yJMO0.

Mohammed VI possède ainsi un style qui lui est propre, et qui trouve sa cohérence dans la reproduction de cette fonction inclusive évoquée plus haut au sein de plusieurs domaines. Une attitude qui facilite l'incarnation de ces différents rôles projetés par la société, en même temps qu'elle lui permet de contribuer à les formuler et les orienter. On pourra ainsi dire que le Roi défend des rôles plus que des intérêts. L'une des conséquences de cette pratique est qu'elle consolide le lien d'interdépendance entre politique intérieure et politique extérieure : une étroite concordance s'opère entre le rôle interne du Monarque et ses choix diplomatiques, dont les plus importants sont résumés dans le Tableau 1.

Tout d'abord la fonction de « Roi des pauvres », attribuée par la presse, s'illustre par la médiation de la présence du Monarque sur tous les fronts du développement. La distribution par le Roi de denrées alimentaires à des populations démunies lors du mois de Ramadan, la visite des hôpitaux ou des prisons, ainsi que le contact direct avec les malades et les prisonniers, et plus généralement l'inauguration médiatisée de tous les projets de développement mis en œuvre sous sa direction, forment des exemples probants de cette dynamique. À l'étranger, le « Roi des pauvres » adopte ce même comportement : l'annulation des dettes des Pays les Moins Avancés envers le Maroc, la

TABLEAU 1   Rôles internes et externes du Roi

Mohammed VI – Rôle Interne	Mohammed VI – Rôle Externe
Roi des pauvres	Développement de la coopération sud-sud / initiatives humanitaires dans les Pays les Moins Avancés
Commandeur des croyants	Défense d'un islam marocain sur la scène internationale / présidence du comité Al Qods / financement des confréries religieuses transnationales / formation des imams étrangers
Roi entrepreneur	Promotion de la diplomatie économique
Garant des traditions de la nation	Encadrement de la communauté marocaine à l'étranger (MRE) à travers des institutions spécialement dédiées à la culture
Défenseur de l'intégrité territoriale	Supervision de toutes les négociations internationales de haut niveau ayant trait à la question du Sahara

construction et l'inauguration d'un hôpital de campagne au Niger, la coopération en matière de développement avec Hawaï[30], l'aide au développement dans les Caraïbes, ou encore la visibilité du Monarque dans les chantiers de construction en Afrique de l'Ouest, constituent autant de marques de l'implication personnelle du souverain dans ce domaine, de même qu'elles révèlent l'étonnante continuité du style chérifien dans la conception et la médiatisation de ses actions politiques à l'échelle intérieure comme à l'échelle extérieure.

La fonction de Commandeur des croyants est tout aussi caractéristique de cette extension des rôles. Au plan interne, le statut du Monarque lui permet de contrôler le corps des Oulémas, d'interpréter les textes religieux et d'insuffler les réformes juridiques liées au droit musulman, de même qu'il permet une véritable ritualisation de son pouvoir symbolique. La cérémonie de la *Bey'a* (allégeance au Commandeur des croyants) qui s'accomplit tous les ans au Palais Royal constitue l'illustration la plus représentative de cet aspect rituel. Cette cérémonie rassemble chaque année les Oulémas, le gouvernement, le parlement, et les notables autour de la cour, tous vêtus d'habits traditionnels, chantant les louanges du sultan et embrassant la main du Roi, manifeste des reliques symboliques de l'empire chérifien. Cette fonction religieuse apparaît de même dans la conduite de la politique étrangère, à la fois dans ses aspects institutionnels et rituels. L'institutionnalisation des liens séculaires entretenus entre le Roi et les confréries soufies transnationales, très actives dans la région sahélienne, de même que l'inauguration d'une politique de formation des imams étrangers à l'islam marocain depuis 2012, constituent des exemples probants de cette tendance. Sur le plan rituel, les prières accomplies par Mohammed VI dans les mosquées de pays étrangers, à l'instar du Mali, sont à l'image des prières régulières effectuées au Maroc. Il en va de même pour les dons de Coran et autres donations accordées aux communautés religieuses africaines.

Par ailleurs, la libéralisation économique du pays, dont on discutera plus loin les conséquences sur l'émergence du Maroc, est le fait de la Monarchie. À la faveur des transformations systémiques et de l'évolution des normes internationales depuis la fin de la Guerre froide, Mohammed VI, incarne la libéralisation économique initiée par son père. À ce titre, le Roi est aussi à la tête d'une

---

30   Au point que l'État de Hawaï, après avoir instauré une journée nationale dédiée au Maroc, « Moroccan Appreciation Day », a signé en 2012 l'établissement d'une semaine annuelle dédiée exclusivement à Mohammed VI, baptisée « *His Majesty King Mohammed VI Week in Hawaii* » et tenue chaque année du 28 novembre au 2 décembre. Guerraoui, Driss, « « La Semaine de Sa Majesté le Roi Mohammed VI à Hawaii » en livre », *Quid.ma*, 28 juillet 2015. Voir aussi les documents officiels à l'adresse : http://www.morocco-in -hawaii.com/governors_proclamation_2005.htm.

holding royale composée de diverses sociétés bancaires, financières, minières, agricoles, etc. Cette fibre entrepreneuriale du Monarque s'exprime aussi par sa gestion de la politique intérieure. Le Roi gouverne tout autant qu'il règne, au point que l'on désignera le Royaume de « monarchie exécutive »[31], de « monarchie entrepreneuriale » ou encore de « monarchie gouvernante »[32], illustrations du maintien des prérogatives royales héritées de Hassan II ainsi que de sa forte implication dans la gestion des affaires du pays. Ce style managérial influence les responsables du gouvernement et transparaît dans la gestion des politiques publiques comme nous le verrons à propos de l'appareil diplomatique. Sur le plan extérieur le style entrepreneurial du Monarque se caractérise par le développement d'une diplomatie économique conjuguant l'action du Ministère des affaires étrangères et celle des entreprises privées. La présence des entreprises royales à l'étranger forme dans ce processus un « guide » des pays vers lesquels la diplomatie doit s'orienter.

Le Roi est enfin, selon l'ancienne et la nouvelle constitution de 2011, le représentant de l'État et le symbole de l'unité de la Nation. Il est, plus largement, le garant des traditions de la nation. Cela veut dire qu'il représente l'État sur le plan politique et diplomatique, mais qu'il représente également, dans l'acception de Mohammed VI, « l'identité marocaine ». Un aspect que nous développerons plus en détail plus loin.

3   Les Affaires étrangères : un « Ministère de Souveraineté »

Afin d'assurer la défense de ces rôles, la Monarchie se situe au cœur du processus décisionnel en matière de politique étrangère. Si le Roi doit incarner la nation, l'image qu'il renvoie au sein de son environnement international doit permettre de valoriser l'image du pays. Le Ministère des Affaires étrangères a de ce fait été conservé comme un « Ministère de souveraineté ». Ce statut s'illustre par la nomination d'un ministre indépendant qui ne fait pas partie de l'opposition. L'expression de « Ministère de souveraineté », faisant écho à celle de « domaine réservé » en France, est apparue au Maroc dès le lendemain de l'indépendance, dans la nature même de la Constitution de 1962[33] élaborée sous Hassan II, puis s'est renforcée dans la pratique au moment de l'alternance.

---

31   Desrues, Thierry et Kirhlani, Said, « Dix ans de monarchie exécutive et citoyenne : élections, partis politiques et défiance démocratique », *L'Année du Maghreb*, VI, 2010, p. 319-354.

32   Bendourou, Omar, « La consécration de la monarchie gouvernante », *L'Année du Maghreb*, VIII, 2012, p. 391-404.

33   Voir à ce propos : Sehimi, « L'influence gaullienne sur la constitution marocaine », *art. cit.*

Le Cabinet Royal avait alors ouvert aux partis d'oppositions plusieurs ministères, à l'exception de la Primature, de l'Intérieur (qui comprend le Secrétariat de la défense et de la sécurité, depuis la suppression du Ministère de la Défense par le Roi en 1972), des Affaires étrangères et de la justice, devenus implicitement ministères de souveraineté[34]. Même lorsqu'en 1998, Aberrahmane Youssoufi devint le Premier Ministre issu d'un parti d'opposition, cette nomination faisait partie d'une stratégie royale d'inclusion de l'opposition, laquelle accepta réciproquement de garder le principe des ministères souveraineté. Ainsi déclara-t-il : « Quand j'étais désigné par S.M. le Roi, il m'a dit de lui proposer la liste des ministres tout en me confiant qu'il ne souhaitait pas changer les titulaires de trois ministères qui étaient en charge de certains dossiers importants. J'étais tout à fait d'accord. C'est ce qui s'est passé en février 1998 »[35]. C'est ainsi qu'aux côtés de l'Intérieur (incluant la défense), de la Justice et des Affaires islamiques, les Affaires étrangères constituent depuis 1962 un ministère de souveraineté.

Tandis que la nouvelle constitution issue du « Printemps arabe » a ouvert pour la première fois, et pendant un court instant, la possibilité au parti vainqueur des élections de diriger ce Ministère, l'appareil diplomatique n'a pas été investi par le nouveau parti au pouvoir. Depuis 2012, trois ministres des Affaires étrangères se sont succédé à la tête de cette institution : Saad Eddine Al Othmani (parti de gauche islamiste majoritaire aux élections, le PJD) jusqu'en 2013, puis Salaheddine Mezouar (parti de centre libéral, le RNI) et enfin Nasser Bourita (diplomate de carrière sans affiliation partisane) depuis 2017. Ces remaniements ministériels (en partie dus au retrait du Parti de l'Istiqlal, au pouvoir depuis l'indépendance, de la coalition gouvernementale) soulèvent la nuance de cette expérience inédite. À ce titre, le processus décisionnel de la politique étrangère marocaine présente cette même continuité depuis le XIXe siècle : c'est le sultan ou le roi qui définit traditionnellement les intérêts du royaume, aidé en cela par ses conseillers, et qui nomme les ambassadeurs chargés des négociations[36]. Ce que Thérèse Benjelloun constatait en 1990, nous l'observons encore de nos jours : « la diplomatie demeure le fait du chef d'État, selon l'esprit de l'ancienne structure makhzénienne remise à la mode démocratique du XXe siècle »[37]. La portée du contrôle du Roi sur la politique étrangère doit cependant être nuancée par le fait que seulement certains dossiers importants

---

34   Benkhalloul, Mohamed, « La fin des ministères de souveraineté ? », *La vie eco*, 28 novembre 2011.

35   Entretien avec Abderrahmane Youssoufi, dans « Les ministres de souveraineté », *Aujourdhui le Maroc*, 20 août 2002.

36   Benjelloun, *Visages de la diplomatie marocaine depuis 1844, op. cit.*, p. 195.

37   Benjelloun, *Visages de la diplomatie marocaine depuis 1844, op. cit.*

sont concernés. Comme le rappelle cet ancien conseiller d'Hassan II : « Les Affaires étrangères et le Sahara relèvent effectivement du domaine réservé au Monarque. Mais le Roi ne fait que déterminer les grandes orientations de notre politique. La mise en œuvre, elle, revient à l'appareil d'État et notamment à notre diplomatie »[38].

De ce fait, afin de limiter les effets d'une mauvaise gestion par l'appareil diplomatique, et pour contourner la nouvelle représentation démocratique issue du « printemps arabe », le Palais a conforté son groupe d'experts des affaires étrangères au sein du Cabinet royal : Taieb Fassi Fihri, ancien Ministre des Affaires étrangères (de 2002 à 2012) devient Conseiller du Roi en la matière. Youssef Amrani, ancien Ministre Délégué auprès du Ministre des Affaires étrangères, fut nommé « Chargé de mission au Cabinet royal » pendant plusieurs années. Depuis l'année 1955 où il fut créé, le Cabinet royal s'est plus généralement beaucoup développé. Sous le règne de Hassan II, le Cabinet Royal permettait de superviser notamment les activités du gouvernement, mais il n'était constitué que de quelques conseillers au rôle extrêmement réduit[39]. Sous le règne de Mohammed VI, le Cabinet s'est résolument professionnalisé. Si son fonctionnement reste discret, la liste de ses membres, recrutés par Dahir (Décret Royal) est publique : outre une dizaine de conseillers spéciaux du Roi, on compte une vingtaine de chargés de missions ainsi qu'une centaine de hauts collaborateurs. Chacun de ces membres s'occupe d'un ou de plusieurs dossiers considérés stratégiques : Mohamed Rochdi Chraibi, ancien Secrétaire particulier du Roi, en est le Directeur depuis 2000. Fouad Ali El Himma, ancien Ministre de l'intérieur et ami proche du Roi, est devenu conseiller chargé de la politique intérieure en 2011 ; Zoulikha Nasri (seule femme conseillère, décédée en décembre 2015) s'est vu confier la promotion la Fondation Mohammed VI pour la solidarité ainsi que le développement du parc énergétique solaire et du TGV ; Yassir Zenagui le développement du tourisme, Omar Azziman, ancien Ministre de la justice, le dossier de la régionalisation du territoire marocain, De même, parmi les chargés de mission, on peut citer notamment Karim Bouzida chargé des relations publiques et la communication du Palais depuis la retraite de Chakib Laaroussi en 2014.

Dans le cas des Affaires étrangères, le recrutement du conseiller Taieb Fassi Fihri (ancien Ministre des Affaires étrangères jusqu'au « printemps arabe ») devait permettre, entre autres, de poursuivre la politique monarchique sur la

---

38   A.R. Guédira, interview à Jeune Afrique, n° 994, 23 janvier 1980, cité dans : Sehimi, « L'influence gaullienne sur la constitution marocaine », *art. cit.*

39   Waterbury, John, *Le commandeur des croyants : la monarchie marocaine et son élite*, Presses Universitaires de France, 1975, 399 p.

question du Sahara. L'ancien Ministre a joué un rôle important dans les négociations pour le retrait de la proposition américaine d'étendre le mandat de la
MINURSO aux droits de l'Homme, en mai 2013. Cette proposition était à l'origine d'une crise entre le Maroc et les États-Unis, dont les solutions furent envi-
sagées à huis clos au Palais royal de Fès, écartant de fait le Ministre des Affaires
étrangères (qui tenta d'ailleurs vainement de constituer sa propre cellule de
crise au sein du Ministère[40]). Ainsi lorsque Hillary Clinton était en visite au
Maroc, elle fut d'abord reçue par Taieb Fassi Fihri, avant d'être reçue par le
Ministre des affaires étrangères Saad Eddine al Othmani[41]. La collaboration
de cet envoyé spécial du Roi travaillant au sein d'une « cellule diplomatique »
dépendant exclusivement du chef d'État, et qui se superpose à l'autorité du
Ministre des affaires étrangères, illustre parfaitement cette tendance à la cen-
tralisation de l'action entre les mains de la Monarchie.

Plus généralement, le cercle des conseillers en matière de politique étrangère est constitué d'anciens ambassadeurs ou ministres, à l'exemple d'El
Mostapha Sahel[42] (ancien Ambassadeur du Maroc en France et au Nations
Unies, ancien Ministre de l'intérieur, décédé en 2012), ou d'Omar Kabbaj (ancien membre du conseil d'administration de la Banque mondiale, du FMI puis
directeur de la Banque Africaine de Développement). Ce dernier est plus particulièrement connu pour être devenu le « conseiller Afrique » du Palais[43].

Du point de vue du cabinet, le Gouvernement n'est pas suffisamment investi pour gérer seul les affaires stratégiques du pays[44]. Du point de vue des
membres du Gouvernement, le soutien du cabinet est incontournable. Le style
de Mohammed VI est véritablement entrepreneurial : il oriente, inspecte, et
encourage si nécessaire. Il définit les orientations majeures de la diplomatie dans ses discours et lors des rencontres officielles avec les diplomates. Le
Cabinet royal convient des stratégies directement avec le Roi, incluant parfois
les ministères qui doivent aussi interpréter le contenu des discours royaux
pour formuler leurs propres feuilles de route. Les discours, allocutions, lettres
et messages officiels du Monarque sont nombreux et constituent ainsi la première source d'orientation ; un corpus de textes stratégique en matière de politique étrangère[45].

---

40   Observations lors de notre terrain d'observation au Ministère des Affaires étrangères à la
      même période.
41   Bennani, Driss, « Enquête. Voyage au cœur de la diplomatie marocaine », *Telquel*, 28 mars
      2012.
42   Mouhsine, Réda, « El Mostafa Sahel. Adieu conciglieri ! », *Telquel.ma*, 17 octobre 2012.
43   Iraqi, Fahd, « Omar Kabbaj : le conseiller Afrique de Mohammed VI », *Jeune Afrique*,
      21 juin 2016.
44   « Maroc : Fassi Fihri, le retour », *JeuneAfrique.com*, 3 mai 2013.
45   Voir Annexe 2 – Les discours du Roi : statistiques.

En outre, si la Monarchie n'est pas satisfaite de l'efficacité du Ministère, elle peut sanctionner les responsables dans un discours, suite auquel le Ministère devra prendre les mesures nécessaires. L'analyse de ces interactions discursives entre le Roi et le Ministère, ainsi que les politiques qui en découlent, révèle pertinemment cette dynamique. Ce fut le cas par exemple de la remontrance du Roi envers le corps consulaire lors du Discours du Trône en 2015, dans lequel il a déclaré : « Nous attirons donc l'attention du Ministre des Affaires étrangères sur la nécessité de s'employer avec toute la fermeté requise à mettre fin aux dysfonctionnements et autres problèmes que connaissent certains consulats. Il faut, d'une part, relever de ses fonctions quiconque a été reconnu coupable de négligence, de dédain pour les intérêts des membres de la communauté, ou de mauvais traitement à leur égard. D'autre part, il faut veiller à choisir les Consuls parmi ceux qui remplissent les conditions requises de compétence, de responsabilité et de dévouement au service de nos enfants à l'étranger »[46]. À cela le Ministre a répondu quelques jours plus tard lors d'une conférence de presse : « En application des hautes instructions royales, le Ministère des Affaires étrangères et de la Coopération a pris des mesures immédiates et urgentes et d'autres programmées à court terme : ces mesures concernent les ressources humaines, l'interaction avec les membres de la communauté marocaine résidant à l'étranger et l'amélioration de la qualité des services consulaires. (...) Le Ministère prévoit des sanctions administratives lourdes et immédiates »[47]. Parmi ces mesures, on compte le renvoi de près de 30 consuls. Cet exemple démontre à quel point le discours royal constitue une « haute instruction » à l'inverse des discours politiques traditionnels. Le Ministère doit subordonner la conduite de sa politique à la considération des ordres royaux.

Au-delà de l'orientation et de l'inspection, le style exécutif de la Monarchie s'exprime également par l'action diplomatique du chef de l'État lors des visites officielles à l'étranger notamment. Les voyages officiels du Roi ont de ce fait une fonction essentielle dans la diplomatie marocaine : à chaque déplacement, le Roi est accompagné de son Cabinet, d'une délégation ministérielle, de généraux, et d'hommes d'affaires. La visite s'achève généralement par la signature d'un nombre important d'accords de coopération, dans des domaines aussi diversifiés que l'économie, les finances, les télécommunications, les transports, l'éducation, la recherche scientifique, la santé, les bâtiments, les mines etc. En vingt ans de règne, Mohammed VI et son Cabinet ont effectué plus d'une centaine de visites de ce type à l'étranger aboutissant à la signature

---

46   « Discours royal à l'occasion du 16ème anniversaire de la Fête du Trône », *art. cit.*
47   « Mezouar annonce un large mouvement dans le corps consulaire concernant environ 70% des consulats », Vidéo, *MediiTV*, 6 août 2015.

d'innombrables accords de coopération[48]. Cette politique a suscité l'intérêt des hommes d'affaires marocains pour les pays étrangers, a contribué à rapprocher le corps diplomatique des représentants des autres secteurs (santé, économie, éducation ...) et a rassuré les diplomates les plus réticents à des mutations dans des pays du Sud.

La Monarchie a donc une influence décisive sur la conduite de la politique étrangère. Les volontés partisanes sont aux prises avec un Cabinet royal politiquement organisé. Le discours royal constitue le cadre de référence incontestable des orientations diplomatiques, et ne doit pas prêter à réfutation. Il existe toutefois des objectifs qualifiés d'« intérêts supérieurs de la nation »[49]. Ces intérêts tels que définis par la Monarchie sont « la souveraineté », « l'intégrité territoriale », et le « projet de société ». La souveraineté du Roi et de l'État se confondent dans un prisme unique, elles sont donc liées à la centralité du pouvoir monarchique que nous venons de présenter. L'intégrité territoriale renvoie à la revendication des enclaves espagnoles situées au Maroc, à la définition des eaux territoriales aux bords de l'Atlantique, mais surtout à la reconnaissance internationale de la marocanité du Sahara. Enfin, le projet de société se cristallise, comme nous l'examinerons par la suite, autour de la politique d'émergence du Royaume.

La poursuite de ces intérêts supérieurs, définis dans un contexte de transition politique, a entraîné l'ouverture de la politique étrangère du Maroc, illustrée par la consolidation des liens diplomatiques avec l'Union européenne et les États-Unis, le développement de la coopération sud-sud (Amérique Latine, Afrique, Asie), la représentation croissante au sein des organisations internationales et régionales, la recherche de nouveaux alliés non-occidentaux ainsi que l'extension de l'action diplomatique dans de nouveaux domaines (culturel, économique etc.).

L'évolution de la politique étrangère du Maroc reflète aussi le cours des transformations systémiques de l'Afrique post-bipolaire. D'une part, à l'image du reste du continent, son chemin semble conditionné par l'influence des normes internationales et la pression des puissances étrangères. D'autre part, son développement structurel et économique soutient continuellement la stabilité de ses institutions et la consolidation de sa diplomatie : l'émergence semble être à portée de main, objectif pour lequel la Monarchie a lancé un programme ambitieux.

---

48   Voir Annexe 1 et Annexe 1 bis – Les visites officielles de Mohammed VI à l'étranger.
49   « Si la politique intérieure de notre pays a pour vocation essentielle de servir le citoyen, sa politique extérieure vise, quant à elle, à être au service des intérêts supérieurs de la nation » « Discours royal à l'occasion du 16ème anniversaire de la Fête du Trône », *art. cit.*

4 Modernisation et professionnalisation de l'appareil diplomatique au service d'une stratégie africaine

Depuis l'accession du Maroc à sa souveraineté internationale en 1956, l'ouverture progressive des ambassades marocaines à l'étranger accompagne l'édification de l'État moderne. Elles ne forment pas cependant les premières manifestations de la diplomatie makhzénienne. Au fil des empires sultaniens successifs qui ont régné au Maroc depuis 789, plusieurs émissaires de l'État furent envoyés à l'étranger pour des missions non-permanentes[50]. Peu nombreux, ils étaient pour la plupart proches du Sultan et jouissaient d'un statut prestigieux. Ils représentaient la figure de l'ambassadeur classique, celui que Marie-Christine Kessler décrit comme une figure de la « société internationale constituée d'États souverains »[51], en opposition à un monde moderne sans souveraineté[52]. La naissance d'un État moderne au Maroc a donc conforté l'institutionnalisation de la fonction de l'ambassadeur, ainsi que sa contribution au système décisionnel. L'étude quantitativiste menée par Augustin Kontchou sur le réseau diplomatique africain de 1960 à 1970 révèle, à travers un calcul du nombre de représentations diplomatiques reçues et envoyées, que le Maroc figurait déjà à cette période parmi les cinq premières puissances diplomatiques du continent[53]. Pourtant, à peine le statut du diplomate était-il redéfini que sa fonction était remise en cause. Comme le formule Marie-Christine Kessler, « la mondialisation a créé un théâtre si vaste que les ambassadeurs y font souvent figure de comparses. Ceci conduit à s'interroger sur la finalité du « métier » d'ambassadeur : n'aurait-il pas dépéri avec l'État ? Il ne resterait qu'un titre honorifique, symbole résiduel d'un métier en voie de disparition »[54]. Ainsi, le Maroc post-bipolaire se retrouvait face à un double défi : la nécessité de se projeter au-delà de son environnement régional pour assurer sa reconnaissance en tant que puissance indépendante égalait le besoin de repenser les instruments de sa diplomatie.

---

50 Voir notamment : Benjelloun, *Visages de la diplomatie marocaine depuis 1844, op. cit.* ; Mouline, Mohammed Nabil, *Le califat imaginaire d'Ahmad al-Mansûr légitimité, pouvoir et diplomatie au Maroc*, Paris : Presses Universitaires de France, 2008, 1 vol. (500 p.) p. ; Ayache, Germain, *Études d'histoire marocaine*, Rabat, Maroc : SMER, 1979, 412 p.

51 Kessler, Marie-Christine, *Les ambassadeurs*, Paris : Les Presses de Sciences Po, 2012, p. 11.

52 Badie, Bertrand, *Un monde sans souveraineté, les états entre ruse et responsabilité*, Fayard, 1999, 306 p.

53 Kontchou Kouomegni, Augustin, *Le Système diplomatique africain : bilan et tendances de la première décennie*, Paris, France : A. Pedone, 1977, ix + 279 p.

54 Kessler, *Les ambassadeurs, op. cit.*, p. 13.

Le discours du Roi devant la 1ᵉʳᵉ conférence des Ambassadeurs en 2013 révèle sa conscience de cette nouvelle configuration. Tout en admettant la thèse d'un « nouvel ordre mondial » marqué par « l'entrée en scène de nouveaux acteurs tels que les ONG internationales et les sociétés multinationales, ainsi que la diversification des centres mondiaux de prise de décision », le Monarque souligne la nécessité de diversifier les domaines d'action de l'ambassadeur et appelle à davantage de « professionnalisme » au sein du corps diplomatique. Il assigne aux ambassadeurs le rôle de « soldats »[55] au service des intérêts de la nation, exprimant ainsi le principe aronien d'une concordance symbolique entre le soldat et le diplomate[56]. Ce discours rend compte du nouveau rôle assigné à l'appareil diplomatique et de l'ambition de sa modernisation. Une démarche qui se confronte toutefois à des contradictions en raison de la spécificité du Ministère des Affaires étrangères en tant que ministère de souveraineté.

La modernisation de l'appareil diplomatique marocain s'inscrit dans un contexte où toutes les institutions publiques sont soumises à des réformes. On peut citer en exemple la définition d'un « nouveau concept d'autorité », la territorialisation des politiques publiques, ou encore l'intégration et la promotion des TIC au sein des ministères[57]. Ces réformes ont commencé à la suite de l'ouverture politique permise par « l'Alternance » en 1998, avant d'être définitivement instaurées sous le règne de Mohammed VI. Comme le remarque Jean-Noël Ferrié : « L'action réformatrice est prise en charge par la Monarchie, à partir du règne de Mohammed VI. Cette action a, certes, des effets de légitimation, mais ces effets sont fondés sur des politiques effectives. Il s'agit d'abord de parfaire le désamorçage politique lancé par l'alternance »[58].

Ce désamorçage politique a fortement contribué à l'autonomisation des institutions publiques par rapport à la Monarchie. Le Ministère des Affaires reconnaît ainsi « le rôle actif joué par les sociétés civiles comme une forme

---

55   « Message du souverain à la 1ᵉʳᵉ conférence des ambassadeurs de SM le Roi », *art. cit.*
56   Selon Raymond Aron : « Les relations interétatiques s'expriment dans et par des conduites spécifiques, celles des personnages que j'appellerai symboliques, le diplomate et le soldat. Deux hommes, et deux seulement, agissent pleinement non plus comme des membres quelconques, mais en tant que représentants des collectivités auxquelles ils appartiennent : l'Ambassadeur dans l'exercice des fonctions est l'unité politique au nom de laquelle il parle ; le soldat sur le champ de bataille est l'unité politique au nom de laquelle il donne mort à son semblable ». Aron, *Paix et guerre entre les nations, op. cit.*, p. 17.
57   Pour une approche plus spécifique sur les réformes internes entreprises par le Maroc, voir : Centre d'études internationales (dir.), *Une décennie de réformes au Maroc, op. cit.*
58   Ferrié, Jean-Noël, « Dispositifs autoritaires et changements politiques. Les cas de l'Égypte et du Maroc », *Revue internationale de politique comparée*, vol. Vol. 19, n° 4, 2013, p. 93-110.

d'influence efficace et fondamentale dans le processus décisionnel »[59]. Le Roi promeut « l'intervention de nouveaux acteurs dans l'action diplomatique » et souligne l'importance de la diplomatie préventive au sein de ce nouveau dispositif[60]. Parmi ces acteurs on peut citer les collectivités locales, du parlement, des acteurs économiques, des organisations non gouvernementales et des personnalités privées (artistes, sportifs etc.). La sectorisation du budget du Ministère qui en découle, a de ce fait conforté l'émergence de diplomaties parallèles (économique[61], parlementaire[62], religieuse[63], ou encore publique[64]) dont le rôle est de contribuer à promouvoir les intérêts nationaux à l'étranger.

Au-delà d'un élargissement des acteurs qui représentent la diplomatie marocaine, une ouverture politique est en train de s'opérer à l'intérieur du Ministère. La modernisation de l'appareil administratif a démarré en 1995, avec la définition des différentes directions et services du Ministère, ainsi que de leurs attributions[65]. L'intérêt des partis d'opposition – désormais au pouvoir grâce à l'alternance – ainsi que celui d'une partie de la société civile pour la transparence et l'efficience de la politique étrangère, ont suscité des interrogations médiatiques sur l'état de corruption dans les ambassades. Ainsi *Le Journal* publiait en 1999 les résultats d'une investigation controversée faisant état de la corruption au sein de l'Ambassade du Maroc à Washington. L'affaire a conduit à la condamnation des deux journalistes Ali Amar et Aboubaker Jamaï. Elle a toutefois introduit les nouveaux termes du débat sur la démocratisation des institutions. Ce débat a également gagné l'intérieur du corps diplomatique. Ainsi, un *Livre Blanc* de la politique étrangère (qui critique entre autres le renouvellement de la nomination de l'Ambassadeur à Washington Mohamed

---

59 « Exposé sur le projet de budget sectoriel du Ministère des Affaires Étrangères et de la Coopération », *Ministère des Affaires Étrangères et de la Coopération*, 05 novembre 2015.

60 « Message royal aux participants au colloque organisé à Rabat à l'occasion de la célébration de la Journée Nationale de la Diplomatie Marocaine », *Maroc.ma – Le portail officiel du Maroc*, 28 avril 2000.

61 Voir à ce propos : Dafir, Amine, « La diplomatie économique marocaine en Afrique subsaharienne : réalités et enjeux », *Géoéconomie*, vol. n° 63, n° 4, 2013, p. 73-83.

62 Les objectifs de la diplomatie parlementaire, l'agenda et les activités diplomatiques de Chambre des Représentants sont présentés sur le site officiel : http://www.chambredes representants.ma/.

63 Belhaj, *La dimension islamique dans la politique étrangère du Maroc, op. cit.*

64 Regragui, Ismaïl, *La diplomatie publique marocaine une stratégie de marque religieuse ?*, Paris : l'Harmattan, 2013, 1 vol. (147 p.) p.

65 « Décret relatif aux attributions du ministre des affaires étrangères et de la coopération et à l'organisation du ministère des affaires étrangères et de la coopération », Ministère de la fonction publique et de la modernisation de l'Administration, Décret n° 2-13-253 du 11 chaabane 1434, 20 juin 2013.

Benaïssa au poste de Ministre des Affaires étrangères), aurait circulé auprès d'une douzaine d'Ambassadeurs de haut rang en 2002[66].

La question de la démocratisation de la politique étrangère comme fondement de sa professionnalisation fait désormais l'objet d'un débat public. Le discours royal de 2002, évoquant l'idée d'une réforme de l'appareil diplomatique, a constitué une première réponse à ce mécontentement général : « Nous avons donné Nos Hautes Directives pour que notre diplomatie s'attache à tirer parti, de façon judicieuse et optimale, de l'évolution démocratique que connaît notre pays (...) Nous avons, à ce propos, donné Nos Hautes Instructions en vue d'assurer la mise à niveau, la modernisation et le redéploiement de notre outil diplomatique. La démarche envisagée pour conduire cette réforme, doit concerner à la fois les structures du Ministère des Affaires étrangères et de la Coopération, sa mission d'incitation, de coordination et de suivi, ainsi que l'action et les méthodes de travail de nos représentations diplomatiques et consulaires »[67]. Ce discours participe d'une vision presque néo-institutionnelle de la gestion publique. Il inscrit la politique étrangère dans la perspective dite de « nouvelle gouvernance » telle que formulée par l'ONU dans le cadre de l'Agenda 21[68], et qui promeut la participation des usagers à la décision publique. Au Maroc, l'Agenda 21 fut principalement appliqué dans les politiques d'aménagement du territoire, mais on retrouve l'influence de ce processus dans d'autres secteurs.

Plus généralement, la réforme de l'appareil diplomatique s'inscrit dans la perspective du *New Public Management* (généralement traduit en français par Nouvelle Gestion des Affaires Publiques, NGAP). Promu par l'Union européenne, ce concept renvoie à la pratique par le secteur public des techniques de gestions empruntées au secteur privé. Pour Georges A. Larbi[69], plusieurs raisons concourent à cette tendance, parmi lesquelles : l'emprise des idées néolibérales dans les années 1970, le développement des consultants internationaux en gestion, et la pression exercée par les prêts (contrats avec obligation de résultats). Selon l'auteur, si ce phénomène concerne davantage les pays développés, certains pays en développement ont appliqué des variantes du NGAP à partir des années 1990. On a vu notamment l'apparition d'institutions

---

66   Fernández-Molina, *La política exterior de Marruecos en el reinado Mohamed VI (1999-2008), op. cit.*

67   « Discours de SM le Roi Mohammed VI à l'occasion du 49ème anniversaire de la Révolution du Roi et du Peuple », *Maroc.ma – Le portail officiel du Maroc*, août 2002.

68   Pour plus d'informations sur le programme de l'Agenda 21 au Maroc, voir site de l'ONU à l'adresse : http://www.un.org/esa/agenda21/natlinfo/countr/morocco/natur.htm.

69   Larbi, George A., « The New Public Management and Crisis States », Genève : United Nation Reasearch Institute for Social Development, 1 septembre 1999, p. 65.

autonomes dans le secteur public, ainsi qu'une volonté de modernisation de la fonction publique. Fait illustratif de cette tendance, le Ministère marocain des Affaires administratives fut rebaptisé Ministère de la Fonction publique et de la Réforme administrative en 1998, puis Ministère de la Modernisation des secteurs publics en 2002[70].

Dans cette perspective, le Maroc participe à plusieurs programmes internationaux de modernisation des politiques publiques. Depuis 2003, il bénéficie d'un programme de prêt de la Banque mondiale pour la Réforme de l'Administration Publique (PARAP), dont les objectifs sont les suivants : améliorer la gestion et la transparence budgétaire en introduisant des mesures de performance, simplifier les procédures à travers le e-gouvernement, améliorer l'efficience de la gestion des ressources humaines et améliorer les conditions de travail des employés[71]. En 2007, il a ratifié la Convention des Nations Unies contre la Corruption (UNCAC), ce qui l'a conduit à la création d'une Instance Centrale de Prévention de la Corruption (ICPC) la même année. Sa mission est d'observer et de contrôler la corruption dans plusieurs organismes publics, dont le Ministère des Affaires étrangères et de la Coopération Internationale (MAECI)[72]. Par ailleurs l'OCDE accompagne le Maroc en matière d'*Open Government*, afin de l'intégrer dans *l'Open Government Partnership* (OGP)[73]. Toutes ces politiques institutionnelles (parmi lesquelles nous n'avons cité que quelques exemples significatifs) constituent le troisième acteur et facteur de modernisation de l'administration diplomatique, aux côtés des revendications de la société civile et des intérêts de l'appareil monarchique. Dans ce cadre, trois domaines de réformes retiendront notre attention : 1) la formation et le profil du diplomate, 2) la distribution et le suivi des dépenses, et enfin 3) la systématisation des méthodes de travail.

L'ouverture d'un concours d'entrée permettant la diversification des profils socio-académiques des recrues ainsi que la réorganisation des échelons et des possibilités d'évolution des diplomates de carrière, a transformé le Ministère.

---

70   Voir le site du ministère à l'adresse : http://www.mmsp.gov.ma/.
71   Voir le détail du Projet PARAP sur le site de la Banque mondiale à l'adresse suivante : http://www.worldbank.org/projects/P112612/morocco public-administration-reform-lv ? lang=en.
72   Voir site de l'ICPC : www.icpc.ma.
73   La crise de 2008 a rendu le concept « *Open Government* » proéminent. L'*Open Governement Partnership* (OGP) lancé en 2011, regroupe plus d'une soixantaine de pays qui se sont engagés envers les principes de transparence ou encore de participation des citoyens dans les politiques publiques. Le Maroc a officiellement demandé son adhésion mais il lui manque 1/12 points pour être éligible. Voir OECD, *OECD Public Governance Reviews Open Government in Morocco*, OECD Publishing, 2015, 269 p. Voir aussi le site de l'OGP http://www.opengovpartnership.org/.

Dès 2004, les promotions internes ont profité à 1449 agents dont 817 cadres, sur les 3000 fonctionnaires que compte le MAECI[74]. La professionnalisation des fonctionnaires est désormais soumise à un programme de formation continue et de stages à l'étranger. La formation des nouvelles recrues est aussi favorisée depuis la création d'une « Académie Royale Marocaine de Diplomatie » à l'Université anglophone Al-Akhawayne (ville d'Ifrane) en 2008. Cette institution fut remplacée en 2011 par l' « Académie des Études Diplomatiques » située au sein du Ministère, où l'on enseigne l'histoire diplomatique du Maroc, le droit international, ou encore les techniques de négociation. Parallèlement, le Ministère forme ses cadres supérieurs dans d'autres institutions. C'est le cas par exemple de Sciences Po Rabat qui propose des formations exécutives sur les pratiques diplomatiques, les expertises européennes ou africaines. Les formations concourent à l'élargissement des savoirs du diplomate, tout en atténuant ses potentielles faiblesses académiques : maîtrise des langues, des méthodes de recherche et de communication etc. Si les nominations des ambassadeurs ou de certains diplomates à des postes stratégiques forment encore des décisions politiques, les postes intermédiaires sont désormais obtenus à l'issue d'un concours publique ou interne.

Par ailleurs, des efforts marqués peuvent être observés dans l'adaptation du choix des profils académiques, de l'âge et du sexe, en fonction des orientations de la politique étrangère. Traditionnellement, une grande partie des diplomates marocains sont diplômés de l'École nationale d'administration de Rabat (ENA) ou des différentes facultés des sciences juridiques (Rabat, Casablanca, Fès). Selon une étude réalisée par Mohamed A. Riziki, sur la base de la biographie de 245 diplomates, environ 44% ont étudié au Maroc, 31% en France, 8% aux États-Unis, 6% en Égypte, 3,5% en Suisse, 3% en Espagne, 2% au Pays-Bas et 2% dans d'autres pays[75]. 62% des diplomates ayant étudié au Maroc ont été diplômés à Rabat, dont la moitié à l'École nationale d'administration[76]. Traditionnellement, les postes d'ambassadeurs étaient réservés à des élites politiques issues d'un même milieu socio-culturel (grandes familles marocaines ou diplomates de carrière)[77], et ce dans une logique de récompense[78]. La création d'un Master en Gouvernance et Intelligence Internationale à l'Université internationale de Rabat et d'autres masters de ce type vont contribuer progressivement à diversifier les profils. Un renouvellement plus significatif des hauts

---

74   Sehimi, Mustapha, « La réforme silencieuse », *Maroc Hebdo*, 3 septembre 2004.

75   Riziki, *Sociologie de la diplomatie marocaine, op. cit.*, p. 285.

76   *Ibid.*, p. 390-391.

77   Riziki, *Sociologie de la diplomatie marocaine, op. cit.*

78   Ali Anouzia, « Nominations d'Ambassadeurs, qu'est ce qui a changé ? », *Lakome*, 12 mars 2013.

cadres diplomatiques aura cependant lieu lors des vagues de remplacement des Ambassadeurs ordonnées par le Roi entre 2008 et 2013.

En 2008, Mohammed VI a donc nommé 25 nouveaux Ambassadeurs, dont 5 femmes (le Maroc comptait 3 femmes ambassadeures en 2008, 2 en 2002), dont la moyenne d'âge est de 53 ans (contre 61 ans pour les diplomates sortants), et dont 19 d'entre eux accédaient pour la première fois à ce poste[79]. En 2009, il a nommé 15 autres Ambassadeurs, dont 2 femmes dans des pays importants (Royaume Uni et Canada)[80]. En 2011, 28 Ambassadeurs ont été nommés dont 4 femmes (14%), en 2013, 17 Ambassadeurs dont 3 femmes (17%)[81]. En 2016, près de 70 ambassadeurs ont été nommés dont 14 femmes (20%)[82] À l'intérieur du Ministère, le taux de féminisation s'est établi en 2014 à 33,1%, tandis que la part des femmes dans les postes de direction de département était de 22,7%[83]. Dans l'ensemble le taux de féminisation dans les postes à responsabilité est en hausse. Enfin, le droit des femmes diplomates a été sensiblement amélioré. Par exemple, elles ne sont plus tenues de fournir une décision judiciaire qui leur accorde la garde légale de leurs enfants pour pouvoir bénéficier de leurs droits et des aides familiales[84].

D'une part, la féminisation du corps diplomatique témoigne de la volonté de mieux inscrire l'institutionnalisation de l'égalité des sexes dans les réformes publiques[85]. Ces transformations font écho à la réforme de la Moudawana (Code de la famille) institué en 2004 et répondent à la mise en œuvre des dispositions de la CEDAW[86], en même temps qu'elles constituent une opération médiatique visant à valoriser l'image de la diplomatie marocaine[87]. Mbarka Bouaida, ancienne Ministre Déléguée auprès du Ministre des Affaires

---

79   Soufiane Belhaj, « Rajeunissement du corps diplomatique », *Aujourd'hui le Maroc*, 10 novembre 2008.

80   « SM le Roi Mohammed VI nomme de nouveaux Ambassadeurs », *Aujourdhui le Maroc*, 23 janvier 2009.

81   El Affas, Aziza, « Mouvement dans le réseau diplomatique », www.lecomoniste.com, 12 mars 2013.

82   Benjamin Bousquet, « Mohammed VI nomme de nouveaux ambassadeurs, voici la liste complète », Jeune Afrique, 13 octobre 2016.

83   « Rapport sur le budget genre », Projet de Loi des Finances pour l'année budgétaire 2015, Rabat : Ministère de l'Économie et des Finances, 2014.

84   Sehimi, « La réforme silencieuse », *art. cit.*

85   Brière, Sophie et Martinez, Andrea, « Changements et résistances en matière d'institutionnalisation de l'égalité entre les sexes : le cas du Maroc », *Recherches féministes*, vol. 24, n° 2, 2011, p. 153.

86   *Committee on the Elimination of Discrimination against Women – Convention onusienne ratifiée par le Maroc en 1993.*

87   « Journée internationale de la femme : La femme diplomate à l'honneur », *Ministère des Affaires Étrangères et de la Coopération*, 08 mars 2012.

étrangères nommée 2013, représente cet effort. Elle est jeune au moment de sa nomination (42 ans), d'origine sahraouie, elle a étudié au Maroc, en France, mais aussi en Angleterre, et fut consacrée « Young Global Leader » par le Forum Économique Mondial en 2012[88]. Elle représente donc cette diversité du genre, de l'âge et du profil socio-académique, moderniste et consensuelle, voulue par le mouvement de réformes. En dépit de ces avancées le nombre de femmes diplomates qui accèdent à des postes à responsabilité demeure très faible. Plusieurs facteurs sont à l'œuvre : premièrement celui, d'ordre domestique, lié aux contraintes familiales – dans une société où l'inégalité dans la répartition du travail domestique et du temps passé dans l'éducation et la garde des enfants est persistante – limitant le temps consacré à la construction de la carrière. Deuxièmement le facteur domestico-professionnel, lié à la résistance du conjoint à quitter son travail et suivre son épouse dans un pays où il n'aurait pas le droit de travailler – ce facteur concerne aussi les épouses de diplomates mais la concession est plus difficilement acceptable pour les époux. Enfin le troisième facteur, strictement professionnel, réside dans la culture politique marocaine qui, à l'image de la culture domestique, peine à normaliser et normer l'égalité de genre dans les gestes, les paroles, les pratiques, les promotions et les réseaux. Ces trois facteurs sont observables dans tous les États du monde[89], mais ils sont plus exacerbés dans les pays très patriarcaux comme le Maroc[90] où de nombreuses femmes ont aussi intégré ces pratiques comme normales et contribuent aussi à leur diffusion.

D'autre part, ces grandes vagues de nominations ont voulu atténuer la reproduction des élites par cooptation clientéliste. Cette tendance change lentement[91], mais l'ensemble de ces nouvelles nominations devra pouvoir assurer une plus grande adéquation entre les objectifs stratégiques de la politique étrangère et les profils choisis pour remplir les postes. À titre d'exemple, la nomination en 2010 d'Ahmed Ould Souilem (ancien membre fondateur du Polisario rallié au Maroc en 2009)[92] au poste d'Ambassadeur en Espagne,

---

88   « Mbarka Bouaida, ministre déléguée auprès du ministre des Affaires étrangères et de la Coopération », *Jeune Afrique*, 5 avril 2015.

89   Voir notamment Jennifer Cassidy, Gender and Diplomacy, London, Routledge, 2019, 236 pages. Glenda Sluga, Carolyn James, Women, Diplomacy and International Politics since 1500, London, Routledge, 2015, 286 pages.

90   Alami M'Chichi Houria, « Les féminismes marocains contemporains. Pluralité et nouveaux défis », *Nouvelles Questions Féministes*, 2014/2 (Vol. 33), pp. 65-79. Naciri Rabéa, « Le mouvement des femmes au Maroc », *Nouvelles Questions Féministes*, 2014/2 (Vol. 33), pp. 43-64. DOI : 10.3917/nqf.332.0043.

91   Anouzia, « Nominations d'ambassadeurs, qu'est ce qui a changé ? », *art. cit.*

92   Eu égard à l'empathie de la société espagnole à la militante sahraouie Aminatou Haidar lors de sa grève de la faim en 2009, cette nomination visait à influencer l'opinion publique

apparaît comme une manœuvre diplomatique bien calculée, afin de désenchanter une opinion publique espagnole imbue de propagande indépendantiste.

Parallèlement à la professionnalisation du corps diplomatique, la distribution et le suivi des dépenses ont été inexorablement soumis aux pressions conjuguées des trois grands acteurs de la réforme (organisations internationales, cabinet royal, société civile). La publication numérique des rapports sur les projets de lois des finances depuis 2001 illustre et participe en premier lieu à la transparence de cette grande entreprise. Entre 2001 et 2014, le budget du ministère des affaires étrangères a marqué une croissance annuelle de 3,4% en moyenne par année[93]. Entre les seules années 2014 et 2015, le budget du Ministère a augmenté de 13% pour atteindre 2,5 milliards de dirhams.

Une partie importante du budget du MAECI sert à la rémunération du personnel et au recrutement de nouveaux agents, mais la majorité était consacrée à cette période à l'acquisition de biens matériels. Deux tiers du budget du MAECI ont servi à la construction des infrastructures diplomatiques, à la réhabilitation du patrimoine immobilier ou encore à la modernisation des outils de gestion informatique[94]. Le siège du Ministère n'a pas été exempt de ces rafraichissements : il a acquis de nouveaux bâtiments mieux situés, plus grands, et mieux adaptés à l'image que souhaite diffuser l'appareil diplomatique. Par ailleurs, le nombre de représentations diplomatiques a été décuplé : le Maroc compte désormais près de 90 ambassades et plus de 50 consulats généraux[95] dans le monde.

L'objectif de l'augmentation et du contrôle du budget du MAECI s'inscrit aussi dans le projet de professionnalisation des diplomates. L'objectif de la Loi Organique relative à la Loi des Finances (LOF) est d'instaurer une culture de la performance[96], d'assurer le passage d'une « approche normative des dépenses à une présentation par programme et par projet/action »[97], et d'introduire le principe de « sincérité budgétaire » : autant de pratiques discursives et institutionnelles largement répandues dans les *New Public Management*. Un rapport du Sénat français, qui a adopté une loi similaire en 2001 (LOLF), formule clairement la finalité de ces réformes : « moderniser la gestion publique

---

espagnole en faveur de la thèse marocaine Voir Leïla Silmani, « Un Ambassadeur pas comme les autres », *Jeune Afrique*, 3 mai 2010.

93   « Rapport sur le budget genre », *doc. cit.*

94   *Ibid.*

95   Site officiel du Ministère des Affaires étrangères et la Coopération.

96   *Loi des Finances 2015* [Rapport], Ministère de l'Économie et des Finance, Direction des Études et des Prévisions Financières, 2014, p. 87.

97   *Ibid.*

pour réformer l'État »[98]. L'objectif de l'administration marocaine, dans cette même perspective, est de consolider les acquis démocratiques obtenus ces dernières années et renforcer l'efficacité de l'appareil diplomatique par l'introduction d'outils de gestion modernes, ainsi que le contrôle des dépenses par le Parlement. Cette initiative fut soutenue par la Banque mondiale, le groupe « Expertise France » et le Ministère marocain des Finances, qui ont décerné un trophée au Ministère des Affaires étrangères et de la Coopération en tant qu'institution préfiguratrice de la mise en place de la LOF[99]. L'adoption de la LOF démontre aussi que le Maroc se glisse dans le sillage de ses partenaires étrangers en calquant leurs propres gestes.

La rationalisation des méthodes de travail constitue, enfin, le troisième domaine manifeste de réformes : le courrier électronique est standardisé, le protocole diplomatique précisé, les feuilles de route royales affinées. Une vision entrepreneuriale se diffuse, en faveur d'un management moderne. Afin de sensibiliser les diplomates à leurs nouvelles fonctions, une grande opération de *brainstorming* (pour reprendre le terme ministériel) fut organisée au sein du MAECI en 2009. Cette réunion a conduit à la réalisation d'une « Charte des Valeurs du Diplomate Marocain »[100] ainsi que d'un « Guide du diplomate Marocain »[101] indiquant les fonctions et les missions des différents agents diplomatiques. Une description minutieuse qui précise des éléments de protocole tels que le type de tenue traditionnelle que doit porter l'ambassadeur lors d'une réception, le plan de table à adopter, le type de repas à privilégier ou encore le temps de parole à respecter lors d'un discours. Ce protocole existait déjà au sein du Makhzen mais n'était pas autant formalisé de façon publique au sein de l'administration gouvernementale.

Le contrôle de la performance des diplomates se veut aussi assidu : l'annulation des congés annuels du personnel diplomatique en août 2015, à la suite de plaintes déposées par des Marocains résidant à l'étranger (pour mauvais traitement, abus de pouvoir, ou encore violences de genre), en constitue un

---

98   Lambert, Alain, « Rapport du Sénat sur la proposition de loi organique relative aux lois de finances », Sénat, 2001-2000, p. 19. Voir aussi : Lambert, Alain et Migaud, Didier, « La loi organique relative aux lois de finances (LOLF) : levier de la réforme de l'État », *Revue française d'administration publique*, vol. no117, n° 1, 2006, p. 11-14.

99   « Consécration du Ministère des Affaires étrangères et de la Coopération lors du séminaire d'appropriation de la nouvelle LOF », *Ministère des Affaires étrangères et de la Coopération*, 21 octobre 2015.

100 *Charte des valeurs du diplomate marocain*, Rabat, Ministère des Affaires étrangères et de la Coopération, 2011.

101 *Guide du diplomate marocain*, Rabat, Ministère des Affaires étrangères et de la Coopération, mai 2009.

exemple probant, et rappelle le rôle exécutif de la Monarchie dans le contrôle
de l'exercice des fonctions diplomatiques. Ainsi, une commission spéciale fut
chargée d'étudier la performance des fonctionnaires et leur conformité aux
méthodes de travail prescrites, dans les ambassades et consulats du Maroc.
Le rapport séditieux qu'elle a transmis au Cabinet royal en septembre 2015
a conduit au rappel immédiat et inédit d'une trentaine de consuls. Parmi les
nouveaux consuls nommés pour les remplacer, 80% occupaient ces fonctions
pour la première fois, et 25% étaient des femmes[102]. Par ailleurs, une quaran-
taine de cadres de moins de 30 ans ont été désignés pour suivre une formation
de 3 mois afin de rejoindre les différents consulats, en appui à cette politique
de professionnalisation[103].

Les réformes de l'appareil diplomatique sont peu connues. La discrétion
médiatique dont ont fait l'objet ces transformations leur ont valu le titre de
« réforme silencieuse » par la presse[104]. Une analyse du traitement médiatique
des évolutions du Ministère des Affaires étrangères depuis le début des années 2000 dévoile néanmoins un consensus sémantique autour de la notion
de « nouvelle diplomatie »[105]. Cantonnée par les journalistes à l'idée d'une
réadaptation des orientations diplomatiques aux nouveaux enjeux internationaux, la « nouvelle diplomatie » exprime deux tendances : d'une part un encadrement strict de la diplomatie par la politique publique, lui offrant son socle
structurel et normatif, et d'autre part une réaffirmation manifeste de la centralité du Monarque, qui se dévoile comme préalable concepteur et inspecteur de
cette diplomatie. Peu à peu, cet arrangement à deux niveaux conduira le Palais
et le gouvernement à préciser des lignes directrices de la politique étrangère,
sur la base de la définition des intérêts nationaux mais aussi de l'identité de
rôle de l'État sur la scène internationale.

---

102   « Maroc : Nomination de 31 nouveaux consuls », *Bladi.net*, 19 octobre 2015.
103   « Marocains du monde : Mohammed VI veut "des consulats exemplaires" », *Bladi.net*,
       16 août 2015.
104   Sehimi, « La réforme silencieuse », *art. cit.*
105   Omar Dahbi, « La nouvelle diplomatie en œuvre », *Aujourdhui le Maroc*, 24 novembre
       2004 ;« Retraits de la reconnaissance de la pseudo-RASD : la nouvelle diplomatie maro-
       caine porte ses fruits », *MAP Express*, 15 janvier 2014 ; Aourid, « Penser notre diploma-
       tie », *Zamane*, 12 janvier 2015 ; Pascal Airault, « La nouvelle diplomatie de M6 », *Jeune
       Afrique*, 26 janvier 2009.

5   La spécialisation de la diplomatie au service d'une identité de
        rôle du « juste milieu » : la promotion de l'inter-culturalisme et du
        trilatéralisme

Sur le site web de la Mission permanente du Maroc aux Nations Unies à Genève,
on peut lire l'énoncé suivant : « De par sa position géographique privilégiée, à
la rencontre de l'Europe, de l'Afrique et du monde arabo-musulman, le Maroc
a toujours prôné l'ouverture et le respect de l'autre, et favorisé le dialogue des
nations et des civilisations. De ce fait, la politique du juste milieu et de la modération a été une constante dans la conduite de la politique intérieure et de
la politique étrangère du Royaume »[106]. Confirmation d'une représentation
géoculturelle précédemment démontrée, cette déclaration forme le prélude à
la formation progressive d'un rôle de pont par l'appareil diplomatique. Cette
posture se traduit par ce qu'un diplomate marocain a baptisé la *bridge-building
diplomacy*, c'est-à-dire une diplomatie de construction de « ponts » ou de
« passerelles »[107]. Cette expression peut être définie comme une diplomatie
de niche permettant à un petit État de compenser son faible poids dans les relations internationales par un rôle incontournable – dans le cas d'une réussite
de cette diplomatie – dans le rapprochement entre deux pays ou deux communautés. La construction d'un pont diplomatique nécessite de faibles ressources
matérielles mais de très bonnes capacités relationnelles, y compris la capacité
à mobiliser des acteurs non-étatiques. Ainsi la diplomatie de ponts conforte
en même temps qu'elle repose sur la construction d'une identité médiane ou
modératrice et la reconnaissance de cette identité par les pairs. Si l'expression
n'est pas d'usage dans la littérature académique, elle a néanmoins un sens probant dans le cas du Maroc.

En effet, il existe un certain nombre de domaines d'expression de cette
« diplomatie de pont » qui confortent la pertinence de cette expression. En
premier lieu on peut citer l'intérêt de la diplomatie dans les politiques de médiation et de « l'inter » (interconfessionnel, interculturel, interrégional), légitimé par une identité d'État « modérée », « ouverte » et « tolérante ». Rappelons
que Hassan II, en sa qualité de Commandeur des croyants, avait reçu le Pape
Jean-Paul II en 1985, lequel prononçait un discours devant près de 80 000
jeunes Marocains qui l'acclamaient devant les caméras de la chaîne de télévision nationale. Le Royaume marquait sa singularité en tant que premier État
musulman invitant officiellement un Souverain Pontife à parler à ses citoyens.

---

106   À l'adresse : http://www.mission-maroc.ch/fr/pages/16.html.
107   Entretien n° 6 avec un diplomate, Ministère des Affaires étrangères et de la Coopération,
        Rabat, mai 2013.

Bien que l'événement ait été réalisé grâce la force de conjonctures particulières (quelques années plus tôt Hassan II fut mandaté par les pays islamiques, en sa qualité de président du Comité Al Qods, pour se rendre au Vatican afin de discuter du statut de Jérusalem, voyage à l'issue duquel il confia avoir éprouvé une admiration particulière pour Jean-Paul II[108]), il marquait le début d'une forme d'institutionnalisation du dialogue inter-religieux à l'échelle de la diplomatie marocaine. Quelques années plus tard, Mohammed VI affirmait que désormais « le dialogue entre les religions est l'autre face du dialogue entre les civilisations et les cultures »[109]. À cet égard, la capacité du Maroc à faire valider son expertise dans les médiations inter-religieuses permettrait de consolider sa diplomatie de pont (*bridge-building diplomacy*) à l'échelle géoculturelle. Les efforts entrepris par le Maroc dans la résolution du conflit israélo-palestinien forment la manifestation évidente de cette tendance[110]. Sur d'autres dossiers, la diplomatie du dialogue interculturel est incarnée principalement par la figure d'André Azoulay[111]. Dans une moindre mesure, d'autres personnalités telles que Serge Berdugo Président du Rassemblement mondial du Judaïsme marocain, Assia Bensalah Alaoui Présidente de l'Association d'Amitié maroco-japonaise, ou encore Hassan Abouyoub, ancien Ambassadeur du Maroc à Djibouti, en Somalie et en Arabie Saoudite, nommés Ambassadeurs itinérants du royaume

---

108 Hassan II écrivit à propos du pape Jean-Paul II : « C'est un homme à la personnalité marquante, au sens littéral du terme, car elle vous marque vraiment. Il me donne l'impression d'être à la fois terre à terre et en même temps entre ciel et terre. Il est un mélange de spiritualité et de concret. (...).je crois qu'il faut dire que Jean Paul II n'est pas un pape comme les autres. Il a été, autrefois, syndicaliste, acteur de théâtre et même fiancé. Ça change tout. Il est sui generis. Lorsqu'il aborde un problème, on ne peut pas dire que c'est l'approche du Vatican ou l'approche de l'Église. C'est avant tout l'analyse de Jean Paul II. Je ne pense pas que d'autres papes comme lui se présentent de sitôt. (...) À une de nos rencontres je lui avais demandé : Saint-père, chaque fois que vous en aurez l'occasion, priez pour moi ». Hassan II et Laurent, Éric, *La mémoire d'un roi : entretiens avec Eric Laurent*, Paris, France : Plon, 1993, 304 p.

109 « Message de SM le Roi, Amir Al Mouminine, aux participants à la réunion interconfessionnelle de Bruxelles sur "La paix de Dieu dans le monde" », *Maroc.ma*, 18 décembre 2001.

110 Le rôle du Maroc dans la médiation du conflit se révèle lors de la visite officielle de Shimon Pérès à Rabat en 1985. De nombreux observateurs du conflit supposent cependant l'organisation de plusieurs rencontres non-officielles avant et après cette date, entre la Monarchie et les autorités israéliennes et palestiniennes.

111 Juif marocain, conseiller spécial de la Monarchie depuis 1991, il est aussi Président de la Fondation Anna Lindh pour le Dialogue entre les Cultures de 2008 à 2015 (Caire), Président délégué à la Fondation des Trois Cultures (dont le siège se trouve dans un bâtiment médiéval à Séville cédé par le Maroc pour l'usage de la Fondation) ; membre fondateur du projet « Aladin » pour le dialogue interreligieux (Paris) et enfin membre du Comité des Sages pour l'Alliance des Civilisations à l'ONU depuis 2005 (New York).

en 2006, ont participé à cette effervescente entreprise. Le premier institut œcuménique de théologie au Maroc (Institut Al-Mowafaqa) créé en 2012, s'érige également à la faveur de ce pacifisme de bon aloi.

Confirmant cette préférence de l'État pour la diplomatie de « l'inter », l'ancien Ministre Délégué des Affaires étrangères Youssef Amrani, affirme que « le Maroc, a joué un rôle clé de médiateur en Afrique, au Moyen-Orient et dans les Balkans » et prône à l'ONU l'établissement d'un agenda sécuritaire porté davantage sur « la médiation et la prévention des conflits » que sur « les seuls maintien et consolidation de la paix »[112]. Si l'engagement du Maroc est pour l'heure encore peu visible, il semble évoluer vers une attitude proactive sur le plan diplomatique. À l'échelle gouvernementale et publique, les initiatives visant à institutionnaliser les pratiques de médiation se sont multipliées. Par exemple depuis 2012, l'Initiative Maroco-espagnole pour la Promotion de la Médiation en Méditerranée contribue à inciter les chercheurs, les acteurs associatifs et les cabinets d'expertise privés à établir un réseau et à penser les instruments de la médiation dans la région[113]. Enfin, à l'échelle étatique, la recherche de la profondeur africaine poussera la Monarchie, comme on le verra par la suite, à se confronter à des théâtres conflictuels et à expérimenter ses aptitudes politiques dans la négociation directe en temps de crise (tentatives de médiation lors de la crise malienne et du conflit autour du bassin du fleuve Mano).

Le deuxième domaine notable de cette « diplomatie de pont » s'inscrit dans le choix de la coopération tripartite, triangulaire ou trilatérale interrégionale[114]. Celle-ci renvoie à une forme de coopération Nord-Sud-Sud qui comprend trois acteurs dont un donateur, un récipient et un acteur pivot. Le Maroc a négocié de nombreux accords de ce type avec des bailleurs institutionnels (FAO, BAD)

---

112 « Youssef Amrani à l'ONU : Le Maroc, adepte de la diplomatie préventive », *Youssef Amrani à l'ONU : Le Maroc, adepte de la diplomatie préventive – La Nouvelle Tribune*, 24 mai 2012.

113 « Ouverture à Madrid du 1er séminaire sur l'Initiative maroco-espagnole pour la médiation en Méditerranée », *Atlasinfo.fr : Actualité France, Maghreb, Maroc, Algérie, Tunisie, Libye, Mauritanie*, 11 février 2013.

114 Nous faisons ici référence aux concepts de coopération triangulaire, tripartite et trilatérale de façon indifférenciée, comme c'est l'usage dans les discours au Maroc. Dans le champ académique on distingue le plus souvent ces notions, qui comportent de fines nuances. Rhee par exemple remarque que la coopération triangulaire renvoie comme un soutien multilatéral du Nord en faveur de la coopération Sud-Sud, tandis qu'il définit la coopération trilatérale comme une coopération Nord-Sud-Sud formalisée. Rhee, H., « South-South Cooperation », *KOICA – Working paper*, 2010.

ou de États (France, Japon)[115]. Dans certains cas les financements obtenus permettent au Maroc de penser et de mener des actions dans le sud africain ; dans d'autres cas il s'agira de mettre à disposition des experts dans le cadre de projets déjà pensés par les bailleurs[116]. Il s'agit pour la diplomatie de « disposer de moyens supplémentaires grâce à la participation des bailleurs de fonds internationaux » afin de « faire bénéficier les Africains de l'expertise marocaine »[117]. Ce rapport, soutenu par un ensemble de discours officiels qui appellent à cette forme de dispositif[118], indique que « le Maroc pourrait jouer un rôle important en suscitant une stratégie de coopération triangulaire, qui consiste à canaliser les fonds d'aide internationaux pour financer des projets d'infrastructure en Afrique et d'en confier la maîtrise d'œuvre à des prestataires de services marocains, notamment les bureaux d'études, les entreprises de génie civil et autres »[119]. À travers cette forme de coopération, le Maroc en tant qu'État pivot pourra valoriser son expérience au Sud tout en bénéficiant d'un soutien financier et d'un apprentissage au Nord. Sur le plan diplomatique, cette configuration permet de conforter la légitimité de son identité de rôle au « juste milieu » des échanges interrégionaux.

Les efforts du Royaume pour déployer une diplomatie de pont ou de 'médiation' participent d'une ambition cohérente avec son identité de rôle du « juste milieu » telle que décrite dans le chapitre précédent et conforme à la projection que se font les autres États de la place du Maroc au sein du concert des nations. La mise en avant de l'identité de rôle du « juste milieu » constitue de ce fait un levier de puissance immatérielle. C'est en tout cas ce que laisse entendre ce discours royal : « si le Maroc n'a ni pétrole, ni gaz, alors que l'autre partie possède un « billet vert » dont elle croit qu'il lui ouvre les portes, au mépris du droit et de la légalité, nous avons, en revanche, nos principes et la

---

115 « Le Maroc et la Coopération Tripartite », *Ministère des Affaires Étrangères et de la Coopération*, 2015.

116 C'est le cas par exemple avec la coopération tripartite Allemagne – Maroc – Costa Rica. « Coopération Tripartite », *Deutsche Gesellschaft für Internationale Zusammenarbeit (GIZ) GmbH*, décembre 2013.

117 « Le Maroc et la Coopération Tripartite », *art. cit.* Voir aussi : « Point sur les relations du Maroc avec les pays de l'Afrique Subsaharienne », Rabat : Ministère de l'Économie et des Finances, Direction des Études et des Prévisions Financières, octobre 2008, p. 15.

118 « Le Maroc constitue un maillon essentiel dans la Coopération tripartite et multilatérale, en particulier pour assurer la sécurité, la stabilité et le développement en Afrique », « Discours de SM le Roi à l'occasion du 61ème anniversaire de la révolution du Roi et du peuple », *art. cit.*

119 « Point sur les relations du Maroc avec les pays de l'Afrique Subsaharienne », *doc. cit.*

justesse de notre cause »[120]. Dans cette perspective, l'appareil diplomatique est dûment convoqué pour assurer la diffusion de cette identité : « Nous avons élaboré une vision diplomatique intégrée et cohérente qui affirme et consacre l'identité civilisationnelle séculaire du Maroc. (...) Il est également du devoir de la diplomatie marocaine de s'employer, avec la même ardeur, à mettre en relief les atouts fondamentaux du Royaume, et d'en faire l'usage le plus judicieux, et ce, à travers un positionnement cohérent et efficace, en phase avec les valeurs et les intérêts supérieurs du Maroc, et avec les évolutions fondamentales des relations internationales »[121].

Sans être inscrit comme une doctrine officielle, le « juste milieu » apparaît dans ce contexte comme une hypothèse susceptible d'apporter un sens et une cohérence à l'ensemble de la politique étrangère marocaine. La coïncidence du réseau dialogique autour de cette notion avec la conduite de la diplomatie marocaine est telle qu'il est possible de l'interpréter comme le principe justifiant les préférences affichées du Maroc pour la diplomatie de « l'inter » et la coopération triangulaire dans le domaine de l'action, le rôle de « pont » dans le domaine de la représentation, et de « modérateur » dans le domaine de l'éthique. Cette spécialisation sera mise au service d'une politique africaine conditionnée, comme nous le verrons dans le chapitre suivant.

---

120   « Discours de SM le Roi adressé à la nation à l'occasion du 39ème anniversaire de la Marche Verte », *Maroc.ma*, 5 novembre 2014.

121   « Message du souverain à la 1ère conférence des ambassadeurs de SM le Roi », *art. cit.*

CHAPITRE 4

Cadre de représentation d'une intégration régionale

1   Introduction

Les représentations déterminent les décisions en matière de politique étrangère. Pourtant, alors même que les différentes représentations des acteurs révèlent des distinctions plus complexes que la typologie schmittienne de l'ami et de l'ennemi[1], elles sont considérées comme des épiphénomènes de la vie politique internationale. Une branche de la recherche en science politique s'est pourtant très tôt tournée vers l'étude du rôle des perceptions[2] et des images dans la formation et la résolution des conflits[3], démontrant l'intérêt heuristique d'une telle approche, et ouvrant la voie à plusieurs théories. Parmi ces études, certaines sont limitées par leurs approches clivées, confisquant le débat sur la représentation autour de la question de la guerre[4]; d'autres explorent avec plus de finesse les origines et les différents degrés de l'amitié en politique[5] et mettent en avant la poursuite d'une idée commune de l'ordre mondial comme un facteur influençant les perceptions des acteurs, démontrant, *in fine*, que « dans certaines circonstances et au moyen d'une diplomatie habile, les ennemis peuvent devenir des amis »[6]. La question de la construction d'un futur commun nous renvoie directement à l'importance du critère du multilatéralisme. Pour de nombreux États en effet, il apparaît que leur engagement dans la construction du futur ordre mondial au sein des sphères multilatérales régionales ou encore thématiques (désarmement, environnement, finances ...) est un critère aussi important que la recherche de sécurité,

---

1   Schmitt, Carl, *La notion de politique*, Paris, France : Flammarion, 1992, p. 64.

2   Voss, James F. et Sylvan, Donald A., *Problem representation in foreign policy decision making*, Cambridge, Royaume-Uni de Grande-Bretagne et d'Irlande du Nord : Cambridge University Press, 1998, viii + 347 p.

3   Pour une histoire détaillée de l'étude des images et des perceptions depuis 1940, voir le chapitre introductif de l'étude de Ramel, *Recherche ennemi désespérément. Origines, essor et apport des approches perceptuelles en relations internationales*, op. cit.

4   Nous faisons référence notamment aux travaux de Robert Jervis, Kenneth Boulding ou encore Julien Freund.

5   Koschut, Simon et Oelsner, Andrea (dir.), *Friendship and international relations*, Basingstoke, GB, Royaume-Uni de Grande-Bretagne et d'Irlande du Nord : Palgrave Macmillan, 2014.

6   Kupchan, Charles A., *How Enemies Become Friends : The Sources of Stable Peace*, Princeton, N.J. ; Woodstock : Princeton University Press, 2012, p. 13.

© KONINKLIJKE BRILL NV, LEIDEN, 2021 | DOI:10.1163/9789004439160_006

de puissance, ou encore la recherche de la reconnaissance et de la diffusion de leur identité propre, et participe tout aussi activement à la construction de leurs représentations.

Les différentes théories qui traitent du rôle des perceptions ne sont pas commensurables sur le plan épistémologique, mais toutes démontrent que la représentation de l'Autre s'érige comme un facteur décisif dans l'élaboration de la politique étrangère, si bien que le critère de la représentation ignore complètement les clivages de la discipline des Relations Internationales[7]. En effet, de la même façon que la théorie de l'action forme une métathéorie dans la philosophie analytique, l'approche représentationnelle constitue un volet transversal et indispensable dans l'analyse de la politique étrangère. Cette approche nécessite néanmoins de nombreuses précautions méthodologiques, car l'éclatement des supports théoriques pourrait facilement altérer le dessein de rigueur. Ainsi, sur le plan théorique, tandis que l'approche représentationnelle de la prise de décision se situe aux antipodes de l'approche dite rationnelle, l'une étant compréhensive et l'autre explicative, on constate que les deux formes de raisonnement sont souvent engagées simultanément, sur le plan empirique, par l'acteur politique. Deux obstacles inhérents à l'analyse de la représentation de l'Afrique par le Maroc doivent dès lors être soulevés. Le premier a trait à la définition de la « représentation » en tant que concept politique, le second a trait au lien entre représentation, légitimation et démonstration des relations d'amitié ou d'inimitié.

La représentation n'est pas la légitimation : tandis que la première repose une série de postulats arbitraires ou inconscients, la seconde constitue la légitimation consciente de cette représentation par le langage. D'autres auteurs opèrent aussi cette distinction. Selon Julien Durand de Sanctis notamment, le cadre de représentation renvoie au « fondement, perceptif, phénoménologique et épistémologique de toute conscience stratégique qui pense et décide en milieu conflictuel. (...) Sans cadre de représentation c'est le pouvoir de dire « Je » en stratégie qui disparaît, c'est-à-dire son essence même qui consiste à théoriser individuellement et consciemment l'action pour décider comment agir »[8]. À l'inverse, toujours selon le même auteur, un cadre de légitimation est « un régime de discours qui développe un savoir au service du pouvoir »[9]. Cette distinction apparaît d'autant plus pertinente que les idées à l'origine des représentations et celles qui sont formulées dans le cadre d'une justification,

---

7   Ramel, Frédéric, « Représentations, images et politique étrangère : anciens débats, nouveaux outils », *Revue française de science politique*, vol. 50, n° 3, 2000, p. 531-538.

8   Julien Durand De Sanctis, *Philosophie de la stratégie française. La stratégie continentale*. Paris, Nuvis, 2018, p. 28.

9   *Ibid.*, p. 33.

ne coïncident pas toujours. Au contraire, comme le formule justement Michel Foucault « la limite du savoir, ce serait la transparence parfaite des représentations aux signes qui les ordonnent »[10]. Confondre la représentation et la légitimation de cette représentation relève de ce même agencement d'idées.

Nous appelons donc représentation un système cognitif formé par un ensemble d'associations d'idées, de croyances et d'images, construites par les représentants d'un agent étatique ou non-étatique à propos de leur environnement international, sur la base d'un enseignement qu'on leur a transmis. Ces représentations d'ordre privé, alimentées par les interactions des décideurs avec l'Autre, ainsi que par une part d'imaginaire[11], se transforment en un phénomène politique à partir du moment où ils s'agrègent. La mémoire de l'État forme enfin le substrat à l'intérieur duquel la représentation se conserve et se développe[12].

D'un autre côté, appelons légitimation les actes de langage et les autres formes de communication symboliques par lesquels les représentants d'un agent étatique ou non-étatique expliquent et justifient leurs représentations vis-à-vis de l'opinion publique ou internationale, ou bien vis-à-vis des acteurs qu'ils souhaitent rallier à leurs causes.

Appelons démonstration, enfin, le comportement et les rituels politiques liés à la représentation et à la justification. Ces comportements et rituels s'illustrent à travers un ensemble de mécanismes reconstitués dans le Tableau 2, selon un raisonnement hypothético-inductif. Ainsi les différents critères mis en avant ne forment pas une liste exhaustive mais une liste adaptée aux observations liées à notre cas d'étude.

Les critères à l'œuvre dans la représentation de l'amitié et de l'inimitié :

– Mêmeté : ce critère s'applique aux pays, souvent frontaliers ou voisins régionaux, qui partagent une culture, une histoire, des croyances ou une langue commune, et se perçoivent mutuellement comme faisant partie d'une même identité collective, au sens de Wendt[13].

---

10 Foucault, Michel, *Les mots et les choses : une archéologie des sciences humaines*, Paris : Gallimard, 1990, p. 91.

11 L'imagination joue un rôle fondamental dans l'association des idées ou des phénomènes. Comme le rappelle Foucault, « sans l'imagination, il n'y aurait pas de ressemblance entre les choses. (...) Il faut qu'il y ait, dans les choses représentées, le murmure insistant de la ressemblance ; il faut qu'il y ait, dans la représentation, le repli toujours possible de l'imagination » *Ibid.*, p. 83.

12 L'histoire de l'État constitue de ce fait le lien entre l'individu qui a combattu contre l'ennemi pour protéger sa région, et l'individu, qui, vingt ou cinquante ans plus tard, se retrouve détaché de cette vision. Précisons à ce stade que le rôle de l'historien apparaît tout aussi essentiel que le rôle de l'acteur politique dans la construction de cette représentation par le langage.

13 Alexander WENDT, Social Theory of International Politics, *op. cit.*, p. 201.

– Sécurité : pays qui se perçoivent mutuellement sous le prisme d'intérêts nationaux conçus en termes de sécurité, définie au sens large[14]. L'évolution de
leurs relations dépend essentiellement de perceptions des menaces et du
contexte géopolitique de leur époque.
– Influence : pays qui se perçoivent mutuellement sous le prisme d'intérêts
nationaux définis en termes d'influence, de rapport de forces diplomatiques,
de relations historiques. La puissance repose ici sur une volonté d'influence
non coercitive, davantage culturelle, économique et normative. L'exercice
de la puissance repose sur le consentement ou sur une domination douce ;
– Multilatéralisme : pays fortement engagés dans les projets multilatéraux ou
supranationaux, avec un degré important d'appropriation ou de production
de normes multilatérales.

Les comportements liés à la représentation sont résumés dans le Tableau 2.

TABLEAU 2   Comportement des agents au sein du système international et exemples probables

Critères de représentation / Représentations	Mêmeté	Sécurité	Influence	Multilatéralisme
Amitié	Comportement régionaliste ou coopération multisectorielle (Maroc – Sénégal)	Recherche d'une alliance ou d'une communauté de sécurité (Maroc – France)	Diplomatie d'influence ou équilibre des puissances (Maroc – Côte d'Ivoire)	Affirmation d'une solidarité mécanique (Maroc – Rwanda)
Inimitié	Comportement conflictuel ou compétitif sur les plans économique et idéologique (Maroc – Algérie)	Dilemme de sécurité ou conflit armé, expression de l'inimitié dans les discours (Maroc – Algérie)	Diplomatie coercitive ou conflit économique et normatif (Maroc – Nigéria)	Exclusion et stigmatisation politique (Maroc – Afrique du Sud)

---

14   Buzan *et alii, Security, op. cit.*

Les cadres mobilisés dans la légitimation de la représentation :
– La responsabilisation de l'Autre dans le déclenchement de l'action ;
– La mise en avant des enjeux de paix, de développement et de sécurité collective face au contexte géopolitique ;
– L'usage de la mémoire historique de l'État dans le discours ;
– L'inclusion de la population civile dans la relation et la référence à la fierté nationale.

À partir de la grille de lecture méthodologique élaborée ci-dessus, l'objectif de ce chapitre est de mettre en relief la nature et le poids des représentations du Royaume de son environnement géopolitique africain, ainsi que celui de certains États africains vis-à-vis du Maroc. Dans quelle mesure ces représentations, une fois partagées, conditionnent-elles les relations diplomatiques maroco-africaines ?

2   La défense de l'intégrité territoriale : cadre politique de la définition de l'entourage

Durant la Guerre froide, Nicholas Spykman, l'un des premiers géopolitologues américains, mettait en garde les dirigeants de son pays contre le danger que constituait une lecture manichéenne du monde. Il écrivait ainsi : « je ne crois pas que l'on puisse diviser le monde en bons et en méchants, et je ne crois pas que les méchants voudraient la guerre et vivraient à l'est de l'Atlantique, tandis que les bons voudraient la paix et vivraient à l'ouest du même océan »[15]. En effet, ce type de représentation peut accentuer et prolonger le rapport d'inimitié à l'ensemble de la société et à tous les domaines alors qu'au départ il ne concerne peut-être qu'un aspect du comportement de l'acteur en question. Les États-Unis, comme beaucoup d'autres pays, formulent en effet leurs représentations du monde en fonction de leurs perceptions des amis et des ennemis, qui reposent sur une autre perception, celle de la menace. Or comme le remarque Pierre Conesa, un pays cherche toujours à définir ou désigner clairement des ennemis[16]. Si l'étude de Conesa porte exclusivement sur les démocraties occidentales, le Maroc n'est pas exempt de ce cadre d'analyse. Sa représentation géopolitique de l'Afrique est liée à sa perception de la

---

15   Nicholas Spykman, « Neutrality laws and exceptions to commercial treaties », conference, American Society of International Law, 24 avril 1936, dans *Proceedings of the American Society of International Law at Its Annual Meeting* (1921-1969), vol. 30 (23-25 avril 1936), pp. 138-162.

16   Pierre Conesa, *La fabrication de l'ennemi*, Paris, Robert Laffon, 2011, 372 pages.

menace (atteinte à son intégrité territoriale) et à la définition d'amis et d'ennemis en fonction de leurs rapports à celle-ci et avec les intérêts et les limites que comportent une telle approche.

Selon ce diplomate : « il faut voir l'État comme un être humain et être toujours vigilant, surtout envers l'Algérie, le Nigéria et l'Afrique du Sud »[17]. Du point de vue marocain, ces trois pays ont pendant longtemps formé un « axe hostile »[18] que le Royaume ambitionnait de rompre. Ces représentations sont, de toute évidence, complètement liées à la problématique du Sahara. Intérêt vital, ciment de l'unité nationale, profondeur géostratégique et terre de ressources naturelles, le Sahara, comme nous avons pu le démontrer précédemment, constitue la boussole indispensable au diplomate marocain, marin de la politique étrangère du Royaume. Si le Maroc a abandonné sa doctrine Hallstein au lendemain de la Guerre froide, la reconnaissance de ses amis et de ses ennemis dépend encore étroitement des relations entretenues par ces derniers avec le Front Polisario. Cette posture est la mesure qui permet au diplomate marocain de séparer en quelque sorte le bon grain de l'ivraie. Les « ennemis du Maroc » ont été pendant longtemps, aussi simplement que cela puisse paraître, les « ennemis de l'intégrité territoriale du Royaume » ; des formules corollaires et redondantes dans les discours officiels. À titre comparatif, les acteurs non-étatiques tels que les groupes terroristes africains apparaissent comme des menaces globales, et non comme des ennemis au sens politique.

Le syndrome de la trahison, inscrit dans la mémoire historique de l'État marocain et dans l'imaginaire de ses représentants, joue un rôle fondamental dans cette représentation. Le Maroc s'est considéré trahi par l'Algérie, lorsqu'au moment de son indépendance en 1962, elle n'a pas rempli les termes de leur contrat politique (soutien du Maroc à l'indépendance algérienne en échange d'une délimitation des frontières communes en dehors du giron français), comme cela a été évoqué dans le second chapitre. Le Royaume a ensuite considéré la reconnaissance de la Rasd par l'Union africaine en 1984 comme une défaite doublée d'une trahison, au regard de son engagement dans la construction de l'unité africaine. Aujourd'hui encore, cette représentation domine le champ du discours, y compris celui destiné aux citoyens marocains. Pour la Monarchie : « ou le citoyen est marocain, ou il ne l'est pas. (...) Il n'y a pas de juste milieu entre le patriotisme et la trahison. On ne peut jouir des droits de la citoyenneté, et les renier à la fois en complotant avec les ennemis

---

17   Entretien avec un diplomate n° 11, Rabat, Ministère des Affaires étrangères et de la Coopération, mai-juin 2013.

18   Drugeon, Anthony, « En Afrique, la diplomatie marocaine a listé ses pays hostiles », *Telquel.ma*, 7 janvier 2015.

de la patrie »[19]. De cette façon l'homme politique et le diplomate, en tant que citoyens marocains, ont l'obligation institutionnelle doublée du devoir moral d'être tout aussi partiaux et proactifs que l'exige la dialectique du patriotisme et de la trahison. Cette condition conforte la représentation diplomatique des « ennemis » du Maroc tout autant qu'elle permet, à l'inverse, d'identifier l'espace au sein duquel le Maroc peut exercer sa politique.

En plaçant la question du Sahara en tête de ses intérêts, le Maroc ne s'épuise pas à poursuivre trop d'ennemis, ce qui confère une clarté et une simplicité singulières à sa conduite diplomatique. Cependant, si l'authentification d'un acteur hostile dans un cadre politique défini publiquement concourt à déterminer une stratégie à adopter, elle ne renseigne pas sur les différenciations opérées au sein de cette même catégorie hostile. Dans le cas du Maroc on s'aperçoit justement que tous les acteurs de l'axe hostile ne constituent pas (l'Afrique du Sud), ou ne sont plus véritablement (le Nigéria), des ennemis au sens de l'*hostis*. Seuls le Polisario et l'Algérie le sont.

3   L'Algérie et le Front Polisario : *hostis* historiques publics

L'État algérien en premier lieu, en tant que principal promoteur de l'indépendance sahraouie et en tant que puissance africaine, constitue le véritable *hostis* politique pour le Maroc. Cette représentation repose sur le fait que depuis 1975, la politique africaine de l'Algérie s'est polarisée autour de la question du Sahara : l'Algérie a soutenu militairement, financièrement, et diplomatiquement le Front Polisario, à l'échelle africaine comme à l'échelle internationale.

Plus qu'un *hostis* régional, l'Algérie représente un *hostis* continental, dans la mesure où c'est en Afrique qu'Alger a trouvé le soutien le plus constant à ses thèses anti-marocaines[20]. La défense de l'indépendance du Sahara a donc progressivement constitué un leitmotiv de sa diplomatie[21]. Déjà, à l'époque de la Guerre froide, sur la seule année 1978-1979, le nombre de représentations diplomatiques algériennes en Afrique avait pratiquement doublé, passant de 15 à 25. Parallèlement à son engagement auprès des mouvements révolutionnaires africains[22], Alger avait aussi très tôt développé un programme de

---

19   « Discours de SM le Roi à la Nation à l'occasion du 34ème anniversaire de la Marche Verte », *MAP*, 6 novembre 2009.

20   Chikh, Slimane, « La politique africaine de l'Algérie », *Annuaire de l'Afrique du Nord*, vol. 17, 1979, p. 9.

21   *Ibid.*, p. 50.

22   L'Algérie s'est plus particulièrement engagée pour l'internationalisation des problèmes de décolonisation en Afrique au sein des organisations multilatérales, accusant le « sionisme

coopération culturelle et de soutien financier aux étudiants, et consenti des aides à travers la BAD (Banque Africaine de Développement). C'est au sein de l'OUA que son action fut tout particulièrement offensive. Après avoir déposé un « mémorandum sur l'Affaire du Sahara » en 1977, l'Algérie avait activement milité pour la reconnaissance du Front Polisario en tant que mouvement de libération par l'OUA[23]. À ce titre la reconnaissance de la Rasd par l'OUA en 1984 et le retrait du Maroc de l'organisation sont considérés par les dirigeants algériens comme l'une de leurs plus importantes victoires diplomatiques. Par ailleurs, en dépit de l'effondrement de l'économie algérienne dans les années 1985, la montée de l'islamisme ainsi que la fin des clivages idéologiques hérités de la Guerre froide au début des années 1990, l'Algérie avait continué d'inscrire le projet d'indépendance du Sahara parmi ses priorités diplomatiques. Entre les émeutes de 1988 et les sanglantes années noires de 1991 à 1999, la diploma-tie algérienne avait dû s'éclipser de la scène africaine et internationale, tout en préservant son soutien au Front Polisario. On remarque dès lors qu'au-delà des aides matérielles accordées aux indépendantistes sahraouis, presque tous les discours prononcés par le Président Algérien devant un président étranger ont fait mention, au moins une fois, du Sahara occidental[24]. Manifestement, le Front Polisario n'aurait pu exister militairement ni se développer diplomati-quement sans l'implication de l'Algérie.

Le différend frontalier au Sahara apparaît aujourd'hui comme un conflit dépassé, dans la mesure où, sur le plan africain, presque toutes les frontières héritées de la colonisation sont désormais admises[25], où le continent n'a pas subi la balkanisation annoncée et où les 24 tentatives de sécession qui ont éclaté entre 1948 et 1998 ont pratiquement toutes échouées. On se demande dès lors pourquoi l'Algérie a continué de soutenir le Front Polisario et d'inscrire sa politique africaine dans le cadre d'une « paix froide » avec le Maroc après les années 2000 ? Trois hypothèses peuvent être évoquées. La première a trait à l'inconscient historique de l'État algérien, ou à ce que Ted Hopf identifie

---

mondial » d'être responsable de l'insécurité du continent. Delloul Malaïka fut chargé de soutenir les mouvements de libération (le Front Polisario, mais aussi l'ANC sud-africain, le FREMILO mozambicain, le PAICG guinéen, le SWAPO namibien etc.) et accueillir leurs dirigeants à la fameuse « Villa Boumaraf » d'Alger. L'Affaire rhodésienne a tout aussi par-ticulièrement mobilisé le gouvernement algérien, allant jusqu'à rompre ses relations avec les anglais aux côtés de 8 autres pays africains. On a alors qualifié l'Algérie de véritable « Mecque des révolutionnaires ».

23   Berramdane, *Le Sahara occidental, enjeu maghrébin, op. cit.*, p. 65-75.
24   Voir les discours intégraux du Président sur le site officiel de la Présidence de la République Algérienne, http://www.el-mouradia.dz.
25   Foucher, *Frontières d'Afrique, op. cit.*

comme une « logique de l'habitude dans les relations internationales »[26], à savoir une pratique irrationnelle de la politique étrangère liée à des routines idéologiques dans la définition des amis et des ennemis. En ce sens, l'Algérie continue de faire ce qu'elle a toujours fait, jusqu'à ce qu'un changement majeur modifie brusquement cette orientation. La deuxième est liée au principe de fierté nationale (« nif », dans le dialecte algérien) et au désir de revanche[27] inhérent à un sentiment de trahison (en lien notamment avec la Guerre des Sables évoquée dans le deuxième chapitre). On peut dire en quelque sorte, pour paraphraser Raymond Aron[28], que de ne pas s'avouer vaincue constitue pour l'Algérie la condition première du succès final. La troisième, enfin, est plus rationnelle, et se trouve liée à l'intérêt diplomatique que représente l'adversité avec le Maroc, et l'intérêt stratégique que représente le contrôle du Sahara. Ces trois raisons, à la fois rationnelles et irrationnelles, sont subtilement imbriquées.

Le Président Bouteflika représentait le dernier acteur d'un âge d'or diplomatique[29] fossilisé, que l'Algérie souhaitait retrouver. Par ailleurs, le principal objectif de la politique étrangère algérienne à partir de 1990 était d'éviter son isolement diplomatique. Or c'est justement à partir de cette période, profitant du retrait algérien, que le Maroc avait pu retrouver progressivement sa place sur le continent. Le retrait de nombreux pays africains de leur reconnaissance de la Rasd fut donc défini comme une trahison par les dirigeants algériens[30]. À cet égard, Bouteflika entendait, dès les années 2000, redonner une place de puissance diplomatique à l'Algérie, ce qui impliquait une victoire du Front Polisario, affaiblissant le Maroc, le coupant de sa profondeur africaine, donnant la possibilité à l'Algérie d'obtenir un accès à l'océan Atlantique. La reconnaissance de la Rasd constitue donc un véritable dogme stratégique pour les dirigeants algériens[31], allant jusqu'à réclamer le partage du Sahara

---

26   Hopf, Ted, « The logic of habit in International Relations », *European Journal of International Relations*, vol. 16, n° 4, 2010, p. 539-561.

27   Sur la question de la revanche dans la politique étrangère des États, voir l'analyse de Oded Löwenheim et Gadi Heimann, « Revenge in International Politics », *Security Studies*, 9 décembre 2008, vol. 17, n° 4, pp. 685-724.

28   Aron, *Paix et guerre entre les nations, op. cit.*, p. 36-37.

29   Il correspond à la période qui précède 1985. Voir : Amir-aslani, Ardavan, *L'age d'or de la diplomatie algérienne*, Éditions du Moment, 2015, 240 p. ; Belkaïd, Akram, « La diplomatie algérienne à la recherche de son âge d'or », *Politique étrangère*, vol. Été, n° 2, 2009, p. 337-344.

30   Belkaïd, « La diplomatie algérienne à la recherche de son âge d'or », *art. cit.*

31   Daguzan, Jean-François, « La politique étrangère de l'Algérie : le temps de l'aventure ? », *Politique étrangère*, vol. Automne, n° 3, 2015, p. 31-42.

avec le Maroc[32] et refuser l'offre d'exploiter un port librement sur la façade atlantique marocaine[33]. Ainsi, les représentations algériennes sont doubles, à la fois émotionnelles et rationnelles.

C'est pourquoi, à la fin des années 1980, pour pallier ses faiblesses diplomatiques, la stratégie algérienne a consisté à acheter ses positions politiques sur le continent, grâce à l'argent tiré de sa rente pétrolière. L'Algérie représentait également dès 2008 le 4ᵉ actionnaire africain de la BAD (Banque Africaine de Développement) et a obtenu un siège au sein de son conseil d'administration[34]. De nombreux fonctionnaires algériens occupent également des hauts postes de l'UA, contribuant à la diffusion des perceptions algériennes et à la défense de ses intérêts[35]. Illustration de cet activisme, le parlement panafricain a appelé à la fermeture des ambassades marocaines dans les États d'Afrique dans l'objectif d'exercer une pression sur le Maroc[36], par suite de la demande algérienne.

Plus généralement, les perceptions du Maroc et de l'Algérie sont caractérisées par un déficit d'identité partagée, dépassant le cadre du Sahara. Marquée par un héritage socialiste révolutionnaire et républicain, l'Algérie perçoit négativement le régime marocain en tant que monarchie constitutionnelle de droit divin, et craint la puissance que représenterait une « conspiration » des monarchies arabe[37]. À ce titre on observe qu'à l'échelle de l'espace arabo-musulman, un clivage hérité des idéologies de la Guerre froide et de l'influence des États-Unis et de la Russie dans la région s'illustre dans les différentes prises de positions en matière de politique étrangère des monarchies arabes, de la Tunisie et de l'Égypte d'un côté, et l'Algérie, de la Syrie, de l'Iran et du Yémen de l'autre. Désignée de façon négative comme une République d'athées, l'Algérie fut aussi accusée par l'Arabie Saoudite ainsi que d'autres monarchies arabes, de faciliter le financement du terrorisme au Moyen-Orient[38]. La Ligue Arabe représente, plus particulièrement, une arène manifeste de ces affrontements et de ces divergences diplomatiques. Le débat qui a opposé l'Algérie aux

---

32   « Rapport du secrétaire général de l'ONU le 19 février 2002 sur le Sahara occidental ». http://www.un.org/fr/documents/view_doc.asp ?symbol=S/2002/178.

33   Lugan, *Histoire du Maroc, op. cit.*

34   « La BAD et l'Algérie redéfinissent les bases d'un partenariat renforcé », *Groupe de la Banque Africaine de Développement*, 21 avril 2016.

35   Chena, Salim, « Le Maghreb après les indépendances : (re)définition, (re)composition, (re)construction », *L'Espace Politique. Revue en ligne de géographie politique et de géopolitique*, n° 18, 2012.

36   « Diplomatie : Le Parlement africain mène une guerre contre le Maroc », *le360.ma*, 19 octobre 2015.

37   Benattallah, Halim, « Par-delà la participation du Maroc au Sommet des pays du CCG, quels messages en direction de l'Algérie ? », *Le Quotidien d'Oran*, 25 avril 2016.

38   Daguzan, « La politique étrangère de l'Algérie », *art. cit.*

monarchies arabes à propos de la désignation du Hezbollah comme une organisation terroriste en constitue un exemple probant. Tandis que l'Algérie
refuse, officiellement, « de s'exprimer en lieu et place des Libanais dans une
affaire qui les concerne »[39], les monarchies considèrent que l'engagement du
Hezbollah sur les théâtres syrien et irakien doit faire l'objet d'une condamnation univoque de l'ensemble des États de la région.

Par ailleurs, si l'Algérie a fait de l'antisionisme l'un des principes majeurs de
sa politique étrangère durant la Guerre froide[40], et continue aujourd'hui de
défendre l'idée d'un complot sioniste, le Maroc s'est démarqué par l'accueil
de Shimon Peres en 1986 dans le cadre de sa politique de médiation pour la
paix au Proche-Orient et par sa coopération ponctuelle et discrète avec les
Marocains d'Israël. De nombreux dirigeants algériens associent volontaire-
ment le Royaume à une alliance israélo-américaine hostile.

En outre, les dirigeants marocains perçoivent négativement la domination
des militaires au sein de la République algérienne. En effet, dès 1991, pour
échapper à un potentiel régime islamiste, de nombreux démocrates ont soutenu l'arrêt des élections législatives au profit de l'institution militaire, considérant que celle-ci empêcherait l'Algérie de sombrer dans l'islam radical[41], ce
qui a facilité le coup d'État militaire de 1992. Aujourd'hui la République est
constituée par une « armée spéciale » qui contrôle à la fois l'armée régulière
et la société civile[42]. À l'inverse, la monarchie avait été visée, rappelons-le, par
deux tentatives de putsch militaires qui l'avaient conduite à la suppression du
Ministère de la Défense et à son remplacement par une administration sous la
tutelle du Chef du Gouvernement. Au niveau du commandement opérationnel, l'armée marocaine est sous le commandement direct du Roi, en tant que
Chef Suprême et Chef d'État Major des armées. De plus, tandis que l'histoire
du Maroc moderne fut caractérisée par une dépolitisation de l'appareil militaire (du fait de la suppression du ministère de la défense), celle de l'Algérie
fut caractérisée à l'inverse par une militarisation de l'appareil politique (du fait
de la représentation politique par des militaires). Ces différentes trajectoires
confortent les perceptions différenciées des deux acteurs.

C'est pourquoi le sentiment d'inimitié de l'opinion publique marocaine à
l'égard de l'Algérie dépasse le cadre du Sahara. Une partie de la presse et de

---

39   « Affaire Hezbollah : vers une empoignade entre l'Algérie et les monarchies du Golfe à la
      Ligue arabe », *Al Huffington Post*, 4 juillet 2016.

40   Chikh, « La politique africaine de l'Algérie », *art. cit.*

41   Hamadouche, Louisa Dris-Aït, « L'Algérie face au « printemps arabe » : l'équilibre par la
      neutralisation des contestations », *Confluences Méditerranée*, n° 81, 2012, p. 55-67.

42   Voir à ce sujet : Gèze, François, « Armée et nation en Algérie : l'irrémédiable divorce ? »,
      Hérodote, vol. n° 116, n° 1, 2005, p. 175-203.

la société civile considèrent l'Algérie comme le responsable de tous les maux
du Maroc, tandis que les médias algériens, relayant les perceptions de leurs
dirigeants, accusent régulièrement Rabat de comploter contre la sécurité de
l'Algérie. Durant de longues années, les dirigeants marocains ont soupçon-
né l'Algérie d'empêcher les compagnies pétrolières de prospecter dans les
sous-sols du Royaume, raison pour laquelle le Maroc n'aurait toujours pas
trouvé de pétrole[43]. Plus récemment, l'Algérie a été rendue responsable, dans
la presse officielle marocaine, du trafic de psychotropes dans l'objectif de « détruire la société marocaine »[44]. Inversement, les médias algériens ont accusé le
Gouvernement marocain d'être à l'origine du trafic de haschich en Algérie, ou
encore de financer des opérations terroristes en Tunisie[45]. Les presses popu-
listes algérienne et marocaine véhiculent régulièrement des sentiments d'inimitié par les accusations constantes qu'elles profèrent.

Au niveau des dirigeants, les diplomates marocains désignent aussi la responsabilité de l'Algérie dans l'échec de leurs relations bilatérales, en dénonçant
les « actes de provocations et d'hostilités de l'Algérie à l'égard du Royaume,
notamment s'agissant du différend régional au sujet du Sahara marocain »[46].
Tout en élaborant une rhétorique de la main tendue, en faveur de l'intégration régionale maghrébine, les communiqués de presse marocains décrivent
ses dirigeants comme « des prisonniers d'une époque révolue » souffrant d'une
« amnésie géopolitique totale », d'une « myopie stratégique grave », et dont le
discours « appartient à une autre ère, une autre époque »[47]. Les dirigeants algériens participent également à alimenter ce climat de méfiance. Ce fut le cas
notamment lorsque le chef de la diplomatie algérienne a publiquement accusé la Royal Air Maroc de transporter du Hashish, ou encore lorsqu'il a accusé
les banques marocaines de blanchir de l'argent en Afrique[48]. De nombreux diplomates nous ont rapporté l'extrême animosité qui caractérise les échanges
directs entre diplomates marocains et algériens au sein des organisations

---

43   Belkaïd, Akram, « L'obsession des complots dans le monde arabe », *Le Monde diploma-
      tique*, 1 juin 2015.
44   « L'Algérie se sert de l'arme des psychotropes pour nuire au Maroc », MAP, *LeMatin.ma*,
      août 2014.
45   Ribouis, Olivier, « Terrorisme en Tunisie : Alger accuse le Maroc », *La Nouvelle Tribune*,
      16 décembre 2013.
46   « Le Maroc décide le rappel en consultation de l'ambassadeur de Sa Majesté le Roi à
      Alger », *MAP Maroc.ma*, 30 octobre 2013.
47   « Le discours provocateur de Bouteflika déclenche une tension dans les relations
      maroco-algériennes », *MAP Maroc.ma*, 31 octobre 2013.
48   « Indignation au Maroc après les propos d'un ministre algérien sur « l'argent du
      haschich » », *Le Monde.fr*, 23 octobre 2017.

multilatérales ou des ambassades étrangères, confisquant parfois le débat du jour sur la question du Sahara.

Le Maroc agit activement pour faire reconnaître par la communauté internationale le rôle direct de l'Algérie dans la naissance et le développement du Front Polisario. Du point de vue marocain : « Faute de faire assumer sa responsabilité à l'Algérie en tant que principale partie dans ce conflit, il n'y aura pas de solution. Et faute d'une perception responsable de la situation sécuritaire tendue qui sévit dans la région, il n'y aura pas de stabilité »[49]. La stratégie du Royaume consiste donc à minimiser le rôle du Front Polisario en tant qu'acteur et à démontrer l'inexistence de la Rasd en tant que Gouvernement, afin de mettre l'accent sur le rôle de l'Algérie. Les Marocains espèrent ainsi pouvoir négocier directement avec leur voisin, qui, rappelons-le, leur fournit aussi la moitié des importations nationales à l'échelle du continent[50]. Or l'Algérie nie officiellement toute responsabilité dans ce conflit. Pour le Président « il n'y a pas de problème entre le Maroc et l'Algérie, il y a un problème entre le Royaume du Maroc et le Polisario »[51]. Cette posture algérienne empêche toute possibilité d'arranger directement un accord ou de fixer des règles et des bornes politiques à ne pas dépasser.

Ces perceptions partagées dévoilent aussi l'existence d'un dilemme de sécurité[52], qui, depuis une dizaine d'années, a engendré une course aux armements. Initialement conceptualisé par Herbert Butterfield, John Hertz, mais aussi Robert Jervis, un dilemme de sécurité est une situation au sein de laquelle les nombreux moyens déployés par un État pour assurer sa sécurité sont perçues comme une menace par un autre, engendrant parfois une course aux armements.

L'Algérie d'une part, est devenue en 2011 le premier acheteur d'armes en Afrique, et le premier budget en matière de défense qui représente 4,8% de son PIB, dépassant ainsi l'Afrique du Sud. Avec un budget de 10,4 milliards de dollars en 2013, l'Algérie constitue le premier pays de l'histoire africaine qui a dépensé plus de 10 milliards de dollars en matière militaire et le 6e importateur

---

49   « Discours de SM le Roi adressé à la nation à l'occasion du 39ème anniversaire de la Marche Verte », *art. cit.*

50   En 2013, 53% des importations marocaines en provenance de l'Afrique arrivent de l'Algérie, et sont composées principalement de ressources énergétiques. « Les relations Maroc-Afrique : l'ambition d'une nouvelle frontière », *doc. cit.*

51   « Intervention du Président Bouteflika lors du Diner-débat des parties prenantes au NEPAD », *El Mouradia – Présidence de la République*, 22 octobre 2004.

52   Pour une étude plus récente sur les différents comportements lies au dilemme de sécurité, voir : Booth, Ken et Wheeler, Nicholas J., *The Security Dilemma : Fear, Cooperation and Trust in World Politics*, Basingstoke New York, N.Y : Palgrave Macmillan, 2008, 364 p.

d'armes au monde[53]. Parallèlement à l'augmentation du budget de défense, l'ensemble des secteurs de l'armée algérienne a été rénové. Ses relations avec son fournisseur traditionnel, la Russie (qui lui procure 90% de ses importations), se sont aussi confortées. En échange des importants achats effectués par l'Algérie entre 2006 et 2010[54] (120 chars à l'entreprise *Rosoboronexport*, des chasseurs de type Su-30MKA à la même compagnie pour un montant de 5,5 milliards d'euros ...), la Russie a effacé la dette de 3,6 milliards d'euros contractée par Alger à l'époque soviétique[55].

Les objectifs de la politique d'armement algérienne sont équivoques. D'un côté, il apparaît clairement que « l'analyse algérienne des menaces ainsi que les modèles stratégiques enseignés dans ses États-majors sont toujours centrés sur un assaillant venant de l'Ouest »[56]. D'un autre côté, pour l'ex-Secrétaire général du ministère algérien des Affaires étrangères Ramtane Lamamra, « l'achat important d'armes de l'Algérie à la Russie ne doit pas être interprété comme une mesure agressive ou visant le Maroc. Nous sortons de près de quinze années de lutte interne contre le maquis islamiste »[57]. Depuis 2009 en effet, l'Algérie a concentré ses forces contre AQMI en se munissant de véhicules résistants aux mines et aux explosifs[58]. À partir de 2012, l'armée a renforcé ses moyens pour protéger ses frontières orientales et sahéliennes à la suite de l'effondrement de l'État libyen et à la guerre au Mali. La lutte contre le terrorisme, est progressivement devenue le *leitmotiv* officiel de la politique étrangère algérienne, au point que les partisans du terrorisme djihadiste d'aujourd'hui sont désormais assimilés à « ceux du colonialisme d'hier »[59]. Cela n'exclut pas cependant la menace que représente la force militaire algérienne à l'égard de son voisin. En effet, l'Algérie organise régulièrement des exercices de débarquement de troupes.

---

53   SIPRI Yearbook 2013, SIPRI, 2013.

54   Avions de combat de type Sukhoï MK, avions de chasse de type Mig 29 SMB, avions d'entrainement de type Yak-130.

55   O. Mathieu, « Course aux armements et leadership algérien », *JeuneAfrique.com*, 5 mai 2012.

56   Entretien avec Peter Cross, analyste au Middle East Tactical Studies (METS), Paris, 27 avril 2007, dans « Sahara occidental : le coût du conflit », Rapport Moyen-Orient/Afrique du Nord, International Crisis Group, 11 juin 2007.

57   Entretien avec Ramtane Lamamra dans *Ibid.*

58   L. Gelfand, « Spend to Thrive, Country Briefing : Algeria », *IHS Janes Defense Weekly*, 28 janvier 2009.

59   Ahmed Gaïd Salah (Général de Corps d'Armée, Vice-ministre de la Défense Nationale, Chef d'État-Major de l'Armée Nationale Populaire), dans « l'Armée de Libération Nationale, arme de l'information et de la diplomatie », Colloque organisé par *Direction de la Communication, de l'Information et de l'Orientation de l'État-Major de l'Armée Nationale Populaire*, Alger, 22 octobre 2014. URL : http://www.mdn.dz/site_principal/index.php ?L=fr#undefined.

Ce type d'activité n'est plus une démonstration de force mais une forme de projection de force.

Comme le rappelle à juste titre Brahim Saidy, « la politique de défense du Maroc a toujours été définie en fonction de son combat pour l'intégrité territoriale du pays et des menaces que représentent ses voisins »[60]. On observe donc qu'en réaction (en partie) à la politique d'armement algérienne, le Maroc a augmenté de 443% ses importations d'armes conventionnelles majeures, ou armes lourdes, entre 2002 et 2011[61], tandis que la part des dépenses militaires dans le PIB a augmenté (3,4% en 2004, 3,9% en 2014) sur la période 2004-2014, alors même que le PIB passait de 56 à 105 milliards de dollars, soit le double en dix ans. Cela élève le budget marocain de la défense à près de 3,8 milliards de dollars en 2014, soit le budget plus élevé de son histoire. En dix ans, le Maroc est passé du 69e rang au 12e rang des importateurs mondiaux d'armement[62]. Les FAR (Forces Armées Royales) formaient dès 2014 la 4e plus grande armée en Afrique en matière d'effectifs (195 800 hommes) et la 4e plus dépensière en matière d'armement sur le continent[63], ce qui érige le Royaume au rang de 7e puissance militaire africaine depuis 2014[64].

Les raisons de cette politique d'armement sont tout aussi multiples que pour l'Algérie. Officiellement, le Maroc modernise son appareil militaire à une période où il est en croissance constante. En outre, il conforte son poids en tant que puissance régionale, à une période où les priorités en matière de politique étrangère sont orientées vers la diplomatie économique et la sécurité en Afrique. À travers la modernisation de son arsenal de guerre naval, il souhaite protéger ses frontières maritimes, menacées par des contentieux territoriaux avec l'Espagne (en mer Méditerranée et dans l'océan Atlantique) ainsi que ses intérêts économiques (en raison de la découverte de gisements potentiels de pétrole sur les côtes atlantiques, et de la construction du nouveau port international de Tanger-Med). À travers la modernisation de son arsenal de guerre terrestre et aérien, l'armée peut participer activement à la lutte anti-terroriste au sein de son territoire, et à l'extérieur, à travers le dispositif multilatéral du

---

60   Saidy, « La politique de défense Marocaine », *art. cit.*

61   « La croissance des transferts internationaux d'armes est poussée par la demande asiatique », Communiqué de presse, SIPRI, 19 mars 2012.

62   Holtom Paul, Bromley Mark, Wezeman Pieter D. et Wezeman Siemon T., *Trends in International Arms Transfers*, SIPRI Fact Sheet, SIPRI, mars 2013, p. 4.

63   The World Factbook, CIA, 2014. URL: https://www.cia.gov/library/publications/the-world-factbook/rankorder/2034rank.html ?countryname=Morocco&countrycode=mo&regionCode=afr&rank=14#mo.

64   Global Fire Power, Rank 2014. URL: http://www.globalfirepower.com/countries-listing-africa.asp.

Dialogue méditerranéen de l'OTAN), et dans un cadre bilatéral (formation de militaires à la lutte anti-terroriste). Ces forces participent aussi au contrôle des flux migratoires, au contrôle des trafics (armes, drogues), ainsi qu'aux OMP (Opérations de Maintien de la Paix).

D'un autre côté, la modernisation de l'armée marocaine découle aussi de la volonté de contrer la menace algérienne au Sahara[65]. Selon une étude menée par Anthony H. Cordesman et Aram Nerguizian, l'armée marocaine déploie des efforts considérables pour protéger le territoire contre l'invasion ou les attaques ciblées du Front Polisario[66]. L'acquisition par le Maroc de véhicules de transport de troupes ces dernières années est donc également liée à la protection de ses provinces du sud. Le Royaume a effectivement acquis près de 320 véhicules de transports de troupes M-113 auprès des États-Unis (2005-2007), 13 autres M-113 auprès de la Belgique (2009)[67], et 250 chars blindés américains de type Abrams (2015-2018)[68]. Il compte aussi parmi ses véhicules des 0EBR-75, 80 AMX-10RCs, 190 AML-90s, 38 AML-60-7s, et des 20 M-1114s[69], autant d'appareils utilisables dans des zones désertiques comme le Sahara. Enfin, l'armée utilise une partie de ses appareils aériens pour le transport de troupes et de matériels ainsi que pour le soutien logistique durant ses opérations dans la région saharienne, mais elle a aussi acquis des avions de combat, à l'instar des F-16.

Si l'acquisition d'équipements terrestres et aériens par le Maroc s'est faite en réaction à la politique d'armement de son voisin, la primauté donnée à la modernisation des équipements de la marine algérienne semble constituer à son tour une réponse au développement de la flotte du Royaume. Pour de nombreux observateurs l'Algérie a entrepris la modernisation de sa flotte en réponse au plan de développement de la Marine marocaine[70]. La comparaison des dates de commande ou d'achat d'équipement naval permet en partie de vérifier et d'illustrer cette hypothèse. On remarque que pour donner suite

---

65   Cordesman, Anthony H. et Nerguizian, Aram, *The North African Military Balance. Force Developments & Regional Challenges*, Center For Strategic and International Studies – Burke Chair in Strategy, 2010, 124 p.

66   *Ibid.*, p. 98.

67   *Arms Transfers Database*, SIPRI, dans Simon Pierre Boulanger Martel, « Transfert d'armes vers l'Afrique du Nord. Entre intérêts économiques et impératifs sécuritaires », Note d'Analyse, GRIP, 24 mars 2014, p. 7.

68   « Le Maroc reçoit des chars Abrams américains », *Bladi.net*, https://www.bladi.net/maroc-chars-abrams-etats-unis,48485.html, consulté le 14 juin 2020.

69   Cordesman et Nerguizian, *The North African Military Balance. Force Developments & Regional Challenges, op. cit.*, p. 58.

70   Fanny Lutz, « Une décennie de frénésie militaire Dépenses militaires au Moyen-Orient et en Afrique du Nord », Note d'Analyse, GRIP, 26 février 2013, pp. 14-15.

à l'achat d'une Frégate par le Maroc à la France en janvier 2014 (500 millions d'euros)[71], l'Algérie a commandé deux frégates allemandes MekoA200 en avril de la même année (2,2 milliards d'euros)[72]. À la suite de la commande de trois frégates SIGMA par le Maroc aux Pays-Bas en 2011[73], l'Algérie a commandé trois corvettes chinoises de type C28A en 2012[74]. Néanmoins, contrairement aux apparences, cette course aux armements ne constitue pas un risque d'escalade de la violence. Elle conforte chacun des deux États dans leurs capacités mais ne s'inscrit pas dans une logique de conflit armé imminent : elle s'inscrit plutôt dans une logique de dissuasion et d'équilibre du rapport de forces.

Finalement, il apparaît clairement que l'Algérie (et par extension le Front Polisario) constitue un *hostis* historique public. Historique, car le conflit entre les deux voisins a commencé à l'approche de l'indépendance de l'Algérie. Public, enfin, car le Maroc a accusé publiquement et officiellement l'Algérie d'être responsable du conflit.

La définition de l'ennemi doit être cependant nuancée dans ce cadre : si dans de nombreux cas historiques, la désignation de l'ennemi était accompagnée d'une stratégie d'anéantissement ou d'extermination se traduisant par la déclaration d'une offensive militaire – on peut soulever comme exemple similaire, en Afrique actuellement, la menace de guerre totale proférée par l'Éthiopie à l'Érythrée –, le Maroc écarte de fait l'option de la guerre. Contrairement à l'exemple éthiopo-érythréen, la négation par l'Algérie de son rôle dans le conflit et l'existence d'un troisième acteur, le Front Polisario, diminuent l'intérêt de la déclaration de guerre. Par ailleurs, les cultures stratégiques des deux pays démontrent que l'éclatement d'une guerre directe est peu probable. Tandis que la doctrine militaire algérienne interdit à l'armée d'intervenir pour des missions de combat à l'extérieur des frontières, ce qui élimine tout risque d'attaque directe au Maroc, le Maroc se caractérise par une culture stratégique défensive. À ce titre la participation des FAR à des opérations extérieures se limite aux OMP, et dans une moindre mesure à des coalitions multilatérales spécifiques (Irak, Yémen). Tout cela conforte l'idée que l'affrontement se situe davantage sur les terrains diplomatique, économique et informationnel, plus que militaire, et ce en particulier en Afrique.

---

71   M. Cabirol, « Défense : la France a exporté pour 6,3 milliards d'euros d'armes en 2013 », *La Tribune*, 29 janvier 2014.

72   « Les premières images de corvettes chinoises destinées à l'Algérie », *Médias24.com*, 25 août 2014.

73   « Damen livre une seconde frégate marocaine du type SIGMA », *MerEtMarine.com*, 13 février 2012.

74   « Les premières images de corvettes chinoises destinées à l'Algérie », *op. cit.*

4   L'Afrique du Sud et le Nigéria : adversaires géopolitiques ou futurs
        alliés continentaux ?

Dans le sillage de la politique marocaine de l'Algérie, l'Afrique du Sud et le
Nigéria ont adopté les mêmes positions, et ont été pendant longtemps représentés, pour reprendre l'expression officielle évoquée plus haut, comme des
« ennemis de l'intégrité territoriale » du Royaume. Cependant, contrairement
à l'Algérie, ils ne constituent pas des ennemis au sens schmittien, mais des
adversaires politiques. L'adversaire, contrairement à l'ennemi, n'est pas stratégique, mais uniquement géopolitique. En effet les Marocains ont une faible
connaissance et partagent peu de liens avec le Nigéria et l'Afrique du Sud : ils
ne projettent pas historiquement de stéréotypes négatifs sur l'identité et la
culture de ces deux pays. De même, l'État marocain ne révèle, dans ses discours, aucune perception méprisante ou dépréciative. La relation d'adversité
s'inscrit dans un cadre politique limité, et s'exprime par des représentations
opposées des problèmes nigérian et sud-africain.

Tout d'abord, l'Afrique du Sud soutient historiquement l'autodétermination des indépendantistes sahraouis. Comme le rappelle ce chercheur, « l'Algérie faisait et fait toujours figure de meilleur ami de l'ANC (African National
Congress, parti de libération de l'Afrique du Sud) en Afrique du Nord et
peut-être même sur le continent »[75] : c'est ainsi que l'Afrique du Sud a noué des
liens avec le Front Polisario à la fin des années 1970, et que le président de l'ANC
en exil, Oliver Tambo, a visité les territoires contrôlés par le Polisario en 1988.
À la fin de l'apartheid, Nelson Mandela avait reconnu l'aide apportée par le
Maroc de Mohammed V à l'ANC sous le règne de Mohammed V et entretenait
de ce fait des positions modérées vis-à-vis du contentieux[76]. C'est pourquoi
le Gouvernement de l'ANC, tout en continuant de soutenir le Front Polisario
au sein de l'OUA, s'abstenait toutefois de commenter virulemment la position
marocaine tant que Nelson Mandela était au pouvoir. Pour certains, Mandela
avait été dissuadé par les interventions diplomatiques de la France, des
États-Unis et de Boutros Boutros-Ghali, Secrétaire général des Nations unies,
d'appuyer l'indépendance du Sahara[77]. Pour d'autres, les relations entretenues
par Hassan II avec Nelson Mandela, qui s'était rendu plusieurs fois au Maroc,

---

75   Vircoulon, Alain, « L'Afrique du Sud et le Maghreb », dans Mokhefi, Mansouria et Antil,
      Alain (dir.), *Le Maghreb et son Sud : vers des liens renouvelés*, Paris : CNRS, 2012, p. 59-72.
76   Lakmahri, Samir, « Maroc-Afrique du Sud : les dessous d'un gâchis », *Zamane*, 6 décembre
      2013.
77   Vircoulon, « L'Afrique du Sud et le Maghreb », *art. cit.*

ont été à l'origine de la modération politique du leader sud-africain[78]. Quoi qu'il en soit, le Maroc et l'Afrique du Sud ont décidé l'ouverture, dès 1994 d'une mission diplomatique, et ont procédé à la signature des premiers accords de coopération, tout en conservant une certaine retenue de forme. Les positions sud-africaines à l'endroit du Maroc se sont d'autant plus radicalisées à partir de 2000, au lendemain de l'élection du Président Thabo Mbeki. Le Gouvernement avait alors officiellement déclaré son soutien au Front Polisario, ce qui, selon cet ancien Ambassadeur Marocain en Afrique du Sud, traduisait la montée des radicaux au détriment des pragmatiques au sein de l'ANC[79].

Dans un contexte de crise, Mohammed VI s'est rendu en Afrique du Sud en 2002 pour la première et unique fois, à l'occasion du Sommet Mondial sur le Développement Durable. En marge de cette conférence, la rencontre entre Mohammed VI et Thabo Mbeki a conduit à un apaisement éphémère des positions sud-africaines, de sorte que le Gouvernement affirmait désormais son soutien aux efforts onusiens pour régler le différend. Deux ans plus tard, en 2004, Pretoria a accueilli une représentation diplomatique permanente du Front Polisario tandis que l'Ambassadeur sud-africain à Alger fut accrédité auprès de cette dernière. Depuis, l'Afrique du Sud a multiplié les contacts et les aides aux indépendantistes sahraouis. Ensemble, l'Algérie et l'Afrique du Sud ont réaffirmé leur position commune contre la politique marocaine à l'occasion de leur 5e commission binationale en 2010, de même que l'ANC a directement condamné le Maroc à l'occasion de sa conférence nationale en 2012. Si le Royaume n'a pas pour autant rompu ses relations avec la première puissance africaine, il a choisi de réduire symboliquement sa représentation diplomatique au grade de chargé d'affaire.

La perception de l'adversité était donc partagée entre les deux pays. Tandis que l'Afrique du Sud a pu voir dans le Maroc un adversaire idéologique en Afrique du Nord, le Maroc perçoit l'Afrique du Sud comme un adversaire illégitime, dans le sens où il ne peut expliquer rationnellement l'intérêt de Pretoria dans cette affaire. Selon cet Ambassadeur, « à la différence d'autres pays

---

78   « Nelson Mandela et le Maroc : une longue histoire d'amitié et de fidélité », *Medias24*, 6 décembre 2013.

79   « L'affaire du Sahara était devenue une question récurrente dans le débat interne à l'ANC (avec le Zimbabwe et les grands choix économiques notamment) autour desquelles se démarquaient modérés et radicaux au sein de l'Alliance au pouvoir (ANC, PC et centrale COSATU). À telle enseigne qu'elle représentait un poids encombrant dont M. Mbeki a choisi de se délester pour garantir les chances de succès de son programme économique néolibéral, prioritaire pour son second mandat (2004-2009) et qui rencontrait une forte opposition de la part des radicaux au sein de l'Alliance au pouvoir ». Rhoufrani, Talal, « Les relations Maroc – Afrique du Sud : réalité et perspectives », *Institut Royal des Études Stratégiques*, 2012.

africains qui ont reconnu la prétendue « RASD » (e.g. Ghana, Mozambique ou Éthiopie), l'Afrique du Sud se positionne en première ligne dans ce conflit dans les forums internationaux (ONU, MNA ...), en lieu et place de nos adversaires »[80]. Elle forme donc dans la représentation marocaine un suppléant du véritable *hostis* qu'est l'Algérie.

Les raisons du réengagement sud-africain en faveur du Front Polisario, si elles ne peuvent être totalement expliquées, peuvent être néanmoins contextualisées. Premièrement, l'année 2004 était marquée par les élections législatives à l'issue desquelles l'ANC a remporté la majorité et Thabo Mbeki réélu par le Parlement. Parmi les personnalités du parti qui ont soutenu la réélection du Président, Nkosazana Dlamini-Zuma, ex-épouse du Président Jacob Zuma, plusieurs fois ministre sous Mandela, Mbeki et Zuma, devenue directrice de la commission de l'UA et enfin prétendante au futur poste de Présidence de l'Afrique du Sud en 2019, a bénéficié de l'appui de l'Algérie lors de sa candidature à la présidence de la Commission. Les positions pro-sahraouies, ainsi que son activisme politique auprès du Secrétaire Général de l'ONU Ban Ki-Moon en faveur de l'autodétermination, dévoilent, selon les dirigeants marocains, l'implication de l'Algérie. Les positions du Gouvernement sud-africain sont en effet nettement influencées par la future candidate. Selon cet Ambassadeur : « Mme Nkosazana D. Zuma, chef de file du camp pro-Polisario, a tiré profit des « dégâts collatéraux » causés par la compétition acharnée autour de la Coupe du Monde 2010[81] et de la démission intempestive de M. James Baker, EP (envoyé spécial) du SG (Secrétaire Général) des NU (Nations Unis) pour le Sahara en juin, pour faire céder le Président Mbeki et certains de ses proches qui prônaient la pondération et le réalisme sur ce dossier »[82].

D'un autre côté, il semblerait que le Maroc n'a pas pu engager d'efforts pour développer ses relations avec cette puissance. Au contraire, les diplomates marocains se sont absentés à plusieurs reprises des rencontres de l'ANC, de même qu'ils ont annulé des commissions mixtes prévues par les pays[83]. À ce titre l'ancien Ambassadeur Talal Rhoufrani reconnaît que du côté marocain « force est de constater que nous n'avons pas fait tout ce qu'il fallait pour encourager le Président Mbeki à persévérer dans son attitude pondérée et renforcer sa position au sein des instances dirigeantes du parti et du Gouvernement, face aux pressions constantes des opposants déclarés à notre thèse »[84]. Cette attitude

---

80   *Ibid.*
81   En 2003, le Maroc et l'Afrique du Sud ont déposé simultanément leur candidature pour l'organisation de la Coupe du Monde de football 2010.
82   Rhoufrani, « Les relations Maroc – Afrique du Sud : réalité et perspectives », *art. cit.*
83   Lakmahri, « Maroc-Afrique du Sud », *art. cit.*
84   Rhoufrani, « Les relations Maroc – Afrique du Sud : réalité et perspectives », *art. cit.*

témoigne d'une représentation défaitiste de la relation maroco-sud-africaine, au sens où il était difficile pour les diplomates marocains de s'engager dans un ordre des choses qui paraissait impossible à renverser, ce qui tendait à prolonger l'état d'inimitié pour une durée indéfinissable. Cette représentation s'est maintenue jusqu'à la réadhésion du Maroc à l'UA et à l'organisation du sommet UA-UE durant lequel les chefs d'États des deux pays se sont serré la main et annoncé la reprise d'une coopération plus soutenue par la désignation d'un Ambassadeur expérimenté, Youssef Amrani. Le choix porté sur cet ancien Ministre délégué aux affaires étrangères et chargé de mission au Cabinet Royal permettait de s'assurer d'une diplomatie de haut niveau tout autant qu'il représentait un acte symbolique destiné à marquer l'importance de ce renouveau.

Contrairement à l'Afrique du Sud, le Nigéria, troisième grand « adversaire » de la cause marocaine pour reprendre les termes de cet ancien Ambassadeur[85], constitue un cas particulier dans les représentations marocaines. Le Nigéria a reconnu le Front Polisario comme un État indépendant en 1984 lors de l'admission de cette dernière au sein de l'OUA, sans que le Maroc ne décide de rompre ses relations diplomatiques avec lui, contrairement à la politique qu'il adoptait à cette période envers les pays qui soutenaient le Front Polisario. Le royaume considère en effet le Nigéria comme un ancien allié avec lequel il partage des liens séculaires. Pour cet ancien Ambassadeur, « les Nigérians, notamment la Communauté musulmane du Nord, tiennent en haute estime le Maroc et Amir *Al mou'minine*, en souvenir du Khalifat de Sokoto fondé en 1803 par Cheikh Outhmane Danfodio, avec l'appui du Sultan et des Oulémas du Maroc. Il y a lieu de rappeler que, lors de l'avènement de l'Empire chérifien d'une part, et les Khalifat de Sokoto et de Borno d'autre part, les deux pays avaient des frontières communes à une certaine époque »[86]. De plus, le Nigéria se situe, géographiquement, dans l'aire de coopération privilégiée du Maroc, à savoir les Afriques de l'Ouest, Centrale et Sahélienne, comme nous le verrons dans le chapitre suivant.

Plus confiants envers la possibilité d'un revirement futur, et conscients de la nécessité de coopérer avec cette puissance régionale pour développer la présence marocaine dans cette région du continent, les Marocains souhaitent

---

85   Cherkaoui Mustapha ancien Ambassadeur du Maroc au Nigéria, « Le Maroc et la lutte contre l'extrémisme religieux : le cas de Boko Haram au Nigéria », dans *Journée d'étude sur les relations maroco-africaines*, Rabat, Centre Jacques Berque, Centre d'Études Sahariennes, Conseil National des Droits de l'Homme, Fondation KAS, 3 octobre 2014, Rabat. Coordination : Yousra Abourabi. URL de la vidéo : https://www.youtube.com/watch ?v=MsSEGV2NRAc.

86   Cherkaoui, Mustapha, « Quel potentiel de développement des relations de coopération Maroc-Nigeria », *Institut Royal des Études Stratégiques*, 10 mai 2012.

garder des positions flexibles à l'égard du Nigéria. L'accueil d'une mission diplomatique du Front Polisario par le Gouvernement nigérian en 2000 n'a
donc pas provoqué de rupture des relations diplomatiques. L'élection en
2015 du président musulman Muhammadu Buhari, qui a succédé à Goodluck
Jonathan, devait même permettre un rapprochement maroco-nigérian. Bien
que Muhammadu Buhari ait réitéré le soutien du Nigéria au Front Polisario et
félicité l'engagement algérien sur ce dossier[87], le Maroc n'a pas entrepris d'action diplomatique hostile. Alors même que le Royaume voit le Nigéria comme
un adversaire politique, il a choisi de développer ses relations économiques
et culturelles avec ce dernier, comme nous le verrons plus en détail dans le
titre suivant.

Finalement, contrairement à sa représentation du problème sud-africain, la
diplomatie marocaine dévoile une représentation beaucoup plus optimiste de
l'évolution des relations maroco-nigérianes, qui repose à la fois sur des considérations géoculturelles et tactiques. D'une part l'appartenance du Nigéria à
l'ensemble ouest-africain conforte aux yeux du Maroc la possibilité d'une intégration régionale future ; d'autre part le rapport de forces avec le Nigéria n'est
pas le même qu'avec l'Afrique du Sud. Le Nigéria s'est montré ouvert au dialogue et rencontre aussi des problèmes sécuritaires (terrorisme, piraterie maritime) que le Maroc pense pouvoir aider à affronter[88], comme nous le verrons
plus en détail plus loin.

5   Perceptions partagées d'un axe anti-marocain Alger-Abuja-Pretoria

La perception d'un axe hostile Algérie-Nigéria-Afrique du Sud, principaux acteurs d'un « entrisme acharné des adversaires du Maroc »[89] est-elle de ce fait
justifiée ? Il est vrai que les trois pays se sont alliés au début des années 2000, aux
côtés de l'Égypte et du Sénégal, pour appuyer le lancement du NEPAD, manifestation d'une concertation historique. Parallèlement, les Présidents Bouteflika
et Mbeki, qui partageaient d'excellentes relations personnelles, ont établi en
2000 une commission bilatérale qui se réunissait à haut niveau régulièrement,
dans l'objectif de s'entraider dans des dossiers stratégiques relatifs en majorité

---

87   « Maroc/Nigéria : La normalisation des relations pas prête d'avoir lieu », *Yabiladi.com*,
      1 juin 2015.
88   Cherkaoui Mustapha, ancien Ambassadeur du Maroc au Nigéria, « Le Maroc et la lutte
      contre l'extrémisme religieux : le cas de Boko Haram au Nigéria », *Journée d'étude sur les
      relations maroco-africaines, op. cit.*
89   « Adoption du rapport Tannock : L'entrisme acharné des adversaires mis en échec », *MAP
      Maroc.ma*, 23 octobre 2013.

aux affaires africaines. Ainsi l'Algérie a soutenu les efforts de Mbeki pour porter le NEPAD, pour transformer l'OUA en l'UA lors du Sommet de Durban en 2002, ou encore pour appuyer la candidature de Nkosazana Dlamini-Zuma à la présidence de la Commission de l'UA, poste stratégique et hautement diplomatique. Par ailleurs, Alger entretient une coopération militaire étroite avec l'Afrique du Sud : elle est l'une des rares capitales à accueillir un bureau de la société d'armement sud-africaine Denel et a nommé en 2007 un attaché militaire à son ambassade à Pretoria. Dans l'ensemble, les deux États font front commun au sein de l'UA, illustration de l'alliance stratégique Bouteflika-Mbeki qui persiste encore sous la présidence actuelle.

De la même façon, l'Algérie et le Nigéria ont lancé un projet de gazoduc algéro-nigérian dénommé *Trans-Saharan Gas Pipeline*, ainsi qu'un projet d'autoroute reliant le Maghreb au Sahel dénommé « Route transsaharienne », dès les années suivantes. Pour cet ambassadeur Marocain, ce premier projet « obéissait en réalité à des considérations politiques, l'Algérie voulant contrecarrer à tout prix la construction d'un gazoduc vers l'Europe transitant par le Maroc », tandis que le deuxième visait à « concurrencer la route actuellement pratiquement achevée : Tanger – Lagos »[90]. Bien que le premier projet algéro-nigérian soit encore gelé et le deuxième peu rentable, et bien que le NEPAD ait été critiqué par de nombreux dirigeants africains, craignant l'influence industrielle sud-africaine[91], l'ensemble de la presse africaine et étrangère a néanmoins confirmé la constitution d'un axe géopolitique engagé en faveur du développement du continent, formé par le triumvirat composé de Bouteflika, Mbeki (puis Zuma) et Obasanjo (puis Buhari).

D'un autre côté, sur le terrain politique, ces trois États apparaissent plutôt comme des puissances rivales : les dissensions entre l'Afrique du Sud et le Nigéria au sujet de la crise ivoirienne[92] attestent par exemple de cette dimension. C'est aussi dans un esprit de rivalités que l'Algérie, le Nigéria et l'Afrique du Sud se sont disputé l'attribution d'un siège permanent au sein du Conseil de Sécurité de l'ONU via le Consensus d'Ezulwini en 2005. Ces trois pays ne parviennent pas non plus à définir des positions politiques communes en ce qui concerne l'avenir de la coopération africaine. Au sein de l'UA, tandis que l'Afrique du Sud et le Nigéria figurent parmi les « unionistes-gradualistes », un groupe qui s'oppose à la création d'un gouvernement africain *ex tempore*, mais

---

90   Cherkaoui, « Quel potentiel de développement des relations de coopération Maroc-Nigeria », *art. cit.*

91   Taylor, Ian et Marchal, Roland, « La politique sud-africaine et le Nepad », *Politique africaine*, n° 91, 2012, p. 120-138.

92   Darracq, Vincent, « Jeux de puissance en Afrique : le Nigeria et l'Afrique du Sud face à la crise ivoirienne », *Politique étrangère*, vol. Été, n° 2, 2011, p. 361-374.

favorables à une harmonisation politique dans le cadre des Communautés Économiques Régionales, l'Algérie s'inscrit dans la troisième catégorie des « indécis-sceptiques » apparus en 2007, à laquelle s'ajoute une partie des « minimalistes », groupe d'États qui n'ont pas véritablement formulé leurs positions, et qui participent au *statut quo*[93]. Les trois pays ne forment pas un axe politique *per se*, mais partagent historiquement des liens idéologiques qui ont favorisé la concertation et l'arrangement d'intérêts communs après la Guerre froide.

Les positions du Nigéria et de l'Afrique du Sud vis-à-vis du problème marocain peuvent par ailleurs être interprétées à la lumière du critère du multilatéralisme suggéré au début de ce chapitre. La persistance des positions nigérianes et sud-africaines vis-à-vis du Maroc puise ses origines dans le départ du Maroc de l'OUA. Avec l'Algérie, ces deux pays figurent en effet parmi les plus importants contributeurs financiers africains de l'ONU, parmi les plus représentés et les plus actifs au sein des organisations panafricaines[94], et parmi les plus influents au sein de l'UA. Jusqu'au retour du Maroc dans l'Union africaine, l'Afrique du Sud contribuait à elle seule à près de 25% du budget de fonctionnement l'institution. Le Nigéria et l'Afrique du Sud ont en commun la projection, à un ou plusieurs moments de leur histoire, d'un idéal panafricain multilatéral. « La destinée manifeste » nigériane[95] ou encore la « renaissance africaine »[96] promulguée par Thabo Mbeki forment des exemples probants de cette tendance multilatéraliste tournée vers la construction des conditions de la coopération, du développement et de la sécurité en Afrique. Ces deux pays, aux côtés de l'Algérie, du Sénégal, du Mozambique et du Mali, ont largement contribué au développement du panafricanisme du XXIe siècle, illustré par la création de nouveaux organes au sein de l'UA : le Parlement Africain, le Conseil de Paix et de Sécurité ou encore les Forces Africaines en Attente. Thabo Mbeki plus particulièrement, même s'il n'est plus au pouvoir, représente l'architecte de l'essor continental sud-africain, et dans une certaine mesure, de l'essor diplomatique l'UA sur la scène internationale. Sa coopération avec l'Algérie et le Nigéria a donc conforté l'association de ces deux pays dans les années 2000.

À ce titre la participation, l'intégration ou la réappropriation des idéaux nigérians et sud-africains projetés au sein de l'UA notamment, apparaissent

---

93   Lecoutre, Delphine, « Vers un gouvernement de l'Union africaine ? Gradualisme et statu quo v. immédiatisme », *Politique étrangère*, vol. Automne, n° 3, 2008, p. 629-639.

94   Lewin, André, « Les Africains à l'ONU », *Relations internationales*, n° 128, 2006, p. 55-78.

95   Bach, Daniel C., « Nigeria's "Manifest Destiny" in West Africa: Dominance without Power », *Africa Spectrum*, vol. 42, n° 2, 2007, p. 301-321.

96   Crouzel, Ivan, « La « renaissance africaine » : un discours sud-africain ? », *Politique africaine*, n° 77, 2012, p. 171-182.

comme des critères déterminants dans la représentation des amis et des ennemis de ces deux États. En pratiquant une politique de la chaise vide à l'UA, bien
que celle-ci paraissait rationnelle dans son contexte, le Maroc avait renforcé
son « hostilisation » par le Nigéria et plus particulièrement par l'Afrique du
Sud. C'est pourquoi cette dernière a participé à son tour à renforcer l'exclusion
du Maroc des négociations multilatérales.

Les représentations partagées du Nigéria et de l'Afrique du Sud d'une part,
et du Maroc d'autre part, s'expriment donc par l'exclusion du Maroc de leurs
projets multilatéraux. Comme le constate ce diplomate : « Avec l'Algérie,
l'Afrique du sud (ainsi que ses voisins de l'Afrique australe anglophone comme
le Zimbabwe) et le Nigéria (et ses alliés en Afrique centrale), sont les pays qui
le plus souvent nous posent des problèmes au sein des organisations multilatérales »[97]. Le phénomène de l'exclusion s'illustre par l'absence du Maroc, pendant de nombreuses années, des réunions multilatérales africaines organisées
par les différents organes et bureaux de l'UA, l'opposition politique au sein des
débats ou des projets onusiens, et l'absence de participation de ces trois pays
aux projets multilatéraux initiés par le Maroc. Il apparaît donc que le Maroc a
plus à gagner en réintégrant l'UA et en travaillant à exclure le Front Polisario de
l'intérieur, en jouant véritablement le jeu du multilatéralisme africain. L'option
d'une réintégration n'était cependant pas envisagée sans conditions car elle aurait constitué dans la représentation marocaine une forme de reconnaissance
symbolique de l'existence de la Rasd. Cette vision a changé depuis, conduisant
à la demande d'adhésion du Maroc en 2016.

Il apparaît pourtant que les relations maroco-africaines sont parfois irréductibles aux principes régissant la vie interne. La relation d'adversité actuellement entretenue avec l'Afrique du Sud pourrait évoluer vers une coopération
économique à l'échelle continentale. En effet, tandis que le Maroc déploie
actuellement une diplomatie économique en Afrique du sud, la politique
nord-africaine de Pretoria est en train de s'enrichir d'une dimension économique depuis l'arrivée de Jacob Zuma au pouvoir en 2009[98]. Le Maroc ne
constitue pas un compétiteur économique menaçant à l'échelle du continent –
à comparaison des puissances extérieures – mais le degré de libéralisation de
son économie, le montant des IDE qu'il reçoit et réinvestit sur le continent[99] et
enfin sa position géostratégique, lui ont fait accéder au statut de puissance économique continentale, et de deuxième investisseur africain sur le continent,

---

97   Entretien avec un diplomate n° 3, mai-juin 2013. Cette analyse a été confirmée par d'autres
        diplomates avec lesquels nous avons eu des discussions informelles les années suivantes.

98   Vircoulon, « L'Afrique du Sud et le Maghreb », *art. cit.*

99   Voir Annexe 7.

après l'Afrique du Sud. Il semblerait d'ailleurs que c'est par cette voie que le Royaume envisage, sur le long terme, et parallèlement à l'aboutissement son Projet d'Autonomie au Sahara, de faire céder ses rivaux à ses impératifs. La nécessité de penser de nouvelles formes de coopération économique et sécuritaire en Afrique égale donc le besoin d'intégrer le Maroc à ces initiatives au fur et à mesure qu'il s'impose en tant que puissance continentale. En définitive, l'hostilité perçue des positions sud-africaine et nigériane ainsi que le développement de la puissance militaire algérienne ont contribué à animer la diplomatie africaine du Maroc tant sur le plan économique que politique. Cette nouvelle dynamique pourrait contribuer à terme à transformer la situation de rivalité politique vers la construction d'alliances économiques.

6   La représentation d'un « prolongement naturel » fondée sur les « constantes historiques » du Royaume

Dans les représentations géopolitiques marocaines du continent africain, les Afriques de l'Ouest, Sahélienne et Centrale forment une aire de coopération Sud-Sud privilégiée : le Sénégal, la Côte d'Ivoire, le Gabon en constituent l'axe principal, mais on peut compter également la Guinée Conakry, le Niger, le Burkina Faso, le Bénin, le Mali, la RDC, le Congo Guinée-Bissau, la Guinée Équatoriale, ou encore le Togo. Cette préférence s'illustre notamment par la densité et la qualité des échanges diplomatiques : les visites de Mohammed VI et la signature de nombreux accords de coopération « gagnant-gagnant » avec les pays qui se situent dans ces régions attestent de cette préférence. À cet égard, le Roi a déclaré à plusieurs reprises « l'importance des liens politiques et économiques entre le Royaume et les pays de l'Afrique centrale et de l'Ouest »[100].

Cette préférence peut être expliquée en premier lieu par ce que Pierre Grosser qualifie de « foi en l'histoire », à savoir la croyance en un destin historique. Selon l'auteur, « faire référence à l'histoire, analyser les évènements en termes d'évolution historique, c'est non seulement avoir foi dans le pouvoir explicatif supposé de l'histoire, mais également avoir foi dans une histoire qui aurait un sens et, par là même, en donnerait un à l'écume des évènements »[101]. Dans ce cas précis, il s'agit du « rayonnement civilisationnel » du Maroc fondé

---

100   « Discours de SM le Roi au Forum économique maroco-ivoirien à Abidjan », *Maroc.ma*, 24 février 2014.
101   Grosser, Pierre, « De l'usage de l'Histoire dans les politiques étrangères », dans Charillon, Frédéric (dir.), *Politique étrangère : nouveaux regards*, Paris : Presses de Sciences Po, 2002, p. 376.

sur des « constantes nationales », deux expressions souvent mobilisées dans les discours et les communiqués officiels. À ce titre, le Monarque affirme avoir orienté la diplomatie marocaine dans l'objectif de « faire valoir les atouts de son rayonnement spirituel, son patrimoine historique et sa situation géostratégique (...) et façonner un meilleur rayonnement culturel »[102]. Cet effort est d'autant plus dirigé vers l'Afrique de l'Ouest « en raison des données géographiques et des réalités de l'histoire (...) entre le Maroc et les Royaumes qui se sont constituées dans la région du sud du Sahara, du Ghana jusqu'au Tchad, en passant par le Nigéria, et ce depuis la dynastie des Idrissides jusqu'à celle des *Chorfas* Alaouites »[103]. Plus généralement, ce que cet Ambassadeur français observait dans les années 1960, nous l'observons encore aujourd'hui : « il existe, dans divers cercles officiels, la conviction que ce pays a une mission de liaison entre le monde arabe et le monde noir »[104].

Le Maroc reconnaît donc le poids de l'histoire dans ses relations avec l'Ouest africain comme un élément déterminant de sa politique étrangère. Or comme le remarque Pierre Grosser également, « invoquer le poids de l'histoire (...) renseigne moins sur l'histoire de la région qualifiée que sur le poids des représentations et la vision statique et sélective de ceux qui véhiculent ces expressions »[105]. L'origine de ces représentations ne peut toutefois être comprise sans connaître l'histoire du Maroc sous le prisme de ses ambitions sahariennes depuis les premières conquêtes arabes. C'est pourquoi nous tenterons de résumer, en quelques paragraphes, les principaux événements historiques qui ont structuré cette représentation : quels sont ces liens séculaires que le Maroc partage avec l'Afrique subsaharienne, auxquels font parfois référence les discours officiels ?

Rappelons que depuis les premières conquêtes arabes au VII et VIIIe siècle, la politique *as-Saby*, à savoir l'acquisition d'esclaves parmi les populations vaincues, et le commerce des matières premières ont poussé les empires marocains à établir des routes caravanières traversant le Sahara[106]. Sous le règne des Omeyyades (661-750) puis des Abbassides (750-1258), toutes les familles

---

102 « Discours de SM le Roi Mohammed VI à l'occasion du 49ème anniversaire de la Révolution du Roi et du Peuple », *art. cit.*

103 « Communiqué de presse à l'occasion de l'annonce de l'acte constitutif de la Fondation Mohammed VI des Oulémas Africains », *Ministère des Habous et des Affaires Islamiques*, 13 juillet 2015.

104 Lettre de M. Roger Seydoux, Ambassadeur de France à Rabat, à M. Couve de Murville, Ministre des Affaires étrangères, Rabat le 28 mars 1962. Dans : *Documents diplomatiques français 1962, Tome I, 1ᵉʳ janvier-30 juin, op. cit.*

105 Grosser, « De l'usage de l'Histoire dans les politiques étrangères », *art. cit.*, p. 363.

106 El Hamel, Chouki, *Black Morocco a history of slavery, race, and Islam*, Cambridge New York : Cambridge University Press, 2013, p. 116.

possédaient des esclaves au Maroc et dans l'ensemble de l'occident musulman, même des familles pauvres pouvaient acquérir au moins un esclave[107]. Ainsi, lorsque l'Empire des Almoravides (1040-1147), une fois au pouvoir, s'étendit en Afrique de l'Ouest, de nouvelles routes caravanières furent établies avec le puissant royaume de Ghana. L'axe Marrakech-Sijilmassa-Ghana était en particulier le plus fréquenté[108]. Tirant profit de ces échanges commerciaux fructueux (sel, or dans un sens, et dattes, cuivre ou laine dans l'autre), l'Empire Almoravide avait joué un rôle déterminant dans l'islamisation des populations noires sahariennes et Ouest-africaines, par la propagation des réseaux maraboutiques, toujours actifs aujourd'hui.

Successeurs des Almoravides, les Almohades (1147-1269) ont renforcé le pouvoir chérifien vis-à-vis des réseaux confrériques en Afrique par l'institutionnalisation des liens d'allégeance. Leader des Almohades au début de leur rébellion contre les Almoravides, Ibn Toumart fut à l'origine d'un ensemble de textes constituant une doctrine qui combinaient des idées sunnites et soufies (1121-1124) doctrine messianique fédératrice qui lui valut l'appellation de *Mâhdi* (personne guidée par Dieu). À sa mort, les Almohades ont conféré au successeur d'Ibn Toumart le titre d'*Amir al Mou'minine* (Commandeur des croyants, titre que porte encore le Roi aujourd'hui), et menèrent une bataille décisive contre les Almoravides, entraînant la mort près de 3000 soldats *Gnaouas* (Noirs originaires du golfe de Guinée au service du sultan)[109].

Par suite de la chute des Almohades, sous le pouvoir Mérinide (1269-1465), le contrôle des routes caravanières transsahariennes continuait d'être considéré comme un levier stratégique de la puissance de l'Empire. Les Marocains se sont rapprochés du grand royaume malien des Songhaïs pour créer un cadre de coopération soutenu dans cette entreprise mercantiliste. Il faut dire qu'à ce moment l'alliance du Makhzen avec le royaume Songhaï était facilitée par la présence dans cette région de nombreux peuples métissés avec des berbères fuyant la conquête arabe ainsi que de commerçants arabes mariés à des autochtones. Les deux peuples se connaissaient déjà. Par ailleurs, si l'Empire de Ghana n'était pas véritablement islamique, celui du Mali reposait sur la légitimité des chefs des tribus Malinke, revendiquant leur descendance de Bilal, compagnon noir du prophète. Cela n'empêchait pas le trafic d'esclaves d'exister, démontrant que l'esclavagisme suivait des règles mercantiles et de différenciation religieuse, mais qu'il n'était pas fondamentalement racialisé. Selon

---

107   *Ibid.*, p. 117.
108   Pétré-Grenouilleau, Olivier, *La Traite des noirs*, Paris : Presses Universitaires de France – PUF, 1998, 127 p.
109   El Hamel, *Black Morocco a history of slavery, race, and Islam, op. cit.*, p. 123.

les récits de voyage d'Ibn Battuta notamment, on estimait ainsi le nombre d'esclaves par caravane et par année pour chaque marchand maghrébin à plusieurs centaines de personnes sur la route allant de Takadda à Tombouctou[110]. Durant l'ensemble de cette période, l'islamisation des sociétés ouest-africaines se répandait davantage, les commerçants et les élites locales étant les premiers à se convertir[111], tandis que, dans l'autre sens, le métissage de la société marocaine se renforçait.

L'arrivée des Portugais au Maroc (1415-1769) et l'établissement de comptoirs le long de la côte atlantique eu, pendant un court instant, un impact sévère sur le commerce transsaharien. S'accommodant de cette présence après une courte période de repli, les échanges du Maroc avec l'Afrique se redéployèrent et connurent leur point culminant sous le règne du sultan Al-Mansour de la dynastie des Saadiens (1549-1660). Ce dernier est renommé pour sa conquête de Bilâd al-Sûdan, période des plus importantes de l'histoire du Maroc. Motivé par l'extension de son Empire et désintéressé des alliances scellées par ses prédécesseurs avec les royaumes ouest-africains, Al-Mansour avait mené une offensive militaire contre le Royaume Songhaï en 1591. Sa stratégie consistait à envoyer d'abord ses esclaves Noirs pour obtenir du renseignement sur la politique interne des Songhaïs, puis à installer une mission diplomatique composée de marabouts bédouins pour les négociations futurs[112]. Les récits historiographiques supposent également que le chroniqueur du sultan aurait été le prince Ali, fils de Askia Daoud, Empereur Songhaï de 1549 à 1592[113], et l'avait renseigné précisément sur les forces et faiblesses de son clan (notons à ce propos que la famille Daoud existe toujours au Maroc). À l'époque du sultan Saadien, au-delà des intérêts économiques offerts par la maitrise des mines d'or ou de sel, ou des intérêts messianiques d'Al-Mansour, considérant la conquête du *Bilâd al Sûdan* comme une façon d'étendre et de concrétiser la *Umma* islamique sous son commandement, et d'acquérir une profondeur stratégique lui permettant d'échapper à la tenaille hispano-ottomane à l'est et au nord[114]. La correspondance échangée entre le sultan et la reine Elisabeth d'Angleterre en

---

110   *Ibid.*, p. 125.

111   *Ibid.*, p. 132.

112   En 1583, selon le récit d'Al Sa'di à propos de la mission diplomatique au Songhaï : « le Prince fit le plus brillant accueil à l'envoyé marocain et lui donna, au moment où celui-ci rentrait dans son pays, une quantité de présents double de celle qu'il avait reçue. Ces présents consistaient en esclaves, en musc, etc. et ils comprenaient en outre quatre-vingt eunuques » ; cité par Mouline, *Le califat imaginaire d'Ahmad al-Mansûr légitimité, pouvoir et diplomatie au Maroc, op. cit.*, p. 336.

113   El Hamel, *Black Morocco a history of slavery, race, and Islam, op. cit.*, p. 147-152.

114   Mouline, *Le califat imaginaire d'Ahmad al-Mansûr légitimité, pouvoir et diplomatie au Maroc, op. cit.*, p. 334.

1589[115] démontrait ainsi que peu importe le degré de coopération des Songhaï, le sultan prévoyait de s'étendre au sud.

Victorieuse, l'expédition militaire d'Al Mansour le Saadien s'empara de la ville de Gao. En signe de reconnaissance de sa suzeraineté, on envoya à Al Mansour plusieurs convois de Noirs captifs, atteignant près de 1200 hommes, femmes et enfants[116]. Gao, Tombouctou et Djenné devinrent les principaux marchés d'esclaves noirs à destination de l'Empire Saadien, un trafic géré par les « Pachalik du Soudan », *pachas* du *Bilad al Sûdan* chérifien, souvent issus du groupe ethnique des Armas, métisses arabo-andalous-songhaï au service des sultans Saadiens successifs[117] (notons à ce titre que les Armas portent aujourd'hui le nom de famille Touré au Mali et en Guinée). Finalement, la conquête du Songhaï, si elle avait duré, aurait donné les moyens à l'empire marocain d'être tout aussi bien soudanais qu'arabo-berbère ; mais l'occupation chérifienne s'était rapidement amenuisée[118].

À l'avènement de la dynastie alaouite (1631-aujourd'hui), les sultans alaouites derniers ont pu renouveler l'allégeance de nombreux oulémas-marabouts des régions ouest-africaine et sahélienne qui avaient prêté allégeance aux sultans Saadiens précédents à travers la cérémonie de la *Bey'a* chérifienne[119]. Vers 1690, alors que même que le territoire marocain avait été amputé de sa profondeur saharienne, le sultan alaouite Moulay Ismaïl obtint l'allégeance du Pachalik de Tombouctou[120]. Parallèlement à l'allégeance nord-malienne, le sultan implantait son autorité aux confins de l'actuelle Mauritanie[121]. Admiratif des exploits de Louis xiv avec lequel il échangeait une correspondance régulière, Moulay Ismaïl mit sur pied une armée forte de 80 000 hommes et 40 000 cavaliers, dans le but de réunifier l'Empire selon les frontières établies de l'époque des Mérinides[122], et de reprendre le contrôle des pachaliks marocains du Soudan, qui avaient depuis longtemps détourné leur déférence des sultans de l'Empire au profit du Roi Bambara de Ségou[123]. Composée de nombreuses tribus parmi lesquels les irréductibles Rifains, l'armée du sultan comprenait

---

115   *Ibid.*, p. 338.

116   Delafosse, Maurice, « Les débuts des troupes noires du Maroc », *Hespéris – Institut des Hautes Études Marocaines*, 1923, p. 1-12.

117   Abitol, Michel, *Histoire du Maroc*, Paris, 2009, p. 235-245.

118   Mouline, *Le califat imaginaire d'Ahmad al-Mansûr légitimité, pouvoir et diplomatie au Maroc, op. cit.*, p. 350.

119   *Ibid.*, p. 352-353.

120   Cité dans : Abitol, *Histoire du Maroc, op. cit.*, p. 244-245.

121   *Ibid.*, p. 246.

122   *Ibid.*, p. 234-239.

123   Delafosse, « Les débuts des troupes noires du Maroc », *art. cit.*

également un corps de « janissaires »[124] noirs, surnommé '*Abid al-Bukhari* (esclaves de *Bukhari* ou *Bukharas*), en référence au livre sacré de l'imam al-Bukhari sur lequel les esclaves avaient prêté allégeance au sultan. Pour organiser cette armée Noire, le sultan avait créé une bureaucratie propre à instituer et gérer sa constitution[125] en s'appuyant sur un registre contenant les effectifs des anciennes troupes noires formées par Al-Mansour le Saadien[126]. L'armée Noire des *Bukharas* avait donc joué un rôle majeur dans la défense du trône alaouite face aux velléités étrangères, mais pas seulement. Certains chroniqueurs rapportent qu'elle aurait conquis « plusieurs provinces du Soudan et que ses possessions dans le pays des Noirs dépassèrent les rives du 'Nil' (Niger ou Sénégal), s'étendant au-delà des limites atteintes par la conquête d'Ahmed El Mansour au siècle précédent »[127].

Après la mort de Moulay Ismaïl (1727), les trente ans « d'anarchie marocaine » profitèrent à l'arrivée des premiers colons européens. La pression conjuguée des puissances coloniales européennes avait conduit à l'affaiblissement des liens d'allégeances des tribus soudanaises envers le sultan alaouite, ainsi qu'à l'abolition de l'esclavage dans la majorité des pays du grand Maghreb et du Sahel excepté au Maroc, dernier pays de la région à céder, avant la Mauritanie. Au bout d'un demi-siècle de luttes intestines entre le pouvoir alaouite et ses garnisons militaires, entraînant des salaires sporadiques, les soldats Noirs étaient progressivement devenus des mercenaires pillant les berbères, et ne tardèrent pas à se faire décimer par ces derniers[128]. Au niveau étatique, la Garde Noire du Sultan fut maintenue durant tout la période de protectorat, avant d'être rebaptisée Garde Royale en 1956. Lyautey, lui-même inspiré de cette garde sultanienne, se créa d'ailleurs une garde rapprochée composée de tirailleurs sénégalais[129].

Finalement, l'expansion des empires sultaniens, la mise en place de routes commerciales transsahariennes, le trafic d'esclaves, l'islamisation de l'Afrique noire et l'instauration de liens d'allégeance avec le sultan, Commandeur des croyants, se sont toujours opérés vers l'Ouest, à partir de la région du Souss au

---

124 Les janissaires étaient des troupes spéciales ottomanes créées au XIVe siècle et abolies en 1826.

125 El Hamel, *Black Morocco a history of slavery, race, and Islam, op. cit.*, p. 156-184.

126 Kaké, Ibrahima Baba, « L'aventure des Bukhara (prétoriens noirs) au Maroc au XVIIIe siècle », *Présence Africaine*, n° 70, 1969, p. 67-74.

127 El-Oufrâni, *Nozhat el-hâdi*, dans Delafosse, « Les débuts des troupes noires du Maroc », *art. cit.*

128 *Ibid.*

129 Rivet, Daniel, *Lyautey et l'institution du protectorat français au Maroc : 1912-1925 Tome II*, Paris, France : L'Harmattan, 1996, p. 17.

Maroc. Le rayonnement des Almoravides (XIe siècle) au sud du Sahara, brisant l'empire du Ghana et islamisant la région, apparaît comme un âge d'or de l'histoire marocaine. L'expédition militaire des Saadiens au Songhaï (XVIe siècle) a marqué également la mémoire historique de l'État au point de devenir un exploit déterminant, entre autres, le projet du « Grand Maroc » d'Allal el Fassi au lendemain de l'indépendance[130]. À l'heure de l'indépendance du Maroc moderne, la revendication de la Mauritanie ou encore le maintien des liens avec des chefs de tribus au Sahara avec les confréries religieuses africaines qui reconnaissaient autrefois l'autorité spirituelle du Commandeur des croyants, attestent également d'une représentation historiciste de l'identité du Maroc. De nombreux documents officiels, à l'exemple de l'étude du Ministère de l'Économie consacrée aux relations Maroc-Afrique, et intitulée « l'ambition d'une nouvelle frontière »[131], véhiculent également cette représentation construite dans la « conscience historique » (définie au sens aronien[132]) de l'État makhzénien.

Cette histoire renforce le sentiment chez les Marocains d'un rôle historique de leur pays dans cette région. C'est le cas à l'échelle de la société civile. Comme le remarque Mostafa Hassani-Idrissi dans une étude sur les manuels scolaires, « l'époque médiévale est visitée pour faire livrer (aux élèves) les prestiges d'un passé susceptible de rassurer les enfants d'un peuple dont on cherche à diminuer les complexes vis-à-vis de l'Occident et à les conforter dans leur propre héritage »[133]. C'est le cas aussi à l'échelle des diplomates. Par exemple, ce diplomate nous confiait avec beaucoup de fierté qu'« il existe des Marocains dont la famille est au Mali comme les Touati ; que le Maroc a aussi contribué à la divulgation de l'Islam en Afrique de l'Ouest »[134]. Contribuant à démontrer ce postulat, de nombreux observateurs extérieurs verront aussi, dans le développement des différents aspects de la politique africaine du Maroc que nous étudierons tout au long de cette partie, l'idée d'une continuité historique. Ainsi, pour l'historien Bernard Lugan « le Maroc est en phase avec ses réalités historiques (...) l'influence marocaine se manifestait par la circulation d'une monnaie unique

---

130   Voir le Titre 2.

131   « Les relations Maroc-Afrique : l'ambition d'une nouvelle frontière », *doc. cit.*

132   Raymon Aron, *Dimensions de la conscience historique*, Paris, Les belles lettres, 1961, 2011, 304 pages.

133   Hassani-Idrissi, Mostafa, « Manuels d'histoire et identité nationale au Maroc », *Revue internationale d'éducation de Sèvres*, n° 69, 2015, p. 53-64.

134   Entretien avec un diplomate n° 9, Ministère des Affaires étrangères et de la Coopération, avril-mai 2013.

de Tanger à la vallée du fleuve Sénégal et par un même système de poids et de mesures »[135].

Pour toutes ces raisons, les dirigeants marocains désignent cette partie de l'Afrique comme un « prolongement naturel »[136]. Selon Mohammed VI « la région d'Afrique de l'Ouest et du Sahel revêt une importance particulière dans Notre vision stratégique, dans la mesure où elle constitue le prolongement naturel du voisinage du Maroc »[137]. De même, ce diplomate considère que « la présence du Maroc au sein des pays d'Afrique de l'Ouest est naturelle »[138]. Au sein de cette représentation, la question de la marocanité du Sahara apparaît d'autant plus stratégique que dans la vision marocaine, cette région constitue historiquement le trait d'union entre le Maroc et son sud africain. Dès l'indépendance, Allal el Fassi déclarait à ce titre que le Sahara joue pour le Maroc « le rôle de pédoncule politique rattachant l'Islam maghrébin, (et) les musulmans de tout le Sahara sud-occidental »[139]. Aujourd'hui encore, le Monarque réaffirme que les « provinces du sud ont constitué, au fil de l'histoire, le prolongement africain du Maroc, incarnant les liens géographiques, humains et commerciaux séculaires, qui unissent notre pays aux États d'Afrique subsaharienne »[140].

La reconnaissance d'une identité collective unissant le Maroc et les pays d'Afrique occidentale, reposant sur une histoire commune, des liens commerciaux et religieux, et une proximité géographique dont le Sahara constitue l'épicentre, se développe d'autant plus que des pays africains participent discursivement à la reconnaissance de cette histoire. Par exemple, lors d'une conférence organisée au Ministère des Affaires étrangères à Rabat, un diplomate sénégalais a déclaré que « chaque famille du Sénégal du nord s'est trouvé le moyen de retrouver un ancêtre Marocain » et a adhéré à la lecture marocaine

---

135   Sfali, Adam, « Bernard Lugan : L'Africanité du Maroc, d'historique à agissante », *Lemag. ma*, 03 mars 2014.

136   Selon une déclaration du ministre délégué des affaires étrangère : « M. Amrani a souligné que la dernière visite de SM le Roi Mohammed VI en Côte d'Ivoire a permis d'ouvrir de nouvelles perspectives aux relations maroco-ivoiriennes et de leur insuffler une dynamique forte et rénovée. Il a ajouté qu'elle constitue également un signal fort de l'attachement du Maroc à son prolongement naturel et de l'importance qu'il accorde à son continent d'appartenance », « Amrani s'entretient avec le ministre ivoirien de l'industrie », *Maroc.ma*, 22 mai 2013.

137   « Discours de SM le Roi à l'occasion de la Fête du Trône », *Maroc.ma*, 2004.

138   Entretien avec un diplomate n° 15, Ministère des Affaires étrangères et de la Coopération, mai-juin 2013.

139   El-Fassi, « Les revendications marocaines sur les territoires sahariens », *art. cit.*

140   « Discours de SM le Roi à l'occasion du 38ème anniversaire de la Marche Verte », *Maroc.ma*, 6 novembre 2013.

de l'histoire postcoloniale de l'Afrique, en affirmant que « les africanistes n'ont pas fait beaucoup pour Casablanca en 1961 : ils ont oublié que le Congo a été agressé »[141]. Autre exemple, le Président sénégalais Macky Sall a évoqué l'existence d'une « exception sénégalo-marocaine, une relation fortement ancrée dans le terreau fertile de nos valeurs partagées de foi, de parenté, de confiance et d'estime réciproques »[142].

Les échanges historiques précoloniaux et les liens religieux ou politiques qui en découlent ne sont pas les seuls facteurs de cette représentation historiciste de la région occidentale de l'Afrique. Cette construction discursive de la mémoire partagée entre le Royaume et ces États a aussi été confortée par les liens politiques entretenus avec ces derniers dans le cadre de la politique africaine de la France durant la Guerre froide.

7   Du caractère français de la politique africaine du Royaume :
       l'hypothèse erronée d'un pré-carré gigogne

Le développement de la coopération franco-marocaine en Afrique durant la Guerre froide, en poussant Hassan II à nouer des liens avec de nombreux chefs d'États d'Afrique francophone, a renouvelé l'ambition historiciste marocaine, discutée auparavant. La coopération avec la France lui a aussi permis de se rapprocher des présidents de contrées plus lointaines comme le Zaïre ou le Gabon. Le jeune prince héritier et futur roi Mohammed VI, s'est lié d'amitié avec de nombreux enfants des présidents Africains à l'exemple d'Ali Bongo, fils d'Omar Bongo. Devenu Président, Omar Bongo reçoit souvent les hautes personnalités étrangères dans sa demeure gabonaise aux inspirations architecturales et décoratives marocaines, habillé d'une *jellaba* traditionnelle extrêmement identique, dans sa coupe et ses ornements, à celle porté par le monarque chérifien à la même période. Depuis la plage de Libreville, on ne peut pas non plus manquer de voir l'île sur laquelle Mohammed VI possède un somptueux palais. De la même façon, les presses marocaines et sénégalaises rapportent régulièrement les nombreuses marques d'amitiés affichées entre Karim Wade, fils de l'ancien Président sénégalais Abdoulaye Wade, et Mohammed VI[143]. Une telle relation de proximité peut être observée avec de

---

141   « Conférence à l'occasion de la journée mondiale de l'Afrique », Ministère des Affaires étrangères et de la Coopération, Rabat, 25 mai 2013.

142   « Visite officielle du Président Sénégalais au Maroc », *MAP – Maroc.ma*, 24 juillet 2013.

143   « Affaire Karim Wade : Mohamed VI, négociateur de l'ombre ? », *DAKARACTU.COM*, 15 mars 2013. THIAM, El Hadji Abdoulaye, « Mohammed Chraibi, consul honoraire du Sénégal au Maroc : « Le Sénégal a la chance d'avoir un homme de dossiers » », 2 avril 2012.

nombreuses autres personnalités politiques africaines. Ainsi, en même temps qu'il adhère au postulat d'une « famille francophone »[144], le Maroc voit dans les Afriques de l'Ouest et Centrale, des pays liés au Maroc par une diplomatie de Club[145]. Pour plusieurs observateurs hostiles, le Maroc donne l'impression d'avoir construit une forme de « pré carré gigogne » à partir de ses relations durant la Guerre froide. Par ailleurs, une partie de la société civile africaine voit aujourd'hui dans l'intégration continentale marocaine une forme de re-production de l'hégémonisme français. C'est pourquoi il convient de tenter de dévoiler et de bien comprendre les éléments à l'origine d'une telle représenta-tion. Cette section démontrera notamment en quoi le Maroc, tout en utilisant à son avantage des leviers hérités de la France, s'inscrit dans une trajectoire non-hégémonique et bien différenciée, dans ses objectifs comme dans sa pra-tique de la politique étrangère.

Il est vrai, on remarque que les pays où Mohammed VI s'est rendu le plus régulièrement ces quinze dernières années[146] coïncident exactement avec les acteurs les plus représentatifs de l'ancien pré carré français, à savoir le Gabon, la Côte d'Ivoire et le Sénégal, et plus généralement les pays de l'AOF (Afrique Occidentale Française) et de l'AEF (Afrique Équatoriale Française). Cependant, l'expression de « pré carré » comporte une charge conceptuelle inapplicable au Maroc. Rappelons que le pré carré est une expression for-mulée sous la plume de Vauban, considéré comme un l'un des premiers géo-politiciens français[147]. Elle désigne selon l'auteur un système défensif fait de fortifications pour sécuriser les frontières du Royaume de France à l'époque de l'ancien Régime. Aussi le pré carré se réfère-t-il à l'organisation d'un espace d'influence économique : « Avec Vauban, le territoire organisé selon les prin-cipes d'un espace absolu devient – sous forme du pré carré – emblématique d'une forme de lutte menée selon les préceptes mêmes que les mercantilistes ont mis au point depuis un siècle : la guerre avec les moyens de l'économie »[148]. Plus généralement, le pré carré de Vauban renvoie à un espace pensé comme

---

144 « Le Maroc se félicite du retour du Mali au sein de la famille francophone », *Maroc.ma*, 8 novembre 2013.

145 Pour la définition de la diplomatie de club, voir : « Penser les relations internationales africaines à travers l'étude des régionalismes », *Revue Française de Science Politique*, 2017/5 (Vol. 67), pp. 931-945. Il s'agit d'une revue critique de l'ouvrage de Daniel Bach, *Regionalism in Africa, Genealogies, Institutions and Trans-State Networks*, Abingdon, Routledge, 2016.

146 Voir Annexe 1 et Annexe 1 bis : Les visites officielles de Mohammed VI à l'étranger.

147 L'expression serait apparue dans une lettre de Vauban au ministre Louvois datée du 3 janvier 1673. Kempf, Olivier, « Le Maréchal de Vauban, premier géopoliticien français ? », *Stratégique*, n° 99, 2010, p. 35-50.

148 Bitterling, David, *L'invention du pré carré : construction de l'espace français sous l'Ancien Régime*, Paris, France : A. Michel, 2009, p. 138.

une ressource de la puissance et un terrain potentiel de rivalités. Si l'expression n'a jamais été reprise *per se* par les dirigeants français, que ce soit dans leurs correspondances ou leurs déclarations, pour décrire la politique africaine de la France, elle a néanmoins trouvé force de résonnance chez les observateurs de la stratégie française en Afrique à l'époque postcoloniale[149].

À cette époque la stratégie du pré carré désignait premièrement la définition géométrique d'un territoire et son contrôle par un dispositif de surveillance et de renseignement ; deuxièmement le refoulement de l'usage de la menace militaire ; troisièmement l'instauration d'un réseau d'échanges commerciaux ; et quatrièmement le placement de ce dispositif, à l'échelle décisionnelle, sous le contrôle direct du président. Sur le plan défensif, la stratégie du pré carré en Afrique avait pour objectif, d'une part, « d'empêcher l'extension de la subversion et de la pénétration communistes, en particulier dans les pays d'Afrique noire française limitrophes de la Guinée : le Mali, le Sénégal et la Côte-d'Ivoire, d'autre part, de veiller à ce que les Américains n'empiétassent pas, notamment au plan économique, sur notre zone d'influence »[150]. Pour l'historien Jean-Pierre Bat, la stratégie de Jacques Foccart en Afrique a finalement obéi aux mêmes règles instaurées par Vauban à travers son concept de pré carré : « près de trois siècles plus tard, l'application de cette stratégie s'inscrit comme la clé de voute de la décolonisation de l'Afrique subsaharienne »[151]. À la différence que, si le pré carré de Vauban était essentiellement défensif, celui de Foccart visait aussi à assurer à la France son prestige et son influence internationale.

On observe dès lors que la stratégie marocaine en Afrique ambitionne, dans ce même ordre d'idées, de sécuriser les frontières sahariennes du Royaume et de repousser ses adversaires par l'instauration d'une zone de coopération privilégiée en Afrique. L'organisation de cette coopération repose premièrement sur le maintien de liens étroits avec les dirigeants politiques et religieux d'un espace géographiquement défini ; deuxièmement sur une doctrine de l'emploi de l'armée soumise au cadre juridique international applicable aux États souverains, troisièmement sur le développement d'une coopération économique et culturelle servant à la fois des intérêts mercantiles et sécuritaires ; et enfin quatrièmement sur l'encadrement de cette stratégie, au plan décisionnel, directement par le Roi.

---

149   Bat, *Le syndrome Foccart, op. cit.*

150   Robert, Maurice et Renault, André, *Maurice Robert « Ministre » de l'Afrique. Entretiens avec André Renault*, Paris : Seuil, 2004, p. 112.

151   Bat, Jean-Pierre, *Le Syndrome Foccart. La Politique française en Afrique, de 1959 à nos jours*, Paris : Gallimard, 2012, p. 81.

Néanmoins, tandis que les limites géographiques de l'espace privilégié par le Maroc, à savoir les Afriques de l'Ouest et Centrale, sont clairement définies dans les discours, la constitution d'un réseau de renseignement s'effectue au moyen d'une représentation globale des menaces sécuritaires. Le terrorisme, le trafic de drogues et d'armes, la régulation de la migration ou encore les catastrophes naturelles sont appréhendés comme des problèmes communs[152]. À ce titre, il apparait que le Royaume a aussi modernisé son appareil de renseignement depuis la nomination de Mohamed Yassine Mansouri en 2005. Ainsi, ces réseaux d'information ne paraissent pas servir une logique de domination comparable à celle de la France, mais prioritairement des intérêts sécuritaires régionaux.

De plus, la présence militaire marocaine en Afrique s'est accrue, non seulement à travers la participation aux OMP mais aussi par la formation des militaires africains dans le cadre d'accords de coopération multilatéraux. Ainsi, le Maroc ne mène pas d'offensive militaire en Afrique et ne soutient plus de mouvements de libération, comme ce fut le cas dans les années 1970. Son action stratégique est limitée aux opérations de paix onusiennes sur le plan multilatéral, à l'action humanitaire sur le plan bilatéral (construction d'un hôpital de campagne au Niger par l'armée de terre, provocation de pluies artificielles au Burkina Faso par l'armée de l'air, par exemple).

Par ailleurs, si la politique africaine du Maroc privilégie effectivement une utilisation accrue de l'outil diplomatique et des leviers économiques et culturels travaillant à la construction d'une communauté d'intérêts et de valeurs partagées au sein de cette zone, le levier diplomatique sert d'abord une logique de reconnaissance internationale plutôt qu'une logique hégémonique, dans la mesure ou la plupart des accords sont tournés vers la « coopération Sud-Sud » et des formes de partenariat qui s'attachent à valoriser une dimension « Gagnant Gagnant ».

Enfin, le Roi, entouré de son Cabinet, se situe effectivement au cœur de cette entreprise au point que la politique étrangère du Maroc dans cet espace spécifique est associée, tout autant que la politique de défense du Sahara et plus que tout autre domaine de la politique étrangère du Royaume, au style de Mohammed VI. Malgré tout, la centralité de l'appareil décisionnel concernant la politique africaine n'est pas un phénomène exclusif : il est déjà possible

---

152   « Aux menaces traditionnelles nées des conflits armés inter ou intra-étatiques sont, en effet, venus s'ajouter de nouveaux phénomènes dangereux, à caractère transnational et complexe, tels que les trafics en tous genres, le crime organisé, la piraterie et le terrorisme. La nature globale de ces menaces exige la recherche de réponses collectives, coordonnées et concertées » « Message de SM le Roi Mohammed VI au 25ème Sommet Afrique-France », *Maroc.ma*, 31 mai 2010.

d'observer l'implication croissante des ministères, des opérateurs économiques et de nombreuses institutions multilatérales au façonnement de cette
politique, et ce dans une logique de publicisation et de gouvernementalité définies précédemment.

Pour résumer, le Maroc semble effectivement projeter un espace de coopération privilégiée qui correspond géographiquement à l'espace d'influence
historique français (même si les limites de cet espace sont plus restreintes).
Cependant, le sens hégémonique accordé à l'expression de « pré carré » n'a
pas de pertinence dans ce contexte au regard des objectifs de la politique africaine du Maroc. Par ailleurs, le Maroc n'est pas une puissance coloniale et ne
dispose pas des moyens matériels que possédait la France durant la période
postcoloniale. En ce sens, ses ambitions sont plus modestes. Le Royaume doit
encore compter sur les aides françaises pour exercer sa politique, tout en affirmant son autonomie et sa propre spécificité, et sans se mettre en situation
de compétition, de rivalité ou d'antagonisme avec les intérêts français. Enfin,
la volonté du Maroc de se différencier de l'approche française du pré carré et
de ne pas être associé par les États africains à un vassal ou une sous puissance
reproductrice de l'hégémonie française a conduit ce dernier à revoir les termes
de la coopération franco-marocaine en Afrique.

En effet, l'arrivée de Mohammed VI au pouvoir en 1999 et la confirmation
progressive d'une nouvelle politique africaine, a de ce fait conforté la mise en
place du « partenariat rénové » franco-marocain sur le continent, évoqué dans
le deuxième titre de cette étude. Celui-ci consiste à se placer en pays acteur,
souhaitant à la fois renforcer ses liens étroits avec la France et s'affirmer davantage comme un partenaire indépendant, notamment à travers des accords
de coopération triangulaire (Nord-Sud-Sud). Mohammed VI a, dès le départ,
renforcé la représentation du Maroc aux sommets annuels Afrique France, à
l'occasion desquels le Gouvernement soutient aujourd'hui l'importance du
rôle de la France dans la sécurité africaine ainsi que sa responsabilité historique dans le développement du continent. Il a aussi élaboré une rhétorique
qui vise à présenter la politique africaine du Maroc comme une opportunité
pour la France, tout en mettant en avant les atouts spécifiques au Royaume.
L'objectif du Maroc est de réaffirmer son autonomie politique en matière de
politique étrangère vis-à-vis de la France, tout en continuant à bénéficier de
son appui diplomatique (sur la question du Sahara notamment), stratégique
(en matière de modernisation de l'appareil militaire marocain), et financier
(prêts, investissements directs, aides au développement mais aussi soutien financier de programmes maroco-africains).

Sur le plan économique, le Maroc a mis en avant la « nécessité d'établir un
véritable partenariat de co-développement entre les deux parties, dépassant le

schéma traditionnel donneur d'ordre/sous-traitant, en s'appuyant sur la place du Royaume en tant que hub économique pour l'Afrique (…) notant que la complémentarité entre les opérateurs français et marocains constitue un atout pour un co-développement sur l'Afrique profitable aux deux parties »[153]. Au niveau sécuritaire, le Royaume a invité la République à définir une coopération étroite en matière de renseignement et de formation militaire. Plus généralement, c'est le thème de la coopération tripartite ou triangulaire qui constitue le fer de lance de la campagne politique marocaine en faveur du partenariat rénové, ce qui permet de conforter la posture du « juste milieu ». Ce thème a été abordé dès la première année de règne de Mohammed VI, à l'occasion de la visite de Jacques Chirac au Maroc[154], puis réitéré lors du 25ᵉ sommet Afrique – France[155] ainsi qu'à l'occasion de nombreux évènements multilatéraux. Dans le domaine militaire par exemple, comme le souligne ce rapport français de 2007, cette coopération évolue depuis vers un « véritable partenariat » qui s'illustre dans quatre domaines, parmi lesquels : le développement de l'enseignement militaire supérieur, la modernisation de l'armée marocaine, la mutualisation des moyens de défense dans un cadre interarmées et surtout « l'appui au renforcement de la vocation africaine et internationale du Maroc, notamment en l'aidant à accueillir un plus grand nombre de stagiaires étrangers, africains en particulier, dans ses écoles ou en favorisant l'émergence de pôles d'excellence marocains dans le domaine de la formation militaire »[156].

Toutefois, si la coopération franco-marocaine en Afrique apparaît plus formalisée et plus institutionnalisée au lendemain de la Guerre froide, elle n'est pas pour autant plus transparente. Plusieurs accords sont discutés à huis clos au niveau des chefs d'États, de leurs cabinets ou de leurs États-majors, sans être rendus publics. Par exemple, l'accord intergouvernemental en matière de coopération militaire signé en 1994, et toujours en vigueur aujourd'hui, ne concerne que les militaires français gérés par le Ministère des affaires

---

153 « Forum de partenariat Maroc-France à Paris », *MAP – Maroc.ma*, 20 mai 2015.

154 « Nous saluons vos efforts pionniers et soutenus en faveur de l'Afrique, de son développement et de sa stabilité. (…) La vocation africaine du Maroc, nous associe naturellement à toute démarche de coopération tripartite, visant une amélioration des conditions de vie des peuples Africains » L'allocution de S.M. le Roi Mohammed VI lors du dîner officiel offert en l'honneur du Président Jacques Chirac », *Maroc.ma*, 20 mars 2000.

155 « Je souhaite, ici, dire combien le Maroc est attaché aux opportunités supplémentaires qu'offrirait un approfondissement de notre coopération triangulaire, où l'apport de l'un se conjugue utilement au savoir faire de l'autre pour la réalisation de projets concrets au bénéfice de populations africaines tierces », *Ibid.*

156 Roatta, « Rapport sur le projet de loi (n° 3276) autorisant l'approbation de l'accord entre le Gouvernement de la République française et le Gouvernement du Royaume du Maroc relatif au statut de leurs forces », *doc. cit.*

étrangères. Comme le souligne ce rapport : « Ce sont donc, à l'heure actuelle, des arrangements ad hoc de niveau ministériel qui encadrent les échanges de personnels français et marocains dans des domaines de coopération très variés, qu'il s'agisse d'actions conjointes sur les théâtres opérationnels, d'entraînements et d'exercices conjoints, ou encore de formation ou d'échanges dans le domaine de l'histoire militaire »[157]. Il apparaît donc que ce « partenariat rénové » franco-marocain devait être établi à deux niveaux.

Le premier niveau inclut désormais le Gouvernement marocain et participe de la validité d'un rôle de pont entre l'Afrique et l'Europe par la coopération tripartite. Par exemple, Philippe Faure, ancien Ambassadeur de France au Maroc, est convaincu que « le Maroc, comme la France, a une bonne connaissance de l'Afrique subsaharienne et des relations très denses avec la plupart des pays africains. L'une des pistes d'avenir de notre coopération bilatérale est précisément de nous ouvrir à l'Afrique, de mener ce que l'on nomme des coopérations trilatérales »[158]. Parmi ces projets, on peut citer un centre de recherche sur le sida et les maladies infectieuses à vocation africaine ainsi que plusieurs instituts de formation conjoints.

Le deuxième niveau de coopération implique des acteurs diversifiés et participe de l'affermissement de cette relation spéciale franco-marocaine, à savoir une relation qui ne repose pas sur une contrainte formalisée politico-militaire mais bien plus sur une dépendance économique et un intérêt pour le modèle normatif et structurel français[159] et plus largement européen. On observe dès lors que Mohammed VI a largement contribué à la revalorisation de la langue française au Maroc, après une longue période de « re-traditionalisation » de la vie politique et culturelle. Ainsi son inscription au sein une politique africaine française se traduit davantage par une préférence affichée pour l'espace francophone, que par le déploiement d'une diplomatie francophile[160].

---

157   *Ibid.*
158   Faure, Philippe, « Le partenariat franco-marocain : une relation exceptionnelle », *L'ENA hors les murs*, n° Hors Série, « *Le Maroc pays en mouvement* », février 2006, p. 6.
159   Cette préférence pour le modèle français est observable depuis l'indépendance en 1956. Comme le remarque l'auteur de cette note diplomatique française à propos de la coopération maroco-espagnole : « les questions judiciaires, culturelles et économiques sont plus difficile à aborder, étant donné que, dans ces domaines, le Maroc semble disposé à nous réserver un traitement beaucoup plus favorable qu'à l'Espagne ». Note de la Direction Générale des Affaires Politiques, « Conversations franco-espagnoles sur le Maroc », Paris le 6 juillet 1956 ; dans *Documents diplomatiques français, op. cit.*
160   Abourabi, Yousra, « Le Maroc francophone : identité et diplomatie africaine », *Revue Internationale des Francophonies* [En ligne], La F/francophonie dans les politiques étrangères, publié le 12 décembre 2019, URL: http://rifrancophonies.com/rif/index.php ?id=966.

Pour Thérèse Benjelloun, au-delà des liens entretenus avec la France, « le poids du passé devait inévitablement conduire le Maroc vers le mimétisme du modèle pluripartisan et libéral occidental »[161]. Bien souvent, le mimétisme institutionnel constitue une stratégie pragmatique et rationnelle assez fréquente : les petites puissances évoluent dans un environnement incertain, ce qui les pousse à rechercher les solutions de leurs problèmes dans les solutions essayées par d'autres acteurs, qui ont à leurs yeux réussi[162]. Dans d'autres cas, le mimétisme résulte au contraire de la pression d'une puissance extérieure, qui entend imposer ses normes et faciliter l'échange par l'établissement de règles communes. Dans ce contexte le problème et la solution sont tous deux apportés aux États par des acteurs extérieurs[163]. Le Maroc se situe dans les deux cas de figure, ce qui le rend doublement attentif à la politique africaine de la France : une tendance qui s'illustrera dans les nombreuses actions diplomatiques du Maroc en Afrique.

Par conséquent, le Maroc s'inscrit effectivement mais paradoxalement dans le sillage de la France : d'abord par la reproduction d'un certain nombre de mécanismes institutionnels, diplomatiques et défensifs français, ensuite par la volonté et la nécessité de coopérer avec la France dans le cadre d'intérêts communs. La définition géographique d'un espace d'exercice privilégié de cette politique africaine, qui correspond à l'espace d'influence traditionnel français, permet au Maroc de mobiliser un ensemble de mécanismes institutionnels et de liens culturels ou politiques déjà établis, à l'exemple de la coopération francophone[164]. Cependant, par-delà ses aspects reproductifs ou inclusifs des mécanismes français ou de la langue française, la politique marocaine, de par ses spécificités intrinsèques, se projette selon une stratégie qui lui est propre, qui ne peut être qualifiée de pré carré ou assimilée à une logique de puissance expansionniste. Ses objectifs se situent, selon une approche constructiviste, dans la recherche de reconnaissance internationale d'une identité de rôle qualifiée de « juste milieu ».

---

161   Benjelloun, *Visages de la diplomatie marocaine depuis 1844, op. cit.*, p. 196.

162   Finnemore, Martha, *National Interests in International Society*, Cornell University Press, 1996, p. 11.

163   *Ibid.*, p. 12. Voir aussi sur la question du mimétisme en Relations Internationales : Goldsmith, Benjamin, « Imitation in International Relations : Analogies, Vicarious Learning, and Foreign Policy », *International Interactions*, vol. 29, n° 3, 2003, p. 237-267.

164   Yousra Abourabi, « Le Maroc francophone : identité et diplomatie africaine », *art. cit.*

8   Du caractère marocain de la politique africaine du Royaume :
       « Mohammed VI l'Africain », manifestation du style royal en
       Afrique

En France, chacun des présidents du dernier demi-siècle, de de Gaulle à
Hollande, en passant par Pompidou, Giscard d'Estaing, Mitterrand, Chirac
et Sarkozy, a défendu une politique africaine singulière, au point que chacun
d'entre eux s'est vu attribuer le qualificatif « d'Africain » par les médias et les
chercheurs. Chacun d'entre eux a aussi voulu marquer une rupture avec son
prédécesseur, tout en récupérant l'héritage politico-normatif français que le
précédent a contribué à mettre en œuvre. La fameuse formule selon laquelle
« tout doit changer pour que rien ne change », expression du renouvellement
constant des conditions de la puissance française dans l'objectif de maintenir,
voire de renforcer, son rôle historique en Afrique, s'applique aussi au Maroc,
dans un sens particulier. Si le Maroc de la Guerre froide a souffert d'une image
néo-patrimoniale et parfois soumise aux intérêts français en Afrique[165], le
Cabinet royal travaille assidument à la valorisation positive de l'image de
Mohammed VI parmi les pays Africains, au moyen de stratégies de communication visant à renforcer sa reconnaissance en tant que Roi Africain, à la tête
d'une démocratie, tout en renforçant les prérogatives du Monarque aux plans
institutionnel, religieux et politique. Ainsi, tout doit changer au niveau de
l'orientation, des conditions et des leviers de la politique étrangère du Maroc
pour que les identités de rôle de ce dernier soient préservées.

    C'est ainsi que, tandis que Hassan II n'avait pourtant jamais été décoré de
cette expression, le Roi actuel fut très vite dénommé « Mohammed VI l'Africain » par la presse française, marocaine et plus généralement africaine. Par
exemple, *Aujourd'hui le Maroc* a titré un article « Mohammed VI l'Africain »
pour mettre en avant l'idée qu'« avec le Roi Mohammed VI, le Royaume remet à
l'ordre du jour une tradition diplomatique qui a toujours fait défaut à nos voisins
malgré les pétrodollars déversés généreusement sur les capitales du continent
noir »[166]. De même, en France, *Jeune Afrique* a titré son article « Mohammed VI,
African king », pour montrer que « Rabat est parvenu à se tailler le statut de
puissance régionale autonome et de puissance relais entre l'Europe et le sud
du Sahara. Une stratégie directement pilotée depuis le Palais royal par un souverain personnellement investi, au point que les tournées africaines de ce chef

---

165   Antil, Alain, « Le Royaume du Maroc et sa politique envers l'Afrique sub-saharienne »,
       Étude, Institut français des relations internationales, 2003, p. 27-28.
166   « Mohammed VI l'Africain », *art. cit.*

d'État de 51 ans ne ressemblent à nulles autres »[167]. En Afrique, de nombreux journaux sénégalais[168], maliens[169] ou encore ivoiriens[170], ont fait état de l'offensive diplomatique de la Monarchie en Afrique. Plus généralement, la presse électronique a consacré de nombreux articles décrivant le caractère inédit de cette entreprise royale et relayant l'expression « Mohammed VI l'Africain ».

Qu'elle soit le fait d'une inspiration éditoriale ou d'une suggestion venant du Palais, la provenance de cette qualification importe peu, puisqu'elle illustre une véritable implication du Monarque dans cette politique africaine, à plusieurs échelles. Tout d'abord Mohammed VI est « Africain », dans ce contexte, car c'est lui qui, en premier lieu, a décidé de l'orientation africaine de la diplomatie, en plaçant son « continent d'appartenance à la tête de ses priorités de développement et au cœur de ses préoccupations diplomatiques internationales »[171]. En sa qualité de chef du processus décisionnel en matière de politique étrangère, il a aussi institué un suivi spécifique des dossiers relatifs à l'Afrique et considérés comme stratégiques. Par exemple, le double poste d'Inspecteur général des Forces Armées et Commandant de la zone sud, deuxième plus haut poste à responsabilité dans l'armée après celui du Roi, a été accordé en 2014 à un Général proche du Monarque : Bouchaïb Arroub. Avec cette nouvelle nomination, le Général s'est vu confier deux dossiers spécifiques qui ne sont généralement pas directement traités à ce niveau : la coordination de l'installation et du déploiement des hôpitaux de campagne en Afrique et la supervision des officiers africains en formation au Maroc[172]. Autre exemple, en 2013, le Roi a nommé Moulay Hafid El Alamy (entrepreneur Marocain, 40e fortune d'Afrique) nouveau Ministre de l'Industrie, du Commerce, de l'Investissement et de l'Économie numérique au sein d'un Gouvernement supposé être composé à majorité de représentants du parti islamiste élu au lendemain du printemps arabe. Cette nouvelle nomination avait aussi pour objectif de diriger la politique économique marocaine vers le marché africain[173].

---

167   Soudan, « Mohammed VI, African King », *art. cit.*

168   Mbaye, Amadou L., « Le Roi du Maroc en Afrique Subsaharienne : Mohammed VI, l'Africain », *SeneNews.com*, 24 mai 2015.

169   Thiam, Adam, « Tournée africaine de Mohammed VI : Majesté, ce peuple vous attend ! », *maliweb*, 22 mai 2015.

170   « Le roi Mohammed VI attendu dimanche en Côte d'Ivoire », *Connectionivoirienne*, 22 février 2014.

171   « Séminaire des Ambassadeurs marocains en Afrique. Diplomatie marocaine en Afrique : une approche renouvelée au service d'une priorité stratégique », Dossier de Presse, Rabat : Ministère des affaires étrangères et de la coopértaion, août 2012.

172   « Ce que signifie la vague de nomination d'ambassadeurs pour la diplomatie marocaine », *Al Huffington Post*, 7 février 2016.

173   *Ibid.*

Deuxièmement, Mohammed VI est politiquement Africain en plus de l'être identitairement, car il visite régulièrement les pays du continent accompagné d'un cortège de ministres et de conseillers ; visites qui concourent à valoriser sa politique à la fois charitable et moderniste. Les visites de Mohammed VI en Afrique constituent l'occasion de sceller les liens avec les chefs d'États, de signer des accords de coopération dans des domaines divers, mais surtout de faire connaître la Monarchie et de diffuser une image valorisante de royaume. Cette scénographie diplomatique s'effectue à deux niveaux : le premier est relatif à l'élaboration de la diplomatie émotionnelle échangée lors des rencontres et des discours. Le deuxième est relatif au comportement public de Mohammed VI, de ses rôles et de son style à l'ère du numérique.

Lors de ses tournées africaines, Mohammed VI, revêtant des habits traditionnels spécifiques, accompagné de ses ministres, fonctionnaires et domestiques, apportant de nombreux cadeaux, inaugurant des projets humanitaires et élaborant des accords de coopération prêts à signer, offre un spectacle diplomatique qui attire de nombreux journalistes. Il s'agit de de formes de rituels politiques, définis par Bourdieu comme « une magie sociale » permettant, à travers des paroles et des actes appropriés de revendiquer une différence[174]. L'agitation qui caractérise l'accueil du Monarque au sein de ces pays illustre plus particulièrement la force de ces rituels. À travers ce protocole, s'appuyant sur une mise en scène du pouvoir au sens bourdieusien, le Roi affirme sa fonction souveraine tout en se montrant sa disponibilité et son intérêt pour l'intégration africaine. Ces visites royales se sont progressivement transformées en véritables rites d'institution, toujours au sens bourdieusien[175], servant à valoriser l'action marocaine en Afrique (notamment les multiples accords de coopérations sud-sud discutés dans les deux chapitres suivants) et à instituer la coopération. Comme le remarque Pierre Bourdieu : « Instituer, c'est consacrer, c'est-à-dire sanctionner et sacrifier un état de choses, un ordre établi, comme fait précisément une constitution au sens juridico-politique du terme »[176].

Cette forme de rite s'illustre notamment par l'accueil que ces pays réservent à chaque visite, manifestation de leur engouement face aux perspectives de coopération qui se dessinent. Au Gabon, au Sénégal, au Mali, en Côte d'Ivoire ou encore en Guinée, on a pu voir les images de centaines de citoyens enthousiastes, parfois vêtus de teeshirts à l'effigie du Monarque, acclamant l'arrivée

---

174 Bourdieu Pierre. « Les rites comme actes d'instution », dans *Actes de la recherche en sciences sociales*. Vol. 43, juin 1982. Rites et fétiches. pp. 58-63.

175 *Ibid.*

176 Pierre Bourdieu, *Ce que parler veut dire : l'économie des échanges linguistiques*, Paris, Fayard, 1982, p. 124.

des représentants marocains autour de l'aéroport et tout au long des routes principales par lesquelles le cortège royal passe en saluant la foule. En Guinée Bissau, le Gouvernement a même décrété un jour chômé et payé le jour de la visite royale[177]. Au Gabon, ce journaliste observe qu'à la veille de l'arrivée de Mohammed VI « les avenues principales ont fait leur toilette des grands jours. Des ouvriers ont mis une couche de peinture blanche sur les abords des avenues »[178]. En Côte d'Ivoire un autre journaliste rapporte qu'« Abidjan a revêtu ses plus beaux apparats et la population ivoirienne ainsi que tous les membres de la communauté marocaine installés dans ce pays n'ont pas hésité à investir les trottoirs du trajet du cortège officiel pour acclamer l'invité de marque de la République, lui souhaiter « Akwaba » (bienvenue en langue Baoulé) et réitérer leur total attachement à leur Souverain en brandissant des drapeaux des deux pays ainsi que des portraits des deux Chefs d'État le tout sur son de you-you, tam-tam, bendirs et chants »[179]. À l'occasion d'une autre visite, des membres de la délégation ivoirienne se sont précipités pour embrasser la main du Monarque chérifien comme le feraient des citoyens Marocains dans un cadre officiel, au point que le refus du Roi de se faire embrasser la main par ces anciens amis de son père fut paradoxalement mal interprété et traité comme un petit scandale diplomatique par la presse ivoirienne[180].

Cette effervescence protocolaire et parfois spontanée dévoile un intérêt manifeste de la part des dirigeants de ces États pour la politique africaine du Royaume. Au Sénégal par exemple, Alassane Ouattara exprimait sa sensibilité aux « marques d'affection » transmises par la famille royale, ainsi que sa « grande admiration pour l'œuvre de modernisation et de développement (...) qui fait du royaume du Maroc un pays respecté et un partenaire de premier plan »[181]. En Guinée Conakry, le Président Alpha Condé a aussi annoncé que : « Notre ambition est que la Guinée devienne le premier partenaire du Maroc au sud du Sahara et nous allons tout faire pour y parvenir »[182]. Dans l'ensemble,

---

177   « En Guinée-Bissau, un jour chômé pour la visite de Mohammed VI », *Telquel.ma*, 28 mai 2015.

178   Mounombou, Stevie, « Mohammed VI à Libreville », *Gabonreview*, 03 juin 2015.

179   « Accueil populaire pour le Roi Mohammed VI à Abidjan », *Connectionivoirienne*, 31 mai 2015.

180   « Affaire Georges Ouégnin humilié : Mohamed VI a plutôt honoré l'ancien Chef du Protocole d'État », *Abidjan.net*, 22 mars 2013.

181   RTI CHAINE, *Déclaration du Président Alassane Ouattara au retour du Maroc*, 419 seconds, 25 janvier 2015.

182   « Entretien avec Alpha Condé, Président de la République de Guinée », *Le Matin.ma*, 3 mai 2014.

la presse de cette région véhicule une perception tout aussi optimiste et favorable à la présence marocaine[183].

Il s'agit là d'une véritable diplomatie émotionnelle. Comme le précise Todd Hall « la diplomatie émotionnelle est un comportement étatique coordonné qui projette explicitement et officiellement l'image d'une émotion particulière en guise de réaction envers d'autres États »[184]. Cette diplomatie émotionnelle, constituée d'actes de langage et de mises en scène politiques délibérées, constitue un instrument de mesure de l'intérêt des États africains. De même, elle a un impact majeur sur le développement des relations entre les deux parties, car elle conforte du côté marocain, sa perception de l'Afrique occidentale comme un ensemble d'États bienveillants et intéressés. Ainsi le Roi du Maroc, évoquant ses relations avec le Gabon, se félicite de leur « identité de vue » partagée[185], une expression utilisée également par les dirigeants marocains pour caractériser les relations maroco-sénégalaises[186] ou encore les relations maroco-maliennes[187]. Ensemble, les pays d'Afrique occidentale les plus proches du Maroc, de même que les représentants de l'État marocain, se perçoivent et se désignent réciproquement comme des pays frères ou amis. Cette appréciation mutuelle, chargée de discours affectifs, confirme l'existence d'une amitié à la fois historique et politique.

Pour appuyer cette représentation qui se dessine, les visites royales en Afrique sont organisées à l'image de ses déplacements au sein du Royaume. Le Monarque inaugure chaque projet, salue tous les représentants, se déplace dans tous les lieux, même insignifiants, de la même façon qu'il le fait au Maroc depuis le début de son règne. On remarque dès lors que le jeu à deux niveaux, évoqué dans le premier titre de cette étude, à savoir la continuité du style chérifien en politique intérieure comme en politique étrangère, s'illustre de façon particulièrement notoire au sein de cette politique africaine. En effet, nous avons démontré dans le troisième chapitre en quoi le monarque est perçu entre autres à travers ses rôles publics. Rappelons qu'il a inauguré une multitude de projets depuis son accession au trône, escorté de ses fonctionnaires

---

183   Voir, par exemple : Thiam, « maliweb.net – Tournée africaine de Mohammed VI », *art. cit.*
184   Hall, *Emotional diplomacy, op. cit.*
185   « SM le Roi adresse un message de remerciements au président Ali Bongo au terme de Sa visite officielle au Gabon », *Maroc.ma*, 13 avril 2013.
186   « Maroc/Sénégal : Une parfaite identité de vues et une volonté commune de promouvoir une coopération bilatérale aussi fructueuse que diversifiée », *MAP Express*, 31 juillet 2013.
187   « Je voudrais Vous dire combien Je Me réjouis des résultats positifs et prometteurs qui ont été enregistrés lors de cette visite, ainsi que de notre identité de vue sur les questions d'intérêt commun, aux niveaux bilatéral, régional et international » « SM le Roi adresse un message de remerciements au président malien au terme de Sa visite officielle au Mali », *MAP Maroc.ma*, 23 février 2014.

et de délégations représentatives du secteur associatif ou privé au point que de nombreux observateurs ont qualifié le régime de « monarchie exécutive ». Rappelons également que le Roi a sillonné des villages ignorés par Hassan II, s'est immergé dans des bains de foule spontanés, est entré en contact physique avec des personnes hospitalisées, des prisonniers, des orphelins, des sans-emplois et autres catégories marginalisées, au point que l'on ne tarda pas à qualifier Mohammed VI de « Roi des pauvres ». On observe dès lors que ce même style politique est reproduit à l'échelle africaine.

L'une des autres particularités du style de Mohammed VI, dans ce dispositif de communication, est qu'il s'est prêté au jeu des *selfies* (terme anglophone qui s'impose dans l'espace francophone au début de l'année 2013), à l'image des vedettes du show-business mais aussi des dirigeants anglophones comme Barack Obama, David Cameron ou Justin Trudeau. Dans les nombreuses photos du Monarque diffusées par les internautes, on peut le voir habillé en jean, en chemise à fleur, en teeshirt ou en encore *hoodie* à motifs, portant des baskets ou des chaussures compensées, tenant par le bras l'inconnu(e) qui lui a demandé la photo. Un comportement qui rompt totalement avec la rigueur du protocole royal, qui, rappelons-le, institue entre autres le rituel du baisemain royal. Le *selfie*, qui ne présente pas toujours le Monarque à son avantage, conférent au Roi un caractère plus accessible et plus humain, ce qui le rend plus populaire. Les *selfies* rompent totalement la fracture qui oppose le conservatisme et le libéralisme, les élites et le grand public, la culture noble et la culture populaire. Leur caractère intrusif et l'impression de proximité qu'ils créent entre le Monarque et le peuple, ont fait des selfies du Roi un objet recherché par une nouvelle génération de citoyens marquée par le développement des technologies numériques. Au Maroc le terrain est propice : traditionnellement, les Marocains aiment afficher des photos officielles du Roi dans l'espace public comme privé. Les *selfies* permettront de faire perpétuer cette tradition chez les jeunes, à l'exception près que cet affichage aura lieu sur les réseaux sociaux.

On remarque par conséquent, que dans le cadre de la projection de ses rôles à deux niveaux décrite dans le troisième chapitre de cet ouvrage, le Roi reproduit ces mêmes rituels politiques en Afrique. D'un côté, il inaugure de multiples les projets humanitaires, immobiliers, financiers ou encore agricoles, dont il effectue également le suivi en retournant régulièrement sur les chantiers[188]. Il prend le soin de recevoir lui-même chaque représentant politique, social,

---

188   Voir à ce sujet les rapports détaillés des visites royales en Afrique sur le site du MAEC. Par exemple : « Visite du Roi Mohammed VI en Côte d'Ivoire », Ministère des Affaires Étrangères et de la Coopération, 2014, p. 21 ; « Visite officielle de SM le Roi en Guinée-Conakry », MAP Maroc Arab Press, 2 mars 2014, p. 49.

ou religieux concerné par les accords de coopération, lors d'une entrevue déroulée en présence d'un ou deux ministres. D'un autre côté, en marge des évènements officiels, il accepte volontiers de prendre des *selfies* avec des ressortissants Africains dont les Marocains résidants dans ces pays.

La représentation marocaine de cette partie du continent et la confirmation de cette représentation dans les discours royaux ont permis la signature d'un ensemble d'accords de coopération Sud-Sud dans des domaines aussi diversifiés que l'économie, les finances, les travaux publics, l'éducation, la santé, l'armée, ou encore la culture. Les marques d'amitié partagées entre le Maroc et les États qui composent l'espace ouest-africain contribuent effectivement à la validité d'un système régional de croyances et de normes collectives entre l'Afrique occidentale subsaharienne et l'Afrique occidentale nord-saharienne. De même, elles favorisent l'émergence d'une communauté géopolitique, c'est à dire un ensemble de pays alliés par une volonté politique de reconnaissance d'un espace géoculturel commun. Cette représentation va dans le sens d'un régionalisme, au sens de Daniel Bach, défini par l'auteur comme un projet qui « postule la construction explicite d'une identité, en opposition à sa formation »[189]. Ce régionalisme, en tant que promesse d'une régionalisation[190] future, a donc conduit les dirigeants marocains à élaborer un cadre discursif de légitimation de cette politique africaine propre à favoriser la concrétisation de ces projets.

---

189   Bach, « Régionalismes, régionalisation et globalisation », *art. cit.*, p. 346.
190   Toujours selon Daniel Bach, rappelons le : « La régionalisation renvoie à des processus. Ceux-ci peuvent être le fruit de la concrétisation de projets régionalistes. La régionalisation peut également résulter de l'agrégation de stratégies individuelles, indépendantes de toute aspiration ou stratégie régionaliste identifiée ». *Ibid.*, p. 347.

CHAPITRE 5

Cadre de légitimation d'une intégration régionale

Dans une perspective régionaliste[1], le Maroc recourt à une stratégie discursive de légitimation ; un processus qui mobilise des références symboliques pour la construction d'un cadre officiel d'interprétation et de justification des actions diplomatiques du Maroc. Rappelons qu'un cadre de légitimation renvoie à « un régime de discours qui développe un savoir au service du pouvoir »[2]. La légitimation d'un rôle en Afrique constitue à cet effet, à l'image de la légitimation du pouvoir, un levier fondamental dans l'acceptation voire le soutien de la pratique politique (étrangère ou domestique) par la société civile et les dirigeants des États étrangers. On ne peut s'engager dans une politique de coopération sans l'avoir légitimé auprès de ses acteurs, de ses destinataires ou même de ses observateurs. L'ordre mondial actuel est marqué par la multiplication des régimes de pouvoir internationaux, des centres de décision multilatéraux, des sources de financements de politiques publiques et des instances juridictionnelles de contrôle et de condamnation mondiaux[3], ainsi que le développement de technologies numériques favorisant l'émergence d'un nouvel espace de contrôle démocratique[4] ; autant de configurations qui démontrent la nécessité de définir une stratégie de légitimation en mesure d'appuyer l'autonomie de la politique étrangère des États souverains. Le Maroc doit nécessairement développer un cadre de légitimation de sa diplomatie.

Ainsi, l'inscription du caractère africain de l'identité nationale dans la constitution de 2011 agit comme un facteur valorisant l'ancrage géopolitique et culturel historique du Maroc en Afrique occidentale. De même, l'insertion de la politique africaine du Maroc dans le cadre de la coopération Sud-Sud et la mise en avant des intérêts sécuritaires partagés au sein du continent, constitue à la fois un cadre de légitimation et un cadre d'action. En troisième lieu, l'affirmation d'une identité de rôle du « juste milieu », notamment par la diplomatie religieuse, constitue, de la même façon, à la fois un cadre de légitimation et un cadre d'action permettant d'affirmer la particularité du dispositif marocain en Afrique.

---

1   *Ibid.*

2   Julien Durand De Sanctis, *Philosophie de la stratégie française. La stratégie continentale*, *op. cit.*, p. 33.

3   Hurrelmann, A. *et alii* (dir.), *Legitimacy In An Age Of Global Politics*, Basingstoke : Palgrave Macmillan, 2007, 273 p.

4   Cardon, Dominique, *La démocratie Internet : Promesses et limites*, Paris : Seuil, 2010, 102 p.

1 Le royaume est africain : l'inscription de l'africanité dans le cadre diplomatique

Dans la perspective de la défense de ses rôles à deux niveaux, le Monarque alaouite s'est investi dans le débat de l'identité dès le début de son règne. S'adressant à la nation, il a élaboré un premier Discours du Trône entièrement tourné vers la question de l'identité marocaine : une identité reconnue désormais comme « plurielle », enrichie de « civilisations variées », et dont les différents dialectes, outre l'arabe, devraient être dorénavant enseignés dans les écoles. En tant que Roi, il s'érige comme le dépositaire de la mission de protection de cette identité et promet « la permanence d'un pouvoir fort apte à garantir la pérennité de l'État ». S'adressant à la France, il critique l'existence d'un « réflexe sécuritaire parce qu'on fait l'amalgame entre le Maroc et d'autres pays de la rive sud de la Méditerranée » ; il souligne que « le Maroc a une identité différente » et ce, pour la raison déjà évoquée par Hassan II, à savoir sa particularité géoculturelle, au carrefour de plusieurs régions[5]. Or la politique étrangère du Royaume repose à partir des années 2000 sur deux socles normatifs : « son identité et un engagement irréversible envers son Continent d'appartenance. Cette identité est faite d'histoire et de géographie, de brassages humains, de valeurs culturelles communes et de liens spirituels ancestraux »[6], dont le lien séculaire avec le continent africain.

C'est ainsi que, profitant de la conjoncture du « Printemps arabe » qui a conduit à la réécriture d'une nouvelle constitution en 2011, le Royaume a attesté à travers ce texte, pour la première fois dans son histoire, du caractère africain de l'identité nationale[7]. Plus qu'une stratégie d'intégration de la pluralité ethnique au service d'un pouvoir symbolique fédérateur, la reconnaissance de l'identité africaine du Maroc concourt à la validation de l'ancrage géoculturel du Royaume au sein du continent. La revendication de cette africanité repose également sur la dynamique culturelle des populations négro-maghrébines,

---

5 « Interview accordée par Sa Majesté le Roi Mohammed VI au quotidien français « Le Figaro » », *art. cit.*

6 « Dossier de presse – Séminaire des Ambassadeurs de Sa Majesté le Roi accrédités en Afrique », *art. cit.*

7 Le préambule de la loi fondamentale du Royaume indique que : « État musulman souverain, attaché à son unité nationale et à son intégrité territoriale, le Royaume du Maroc entend préserver, dans sa plénitude et sa diversité, son identité nationale une et indivisible. Son unité, forgée par la convergence de ses composantes arabo-islamique, amazighe et saharo-hassanie, s'est nourrie et enrichie de ses affluents africain, andalou, hébraïque et méditerranéen ». « Constitution du Royaume du Maroc », Royaume du Maroc, Secrétariat Général du Gouvernement, Direction de l'Imprimerie Officielle, Série « Documentation Juridique Marocaine », 2011.

symboliquement représentées par les confréries Haoussas, Gnawas, ou Derderba, qui relatant la mémoire de leurs périples dans des musiques chantées avec des dialectes particuliers. Le Maroc a donc raison de revendiquer son identité africaine, tant par le caractère africain des groupes ethniques qui le composent, que par la densité des échanges économiques et religieux qui le lient aux Afriques Sahélo-sahariennes, de l'Ouest et Centrale. De ces échanges résultent des communautés ou des familles partagées, des similarités culturelles, ainsi que des réseaux confrériques séculaires[8]. L'africanité de la nation ayant néanmoins été peu institutionnalisée, comme l'illustre la faible place accordée à l'histoire du continent dans les manuels scolaires, les Marocains ont acquis une faible connaissance l'histoire africaine, en comparaison de leurs connaissances du monde arabophone et de l'occident euro-américain. Cette tendance est visible aussi dans le traitement sporadique, par la presse marocaine, de l'actualité du continent pendant de longues années. La revendication de l'africanité du Maroc constitue donc une reconnaissance officielle formulée *a posteriori* des brassages ethniques séculaires. C'est pourquoi cette inscription constitue en premier lieu un cadre de légitimation historique et identitaire, au service d'une diplomatie justifiant la politique africaine du royaume.

Rappelons-le, le Maroc se présente comme le centre de tous les échanges, comme un « carrefour civilisationnel » au sein duquel les cultures africaines ou occidentales forment des « affluents » desquels il se nourrit. Ce discours diplomatique concorde parfaitement avec son identité de rôle du « juste milieu ». La revendication de l'africanité historique du Maroc permet de conforter sa politique africaine, en offrant une profondeur historique à son union au continent. Le Palais présente à ce titre le Maroc comme « une terre de rencontres et de dialogue (...) fidèle en cela aux liens séculaires qui l'unissent à son environnement africain »[9]. C'est pourquoi une partie du budget de l'État est consacrée à l'appui des manifestations culturelles qui valorisent la culture négro-marocaine et plus largement africaine (Festival Gnaoua d'Essaouira, Festival du Cinéma Africain de Khouribga, Centre Culturel Africain de Rabat), tandis qu'une diplomatie parallèle participe à cette dynamique. En France par exemple, l'Institut du Monde Arabe a consacré en janvier 2015 deux journées dédiées à la présentation historique du « Maroc Pluriel », réunion de chercheurs pluridisciplinaires discutant, entre autres, les aspects historiques de

---

8   Voir à ce sujet : Steffen, Marfaing Laurence, Wippel, *Les relations transsahariennes à l'époque contemporaine*, Paris : Karthala, 2003, 490 p.

9   « SM le Roi Mohammed VI adresse un message aux participants à la première conférence africaine sur le développement humain », *Maroc.ma*, 6 avril 2007.

l'identité africaine du Maroc[10], dans le cadre d'une grande exposition sur le « Maroc contemporain » soutenue par le Gouvernement marocain. À la même période, au Musée du Louvre, la Fondation Nationale des Musées du Maroc a organisé une exposition sur « Le Maroc Médiéval : un empire de l'Afrique à l'Espagne », portant à la connaissance du grand public les conquêtes des dynasties marocaines au sud du Sahara. Plus généralement, les journaux marocains contribuent à appuyer le postulat de l'ancrage africain du pays comme une « réalité historique » et un caractère « naturel » de son identité[11], une identité que les médias africains contribuent à faire reconnaitre[12].

Si la société civile est mobilisée pour conforter l'assomption d'une identité nationale africaine, les principaux destinataires de la stratégie discursive de légitimation de la politique africaine du Royaume forment les États africains concernés, les grandes puissances étrangères et les bailleurs internationaux et la société civile marocaine, dans l'objectif de mobiliser cette dernière dans cet effort de publicisation et de gouvernementalité évoqué précédemment.

Le Palais formule des idées afro-optimistes semblables à ceux des panafricanistes au lendemain des indépendances : « l'Afrique doit faire confiance à l'Afrique »[13] ; « une Afrique dynamique et développée n'est pas un simple rêve pour demain, cela peut être une réalité »[14] ; « l'Afrique a moins besoin d'assistance que de partenariats »[15] ; « il est temps que l'Afrique reprenne ses droits sur l'Histoire et la Géographie[16] » ; autant de formules suffisamment similaires pour être associées à cette mouvance, tout en étant complètement inédites. Au niveau gouvernemental, dans le prolongement des déclarations royales, la « Déclaration de Marrakech », élaborée dans le cadre du lancement du Forum des Médias sur le Continent Africain, est tout aussi illustratrice de cette stratégie discursive à la fois identitaire et politique. La déclaration évoque le « droit des peuples Africains », la « renaissance de l'Afrique », et appelle « à

---

10   Voir le programme à l'adresse de l'Institut du Monde Arabe : http://www.imarabe.org/colloque/maroc-pluriel-histoire-et-identite.

11   Par exemple : Didi, Abdeljalil, « L'ancrage africain enrichit l'identité locale et nationale du Maroc », *Almaouja.com*, 19 novembre 2014.

12   Dabo, Mamadou, « Au Mali de l'hospitalité et de l'africanité : Adieu les visées Azawadiennes, le Roi marocain s'installe », *Mali Actu*, 21 février 2014.« L'africanité du Maroc ne s'est jamais démentie », *Afrique7*, 19 septembre 2013.

13   « Texte intégral du discours de SM le Roi au Forum économique maroco-ivoirien à Abidjan », *Maroc.ma*, 24 février 2014.

14   « Discours de SM le Roi au Forum économique maroco-ivoirien à Abidjan », *art. cit.*

15   « Texte intégral du Discours prononcé par SM le Roi devant le 3ème Sommet du Forum Inde-Afrique », *Maroc.ma*, 29 octobre 2015.

16   « Message de SM le Roi adressé aux participants au Forum Crans Montana de Dakhla », *Maroc.ma*, 18 mars 2016.

la consécration d'un monde multipolaire à travers le lancement d'initiatives visant à faire entendre la voix de l'Afrique au monde libre »[17]. Ainsi, plus qu'une reconnaissance politique du caractère africain de l'identité nationale, plus qu'une stratégie institutionnalisant la valorisation de la culture africaine au Maroc ou la valorisation de l'ancrage africain du Royaume à l'étranger, cette thématique constitue, par enchâssement, un cadre de légitimation dans un autre cadre de légitimation, celui de l'engagement du Royaume en faveur du développement du continent et de son association aux problématiques africaines. Le Maroc ne pourrait prétendre parler au nom de l'Afrique s'il n'a pas démontré son attachement identitaire et culturel au continent. Toutes ces politiques discursives sont néanmoins pertinentes et peuvent être décisives. Sous le règne de Hassan II, l'identité nationale était définie en fonction de l'arabité et de l'islam tandis que les expressions de solidarité politique étaient adressées majoritairement à l'endroit du monde arabo-musulman. Sous le règne de Mohammed VI, l'Afrique est présentée progressivement comme un « continent d'appartenance », un espace d'échanges historiques, mais aussi un continent envers lequel le Royaume possède un devoir de solidarité.

2   Le royaume est solidaire : l'intégration du cadre normatif de la coopération Sud-Sud et de la sécurité globale

Sur la base du caractère africain de son identité, le Maroc inscrit aussi sa politique africaine dans le cadre de la coopération Sud-Sud et de la défense de la sécurité collective. Ce cadre de légitimation et d'action a été clairement énoncé par le Roi : « L'Afrique doit compter d'abord sur ses multiples atouts, son riche potentiel et ses propres ressources. C'est le sens que J'ai voulu donner, depuis Mon accession au Trône, à la stratégie africaine du Royaume. Cette stratégie s'appuie sur les vertus de la coopération Sud-Sud et sur l'impératif de développement humain »[18]. De ce fait l'ensemble des documents relatifs à la coopération avec l'Afrique occidentale, et plus généralement avec la politique étrangère du Maroc, mettent en avant la priorité accordée à la coopération Sud-Sud. Dans cette perspective, le Royaume a organisé avec l'appui du PNUD la première Conférence africaine sur le développement humain à Rabat en 2007. Une occasion pour le Palais de réaffirmer ce cadre de légitimation et

---

17   « Déclaration de Marrakech à l'occasion du forum des médias sur le continent africain », *Maroc.ma*, 17 décembre 2015.

18   « Discours de SM le Roi adressé aux participants au 4ème sommet Afrique-Union Européenne à Bruxelles », *Maroc.ma*, 3 avril 2014.

d'action de sa politique africaine : « Nous avons, donc, placé le développement de la coopération Sud-Sud en tête des priorités de notre politique étrangère, notamment en Afrique, et lui avons donné un contenu concret dans les domaines économique et social »[19].

Plus qu'une aide au développement, la coopération Sud-Sud renvoie à un dispositif d'échanges économiques, culturels, et techniques qui mettent l'accent sur la solidarité plutôt que sur le profit[20]. Revendiquée dans les années 1960-1970 par le Mouvement des Non-alignés[21] la coopération Sud-Sud constituait au départ une façon pour ces pays de protester contre la suprématie économique et politique des anciens colons et plus généralement des grandes puissances du Nord. La première manifestation de cette revendication s'est illustrée par la formation du Groupe des 77 (G77) en 1964, suivie par la création d'une Unité spéciale pour la coopération Sud-Sud au sein de l'ONU en 1978 (*High-Level Committee (HLC) on South-South Cooperation (SSC)*)[22]. L'ensemble des pays du Sud était cependant trop dépendant des aides financières des pays riches pour engager un véritable bouleversement des relations internationales. Ce n'est donc qu'à partir des années 2000 qu'une nouvelle forme de coopération Sud-Sud, définie comme un complément et non comme une substitution de la coopération Nord-Sud, s'est développée à l'échelle globale. Plus consensuel, ce nouveau paradigme est devenu progressivement l'un des principaux cadres d'action de l'ONU – préconisé dans le contexte des Objectifs du Millénaire pour le Développement – ainsi qu'un créneau de financement privilégié des puissances émergentes et des États pétroliers du Sud.

En 2000 le G77 a dès lors organisé son premier Sommet du Sud à La Havane, suivi de deux plans d'actions destinés à instituer le développement de la coopération Sud-Sud par les États : le Cadre de Marrakech adopté par la Conférence ministérielle sur la coopération Sud-Sud tenue à Marrakech en 2003[23] et le Plan d'action de Doha adopté par le deuxième Sommet du Sud du Groupe des 77 en 2005[24]. Acte symbolisant son appui à ces plans, l'ONU a institué une

---

19   « SM le Roi Mohammed VI adresse un message aux participants à la première conférence africaine sur le développement humain », *Maroc.ma*, 6 avril 2007.

20   Simplicio, Francisco, « South-South Development Cooperation : A Contemporary Perspective », dans Modi, Renu (dir.), *South-South Cooperation*, Palgrave Macmillan UK, 2011, p. 19-41.

21   Modi, Renu (dir.), *South-South Cooperation : Africa on the Centre Stage*, Springer, 2011, p. 1-13.

22   Voir le site de l'institution à l'adresse : http://southsouthconference.org/.

23   « Déclaration de Marrakech sur la coopération Sud-Sud », Groupe des 77 aux Nations Unies, Assemblée générale, 19 janvier 2004.

24   À propos des différentes conférences qui ont suivi le premier Sommet du Sud voir : « Rapport du Comité de haut niveau pour la coopération Sud-Sud », Assemblée générale des Nations Unies, juin 2007.

Journée des Nations Unies pour la Coopération Sud-Sud en 2004[25]. Peu à peu, l'ONU s'est imposée comme le plus important vecteur et promoteur de la coopération Sud-Sud, par la définition d'approches méthodiques normalisées et d'outils d'exécution standardisés, la facilitation des réseaux d'échanges Sud-Sud ainsi que le soutien des organismes qui participent à ce nouveau maillage[26].

Le Royaume participe activement à la consolidation de ce nouveau paradigme du développement et fait preuve d'un certain optimisme en la matière. Pour revendiquer son nouveau rôle en matière de coopération Sud-Sud, son premier acte symbolique a consisté dans l'annulation de la dette des Pays les Moins Avancés en 2000[27]. Les dirigeants marocains ont également participé à l'élaboration de la Déclaration de Paris sur l'efficacité de l'aide au développement (2005) ainsi qu'au Programme d'action d'Accra (2008), initiatives qui visent à conforter, contrôler et évaluer la coopération internationale en matière de développement, et qui encouragent le soutien de la coopération Sud-Sud par le Nord[28]. L'implication du Gouvernement marocain dans ce domaine s'est aussi accrue au fur et à mesure qu'il a pris part au NEPAD, à la Conférence de Monterrey, et au TICAD[29]. Ces adhésions participent également à la consolidation du cadre rhétorique de légitimation et d'action de la présence marocaine au sein du continent. Le document de présentation de la coopération Sud-Sud publié sur le site du MAECI est notablement illustratif de cette correspondance discursive. Le document aborde en grande partie les relations maroco-africaines ; en particulier le devoir de solidarité « agissante » du Maroc envers le continent comme principale responsabilité de ses dirigeants en Afrique[30]. Ainsi, dès 2005, les Forces Armées Royales prenaient en charge la construction d'un hôpital de campagne composé de 28 médecins marocains, ainsi que l'acheminement de denrées alimentaires au Niger. En 2010, le Gouvernement a envoyé trois nouveaux avions chargés d'aides humanitaires.

---

25   « Résolution adoptée par l'assemblée générale 58/220. Coopération économique et technique entre pays en développement », Assemblée générale des Nations Unies, 19 février 2004.

26   Pour un résumé récent des actions entreprises par l'ONU en faveur du développement de la coopération Sud   Sud, des acteurs mobilisés et des financements alloués, voir : « Examen des rapports de l'Administrateur du Programme des Nations Unies pour le développement », New York : Comité de haut niveau pour la coopération Sud-Sud des Nations Unies, 22 mai 2012.

27   À noter que 30 PMA sur 42 sont africains.

28   « Déclaration de Paris sur l'efficacité de l'aide au développement et programme d'action d'Accra », OCDE, 2008.

29   « Le Maroc et la Coopération Sud-Sud / Pays les moins avancés (PMA) », Synthèse, Rabat : Ministère des Affaires Étrangères et de la Coopération, s. d., p. 2.

30   « Maroc, pays solidaire : coopération Sud-Sud », Ministère des Affaires étrangères et de la coopération. Voir aussi le document intégral en Annexe 8.

En 2012, deux autres avions ont été envoyés au Niger sur ordre du Roi. La visite du souverain au Niger en 2005 dans un contexte de crise humanitaire, ainsi que l'aide apportée à ces pays depuis cette date, constituent des exemples d'engagement que les représentants du Royaume ne manquent pas de valoriser dans les discours.

En plus des aides en situation d'urgence, 300 millions de dollars, soit l'équivalent de 10% des échanges marocains avec le continent, sont alloués chaque année à l'Afrique dans le cadre de l'aide publique au développement. Le secteur privé participe aussi à cet effort de solidarité. Par exemple, au nom de la solidarité du Royaume avec l'Afrique, la RAM était la seule compagnie aérienne à desservir régulièrement la Sierra Leone, le Libéria et la Guinée Conakry lors de la crise Ebola, suivant ainsi les recommandations de l'OMS qui a jugé inopportun de couper ces pays du reste du monde. Le porte-parole de la RAM, Hakim Challot a ainsi fait valoir que la compagnie inscrivait son initiative dans « une démarche solidaire et non mercantile, qui fait écho à l'engagement constant du Royaume en Afrique »[31].

La rhétorique de la coopération Sud-Sud et l'institutionnalisation de l'aide au développement contribuent à façonner le rôle d'un Royaume solidaire. Ce type d'initiatives place le Maroc du bon côté de la barrière, se faisant désigner par ses partenaires comme le pays qui « montre la voie du vrai développement à l'Afrique »[32]. Les médias africains relayent également cette idée. Par exemple ce journal camerounais considère que « les relations entre le pays de S.M. Mohammed VI et celui de Paul Biya connaissent une singulière réussite de coopération sud-sud »[33].

Par ailleurs, la coopération Sud-Sud est étroitement associée à la coopération triangulaire, qui constitue, comme nous l'avions évoqué au début de cette étude, un levier diplomatique fondamental pour le Maroc dans l'affirmation de son identité de rôle du « juste milieu ». Le Gouvernement ne disposant pas de moyens financiers suffisants pour fournir une aide conséquente au Sud, à l'instar des aides apportées par l'Afrique du Sud, l'Inde, le Koweït ou l'Argentine[34],

---

31   Klein, Guillaume, « Au nom de la politique africaine du Royaume : Le Maroc solidaire des pays touchés par Ebola », *L'opinion.ma*, 1 septembre 2014.

32   Déclaration du Président du Forum Crans Montana, ONG Suisse, forum économique visant à encourager la croissance globale, mais hautement politique pour le Maroc car il a été organisé à Dakhla, durant deux années consécutives, postulant une reconnaissance officieuse de la marocanité du Sahara par les participants présents. « Dakhla 2016 : l'Afrique et la Coopération Sud-Sud au cœur du débat », *Guinée Matin – Les Nouvelles de la Guinée profonde*, 17 février 2016.

33   « Maroc-Cameroun : Main dans la main », *Journal Du Cameroun*, 8 août 2013.

34   Conseil Économique et Social des Nations Unies (ECOSOC), *Background Study for the development cooperation forum. Trends in South-South and triangumar development cooperation*, New York : Nations Unies, 2008.

la coopération triangulaire Nord-Sud-Sud apparaît donc comme une bonne solution de compromis.

Sur un plan financier, cette thématique discursive est tout aussi fructueuse. Selon différentes sources, les coopérations Sud-Sud et triangulaires sont devenues des axes majeurs de financement pour le développement. En 2006, ce créneau représentait 10% de l'aide mondiale[35], soit 12 milliards de dollars[36]. En 2008, ce chiffre avait déjà atteint 16,2 milliards de dollars[37]. Il n'existe pas de statistiques globales sur l'ampleur actuelle de ces aides mais il semblerait qu'elles continuent de se développer. Parmi les prestataires du Sud, on peut compter désormais des États pétroliers comme l'Arabie Saoudite ou le Venezuela, des puissances industrielles comme la Corée, l'Inde ou la Chine, ainsi que des organisations multilatérales du Sud comme la BADEA, la Banque islamique de développement et le Fonds de l'OPEP pour le développement international. Plus généralement, les conditions de la programmation de la coopération Sud-Sud et de la coopération triangulaire auront tendance à être davantage standardisées et généralisées aux niveaux national, régional et mondial, comme l'affirme un récent Plan-cadre de l'ONU sur ce sujet[38]. Plusieurs organismes de l'ONU ont créé des unités chargées de l'appui à ce type de coopération. De nouvelles banques (Banque de développement des BRICS par exemple) ainsi que de nouveaux fonds d'affectation financière spécifiques à la coopération Sud-Sud émergent continuellement, au point que, comme le souligne cette étude de l'OCDE : « la coopération Sud-Sud remodèle le paysage du financement du développement »[39].

Parmi les priorités thématiques ciblées par les différents bailleurs de la coopération Sud-Sud, la sécurité humaine[40], en tant que concept qui embrasse

---

35   « Coopération Sud-Sud », Development Finance International Group, 2006.

36   McEwan, Cheryl et Mawdsley, Emma, « Trilateral Development Cooperation : Power and Politics in Emerging Aid Relationships », *Development and Change*, vol. 43, n° 6, 2012, p. 1185-1209.

37   Conseil Économique et Social des Nations Unies (ECOSOC), *Background Study for the development cooperation forum. Trends in South-South and triangumar development cooperation, op. cit.*

38   « Plan-cadre contenant des directives opérationnelles sur l'appui des Nations Unies à la coopération Sud-Sud et à la coopération triangulaire », New York : Organisation des Nations Unies – Comité de haut niveau po ur la coopération Sud-Sud, 22 mai 2012.

39   Chaturvedi, Sachin, « Le dynamisme croissant de la coopération Sud-Sud », dans *Coopération pour le développement 2014 : Mobiliser les ressources au service du développement durable*, Paris, 2015.

40   La notion de sécurité humaine renvoie à une définition de la menace qui ne se limite pas à la violence des conflits armés, mais comprend d'autres formes de privations : la misère, la pollution, les maladies, l'illettrisme, le manque de liberté constituent également des formes d'insécurité. La sécurité humaine complète en ce sens les domaines définit par la sécurité de l'État et place l'humain au centre des préoccupations de l'État. Plus

différents secteurs de la sécurité (économique, alimentaire, sanitaire, politique, environnementale etc.) et qui est orienté tout autant dans la prévention que dans la résolution des conflits, occupe une place centrale au sein de ce dispositif. La réflexion sur la sécurité s'est élargie en passant d'une préoccupation exclusive pour la sécurité de l'État à celle de la sécurité de l'individu, au sein de laquelle l'approche négative de la paix (la paix comme absence de guerre) doit être remplacée par une approche positive de celle-ci[41]. Dans ce contexte, la sécurité humaine a pour ambition de permettre l'épanouissement de l'individu et postule d'une double stratégie : protection et habilitation. Cette approche fut préconisée pour la première fois par le PNUD dans un rapport datant de 1994, mais elle constitue un objectif véritablement débattu au sein de l'Assemblée générale des Nations unies depuis 2008[42].

En Afrique, continent le plus touché par les formes d'insécurité telles que définies par la Commission sur la Sécurité humaine, cette notion est inscrite comme un objectif primordial par l'Union africaine, le NEPAD (actuelle AUDA), ou encore les organisations régionales en Afrique occidentale[43]. Tandis que quelques pays comme le Soudan ou l'Algérie ont exprimé leur scepticisme vis-à-vis de ce concept, considéré comme notion floue, ouvrant la voie à des ingérences dans les affaires intérieures des États et à l'imposition de « normes en matière de civilisation », de nombreux pays y adhèrent complètement. Le Gabon a ainsi affirmé que « la sécurité humaine était au centre des priorités du Gouvernement »[44], de même que la Guinée a déclaré « qu'il était indispensable de développer la pratique de la sécurité humaine »[45]. En Europe, de nombreux partis, organisations ou institutions inscrivent désormais leurs actions africaines dans le cadre de cette nouvelle rhétorique normative. Le

---

que de protéger, la sécurité humaine doit permettre d'offrir à l'humain les moyens de se prendre en charge. Enfin, la méthode prônée dans cet objectif est d'inclure des acteurs non-étatiques et des acteurs étrangers dans le cadre d'une souveraineté partagée pour résoudre les défis posés par la sécurité humaine. Voir notamment : Commission sur la sécurité humaine (dir.), *La sécurité humaine maintenant : rapport de la Commission sur la sécurité humaine*, Paris : Presses de Sciences Po, 2003.

41   David, Charles-Philippe et Rioux, Jean-François, « Le concept de sécurité humaine », dans Rioux, Jean-François (dir.), *La sécurité humaine : une nouvelle conception des relations internationales*, Paris : l'Harmattan, 2002.

42   « La sécurité humaine en théorie et en pratique. Application du Concept de Sécurité Humaine et Fonds des Nations Unies pour la Sécurité Humaine », Bureau de la Coordination des Affaires Humanitaires de l'ONU, 2009, p. 86.

43   « La sécurité humaine en Afrique de l'Ouest : Défis, synergies et actions pour un agenda régional », Lomé, Togo : Club du Sahel et de l'Afrique de l'Ouest / OCDE, octobre 2006.

44   « La définition du concept de la sécurité humaine continue de diviser les États Membres à l'Assemblée générale », Assemblée Générale de l'ONU, 21 mai 2010.

45   *Ibid.*

Centre suisse pour le contrôle démocratique des forces armées (DCAF) a par exemple organisé à Rabat une conférence visant à promouvoir l'intégration de la sécurité humaine dans les politiques de sécurité nationale dans le nord-ouest de l'Afrique, événement qui a réuni les représentants de nombreux États ouest-africains[46].

Au Maroc, le Roi s'est référé à la sécurité humaine dans son message adressé au Sommet de l'ONU du millénaire[47], au 11e Sommet de la Francophonie[48], et au 21e Sommet Afrique – France[49], sans conférer à cette thématique une valeur légitimatrice de l'action extérieure marocaine. Le royaume a en effet une position nuancée sur ce point. À l'image du Mexique ou encore de l'Égypte, il ne rejette ni n'adhère complètement à la notion de sécurité humaine, mais se déclare favorable à une approche plus restrictive qui distingue la responsabilité de protéger de la sécurité humaine ; autrement dit une approche qui distingue la sécurité nationale de celle de l'individu[50]. Bien que le Palais et le Gouvernement ne se réfèrent pas toujours au concept de sécurité humaine *talis qualis* s'agissant de la politique africaine du Maroc, celui de « sécurité globale »[51] corollaire postmoderniste du concept libéral de « sécurité humaine », est prépondérant dans les discours. Définie également comme une approche élargie de la sécurité, la sécurité globale met l'accent sur l'interdépendance entre sécurité intérieure et extérieure ainsi que sur l'intérêt d'une réponse systémique face aux menaces globales. Contrairement à la sécurité humaine, qui remet en question la prédominance des États et minimise le rôle des militaires, la sécurité globale met davantage l'accent sur le rôle des États souverains et revendique pleinement l'intérêt de l'appareil de défense. Elle constitue donc un concept qui sied davantage à la vision marocaine. D'autant plus que l'ensemble

---

46   « Intégrer la sécurité humaine dans les politiques de sécurité nationale dans le nord-ouest de l'Afrique », Rapport de synthèse, Centre pour le contrôle démocratique des forces armées – Genève (DCAF), novembre 2010, p. 64.

47   « Message de Sa Majesté le Roi Mohammed VI adressé au Sommet de l'ONU du millénaire », *Maroc.ma*, 2 juillet 2006.

48   « Message de SM le Roi au XIème Sommet des chefs d'État et de gouvernement de la Francophonie », *Maroc.ma*, août 2006.

49   « Allocution de S.M le Roi Mohammed VI lors du 21ème Sommet des chefs d'État et de gouvernement d'Afrique et de France », *Maroc.ma*, 17 janvier 2001.

50   Kherad, Rahim (dir.), *Sécurité humaine : théorie et pratique(s) en l'honneur du doyen Dominique Breillat colloque international*, [5 et 6 février 2009, Faculté de droit et des sciences sociales de Poitiers], Paris : A. Pedone, 2010.

51   Pour une analyse complète du concept, voir : Bravo, Alain *et alii*, *La sécurité globale : Réalité, enjeux et perspectives*, Roujansky, Jacques (éd.), Paris, France : CNRS éditions, 2009, 343 p.Bevir, Mark *et alii*, *Interpreting Global Security*, London New York : Routledge, 2014.

des domaines de la sécurité désignés par la notion de la sécurité humaine, selon sa définition par la Commission[52], sont aussi envisagés dans le cadre de la sécurité globale : la criminalité transnationale, les conflits ethniques et religieux, les pandémies, les attaques biotechnologiques, les migrations de masse, ou encore les crises environnementales et climatiques.

L'usage du concept de « sécurité globale » par les dirigeants marocains est aussi une façon de se référer aux différentes dimensions de la sécurité telles que définies par les organisations internationales tout en préservant l'idée de la suprématie de l'État sur ces questions[53]. Dans de nombreux discours, le Monarque souligne son appui à la consolidation de la sécurité globale tout en rappelant la nécessité de développer une entraide en faveur du continent africain[54]. La question du terrorisme au Sahel, du trafic de drogues ou d'armes en Afrique de l'Ouest, des problèmes alimentaires au Tchad ou au Niger ou encore le développement du rôle de la femme dans les sociétés africaines et les défis environnementaux, forment autant de raisons soulevées pour justifier et légitimer la coopération entre le Maroc et son environnement africain. Le Maroc recourt dans ce contexte au principe de subsidiarité, qui permet de concilier les principes de la nécessité d'agir et celui de la souveraineté des États, et fait apparaître sa diplomatie comme une diplomatie plus humaniste que réaliste. De sorte que de nombreux acteurs extra-africains soutiennent diplomatiquement l'action marocaine dans cette région.

Les discours liés à la coopération Sud-Sud et à la sécurité globale trouvent un écho en Afrique d'autant plus favorable que le contexte actuel est marqué par le développement d'une diplomatie de la paix sur le continent. L'Afrique réaffirme fortement depuis le début des années 2000 la nécessité de se donner les moyens de prendre en charge les questions de sécurité et de développement du

---

52   Commission sur la sécurité humaine (dir.), *La sécurité humaine maintenant, op. cit.*

53   La Monarchie propose sa propre définition élargie de la sécurité globale : « Nous réaffirmons également Notre attachement à une sécurité globale, dans ses dimensions stratégique, politique, économique, culturelle et humaine, une sécurité qui garantisse la souveraineté, l'unité nationale et l'intégrité territoriale de chaque peuple. Nous appelons, en outre, à l'adoption d'une stratégie opérationnelle pour ouvrir une ère nouvelle dans nos relations internes et dans nos rapports avec notre environnement international » « Discours de SM le Roi Mohammed VI au sommet arabe de Tunis », *Maroc.ma*, 29 mars 2004.

54   « Discours de S.M. le Roi aux participants de la réunion de l'assemblée générale de l'ONU », *Maroc.ma*, 14 septembre 2005. « SM le Roi Mohammed VI adresse un message aux participants à la première conférence africaine sur le développement humain », *art. cit.* « Discours royal à l'occasion du 4ème anniversaire de la Fête du Trône », *art. cit.*

continent[55]. Ce contexte est favorable à une reconnaissance du rôle du Maroc en matière de développement et de sécurité parmi les dirigeants africains. À titre d'exemple, la Première Dame de Guinée a déclaré que le Royaume est devenu « un modèle pour les pays africains en seulement quelques années »[56]. On compte aussi des acteurs extra-africains qui adhèrent au cadre de légitimation marocain, parmi lesquels en premier lieu la France, qui a réitéré son appui à la diplomatie du Maroc en Afrique[57]. Les États-Unis soutiennent pareillement la politique de sécurité marocaine au Sahel, sujet que nous aborderons plus loin. Les pays du Sud, et plus spécifiquement les monarchies du Golfe, facilitent si besoin les rencontres et l'intégration marocaine en Afrique occidentale[58].

3   Le royaume est modéré : la valorisation d'un legs politico-religieux par la définition d'un islam du « juste milieu »

Autre thème discursif du cadre de légitimation de cette politique africaine, la valorisation du caractère « modéré » du Royaume, en particulier dans le domaine religieux, se consolide à la faveur de la menace suscitée par le terrorisme islamique. Plus généralement, la résurgence de la problématique religieuse dans les relations internationales[59] a poussé le Maroc à se

---

55   Stalon, Jean-Luc, « L'africanisation de la diplomatie de la paix », *Revue internationale et stratégique*, vol. 66, n° 2, 2007, p. 47-58.

56   « SM le Roi Mohammed VI a fait du Royaume "un modèle" pour les pays africains (Première Dame de Guinée) », *MAP*, 8 mars 2014.

57   Selon le Président François Hollande : « nous ne pourrions pas fédérer nos forces, Maroc et France, pour servir le développement du continent africain, pour porter des projets ensemble, pour investir ensemble en Afrique ? Nos deux pays partagent la volonté d'aider un certain nombre de pays en Afrique et de travailler dans la même direction avec nos atouts spécifiques, avec nos forces respectives » République, Présidence de la, « Intervention du président de la République devant la communauté française au Lycée Lyautey de Casablanca », www.elysee.fr, 5 avril 2013.

58   L'Arabie Saoudite contribue par exemple à la normalisation des relations maroco-mauritaniennes. « L'Arabie Saoudite facilite la réconciliation entre le Maroc et la Mauritanie », *Yabiladi.com*, 8 avril 2016.

59   Ce sujet fait l'objet d'une vaste littérature théorique. Voir notamment : K.R. Dark (dir.), *Religion and International Relations*, Basingstoke, Palgrave Macmillan, 2000, Vendulka Kubálková, « Towards an International Political Theology », *Millennium – Journal of International Studies*, 12 janvier 2000, vol. 29, n° 3, pp. 675-704. Petito, Fabio et Hatzopoulos, Pavlos (dir.), *Religion in International Relations. The Return from Exile*, Basingstoke, Palgrave Macmillan, 2003, Scott M. Thomas, *The Global Resurgence of Religion and the Transformation of International Relations*, Basingstoke, Palgrave Macmillan, 2005.

repositionner vis-à-vis des identités religieuses, et à renouveler son approche de l'islam politique. Une nouvelle définition de l'islam, fondée sur le « principe du juste milieu »[60] a donc émergé à l'avènement du règne de Mohammed VI. Dès 2002, le lancement d'un vaste projet de reconstruction du champ religieux, sur les plans institutionnel et normatif concrétise cette ambition. Pour la première fois dans l'histoire du Maroc, le soufisme est devenu l'une des trois composantes officielles de l'islam d'État, aux côtés de l'école malékite et de la doctrine Ascharite. Ahmed Toufiq, nouveau Ministre des Habous et des Affaires islamiques nommé par le Roi en 2002, est soufi. Il remplace un ancien ministre considéré trop complaisant avec la mouvance salafiste. Représenté au Maroc par de nombreuses confréries locales et transnationales ; le soufisme est en effet pratiqué aussi bien par des élites que par des classes populaires. Présenté comme rempart contre l'extrémisme (wahhabite ou salafiste) du fait de sa dimension mystique et spirituelle[61], il permet au Roi, Commandeur des croyants, de revaloriser les liens d'allégeance qui ont unis, à différentes périodes de l'histoire du Maroc, des communautés religieuses transnationales africaines aux sultans du Maroc, et de revendiquer un rôle singulier dans la sécurité du continent, qui tire sa légitimité du pouvoir symbolique du Monarque.

L'institutionnalisation du soufisme par l'État intervient après une longue période où la doctrine salafiste dominait le champ de la pensée religieuse parmi les Oulémas. Au lendemain de l'indépendance, alors que la définition de l'identité nationale était rapidement devenue un enjeu partisan, Allal el Fassi – idéologue du Parti de l'Istiqlal et théoricien du projet du « Grand Maroc » – affichait une préférence publique à l'égard du salafisme réformiste[62] (à ne pas confondre avec le salafisme contemporain[63]). Allal el Fassi était le fils d'un important Ouléma de Fès, recteur de l'Université théologique Al Quaraouiyine, dont il avait hérité la vision. Pour lui, le Maroc devait revenir à ses sources, à une époque plus pieuse, détruite par l'occidentalisation introduite par la France. Afin d'atteindre cet objectif, il fallait diffuser la langue arabe et la culture islamique par l'éducation nationale. Dans ce dispositif, les langues vernaculaires

60   « Discours de S.M le Roi Mohammed VI à l'occasion du premier anniversaire de l'Intronisation du Souverain », *Maroc.ma*, 30 juillet 2000.

61   « SM le Roi Mohammed VI, Amir Al Mouminine, adresse un message aux participants à la première édition des rencontres nationales Sidi Chiker des adeptes du soufisme », *Maroc. ma*, 10 septembre 2004.

62   Zekri, Khalid, « Aux sources de la modernité marocaine », *Itinéraires. Littérature, textes, cultures*, n° 2009-3, 2009, p. 43-55.

63   Dialmy, Abdessamad, « L'Islamisme marocain : entre révolution et intégration », *Archives de sciences sociales des religions*, n° 110, Éditions de l'École des hautes études en sciences sociales, 2000, p. 5-27.

amazighes représentaient également une menace à l'unité de l'identité nationale : il fallait donc arabiser les amazighes dès le primaire[64], effacer leurs rites
« païens » de même que toutes les formes de pratiques islamiques confrériques
(soufies) ou maraboutiques. Très vite, une large partie de l'élite bourgeoise
marocaine adhérait à l'idéal d'el Fassi sur l'identité « originaire » de la nation
marocaine, ignorant que le concept d'État nation a pourtant été importé de
l'expérience européenne.

Cependant, une nouvelle forme de salafisme plus conservatrice et populiste,
a émergé progressivement au cours des années 1980. Au départ, ce salafisme
avait été introduit par l'État pour contrecarrer les mouvements révolutionnaires. Cependant des groupes radicaux et violents se sont progressivement
développés autour de l'idéologie salafiste. C'est notamment dans la perspective de contrer cette mouvance que Mohammed VI, une fois au pouvoir, a souhaité redéfinir les valeurs de l'islam marocain et réorganiser les institutions
religieuses. Les attentats terroristes du 16 mai 2003 à Casablanca ont aussi
contribué à accélérer le « plan de restructuration du champ religieux », pour
reprendre l'expression usitée par ses technocrates, dont les principaux volets
sont : la réorganisation du Ministère des Habous et des Affaires islamiques,
la recomposition et l'élargissement du Conseil des Oulémas, et la rationalisation de l'éducation islamique dans l'enseignement public. Cette redéfinition
a impliqué un ensemble de réformes ayant pour objectif d'une part un meilleur contrôle du champs religieux par l'État et d'autre part de combattre le
salafisme par la clarification des principes du nouvel islam officiel marocain.
Parmi les domaines de ces réformes on peut citer : le contrôle de la provenance
des fatwas des imams (seules les fatwas étatiques sont autorisées), un meilleur
encadrement de l'enseignement islamique pour vérifier sa conformité avec
l'islam officiel, le suivi de la provenance des financements des mosquées, un
meilleur renseignement sur les foyers salafistes, ou encore la diversification
et la professionnalisation des représentants religieux (par l'introduction notamment de la fonction de « mourchidates », prédicatrices spécialistes de la
jurisprudence de l'islam). Ces réformes ont permis en partie d'atteindre les
objectifs escomptés, à savoir « la rationalisation, la modernisation et l'unifi-
cation de l'éducation islamique (...) qui, au lieu de former des esprits obtus
et sclérosés, favoriseront, au contraire, l'ouverture sur les autres cultures »[65].
Cependant, le milieu religieux, en particulier celui des Oulémas, demeure très

---

64   Karim K. Mezran, *Negotiation and Construction of National Identities*, Boston, Martinus
      Nijhoff Publishers, 2007.
65   « Discours royal relatif à la restructuration du champ religieux au Maroc », *Ministère des
      Habous et des Affaires Islamiques*, 20 avril 2004.

conservateur et ne parvient pas à accompagner le changement de mentalités voulu par le Roi. La démission de Asmaa Lamrabet, seule femme ayant réussi à faire momentanément partie de la Rabita Mohamadya des Oulémas à la faveur de cet élan de réforme, est une illustration probante de la résistance sévère à toute forme de modernisation de ce champ. Sur sa page web, elle explique que sa démission est liée à « des divergences portant sur l'approche de l'égalité femmes hommes au sein du référentiel religieux »[66]. Ainsi, le plan de restructuration du champ religieux s'est essentiellement concentré sur la dimension sécuritaire, à savoir « prémunir le Maroc contre les velléités d'extrémisme et de terrorisme, et de préserver son identité qui porte le sceau de la pondération, la modération et la tolérance »[67] et ce avec un certain succès à ce stade.

Fort de cette restructuration institutionnelle et normative en cours, en faveur d'une approche dite modérée et tolérante, le Maroc ambitionne également de diffuser son modèle religieux pour consolider son rayonnement culturel, spirituel, et politique. Dans cette perspective, en tant que membre fondateur de l'OCI[68], le Maroc a présidé l'organisation à deux reprises et rivalise férocement avec la Turquie sur la vision du rôle qu'elle doit jouer[69]. S'adressant aux dirigeants des pays islamiques, Mohammed VI promeut, dans un contexte de montée de l'extrémisme djihadiste, la vision marocaine du juste milieu et son potentiel pour « redresser l'image rayonnante de l'islam »[70]. Dans cette optique, l'appareil diplomatique a été dûment convoqué pour assurer la diffusion de cette identité[71].

---

66   « Communiqué de presse du Dr Asma Lamrabet explicitant les raisons de sa démission du Centre d'Études Féminines en Islam au sein de la Rabita alMohamadya des Oulémas du Maroc », URL : http://asma-lamrabet.com/articles/communique-de-presse-du-dr-asma -lamrabet-explicitant-les-raisons-de-sa-demission-du-centre-d-etudes-feminines-en -islam-au-sein-d/.

67   « Discours royal relatif à la restructuration du champ religieux au Maroc », *art. cit.*

68   Organisation de la Conférence Islamique devenue Organisation de la Coopération Islamique, créée lors du sommet de Rabat, 1969.

69   Belhaj, *La dimension islamique dans la politique étrangère du Maroc, op. cit.*, p. 201-202.

70   « Partant de notre ferme attachement aux idéaux de notre civilisation islamique séculaire qui prône le juste-milieu et la modération, le dialogue et la tolérance, l'ouverture sur l'Autre et son respect, nous disons à l'adresse de nos partenaires au sein de la communauté internationale ce qui suit : Venez pour convenir ensemble de nous en référer, dans nos relations et la gestion de nos différends, à ces principes divins sublimes » « Discours de SM le Roi Mohammed VI à la rencontre consultative des dirigeants des pays islamiques », *Maroc.ma*, 26 février 2003.

71   « Nous avons élaboré une vision diplomatique intégrée et cohérente qui affirme et consacre l'identité civilisationnelle séculaire du Maroc. (…) Il est également du devoir de la diplomatie marocaine de s'employer, avec la même ardeur, à mettre en relief les atouts fondamentaux du Royaume, et d'en faire l'usage le plus judicieux, et ce, à travers un

Pour assurer ce rayonnement, le Gouvernement a créé en 2004 une chaine de radio et de télévision baptisée *Mohammed VI du Saint Coran (Assadissa)*[72], émise sur le satellite Hot Bird (qui couvre l'Europe et l'Asie mineure en passant par le Bassin méditerranéen) et Nile Sat (couvrant l'Afrique du nord, le Proche-Orient et le Moyen-Orient). La chaîne transmet en continu, en arabe, amazighe et français, et participe à la promotion d'un l'islam marocain tel que défini par le ministère en 2002. Plus largement, selon ce dirigeant, l'objectif de cette chaine est de contribuer à « contrecarrer les extrémistes qui portent atteinte à l'image de l'islam »[73] avec les mêmes moyens technologiques. Parallèlement, le Gouvernement encourage la publication de la recherche scientifique et théologique à travers l'organisation du « Prix Mohammed VI » pour les études islamiques, valorisant des thèmes qui vont dans le sens d'une démarche « progressiste » instituée par les organisateurs[74].

L'institutionnalisation et le contrôle du champ religieux par l'appareil monarchique ont ainsi servi de modèle à des officiels américains en Algérie, qui ont encouragé le dialogue entre le Gouvernement et les islamistes modérés[75]. Pierre Vermeren observe d'ailleurs qu'à partir des années 2000, « la stabilité du régime marocain, aux côtés duquel Français et Américains se sont engagés, apparaît d'un intérêt capital au milieu d'un monde arabe perturbé »[76]. Selon le Palais il ne fait aucun doute que « l'Islam sunnite malékite, modéré et ouvert (...), a fourni depuis toujours le réceptacle et le creuset où s'est opéré, avec bonheur, le brassage de toutes les composantes constitutives de l'identité nationale, dans son unité, la richesse et la diversité de ses divers et multiples affluents civilisationnels »[77]. Bien que la modération du rite malékite ne soit pas essentielle, mais relative, la proclamation de cette individualité historique constitue la justification irrécusable de la validité d'un rôle de pont entre les

---

positionnement cohérent et efficace, en phase avec les valeurs et les intérêts supérieurs du Maroc, et avec les évolutions fondamentales des relations internationales » « Message du souverain à la 1ère conférence des Ambassadeurs de SM le Roi », *op. cit.*

72   Site web de la Chaine : http://www.idaatmohammedassadiss.ma/.

73   « Lancement de la chaîne Mohammed VI du Saint Coran Assadissa. », *Ministère des Habous et des Affaires Islamiques*, 16 juin 2004.

74   Site du Ministère des Habous et des Affaires islamiques : http://habous.gov.ma/fr/ division-des-%C3%A9tudes-islamiques/377-Etudes-Islamiques/sce-organisation-prix -et-concours-aff-isl/24-presentation-du-prix-mohammed-vi-de-la-pensee-et-des-etudes -islamiques-1433h-2012.html.

75   Zoubir, Yahia H., « Algeria and U.S. Interests : Containing Radical Islam and Promoting Democracy », *Middle East Policy*, vol. 9, n° 1, 2002, p. 64-81.

76   Vermeren, *Le Maroc de Mohammed VI, op. cit.*, p. 38.

77   « Discours de S.M. le Roi Mohammed VI à l'occasion de la Fête du Trône », *Maroc.ma*, 2015.

régions africaines, orientale et occidentale. Fort de sa stabilité et de la reconnaissance de cette stabilité par les puissances occidentales, et avantagé par ses frontières communes avec trois aires géo-civilisationnelles, la Monarchie entend légitimer son rôle en Afrique par la 'médiété' qui caractérise l'identité du Royaume. Ainsi affirme-t-elle que « les Marocains sont restés attachés au rite malékite (...) faisant de la sorte, la démonstration que la modération allait de pair avec l'essence même de l'identité marocaine »[78].

L'ensemble de ces rhétoriques discursives participent à la légitimation de l'action marocaine en Afrique de l'Ouest, considérant, selon les termes de l'ex-premier Ministre, son « leadership spirituel » séculaire dans cette région[79]. Ainsi le Palais considère que la diplomatie doit désormais redresser l'image du Maroc en faisant « valoir les atouts de son rayonnement spirituel, son patrimoine historique et sa situation géostratégique »[80]. La capacité du pouvoir à mener cette entreprise de légitimation symbolique le place comme une force d'organisation et d'incarnation d'une identité collective, confortée par le développement d'une diplomatie culturelle et religieuse à l'échelle africaine, dont nous analyserons le contenu dans le chapitre suivant. Au sommet de ce dispositif, le Monarque renforce son pouvoir symbolique.

---

78   « Discours royal à l'occasion du 4ème anniversaire de la Fête du Trône », *art. cit.*

79   Interview de Abdelilah Benkirane accordée à la télévision nationale de Jordanie cité dans : Larbi, Amine, « Benkirane : L'africanité du Maroc, inébranlable par les manœuvres de ses ennemis », *Lemag.ma*, 18 mars 2013.

80   « Discours de S.M le Roi Mohammed VI à l'occasion du 49ème anniversaire de la Révolution du Roi et du Peuple », *art. cit.*

CHAPITRE 6

L'Afrique comme terrain d'expression d'une stratégie indirecte

1   Introduction

Comment un pays comme le Maroc peut-il mettre à profit son développement interne au service d'une politique africaine ? Comment peut-il exercer son influence et consolider son intégration continentale ? Comment peut-il se remettre de son absence des principales structures de coopération panafricaines ? Tels sont les défis auxquels se confronte le Royaume dans l'exercice de sa politique africaine.

Le Maroc est une petite puissance à l'échelle internationale et une moyenne puissance à l'échelle régionale. On reconnaît généralement les petites et les moyennes puissances par leur retard socio-économique, leurs faiblesses structurelles et administratives et le manque de ressources humaines à compétences élargies. Néanmoins, depuis l'essor du multilatéralisme et grâce à la diversification des leviers de la politique étrangère, ces États ne sont plus seulement des pivots utilisés par des grandes puissances : ils sont reconnus comme des acteurs souverains, autonomes, et influents. Comme le constate Peter Katzenstein, ces puissances parviennent à défendre leur rôle au sein du système international « non pas parce qu'elles ont trouvé une solution au problème du changement mais parce qu'elles ont trouvé un moyen de vivre avec le changement »[1].

On remarque dès lors que la particularité de l'approche marocaine consiste non pas dans une spécialisation de sa diplomatie dans un seul domaine particulier[2], mais dans l'utilisation extensive des domaines de la diplomatie (diplomatie humanitaire, économique, culturelle, religieuse), de ses niveaux (bilatérale, multilatérale, trilatérale, globale) et de ses échelles (informelle, publique, étatique, secrète), au service d'une spécialisation plutôt de son identité de rôle. La diplomatie est pensée comme un dispositif, voire un système, qui,

---

1   Peter J. Katzenstein, « Small States and Small States Revisited », *New Political Economy*, 1 mars 2003, vol. 8, n° 1, pp. 9-30.

2   Plusieurs théoriciens défendent le postulat d'une spécialisation systématique, par les petites et moyennes puissances, de leur diplomatie. Voir notamment : Eduard Jordaan, « The concept of a middle power in international relations: distinguishing between emerging and traditional middle powers », *op. cit.*

© KONINKLIJKE BRILL NV, LEIDEN, 2021 | DOI:10.1163/9789004439160_008

au regard des moyens matériels du Maroc, constitue le modèle ultra-réduit du dispositif diplomatique d'une grande puissance. Les objectifs poursuivis et les résultats escomptés sont par conséquent différents. Par exemple, la diplomatie culturelle déployée par le Royaume ne s'inscrit pas dans le cadre d'une stratégie de *soft power*, mais dans le cadre, plus modeste, d'une diplomatie d'influence, que nous définirons plus loin.

Deuxièmement, le Maroc se trouve confronté, bon gré mal gré, à l'ombre des grandes puissances extérieures comme la France. Or c'est justement le positionnement du Maroc par rapport à cette ombre qui va déterminer les contours, la corporéité et la densité de sa politique africaine. À ce titre la distanciation par rapport à la projection d'une aire de coopération pose comme principal défi la capacité du Royaume à utiliser et valoriser le legs culturel et institutionnel laissé par la France dans cette région, tout en affirmant sa spécificité et sa différence. Contrairement au Brésil par exemple – qui a réussi à affirmer sa présence dans l'espace lusophone africain à la faveur du retrait portugais[3] ainsi que d'un renversement du rapport de force entre les deux pays[4] et qui continue d'élargir sa sphère d'influence à d'autres pays non-lusophones[5] – le Maroc se trouve confronté à une puissance encore bien ancrée dans l'espace francophone mais aussi dans d'autres régions de l'Afrique. Tout l'enjeu consiste alors dans la capacité du Royaume, non pas à concurrencer la France ou à tenter de dominer les institutions multilatérales francophones, mais à convertir l'ombre française en lumière projetée dans l'espace africain.

Troisièmement, depuis le début des années 2000, on assiste à l'émergence et au développement de nouvelles puissances africaines d'une part, et à de nouveaux instruments de coopération panafricains d'autre part. L'Union africaine en particulier, ainsi que les organisations régionales avec lesquelles elle collabore étroitement, sont devenus progressivement les principales manifestations d'une « africanisation de la diplomatie de la paix », pour reprendre l'expression de ce haut fonctionnaire à l'ONU[6]. Bien que l'Union africaine se confronte encore à de nombreuses difficultés structurelles, et constitue le

---

3 Le Portugal a conservé des liens culturels et politiques étroits avec ses anciennes colonies africaines mais n'exerce aucune véritable influence diplomatique. Dans les autres pays importants du continent, le Portugal n'a pratiquement aucune existence. Cravinho, João Gomes et Darviche, Mohammad-Saïd, « Les relations post-coloniales portugaises », *Pôle Sud*, n° 22, 2005, p. 89-100.

4 Ferra, Francisco Santana, « Un « espace phonique » lusophone à plusieurs voix ? Enjeux et jeux de pouvoir au sein de la Communauté des Pays de Langue portugaise (CPLP) », *Revue internationale de politique comparée*, vol. 14, n° 1, 2007, p. 95-129.

5 Milhorance de Castro, Carolina, « La politique extérieure Sud-Sud du Brésil de l'après-Lula. Quelle place pour l'Afrique ? », *Afrique contemporaine*, n° 248, 2014, p. 45-59.

6 Stalon, « L'africanisation de la diplomatie de la paix », *art. cit.*

théâtre des conceptions opposées du rôle qu'elle doit jouer, elle est désormais présente à tous les échelons et dans tous les domaines de la coopération interafricaine. Depuis son départ de l'organisation en 1984, le Royaume fut privé de précieux cadres de coopération. Cette faillite a posé publiquement le problème d'une stratégie à définir par l'ensemble des dirigeants marocains pour contourner cet obstacle institutionnel.

Comme le rappelle pertinemment André Beaufre, « nombreux sont ceux qui font de la stratégie plus ou moins inconsciemment »[7]. Le Maroc est profondément dans ce cas de figure : il n'existe pas de rapport officiel ou de livre blanc de la politique africaine du Maroc faisant état des objectifs et des grandes lignes doctrinales telles que définies par le Palais ou le Gouvernement, ni d'ouvrages de stratèges auxquels les dirigeants se réfèrent. Comme nous avons pu le démontrer dans le premier chapitre de cette étude, ce sont principalement les discours royaux qui constituent, mis ensemble, un corpus de textes doctrinaux en matière de politique étrangère. Dans ce contexte, il est évidemment difficile de retracer une ligne stratégique clairement établie. Néanmoins, cela ne veut pas dire que le Royaume conduit aveuglément et illogiquement sa politique africaine. Bien au contraire, l'étude de ce dispositif démontre que le Royaume déploie bien une stratégie, que nous qualifierons de stratégie indirecte.

En matière de défense, la stratégie est « l'art d'employer les forces militaires pour atteindre les résultats fixés par la politique »[8]. Cette définition, reprise par Beaufre, est aussi fidèle aux définitions proposées par Clausewitz, Liddel Hart ou encore Raymond Aron. De façon analogue, on pourra dire qu'en matière de politique étrangère, la stratégie est l'art d'employer les leviers diplomatiques pour atteindre les résultats fixés par la politique ; le levier étant défini comme une force active utilisée comme moyen d'action, dans le cadre de la pratique diplomatique. Plus généralement, en matière de défense comme en matière de politique étrangère, la stratégie est « l'art de la dialectique des volontés employant la force pour résoudre leur conflit »[9]. Le choix des moyens dépend donc étroitement de la définition des ennemis et des amis : qui doit-on convaincre ? qui doit-on rallier ? De même, le choix du modèle stratégique dépend étroitement des moyens et des objectifs de la politique. Si un acteur dispose de moyens puissants, que la menace est directe, et que ses ambitions sont grandes, il emploiera généralement une stratégie directe. Si au contraire, ses moyens sont faibles, que la menace est comateuse ou dissuasive,

---

7 Beaufre, *Introduction à la stratégie, op. cit.*, p. 29.

8 *Ibid.*, p. 33.

9 *Ibid.*, p. 34.

et que ses ambitions sont plus modestes, il emploiera le plus souvent une stratégie indirecte[10].

En matière de défense, la stratégie indirecte consiste « à ne pas affronter l'ennemi dans une épreuve de force directe, mais à ne l'aborder qu'après l'avoir inquiété, surpris et déséquilibré par une approche imprévue, effectuée par des directions détournées » ; une manœuvre qui « s'impose à celui des deux adversaires qui n'est pas sûr d'être assez fort pour battre l'ennemi dans une bataille livrée sur le terrain choisi par l'adversaire »[11]. En matière de politique étrangère la définition d'une telle stratégie est sensiblement différente : le champ de la politique internationale, contrairement au champ de bataille, n'est pas défini par le seul rapport à l'ennemi. L'influence, la reconnaissance, la stabilité, le développement, les gains économiques, forment autant d'intérêts qui guident et définissent les objectifs de la stratégie. D'un autre côté, force est de reconnaître que dans le cas du Maroc par exemple, l'Afrique constitue bien un terrain choisi par les « ennemis de son intégrité territoriale » pour livrer une bataille diplomatique. Ces deux dimensions doivent donc être prises en compte simultanément dans la définition de la stratégie indirecte.

En matière de politique étrangère, on appellera donc stratégie indirecte l'approche qui consiste à pratiquer un usage extensif et offensif de la diplomatie dans un champ différent de celui de l'adversaire, de façon à éviter tout affrontement direct et à contourner l'espace conflictuel. Cette manœuvre s'impose à l'acteur qui ne peut affronter ses adversaires par les mêmes moyens dont ils disposent, et qui souhaite obtenir des gains supplémentaires sans aucun lien avec l'affrontement de l'adversaire, tels que la reconnaissance, l'influence, ou les gains économiques. Si elle est réussie, la stratégie indirecte permet à la fois de développer une nouvelle forme de puissance, et de paralyser l'adversaire par la multiplication des moyens de dissuasion diplomatique, à la manière des Lilliputiens face à Gulliver.

2   Quinze ans de bilatéralisme offensif au service d'une sectorisation de la coopération

L'histoire de la politique africaine du Maroc révèle que le Royaume a longtemps vécu l'héritage de son retrait de l'UA et de la politique de l'exclusion pratiquée

---

10   Il existe d'autres modèles stratégiques définis par Beaufre à l'instar de la stratégie « par actions successives », de la stratégie de « la lutte totale prolongée de faible intensité » ou encore de la stratégie du « conflit violent visant la victoire militaire ». Ces derniers ne constituent pas des modèles pertinents pour définir notre cas d'étude. C'est pourquoi nous ne les aborderons pas.

11   Beaufre, *Introduction à la stratégie, op. cit.*, p. 145-146.

par ses adversaires africains. La conduite d'une politique africaine pendant la Guerre froide mettait alors en évidence des problèmes apparemment insolubles. Après plusieurs échecs diplomatiques sur le continent, entre les années 1980 et les années 1990, l'arrivée de Mohammed VI au pouvoir amorce une réorientation stratégique : la fin de la période de la « doctrine Hallstein », durant laquelle le Maroc rompait systématiquement ses relations avec les pays africains qui soutenaient le Front Polisario par une reconnaissance diplomatique, et la revalorisation de l'image du Maroc par une présence accrue et multisectorielle sur le continent.

Longtemps accusé de défendre ses intérêts territoriaux au détriment d'une vision solidaire avec l'Afrique, le Royaume entend aujourd'hui démontrer que la défense de ses intérêts n'est pas incompatible avec l'expression de cette solidarité. Dans cette perspective, la diplomatie bilatérale apparait comme le cadre le plus propice à un réengagement aussi prudent que progressif. Cette approche s'appuie en effet sur des échanges directs dans un cadre institutionnalisé par les deux acteurs ; un tête-à-tête qui permet au Royaume de maitriser l'ensemble de la chaîne de négociation, limitant les risques.

Cette stratégie d'influence pragmatique remplace une politique qui se dégageait difficilement du sentiment de trahison national. La prééminence royale sur la politique étrangère joue un rôle central dans ce processus, puisque la pérennité des accords de coopération repose effectivement sur la caution symbolique apportée par le Monarque et sur l'entretien de liens à haut niveau avec les chefs d'États africains. Plus généralement, la diplomatie bilatérale présente l'avantage de pouvoir sectoriser la coopération à la mesure des moyens et des objectifs du Gouvernement, et en fonction du degré d'entente partagé avec chaque État. La diplomatie bilatérale constitue dans ce contexte une diplomatie sur mesure, débarrassée des normes mondialisées, des droits de veto et des querelles politiques ; elle est agrémentée de la capacité de conférer à chaque relation un caractère exceptionnel. Le choix porté sur le bilatéralisme et les moyens mobilisé ont conforté dans ce contexte le postulat d'une stratégie indirecte déployée par le Royaume.

La coopération bilatérale maroco-africaine a reposé, en premier lieu, sur les visites officielles du Monarque dans les États africains[12]. La première manifestation de cette nouvelle politique africaine est la visite de Mohammed VI en Mauritanie en 2001, un événement significatif dans la mesure où c'était la première fois qu'un Roi du Maroc se rendait en Mauritanie. Rappelons en effet que la Mauritanie faisait l'objet de revendications territoriales par le Maroc au lendemain de l'indépendance. Le Royaume a finalement reconnu la souveraineté de la Mauritanie en 1969, mais les relations entre les

---

12   Pour une vue d'ensemble, voir Annexe 1 et Annexe 1 bis.

deux pays ont continué d'être marquées par une méfiance réciproque, alimentée par l'Algérie. La visite royale de 2001 était donc tout à fait inédite. Elle a débouché sur la signature d'une trentaine d'accords de coopération, la réouverture des frontières maroco-mauritaniennes en 2002, ainsi que sur l'annonce par la Mauritanie de la construction du dernier tronçon de route permettant de relier le Maroc à l'Afrique de l'Ouest[13]. La construction de cette nouvelle route transsaharienne devra permettre, à terme, de faciliter les échanges économiques et humains. Elle constitue aussi, symboliquement, l'illustration de l'intégration du Maghreb à l'Afrique subsaharienne.

D'autre part, les visites royales ont orienté l'appareil diplomatique vers les pays considérés stratégiques au sein de cette politique africaine. Après avoir effectué un certain nombre de visites d'État en Mauritanie, au Sénégal, au Cameroun et en Afrique du Sud entre 2001 et 2004, le Monarque a entamé sa première grande « tournée africaine » en 2004, définissant les contours géographiques du nouvel espace d'influence privilégié. Le Sénégal, le Niger, le Cameroun, le Bénin, et le Gabon ont cordialement accueilli le cortège royal, lequel était composé de nombreuses délégations des secteurs public et privé au chevet du Roi. Deux ans plus tard, en 2006, une nouvelle tournée africaine a conduit Mohammed VI au Sénégal, en Gambie, au Congo, en RDC, et au Gabon. En 2009, il s'est rendu en Guinée Équatoriale. En 2013 il a effectué sa troisième tournée africaine au Gabon, en Côte d'Ivoire, au Mali et au Sénégal. L'année suivante il a réitéré ses voyages au Mali, en Côte d'Ivoire, au Gabon, et en Guinée (Conakry). En 2015, il accomplit sa quatrième tournée africaine en Côte d'Ivoire, au Gabon, au Sénégal et en Guinée Bissau. Arrêtons-nous à ces quelques exemples pour l'instant.

L'étude de la chronologie des visites, des accords et des conventions signés avec le Gabon[14], la Côte d'Ivoire[15] et le Sénégal notamment, atteste d'un effort de coopération continu avec ces trois pays. Les tournées royales ont d'autant plus conforté ces échanges par l'encadrement et le suivi de la préparation de dizaines de nouveaux partenariats public-privé et privé-privé, surtout lors des troisièmes et quatrièmes tournées en 2014 et 2015[16]. La visite effectuée au

---

13   La Mauritanie a toutefois refusé que la proposition marocaine de financer la construction
      à hauteur de 50%. Antil, Alain et Choplin, Armelle, « Le chaînon manquant. Notes sur
      la route Nouakchott-Nouadhibou, dernier tronçon de la transsaharienne Tanger-Dakar »,
      Afrique contemporaine, n° 208, 2005, p. 115-126. Voir aussi l'Annexe 9.

14   « Chronologie des conventions et accords de coopération signés entre le Maroc et le
      Gabon », MAP, 05 mars 2014.

15   « Chronologie des accords et conventions liant le Maroc et la Côte d'Ivoire », *Abidjan.net*,
      19 mars 2013.

16   Voir Annexe 1 et Annexe 1 bis.

Gabon en 2014 par exemple s'est achevée par la signature de 24 accords dans les domaines de la formation, de l'agriculture, de l'énergie ou encore des nouvelles technologies. Un chiffre qui contraste nettement avec la moyenne des accords conclus lors des commissions habituelles ou des visites d'État effectuées par les présidents africains au Maroc (entre 4 et 6).

Dans les pays avec lesquels les échanges ont été peu ou irrégulièrement entretenus, les tournées royales ont porté le niveau de la coopération à une échelle supérieure. C'est le cas de la Guinée par exemple, un pays où le Monarque s'est rendu pour la première fois en 2014 accompagné notamment de près de 600 hommes d'affaires[17]. Un an plus tôt, Mohammed VI avait rencontré le Président Alpha Condé en marge de la visite royale à Bamako en 2013. En 2012 le Palais avait soutenu l'organisation de la 6e commission mixte intergouvernementale, après une longue période d'inaction. Le nouveau partenariat avec la Guinée s'est donc manifestement préparé en moins de deux ans, aboutissant toutefois à la conclusion de 21 accords de coopération dans différents domaines (hydraulique, pêche, mines, tourisme etc.), ainsi qu'à la création d'un Conseil d'affaires maroco-guinéen, lors de la visite royale. Tandis qu'en 2012, seulement 6% seulement des investissements directs étrangers marocains étaient injectés dans l'économie guinéenne, la Guinée est devenue à peine deux ans plus tard le 4e client commercial africain du Maroc après le Sénégal, la Mauritanie et la Côte d'Ivoire[18].

Enfin, au sein des pays qui reconnaissaient le Front Polisario comme un État, les visites royales ont amorcé un changement significatif dans l'orientation de la coopération bilatérale. C'est le cas de la Guinée Bissau par exemple, pays lusophone d'Afrique de l'Ouest, avec lequel le Royaume a engagé de nombreuses discussions à propos du Sahara. Aboutissement de cet effort, le Gouvernement de Guinée Bissau a retiré sa reconnaissance de la Rasd en 2010 et ouvert une chancellerie à Rabat l'année suivante, après 26 années de rupture. Soulignons que lors de sa visite royale effectuée en 2015, le Maroc avait préalablement envoyé 12000 tonnes de médicaments ainsi qu'une équipe médicale chargée d'offrir des consultations et de pratiquer des interventions chirurgicales gratuitement aux citoyens de Guinée Bissau[19], marque d'une implication effective et non seulement discursive dans la coopération Sud-Sud. Plus qu'une visite d'État destinée à lancer une coopération sectorielle, le voyage du Monarque en

---

17   Harit, Fouâd, « Maroc-Guinée : les grandes décisions de Mohammed VI et Alpha Condé »,
       Afrik.com, 5 mars 2014.
18   « Relations Maroc-Afrique : l'ambition d'une "nouvelle frontière" », *doc. cit.*
19   « Mohamed VI mercredi en Guinée-Bissau, une première pour un roi marocain », *Telquel.*
       ma, 25 mai 2015.

Guinée Bissau illustre bien les avancées diplomatiques du Royaume : le fléchissement progressif des protecteurs du Front Polisario, l'élargissement de l'aire de coopération marocaine aux pays non-francophones, et le début d'une intégration régionale par les institutions multilatérales.

On remarque en effet que, bien que le Maroc ait entretenu des relations diplomatiques soutenues avec une partie de ces États africains depuis les années 1960, les cadres juridiques encadrants les relations bilatérales ont été pour la plupart élaborés sous le règne de Mohammed VI. Avec le Sénégal par exemple, pays historiquement proche du Royaume, ce cadre juridique a véritablement été institué en 2006[20]. C'est le cas également des Commissions Mixtes : la première Commission Mixte avec le Congo a été instituée en 2007[21]. Les visites royales participent ainsi à instaurer de nouveaux cadres de coopération maroco-africaine avant de déléguer leur prise en main par les membres du Gouvernement. Ces visites ont conduit chaque ministre à préparer une convention ou une proposition de partenariat avec son homologue africain. Une fois signée, lors d'une cérémonie sous l'égide des deux chefs d'États (dans le cas des visites royales) ou lors d'une Commission Mixte intergouvernementale, le secteur privé était aussitôt mis à contribution dans l'accomplissement de l'objectif promu par l'accord. Le Gouvernement est tenu de s'aligner sur les décisions royales. Une promesse de partenariat qui porte le sceau du Roi ne peut être négligée. L'ensemble des ministères (des transports, du tourisme, de l'énergie ou encore de l'éducation) mis à contribution dans cette entreprise a donc redoublé d'efforts pour instaurer un cadre juridique, des normes et des règles de coopération propres à faciliter le travail des secteurs public comme privé. Dans le prolongement ou en préparation des visites royales, les déplacements du Ministre des Affaires étrangères permettent d'assurer le bon déroulement des négociations. L'ancien Ministre des Affaires étrangères en exercice de 2002 à 2012, et actuel Conseiller aux affaires étrangères du Roi, Taieb Fassi Fihri, a joué un rôle important dans ce processus, de même que les directeurs des affaires africaines au sein du Ministère des affaires étrangères, de Abdellatif Bendahane à Mohammed Sbihi.

Les tournées royales sont enfin destinées à instaurer un climat de confiance. Le déplacement du Monarque revêt aux yeux des dirigeants africains une preuve tangible du degré d'engagement du Royaume. La médiatisation de ces évènements permet aussi aux chefs d'États africains de convaincre l'opinion

---

20 « Relations bilatérales : Sénégal », Portail du Ministère des Affaires étrangères et de la coopération.

21 « Relations bilatérales : Congo », Portail du Ministère des Affaires étrangères et de la coopération.

publique de l'utilité d'une telle coopération. Pour le secteur privé marocain également, elle constitue un gage d'opportunités. Comme le remarque cet Ambassadeur : « La stratégie du Maroc est de faire de la coopération sud-sud un axe prioritaire de politique étrangère. Sa Majesté a effectué une vingtaine de visites en Afrique et encourage les entreprises à s'implanter dans ces pays. Or lorsque le Roi se rend dans un pays, cela forme une sorte de garantie pour les entreprises. Cela veut dire que les choses vont bien se passer. N'oublions pas que de nombreux Marocains sont encore réticents à l'investissement en Afrique »[22]. C'est pourquoi l'investissement privé est aussi encouragé par la négociation, à l'échelle politique, d'un cadre juridique visant à sécuriser les intérêts des investissements marocains, ainsi que la négociation d'accords visant l'assouplissement des règles douanières avec les pays africains. La coopération douanière englobe désormais la formation des douaniers africains au Maroc, des accords de non double imposition visant à encourager les échanges commerciaux, l'accord de préférences tarifaires au PMA africains, la suppression des visas ou encore l'établissement de normes communes. Outre les États concernés par les visites royales, de nombreux pays africains ont également conclu ce type d'accord avec le Maroc. C'est le cas du Togo par exemple qui a envoyé une délégation à Rabat dans cet objectif[23].

En outre, pour assurer le bon déroulement des négociations bilatérales, publiques comme privées, la stratégie marocaine a consisté à faire preuve d'initiative dans le domaine politique, en s'impliquant notamment dans la médiation. En l'occurrence, le Monarque a proposé sa médiation dans les conflits du fleuve Mano en 2002. Les conflits du fleuve Mano désignent les combats qui ont sévi en Sierra Leone et au Libéria depuis 1989, et qui se sont conclus par l'exil volontaire du Président du Libéria Charles Taylor ainsi que sur un accord général de paix signé entre les différentes factions rebelles en 2003[24]. Un an plus tôt, Mohammed VI avait effectivement réuni les Présidents Charles Taylor, Lansana Conté et Tejan Kabbag, lors d'un sommet à Rabat, à la demande du Réseau des Femmes du Fleuve Mano pour la Paix[25]. Cet événement était important dans la mesure ou les différentes tentatives de médiation de Mouammar Kadhafi n'avaient jamais abouties sur une rencontre directe des trois Présidents. Le Maroc a déployé une diplomatie faite de rencontres entre les représentants de ces trois pays d'une part et Taieb Fassi Fihri (ancien Ministre des Affaires

---

22 Entretien n° 21 avec un Ambassadeur en exercice en Afrique, juillet 2013.
23 « Coopération douanière avec le Maroc », *République Togolaise*, 18 mars 2016.
24 Richards, Paul, « La terre ou le fusil ? », *Afrique contemporaine*, n° 214, 2005, p. 37-57.
25 Réseau des Femmes du Fleuve Mano pour la Paix : http://www.marwopnet.org/resolutionconflits.htm.

étrangères et actuel Conseiller du Roi) d'autre part. Cependant, aucun rapport parlementaire marocain ni aucune étude des conflits du fleuve Mano ne font mention du rôle de la médiation marocaine dans la résolution du conflit. Si le Maroc revendique régulièrement sa participation à la sortie de crise, gage de sa « bonne volonté » en faveur du développement du continent, il est difficile de savoir quelles en ont été les véritables conditions, tant les sources manquent à ce sujet.

En outre, les dirigeants marocains trouvent dans la politique des dons octroyés par le Royaume en Afrique une façon plus visible de conforter la mise en œuvre des accords de coopération bilatéraux. Construction d'hôpitaux de campagne (Niger en 2005, Mali en 2012), dons de médicaments, de matériel médical ou de produits alimentaires (34 tonnes au Mali, 12 tonnes au Libéria et à la Sierra Leone, 10 tonnes au Sénégal etc.) : le Maroc reproduit massivement une politique de solidarité principalement dirigée autrefois vers le monde arabophone, ainsi qu'une politique de don royal traditionnellement pratiquée au sein du Royaume pour atténuer les lacunes de l'État providence. En Afrique, ces dons participent tout autant d'une réelle diplomatie humanitaire déployée par le Maroc à l'échelle globale (d'autres pays comme Haïti et le Paraguay ont bénéficié de dons conséquents) que d'une consolidation du cadre de légitimation d'un « Maroc solidaire » au service de la réussite de la coopération bilatérale continentale. Partenaire essentiel de cette diplomatie humanitaire, les Forces Armées Royales sont chargées de la construction des hôpitaux, du transport des convois humanitaires, ou encore du service médical, et représentent, avec l'Agence Marocaine de Coopération Internationale, les principaux acteurs de ces projets. La mise à contribution du militaire au service de cette diplomatie constitue un moyen habile de revaloriser l'image et le rôle de l'armée sur le continent.

Résultats encourageants de cette politique, en quinze ans, entre 2001 et 2016, plus de 500 accords ont été signés avec près de 40 pays africains[26]. Cette diplomatie s'est aussi effectivement sectorisée : la santé, l'éducation, les industries, les transports, l'agriculture ou encore la culture forment autant de domaines de coopération maroco-africains. Contrairement aux autres niveaux de la coopération, la coopération bilatérale sectorielle présente l'avantage de n'être que faiblement soumise aux aléas politiques puisqu'une fois institutionnalisée, elle demeure le fait des ministres et de leurs homologues africains. Cette approche présente aussi l'avantage de pouvoir sélectionner les pays avec lesquels la coopération a le plus de chances de réussir. Le découpage de la coopération en enjeux sectoriels facilite généralement le travail de négociation. La coopération

---

26   « Les relations Maroc-Afrique : l'ambition d'une nouvelle frontière », *doc. cit.*

sectorielle introduit une nouvelle forme de concurrence interministérielle qui dynamise les politiques publiques, dans un contexte de modernisation de l'appareil administratif. À terme, la fragmentation publique de la diplomatie d'État constituera le signe du développement et de la démocratisation du Royaume. En effet la diplomatie bilatérale sous Mohammed VI présente déjà les traits d'une politique publique (c'est-à-dire publicisée et gouvernementalisée selon les termes définis dans les chapitres précédents), bien que fortement dépendante de l'exécutif. Elle contraste nettement avec la diplomatie de la Guerre froide qui reposaient principalement sur un système d'échanges de haut niveau, personnifiés et tenus secrets. Aujourd'hui la diplomatie officielle et la diplomatie secrète ne sont plus opposées, mais apparaissent comme deux facettes d'un même processus : tandis que les négociations peuvent être occultées, l'orientation politique est rendue publique. La diplomatie secrète prend la forme d'un complément ou d'un mode de préparation, plutôt que d'une alternative à la diplomatie officielle. La négociation reste toutefois confiée à un nombre restreint d'envoyés spéciaux.

3   L'acquisition de moyens matériels par la coopération trilatérale

Tout en fournissant de l'aide humanitaire aux pays africains, le Maroc est lui-même bénéficiaire d'une aide financière de la part des grandes puissances et des institutions internationales. Il est donc à la fois destinataire et bailleur de l'aide internationale. Sa spécialisation dans la coopération triangulaire ou trilatérale a toutefois constitué un cadre propice au développement de son action diplomatique en Afrique et à la valorisation de son rôle de pont. Comme le formule ce rapport, la coopération triangulaire constitue pour le Gouvernement un moyen « canaliser les fonds d'aides internationaux pour financer des projets d'infrastructure en Afrique et d'en confier la maîtrise d'œuvre à des entreprises marocaines » ainsi que de « servir de point d'appui pour une plus grande intensification des relations économiques du Maroc avec les pays du continent »[27]. La coopération trilatérale permet d'atteindre un double objectif : celui de l'obtention de fonds extérieurs à aux actions étatiques en Afrique, et celui du renforcement de son identité de rôle du juste milieu. L'Agence Marocaine de Coopération Internationale (AMCI) est le principal organisme chargé d'exécuter cette forme de coopération[28]. Parmi ses plus importants projets, on peut citer le TICAD, partenariat regroupant le Japon en

---

27   « Relations Maroc-Afrique : l'ambition d'une "nouvelle frontière" », *doc. cit.*
28   Voir le site de l'AMCI : http://www.amci.ma/coop-trip.html.

tant que pourvoyeur, le Maroc en tant que pays pivot, et les pays africains francophones en tant que bénéficiaires. Cet accord quinquennal a débuté en 1998, et a connu un essor considérable au cours de la dernière décennie. Il consiste notamment pour le Japon à aider le Maroc à organiser des formations pour d'autres ressortissants africains francophones, principalement dans les domaines de l'assainissement de l'eau, de la transformation des produits de la mer, et de la santé maternelle et infantile. Sur le site de l'Agence Japonaise de Coopération Internationale, l'organisme met en avant les avancées du Maroc en matière d'eau notamment (le taux d'accès à l'eau salubre est passé à 97% dans les villes et à 60% dans les zones rurales dès 2006), et en matière de développement. C'est ainsi que l'agence japonaise justifie son choix pour le Maroc : « Le Maroc a connu un développement considérable au cours des deux dernières décennies, et il offre aux autres pays d'Afrique un modèle familier et adaptable sur le même continent. (...) C'est pourquoi la coopération Sud-Sud avec le Maroc est au centre de l'attention »[29]. En 2013 par exemple, près de 300 ressortissants africains de 27 pays ont suivi des formations au Maroc dans le cadre de cette coopération trilatérale. Parallèlement à ces aides, le Japon a octroyé au Royaume nombreux dons (un don récent a concerné la construction d'un centre de recherche et de technologie conchylicole) ; une façon de veiller à la satisfaction ses intérêts traduits principalement en matière d'exploitation des ressources halieutiques sur les côtes marocaines[30].

Autre projet notable, la coopération triangulaire avec la FAO (Organisation des Nations unies pour l'Alimentation et l'Agriculture), a donné au Maroc les moyens de jouer un rôle significatif dans le développement de l'agriculture au Burkina Faso, à Djibouti, et au Niger, dans le cadre de l'appui à la coopération Sud-Sud instituée par l'organisation. Selon le site de la FAO, il apparaît encore une fois que le Royaume se place comme un acteur plutôt que comme un bénéficiaire de la coopération Sud-Sud : « aucune coopération Sud-Sud n'a été sollicitée par le Maroc en sa faveur. Ce pays, par contre, est très actif dans ce programme »[31]. Son appui à la mise en œuvre des projets institués par la FAO dans ces trois pays s'est notamment traduit par une assistante technique et l'envoi de ressources humaines sur le terrain dans des pays tels que le Burkina

---

29   Site de l'Agence Japonaise de Coopération Internationale : http://www.jica.go.jp/french/ news/focus_on/ticad_v/articles/article22.html#anco1.

30   À propos du don : « Ce projet devrait également renforcer les relations entre le Japon et le Maroc, un pays qui revêt une importance diplomatique particulière pour le Japon qui importe de nombreux produits halieutiques tels que des poulpes, des calamars ou encore du thon » : http://www.jica.go.jp/french/news/press/150617_01.html.

31   Site de la FAO : http://www.fao.org/maroc/programmes-et-projets/nos-projets/programm e-de-la-cooperation-sud-sud/en/.

Faso, le Niger ou encore Djibouti. Aujourd'hui d'autres programmes sont à l'œuvre, ces derniers incluent désormais des banques marocaines à l'exemple du Crédit agricole, qui s'est engagé à financer des projets tripartites de sécurité alimentaire.

À un degré moins institutionnalisé, le Maroc collabore régulièrement avec des États européens dans le cadre de programmes de développement africains. Parmi ces États, on compte la Belgique avec laquelle le Royaume a signé une convention de coopération triangulaire en 2007, en direction de 8 pays (la République Démocratique du Congo, le Burundi, le Rwanda, le Bénin, le Niger, le Sénégal, le Burkina Faso et le Mali), principalement dans les secteurs de l'eau potable et de l'agriculture[32]. C'est cependant avec la France que ce type d'échanges apparaît être le plus constant, tout en étant paradoxalement le moins formalisé. Selon cet Ambassadeur par exemple, « très souvent, au lieu d'envoyer des gabonais pour se former en France, Paris demande que le Maroc envoie des professeurs ici. Si le Gouvernement français envoyait ces étudiants en France, ils bénéficieraient de bonnes structures mais feraient face à d'autres réalités à leur retour. Aussi, c'est moins couteux avec le Maroc »[33]. Dans le domaine de la formation, comme dans d'autres secteurs, la coopération trilatérale France – Maroc – Afrique est certainement la plus développée.

Enfin, à une échelle informelle, le Royaume a institué sa propre stratégie trilatérale, par la « ventilation » des IDE et des dons qu'il reçoit en Afrique[34]. La « ventilation sectorielle », dans le jargon financier, consiste en la répartition de ces investissements dans les différents secteurs de l'économie. Rappelons que la France constitue le premier investisseur au Maroc (36% des IDE reçus), suivie des Émirats Arabes Unies (8,6% des IDE reçus) et de Singapour (8,1%)[35]. L'ampleur de ces investissements contribue à conforter la puissance économique du Royaume, premier destinataire des IDE en Afrique du Nord et deuxième en Afrique. En dépit des soulèvements observés lors des Printemps arabe, et pour des raisons évoquées au premier chapitre de cet ouvrage, l'intérêt des investisseurs internationaux n'a cessé de croître. Chaque année, les IDE versés dans le Royaume augmentent : par exemple la France notamment a augmenté sa part de 64% en glissement annuel entre 2011 et 2013. Au Maroc, cette ventilation sectorielle est principalement dirigée vers le commerce, le tourisme, les banques, les holdings, les énergies, les mines, l'immobilier et l'industrie. On

---

32   « Coopération Maroc / Pays de l'Union européenne au profit des pays de l'Afrique », Portail du Ministère marocain des Affaires étrangères et de la Coopération.

33   Entretien n° 21 avec un Ambassadeur en exercice, juillet 2014.

34   Voir Annexe 7.

35   « Les IDE au Maroc en 2013 », *Ambassade de France au Maroc, Service Économique Regional*, juin 2014.

observe pourtant qu'une autre dynamique s'opère, que l'on pourrait qualifier de « ventilation extérieure », et qui consiste à rediriger indirectement une partie de ces investissements à l'extérieur du Royaume, plus spécifiquement en Afrique. Parmi les dentinaires des IDE marocains on compte en premier lieu le Mali, la Côte d'Ivoire, le Sénégal, le Gabon, et le Cameroun[36].

Finalement, la diplomatie trilatérale apparaît comme un levier visant à s'adapter aux recommandations des institutions internationales sur la coopération Sud-Sud, tout en s'inscrivant dans le cadre d'une identité de rôle du juste milieu, ce qui étend son usage politique. Par ailleurs, elle contribue aussi à renforcer les liens bilatéraux entretenus par le Maroc avec ses « amis » africains. Plus qu'un instrument diplomatique complémentaire, voire secondaire, elle fait partie intégrante de cet arsenal diplomatique multiforme destiné à assurer à la reconnaissance du rôle marocain en Afrique. La coopération trilatérale présente en effet les États pivots comme des pays qui ont une expertise reconnue, des liens linguistiques et culturels et des affinités diplomatiques avec les pays bénéficiaires. En ce sens elle confère au Royaume les moyens de conforter non seulement ses moyens d'actions dans les pays africains, mais également de démontrer la stabilité de ses institutions, de son climat économique et de son expertise technique. On observe d'ailleurs l'application d'une telle stratégie par le Brésil par exemple, qui, en dépit des déséquilibres socio-économiques internes qui le caractérisent, investit massivement dans la diplomatie humanitaire et la coopération trilatérale en Afrique dans l'objectif de conforter son leadership. Sur ce point Abdenur démontre que dans le cas du Brésil, la coopération trilatérale constitue « une tactique spécifique pour l'autopromotion nationale au sein d'une vaste stratégie de politique étrangère »[37].

4   Contourner l'absence de l'UA par une diplomatie multilatérale parallèle

Tandis que les politiques bilatérale et trilatérale engagées entre 2000 et 2016 ont engendré des résultats positifs à l'échelle continentale, de nombreux dirigeants africains ont considéré que le Maroc se privait d'un réel ancrage politique tant qu'il s'obstinait à ne pas jouer le jeu multilatéral de l'UA. La stratégie du Maroc à cette période a dès lors consisté à vouloir représenter l'Afrique au

---

36   Voir Annexe 10.
37   Abdenur, Adriana E., « The Strategic Triad : Form and Content in Brazil's Triangular Cooperation Practices », *International Affairs Working Paper New York University*, 1007/6, 2007.

sein des institutions globales dans l'objectif de démontrer sa capacité à déployer une diplomatie multilatérale africaine dynamique en dépit de son absence de l'UA. Cette stratégie s'est illustrée en premier lieu par ses initiatives africaines au sein de l'ONU. Comme le souligne ce diplomate, « le Maroc a présidé le comité onusien de lutte contre le terrorisme. Il a présidé le conseil de sécurité lorsque la résolution sur l'intervention au Mali fut adoptée. Il était aussi le premier pays à tirer la sonnette d'alarme par rapport à la question des armes en Libye »[38].

Dans l'esprit des diplomates marocains, l'intégration politique du Royaume au sein du continent ne pouvait être concrétisée que si le pays parvenait à endosser un rôle de premier plan dans la défense des intérêts africains au sein des institutions internationales. C'est pourquoi le Royaume a réintégré pleinement le « Groupe Africain » de Genève auprès de l'ONU en 2004. Avant cette date, il participait sporadiquement à ce groupe dont il était informellement exclu, bien qu'aucune notification de l'ONU ne lui signifiât cette exclusion. À partir de 2004, malgré la tentative algérienne de réduire sa présence sous la forme d'« États membres de l'Union africaine + le Maroc » pour remplacer le Groupe Afrique, le Royaume a continué de pratiquer une diplomatie offensive en occupant plusieurs responsabilités au sein du groupe. Dès 2006, il devint coordonnateur du Groupe africain des droits de l'Homme, puis vice-président du Conseil des Droits de l'Homme à l'ONU, représentant les intérêts africains[39]. Ces évolutions participent pleinement d'une politique africaine qui se réengage dans des terrains diplomatiques longtemps ignorés. Les efforts du Royaume sont cependant entachés par les nombreuses altercations entre les diplomates marocains et les ressortissants des pays qui soutiennent le Front Polisario[40], limitant de fait la portée de cette tactique. Sa légitimité en tant qu'acteur du Groupe Afrique est de ce fait menacée par les nombreuses tentatives algériennes et sud-africaines d'exclure le Royaume de ces instances.

Confronté à la nécessité de devoir prouver son africanité après 25 années d'exclusion mutuelle, le Maroc a réorienté sa stratégie dans l'objectif de diviser

---

38   Entretien n° 6 avec un diplomate – Ministère des Affaires étrangères et de la coopération, mai 2013.

39   « L'Afrique Priorité partagée du Royaume du Maroc et de l'ONU », Portail du Ministère des Affaires étrangères et de la Coopération.

40   « Vive altercation entre le Maroc et le Venezuela à l'ONU au sujet du Sahara », *Telquel.ma*, 15 juin 2016, http://telquel.ma/2016/06/15/vive-altercation-entre-le-maroc-et-le-venezuela-a-lonu-au-sujet-du-sahara_1502056, consulté le 04 septembre 2016 ; RÉDACTION, La, « Altercation entre l'ambassadeur Algérien et Marocain à l'ONU », *Algérie Focus*, 24 février 2013, http://www.algerie-focus.com/2013/02/altercation-entre-lambassadeur-algerien-et-marocain-a-lonu/, consulté le 4 septembre 2016.

l'opinion africaine sur le sujet du Front Polisario, tout en démontrant son engagement envers le continent à travers des actions fédératrices, une illustration probante de l'application d'une stratégie indirecte. Durant la période précoloniale (1830-1912) celle-ci avait consisté à appuyer les dissensions européennes afin de retarder l'échéance de l'occupation ; ce pourquoi il fut le dernier État africain à être colonisé[41]. Au début de l'indépendance, le Royaume a également créé des divisions franco-espagnoles en jouant sur les intérêts des deux pays, en faveur de la défense de ses intérêts au Sahara et ceux relatifs à l'évolution de la coopération franco-marocaine[42]. Durant la Guerre froide, la stratégie indirecte résidait dans la politique de neutralité ou de « non dépendance » pratiquée vis-à-vis des deux pôles[43], et illustrée en réalité par le maintien discret de ses relations avec l'Est malgré l'affirmation de son orientation anti-communiste[44]. L'historiographie politique du Maroc révèle donc une étonnante continuité de cette politique étrangère, tantôt percluse de ses hésitations, tantôt forte de sa neutralité, mais gardant systématiquement un axe pendulaire désidéologisé.

---

41   Benjelloun, *Visages de la diplomatie marocaine depuis 1844*, *op. cit.*, p. 10 et 114. L'auteure qualifie cette tactique du « jeu du balancier ».

42   En février 1957, le gouvernement marocain a autorisé le gouvernement espagnol à le représenter dans les pays où le Royaume n'avait pas encore d'ambassade, ce qui a fortement indisposé les représentants français, qui ont tout fait pour revaloriser les termes de leur coopération avec le Maroc indépendant. Les négociations maroco-espagnoles ont aussi menacé les intérêts français au Sahara puisque l'Espagne envisageait désormais « dans cette région, des sacrifices territoriaux en faveur du Maroc indépendant afin d'obtenir en contrepartie un affermissement de sa position dans les Présides et des avantages politiques que lui donneraient le Maroc, sur le plan de l'interdépendance, une position aussi avantageuse que celle reconnue à la France ». Note de la direction générale des affaires marocaines et tunisiennes. Affaire de Mauritanie. Attitude Espagnole. Paris le 25 février 1957. N. n° 542. Voir aussi les documents n° 154 et 171. *Documents diplomatiques français 1957. Tome 1, 1er janvier-30 juin, op. cit.*

43   Selon Abdeljabar Brahime « la neutralité marocaine n'a pas cependant pour but de dissuader les puissances étrangères de s'intéresser au Maroc mais plutôt de les « appâter », de les faire se concurrencer à propos des aides, d'équilibrer leur présence et neutraliser ainsi leur influence ». Brahime, Abdeljebbar, *Les facteurs d'élaboration de la politique étrangère au Maroc : étude de cas*, Thèse de 3e cycle, France : Université Paris Ouest Nanterre La Défense, 1984, p. 200.

44   Selon cet ancien Ambassadeur, « il n'y avait pas d'instruction pour les Ambassadeurs de prendre parti pour un camp. D'ailleurs l'ambassade du Maroc à Moscou était plus importante que celle d'Alger. De même qu'on s'accommodait d'une grande ambassade en Chine ». Entretien avec un Ambassadeur en retraite, Rabat, avril 2013.

      Voir aussi : Misk Hassane Milacic, Slobodan, *Les relations bilatérales entre le royaume chérifien et l'union soviétique 1956-1991 analyse combinatoire des jeux symboliques et enjeux matériels*, Thèse de Sciences Politiques, Bordeaux 1, 1993, 412 f p.

Mohammed VI a renoué avec cette stratégie indirecte par l'intégration du Royaume, en tant que membre permanent ou simple observateur, au sein des organisations régionales et sous-régionales africaines. Cette approche a permis au Maroc de construire des coalitions pro-marocaines par le rapprochement des États alliés à ses ennemis, tout en affirmant sa capacité à agir dans un cadre multilatéral. Justifiant un tel choix, le Roi a déclaré au Sommet de l'Élysée sur la paix et la sécurité en Afrique, que « ces organisations sous-régionales devraient être le pivot de tout plan d'action émanant de nos débats, la clé de voûte de toute stratégie de stabilité et de développement dans le Continent, le cadre de toute entreprise d'intégration économique et la plateforme de coordination pour relever les défis liés au changement climatique et au développement durable »[45]. À terme, l'intégration des organisations régionales a offert aux diplomates un cadre d'action multilatéral réduit et moins antagonique que celui de l'UA et de son corollaire à l'ONU, le Groupe Africain. Il a permis aux Marocains d'échanger avec leurs homologues africains dans des sphères restreintes propres à faciliter leur aptitude à susciter des coalitions en leur faveur.

Dans cette perspective, le Maroc a intégré la CEN-SAD (Sahel) en tant que membre permanent en 2001, la CEDEAO (Afrique de l'Ouest) en tant que membre observateur en 2005[46], et la CEEAC (Afrique centrale) en tant que membre observateur en 2014[47] ; soit trois organisations régionales couvrant l'espace de coopération privilégié par le Maroc. La présence du Royaume au sein de la CEN-SAD, en premier lieu, participe de sa reconnaissance en tant que partie géographique de l'espace sahélien, dans un contexte où l'Algérie déclare régulièrement que le Royaume ne doit et ne peut être considéré comme un pays du Sahel et s'efforce plus généralement d'exclure le Maroc de toute forme d'intégration multilatérale africaine. Cette organisation économique régionale composée de vingt-trois pays de la bande sahélo-saharienne a également conforté la place du Maroc en tant qu'acteur de la sécurité dans cette région. La participation des diplomates aux différentes réunions est d'autant plus facilitée que l'Algérie est le seul pays de la région à ne pas siéger au sein de l'organisation, en raison de sa rivalité historique avec Kadhafi, autrefois principal promoteur de la CEN-SAD. Profitant de cette double conjoncture

---

45 « Message Royal au Sommet de l'Élysée sur la paix et la sécurité en Afrique », Ministère des Affaires étrangères et de la Coopération, 6 janvier 2013.

46 « Politique étrangère : Organisations sous-régionales », *Ministère des Affaires étrangères et de la coopération*, s. d.

47 « Coopération : le roi du Maroc accrédite son ambassadeur auprès de la Cééac | adiac-congo. com : toute l'actualité du Bassin du Congo », http://adiac-congo.com/content/cooperation-le -roi-du-maroc-accredite-son-ambassadeur-aupres-de-la-ceeac-8289, consulté le 20 juillet 2016.

(l'absence de l'Algérie et le manque de leadership depuis la chute du régime libyen), le Royaume y défend son projet de coopération Sud-Sud, la coopération en matière de lutte contre le terrorisme, ainsi que la souveraineté marocaine au Sahara[48].

De même, au sein de la CEDEAO, le Gouvernement a affirmé sa disposition à « apporter son soutien à cette organisation dans ses efforts visant à contrecarrer les défis d'ordre sécuritaire et socio-économique menaçant les pays de la région sahélo-saharienne »[49]. Concrètement, ce soutien s'est matérialisé par l'ouverture d'un dialogue institutionnel avec les membres de la CEDEAO, des aides humanitaires octroyées au Mali, au Burkina Faso et en Mauritanie dans un cadre bilatéral, et une contribution financière de 5 millions de dollars en faveur de la Mission internationale au Mali sous conduite africaine (MISMA). L'institutionnalisation de la participation du Maroc à la CEDEAO, sous la forme d'un statut d'observateur, a conféré au Roi l'opportunité de diffuser ses messages auprès de l'organisation. Ces messages sont destinés à valoriser les actions du Maroc en matière de développement et de sécurité sur le continent ainsi qu'à distinguer la politique du Royaume à comparaison de celle de ses voisins. Ce fut le cas par exemple dans ce discours : « Je voudrais exprimer ici Mon ardent souhait de voir bientôt les États Maghrébins se présenter à Vous, unis, solidaires et engagés, pour construire avec la CEDEAO des relations inter-régionales fructueuses et tournées vers l'avenir. Si, malgré les difficultés et les obstacles, les 5 pays de l'Union du Maghreb ont pu développer, depuis longtemps déjà, un dialogue avec les 5 pays européens de la Méditerranée Occidentale et, au-delà, avec l'Union européenne, pourquoi hésitent-ils encore à l'instaurer avec leur voisinage immédiat du Sud avec lequel ils partagent tant, en termes de défis et de menaces mais aussi et surtout, en termes de fraternité, de potentialités et de proximités en tous genres »[50]. Il apparaît donc que la contribution du Royaume aux organisations régionales africaines participe tout autant au renforcement du cadre de légitimation de son action diplomatique que d'une stratégie indirecte visant à persuader les Africains de la perspective de gains absolus, à réduire les coalitions de blocage et à isoler ses ennemis.

À part les organisations régionales et sous-régionales africaines, les organes de l'ONU, forums internationaux, sommets et conférences multilatérales constituent un champ d'action particulièrement privilégié par le Gouvernement. Pour être au cœur de ces projets le Maroc accueille certains

---

48   « Politique étrangère : Organisations sous-régionales », *art. cit.*

49   « Mme Bouaida s'entretient avec le président de la CEDEAO », *MAP Maroc.ma*, 22 avril 2014.

50   « Message de SM le Roi au 42ème sommet ordinaire de la CEDEAO », *Maroc.ma*, 14 avril 2013.

de leurs bureaux régionaux (à l'exemple du bureau régional de la Commission Économique de l'Afrique, organe de l'ONU qui siège à Rabat). Les acteurs privés comme publics ont été à l'origine du lancement de plusieurs initiatives multilatérales à l'exemple du Congrès Africain sur l'entretien, la sauvegarde du patrimoine (créé en 2016, siège à Marrakech), de la Fondation Mohammed VI des Oulémas africains (créée en 2016, siège à Fès), du Forum des Agences de Presse de l'Afrique atlantique et de l'ouest (lancé en 2014, siège à Rabat), de la Conférence ministérielle des États africains de l'Atlantique (créée en 2009, siège à Rabat) ou encore de la Conférence africaine sur le développement humain (créée en 2007, siège à Rabat) ; autant de structures ou d'évènements qui multiplient les occasions de rencontre et de coopération entre les dirigeants Marocains et Africains. Certains d'entre eux constituent d'ailleurs des doublons réduits ou spécialisés de forums et de conférences déjà existants en Afrique, mais qui se sont peu développés. C'est le cas de la 2e Conférence ministérielle régionale sur la sécurité des frontières soutenue par le Maroc, au sujet de laquelle l'Algérie a rappelé l'existence d'une structure similaire sous l'égide de l'UA. On voit donc comment la création par le Maroc de forums et de conférences africaines participe d'une véritable stratégie indirecte qui lui a permis de contourner son absence de l'UA par une diplomatie d'initiatives multilatérales sectorielles.

5   Le retour du Maroc au sein de l'UA : fin de la stratégie indirecte ?

Le « Discours de Kigali », transmis par les émissaires du Roi lors du Sommet de l'Union africaine à Kigali le 18 juillet 2016, est historique : c'est la première fois, depuis son retrait de l'OUA en 1984, que le Royaume formule clairement et officiellement sa disposition à réoccuper un siège au sein de l'organisation. Cette annonce sonne-t-elle le glas de la stratégie indirecte ? Est-elle une consécration des efforts diplomatiques déployés par le Maroc dans le cadre de sa stratégie indirecte ou une nouvelle étape de sa mise en œuvre ?

C'est le Maroc qui a formulé sa demande d'adhésion à l'UA, mais ce sont plusieurs pays africains qui depuis plusieurs années l'y conviaient. Plus le Royaume développait sa politique de coopération en Afrique, plus les représentants de ses alliés africains, dont le Gabon et le Sénégal, appelaient publiquement le Royaume à rejoindre les bancs de l'Union, assurant que le problème du Front Polisario serait mieux réglé de l'intérieur. Ce fut le cas par exemple de l'ancien Ministre sénégalais des Affaires étrangères, Cheikh Tidiane Gadio, qui déclarait aux diplomates marocains lors d'une conférence à Rabat : « C'est le moment de faire une autocritique collective. L'Afrique a négligé ses responsabilités en reléguant la question de la Rasd. Le Maroc doit retourner prendre son siège à l'UA. Je sais que Mohammed VI est très ouvert sur la question. Allons ensemble à l'UA : ce n'est pas en évitant le problème qu'on le règle »[51]. Ce à quoi le Ministre marocain des Affaires étrangères avait répondu par une formule aussi catégorique qu'illustrative de la posture marocaine qui a caractérisé les trente dernières années : « Je suis très surpris, positivement, par cette intervention. Nous voudrions revenir à l'UA, mais l'UA doit d'abord corriger cette grave faute qu'elle a commise »[52].

Poursuivant l'application de sa stratégie indirecte pour ne pas réintégrer l'UA sans conditions, le Maroc s'était construit ces dernières années un statut spécial auprès de l'organisation[53], visible dans sa participation épisodique aux réunions thématiques. Au début de son règne, Mohammed VI avait déjà rencontré plusieurs chefs d'États africains pour discuter des conditions de son retour : dès 2001 la question avait été portée au Sommet annuel de l'UA organisé en Zambie[54]. Durant les années suivantes, la stratégie marocaine a consisté en un ensemble de négociations diplomatiques secrètes en marge des conférences de l'UA, appuyées par les rencontres de Mohammed VI avec les chefs d'État africains ou avec leurs envoyés spéciaux. La diplomatie marocaine a donc connu à la fois une évolution quantitative et qualitative dès lors que la multiplication des missions de représentation auprès des différentes structures africaines s'est doublée d'une réelle négociation prospective. Cette approche offrait au Maroc la possibilité de circonscrire son isolement des institutions multilatérales sans déroger au principe du retour « sans conditions ». Cependant, la reproduction des scénarios de disputes entre diplomates marocains et algériens au sein des arènes multilatérales, empêchant parfois le déroulement normal des séances thématiques, a fragilisé les efforts marocains. De plus, le renforcement de l'hostilité sud-africaine et nigériane après 2004[55] a aussi accentué les clivages existants au sein de l'UA entre pro et anti-Polisario, ce qui démontre encore une fois, que la question l'intégrité territoriale marocaine est, du début à la fin, un problème détourné voire confisqué par plusieurs pays africains.

Au sein de l'UA, les nouveaux alliés du Maroc, à l'instar de la Guinée Bissau, ont néanmoins été particulièrement sensibles à la politique de coopération

---

51   Conférence à l'occasion de la « Journée de l'Afrique » au Ministère des Affaires étrangères et de la Coopération, à laquelle nous avons assisté, Rabat, le 23 mai 2013.

52   Réponse de Saad Eddine El Othmani, *Ibid.*

53   McNamee, Terence *et alii*, *Morocco and the African Union. Prospects for Re-engagement and Progress on the Western Sahara*, Johannesburg, 2013.

54   « OAU considers Morocco readmission », *BBC News*, 8 juillet 2001.

55   Voir le Titre précédent.

marocaine sur le continent. Se faisant les porte-paroles du Royaume dans les coulisses des organismes panafricains, leurs représentants ont mis en garde l'Union contre les risques de division que pouvait accentuer, à terme, le soutien d'une proto-république non reconnue par l'ONU au détriment d'un Royaume stable, séculaire, émergent et désormais intégré au continent. L'autre argument mobilisé par ces derniers a porté sur les possibilités de développer l'intégration économique entre l'Afrique et l'Europe à travers le Maroc, qui est bien positionné pour jouer le rôle de relai[56]. Le résultat le plus tangible de cette stratégie indirecte déployée par le Maroc est qu'entre 2000 et 2015, une dizaine de pays africains, sur les 26 qui soutenaient habituellement les positions algériennes, ont retiré officiellement leur reconnaissance de la Rasd[57]. C'est le cas par exemple du Kenya et du Tchad en 2006, deux puissances de sécurité sous-régionales dont la politique extérieure a longtemps favorisé le consensus établi trilatéralement par l'Algérie, l'Afrique du Sud, et le Nigéria. L'arbitrage rendu par le Kenya et le Tchad en faveur d'une solution onusienne a renversé la tendance générale préexistante au sein de l'UA. Les dernières promesses de retrait en date, celles de la Zambie[58] et de la Tanzanie[59], ont de même conforté la position du Maroc auprès des pays qui, à l'instar de ces derniers, formulaient leur orientation en fonction des puissances régionales dont ils subissaient l'influence. Malgré le caractère relatif et provisoire de ces gains, ils ont permis de mûrir le problème de la neutralité des États membres au sein de l'Union, et d'augmenter les chances d'un renversement décisif de la balance en la faveur du Maroc.

Assuré des probabilités d'obtenir une coalition majoritaire, le Roi a dès lors engagé un dialogue avec le Président du Rwanda, pays hôte du 25ᵉ Sommet de l'Union africaine tenu en juillet 2016[60]. La visite de Paul Kagamé au Maroc en juin 2016 est historique : d'abord car c'était la première fois qu'un Chef d'État rwandais[61], pays qui soutenait le Front Polisario et plus généralement de la

---

56   McNamee *et alii*, *Morocco and the African Union. Prospects for Re-engagement and Progress on the Western Sahara, op. cit.*

57   Voir Annexe 5 et 5 bis.

58   « La Zambie retire sa reconnaissance à la pseudo « rasd » », *Maghress*, http://www .maghress.com/fr/eljadida24fr/1305, consulté le 10 janvier 2016.

59   « La Tanzanie se dirige vers le retrait de reconnaissance de la chimérique « RASD » », *le360.ma*, 7 avril 2015.

60   L'accueil réservé au Président rwandais permettait de mesurer l'importance de cette rencontre. Le gouvernement, l'armée, les opérateurs économiques et les organisations sociales ont tour à tour une présentation des avancées du Royaume en matière de développement et de son engagement en faveur de la coopération Sud-Sud en Afrique.

61   Un an plus tôt, Paul Kagamé était le seul chef d'État africain invité à avoir assisté aux Medays à Tanger, (conférence multilatérale organisée par un *think tank* marocain dirigé

région australe de l'Afrique (dont l'écrasante majorité des pays le soutiennent également), se rendait au Maroc dans un cadre bilatéral sur invitation du Roi ; ensuite, car cette visite a porté sur la volonté du Royaume de mettre fin à sa politique de la chaise vide. Si le contenu des négociations engagées lors de cette rencontre n'a pas été rendu public, la requête marocaine semblait avoir trouvé chez Paul Kagamé un écho favorable puisqu'elle avait entraîné l'envoi de plusieurs messagers par le Roi dans près de 42 pays africains avant la date du Sommet. Parmi les plus significatifs, on compte tout d'abord les visites éclair du Ministre des Affaires étrangères dans 8 pays africains (le Sénégal, la Côte d'Ivoire, le Cameroun, l'Éthiopie, le Soudan, la Libye et l'Égypte), et le voyage du Conseiller du Roi aux Affaires étrangère au Kenya. Les deux dirigeants se sont entretenus avec les chefs d'États de ces pays et leurs ont remis un message du Roi portant sur son retour à l'Union. Parallèlement, le Ministre Délégué aux Affaires étrangères, Nasser Bourita, et le chef de la DGED, Yassine Mansouri, s'étaient rendus en Algérie à la rencontre du Président Bouteflika, pour prévenir leur voisin de cette manœuvre et pouvoir engager un dialogue apaisé sur la question. À ce moment, l'idée du retour du Maroc à l'UA n'avait pas été envisagée par la presse locale, ce qui montre *a posteriori* que les tractations étaient restées discrètes jusqu'au 18 juillet. À l'issue de leurs missions, le Ministre des Affaires étrangères et le Conseiller du Roi aux affaires étrangères se sont rendus au Sommet de l'UA à Kigali, où ils ont porté à la connaissance de l'audience le message royal, créant un effet de surprise médiatique.

Le contenu du message de Kigali[62] est complètement illustratif des représentations, des intentions, et du cadre de légitimation discursif de l'action diplomatique du Maroc en Afrique, puisqu'il rassemble tous les éléments de langage mobilisés dans ces différents contextes et analysés dans les chapitres précédents. Dans la première partie de ce discours, le Roi rappelle qu'il est un « Roi d'un pays africain », ainsi qu'un connaisseur, à titre personnel, de l'Afrique en déclarant : « Je connais l'Afrique et ses cultures mieux que ne peuvent le prétendre beaucoup d'autres. De par Mes multiples visites, Je connais aussi la réalité du terrain, et l'affirme en mesurant Mes Mots ». Puis, il se fait le chantre d'un panafricanisme qui ne se résume pas à l'Afrique noire : « Certains pays continuent de prétendre que le Maroc n'a pas vocation à représenter l'Afrique, parce que sa population ne serait pas majoritairement

---

par le fils du Conseiller royal aux affaires étrangères, Taïeb Fassi Fehri qui lui a décerné le prix du « leader le plus inspirant d'Afrique ». Cette première rencontre maroco-rwandaise a de ce fait constitué un cadre de rapprochement informel des deux Chefs d'États favorable à la préparation de la visite officielle de Paul Kagamé l'année suivante. http://www.medays.org/.

62   Texte intégral Annexe 10.

noire. L'Afrique ne se résume pas à une couleur. Continuer à l'insinuer, c'est mal connaître nos réalités (...) ». Il poursuit par l'inscription de son action dans la continuité de la politique menée par Hassan II et Mohammed V, tout en valorisant le caractère inédit de cette diplomatie telle qu'elle a été conçue. Il conclut : « Plus de trois décennies plus tard, jamais l'Afrique n'a été autant au cœur de la politique étrangère et de l'action internationale du Maroc ». Après avoir résumé les principales actions engagées par le Royaume sur le continent ces quinze dernières années (politique de coopération Sud-Sud, intégration aux organisations régionales, contribution aux OMP, politique de sécurité et de médiation diplomatique dans la région du Fleuve Mano, en Libye et au Mali), il défend la pertinence de son approche en la mettant en relation avec le postulat de l'émergence de l'Afrique au sein des relations internationales : « L'ère où elle n'était qu'un objet dans les relations internationales est révolue. Elle s'affirme, progresse et s'assume sur la scène internationale. Elle se présente désormais comme un interlocuteur actif et respecté dans le débat sur la Gouvernance mondiale ».

Dans la deuxième partie du discours, le Monarque critique avec virulence la position de l'UA vis-à-vis du Royaume. Il revient sur le caractère illégal de l'admission de la Rasd et appelle à la neutralité de l'UA sur ce sujet : « L'Union africaine, n'est-elle pas en contradiction évidente avec la légalité internationale ? (...) L'UA, resterait-elle, en déphasage avec la position nationale de ses propres États membres, puisqu'au moins 34 pays ne reconnaissent pas ou plus cette entité ? ». Puis il annonce aussitôt le retour prochain du Maroc dans l'UA, au motif que « cela fait longtemps que nos amis nous demandent de revenir parmi eux », et qu'« après réflexion, il nous est apparu évident que quand un corps est malade, il est mieux soigné de l'intérieur que de l'extérieur ». Enfin, il met en avant les bénéfices que chacun, le Maroc et l'UA, pourrait tirer de cette réunion : « Agissant de l'intérieur, il contribuera à en faire une organisation plus forte, fière de sa crédibilité et soulagée des oripeaux d'une période dépassée (...). La coopération – déjà intense avec de nombreux pays sur le plan bilatéral – s'en verra amplifiée et enrichie. L'expertise et le savoir-faire du Maroc pourront, alors, se déployer sur un terrain encore plus vaste et mieux organisé. C'est le cas, tout particulièrement, des questions de sécurité et de lutte contre le terrorisme ».

En n'émettant explicitement aucune condition à son retour dans l'UA, le Royaume rompt totalement avec la politique qu'il avait adoptée durant les trente dernières années, laissant suggérer la fin de la pratique de la stratégie indirecte au profit d'une stratégie directe. D'un autre côté, cette rupture fut préparée sur le long terme aux moyens de différents leviers diplomatiques dont nous analyserons le contenu plus loin, et sur le court terme à travers un ensemble de négociations minutieuses avec les Chefs d'État africains. Le discours de Kigali, aussitôt rendu public, fut un succès : dans les heures qui suivirent, 28 États africains[63] déposaient une motion au Président en exercice de l'Union africaine, demandant la suspension de la Rasd des activités et des organes l'UA. Adressée par Ali Bongo au nom des 28 États, cette motion apparaissait aussi spontanée que préalablement préparée, ce qui laisse suggérer que le discours de Kigali, ainsi que ses préparatifs, étaient en réalité l'expression d'une stratégie indirecte. Parmi les pays signataires de cette motion, figure le Ghana qui avait soutenu jusqu'alors le Front Polisario. Parmi les États non-signataires figurent la Tunisie, le Mali, et la Mauritanie, des États que le Royaume pensait avoir définitivement convaincus mais qui subissent encore les pressions directes ou indirectes de l'Algérie. Rappelons-le, la question du Front Polisario est un problème africain avant d'être international ; s'il est résolu au sein du continent, il le sera indéniablement à l'échelle mondiale. Le Front Polisario a effectivement des appuis en Amérique Latine notamment mais le Royaume est déjà en train de développer une politique active de coopération avec l'ensemble des pays du continent sud-américain[64].

---

63 Motion adressée Ali Bongo Ondimba, Président de la République Gabonaise, au nom du Bénin, du Burkina Faso, du Burundi, du Cap Vert, du Comores, du Congo, de la Côte d'Ivoire, de Djibouti, de l'Érythrée, du Gabon, de la Gambie, du Ghana, de la Guinée, de la Guinée-Bissau, de la Guinée-Équatoriale, du Libéria, de la Libye, de la République Centrafricaine, de la République Démocratique du Congo, de Sao Tomé, du Sénégal, du Seychelles, de Sierra Leone, de la Somalie, du Soudan, de Swaziland, du Togo, de la Zambie.

 Voir aussi le texte intégral Annexe 11.

64 Yousra Abourabi, « Les relations internationales du Maroc », dans Baudouin Dupret (et all.), *Le Maroc au Présent*, Centre Jacques Berque, Éditions de la Fondation Ibn Saoud, Casablanca.

CHAPITRE 7

Composer les leviers d'action diplomatiques pour promouvoir une identité de rôle

1 **La subordination de l'outil économique aux impératifs politiques**

L'économie est historiquement omniprésente dans les relations internationales. Depuis le début du siècle dernier cependant, on assiste à l'émergence d'une nouvelle manifestation du facteur économique au sein de ces relations : la diplomatie économique. Développée dans le cadre d'un capitalisme d'État et de la libéralisation mondiale des échanges, la diplomatie économique peut contribuer à intensifier les nouvelles guerres économiques menées entre des groupes d'acteurs à la fois privés et publics, ou encore à les résoudre. L'étendue des guerres économiques est telle que les politologues ont désormais recours au jargon de la stratégie militaire pour décrire ce phénomène[1]. Depuis le début la fin de la Guerre froide, nombreux sont les États qui ont reformulé leur diplomatie pour s'adapter à la mondialisation des échanges et au postulat d'un nouvel ordre international caractérisé par la victoire du libéralisme. La Monarchie adhère aussi pleinement à ce cadre normatif et considère par exemple que « les Pays les Moins Avancés sont en droit de se féliciter de l'émergence d'un nouvel ordre mondial marqué par l'interdépendance et l'universalité des valeurs du libéralisme politique et économique »[2]. À ce titre la politique africaine du Royaume est présentée comme un moyen d'accompagner l'émergence économique de l'Afrique sur la scène internationale, une émergence conçue notamment en termes de croissance[3].

De nombreux théoriciens des Relations Internationales tendent à démontrer qu'il existe de ce fait un mouvement de subordination de la politique étrangère des États aux impératifs économiques[4]. Le Maroc n'est pas exempt de ces changements. Certaines entreprises nationales, comme la Royal Air Maroc,

---

1 Edward N. Luttwak, « Power relations in the new economy », *Survival*, 1 juin 2002, vol. 44, nº 2, pp. 7-18.
2 « Message de S.M. le Roi Mohammed VI à la conférence ministérielle Extraordinaire des PMA », *Maroc.ma*, 25 mars 2013.
3 Voir à ce sujet la Partie I, Titre 1, Chapitre B.
4 Strange, Susan, *States and Markets*, New York, N.Y.: Blackwell Publishers, 1988 ; Keohane, Robert Owen, *Power and Governance in a Partially Globalized World*, London; New York: Routledge, 2002 ; Nye, Joseph S., *Soft Power: The Means to Success in World Politics*, New York:

Maroc Telecom ou Attijariwafa Banque ont acquis un pouvoir politique au sein
du Royaume, au point que leurs représentants font systématiquement partie
des tournées africaines du Roi, tandis que les diplomates marocains sont tenus
de se mettre à disposition de ces entreprises marocaines qui s'implantent sur
le continent[5].

Progressivement, le Maroc de Mohammed VI est devenu, en l'espace de
quinze ans, la cinquième puissance africaine sur le continent, le deuxième investisseur africain après l'Afrique du Sud, et le premier investisseur en Afrique
de l'Ouest. Présentés dans cet ordre, ces chiffrent confèrent à la politique africaine du Maroc une dimension économique prégnante. C'est pourquoi de nombreux journalistes considèrent l'orientation africaine de la politique étrangère
du Maroc comme un moyen de répondre aux intérêts des entreprises marocaines, qu'elles soient publiques ou privées[6]. Un certain nombre de chercheurs
estiment que la diplomatie économique du Royaume repose sur une représentation de l'Afrique de l'Ouest « comme un possible marché de substitution,
un espace de compensation dans lequel le Maroc peut peser »[7]. D'autres sont
persuadés que « le Maroc mise sur sa diplomatie économique pour booster
sa croissance économique et équilibrer sa balance commerciale »[8]. Dans un
rapport officiel, le Ministère de l'Économie et des Finances soutient que le développement des relations maroco-africaines s'est effectué en raison « de l'importance du marché africain subsaharien en termes stratégique, économique
et commercial »[9]. Tous ces postulats, bien qu'ils reposent sur des conceptions
différentes du rôle de l'économie, tendent à démontrer que la politique étrangère du Royaume est guidée par des intérêts économiques privés. Il apparaît
pourtant que ce mouvement de subordination s'effectue surtout dans l'autre
sens : l'inclusion des acteurs économiques dans la politique africaine du
Royaume sert indirectement des finalités politiques éminentes.

En effet, il existe d'une part, un écart notable entre l'enthousiasme communiqué par les acteurs économiques au sujet de leurs bénéfices, et la portée

---

PublicAffairs, 2004, 213 p.Carron de La Carrière, Guy, *La diplomatie économique : le diplomate
et le marché*, 1998, 224 p.

5   Entretien avec un diplomate n° 21, *op. cit.*

6   Dafir, « La diplomatie economique marocaine en Afrique subsaharienne », *art. cit.*

7   Antil, Alain, « Le Maroc et sa "nouvelle frontière" : lecture critique du versant économique de
la stratégie africaine du Maroc », *Institut français des relations internationales*, 2010.

8   Dafir, « La diplomatie économique marocaine en Afrique subsaharienne », *art. cit.*

9   Ministère de l'Économie et des Finances, « Performance commerciale du Maroc sur le marché de l'Afrique subsaharienne », dans Abdelhak Azzouzi (dir.), *Annuaire marocain de la
stratégie et des relations internationales*, Centre marocain interdisciplinaire des études stratégiques et internationales, Rabat, L'Harmattan, 2013.

matérielle de cette diplomatie économique. D'autre part, il apparaît que cet optimisme discursif constitue plutôt un argument destiné à conduire les entrepreneurs marocains à s'implanter davantage en Afrique. Comparé à des puissances moyennes émergentes comme la Turquie, l'Afrique du Sud ou encore le Brésil, le Maroc n'est pas encore une entreprise suffisamment compétitive à l'international[10]. Le succès médiatique de cette diplomatie économique réside bien plus dans la valorisation de son identité africaine et dans la légitimation de ses investissements à travers le cadre discursif de la coopération Sud-Sud, que dans une véritable influence économique. Par ailleurs, le Royaume dispose d'un très faible pouvoir de coercition ou de pression économique, et n'aurait pour le moment, aucun intérêt à en faire usage. Rappelons-le, de nombreuses entreprises marocaines sont encore réticentes à investir le marché africain, tant pour des raisons culturelles (liées à des stéréotypes) que stratégiques (liées aux risques que générerait un tel déploiement), tandis que l'État n'occupe pas la position stratégique de créancier du continent. Au contraire, l'exemple des conditions du retrait de la Royal Air Maroc de la Compagnie Air Sénégal, montre que les intérêts des compagnies marocaines peuvent parfois être sacrifiés sur l'autel des bonnes relations diplomatiques maroco-africaines[11].

L'aire géographique vers laquelle sont dirigés les investissements et les échanges économiques coïncidait au départ avec les pays francophones, puis s'est progressivement, mais timidement, élargie à d'autres pays. Le déploiement d'une diplomatie économique constitue l'un des moyens de séduction mobilisés et soutenus par l'État, destinés à conforter sa présence au sein de ces pays tout en se différenciant de la France. Dans les ambassades du Royaume en Afrique, on compte aujourd'hui de nombreux « conseillers économiques » chargés de promouvoir les échanges commerciaux. À terme, ce sont les entreprises nationales qui seront destinées à revêtir le rôle d'ambassadeur du Royaume. De nombreux diplomates interrogés sont d'ailleurs convaincus que l'intégration économique du Maroc en Afrique résoudra ses problèmes politiques. Cette ambition procède d'une vision libérale, qui considère le libre-échange et l'interdépendance économique comme un facteur de paix et de rapprochement. Non seulement la diplomatie économique apparaît dans ce contexte comme une activité somme toute régalienne, mais il semblerait

---

10   Le Maroc occupe la 72ᵉ place des pays les plus compétitifs à l'échelle mondiale, loin derrière l'Ile Maurice (46ᵉ), l'Afrique du Sud (49ᵉ), le Rwanda (58ᵉ) et le Botswana (71ᵉ). « Rapport mondial sur la compétitivité 2015-2016 », *art. cit.*

11   Antil, « Le Maroc et sa "nouvelle frontière" : lecture critique du versant économique de la stratégie africaine du Maroc », *art. cit.*

qu'elle procède davantage d'une géoéconomie, destinée à compenser la faiblesse du rôle géopolitique des États. En effet, parce que le monde actuel est dominé par la puissance des firmes multinationales et parce que l'on juge la puissance d'un État à l'aune de sa santé économique, la géoéconomie, qui peut être définie ici comme une stratégie d'État fondée sur une science économique des rivalités sur un territoire ou un espace virtuel[12], l'État marocain ne peut faire l'économie d'un tel levier. Comme le remarque Yves Lacoste « la géoéconomie est un domaine prometteur. C'est un champ relativement neuf et méconnu pour lequel tout un travail d'exploration, de médiation, d'explication et de mise en contact doit être entrepris. Nous avons des rivalités de pouvoir, de puissances qui ne sont compréhensibles que par un très petit nombre de spécialistes, soit chefs d'entreprises, banquiers, analystes financiers ou encore économistes. Avec ses outils, la géoéconomie doit les rendre intelligibles pour le plus grand nombre. Surtout, il convient qu'elle y sensibilise ceux qui ont la responsabilité d'assurer la cohérence de la nation face à l'extérieur et de mobiliser ses capacités de rayonnement et d'influence »[13]. Contrairement à l'intelligence économique[14], utilisée davantage par les entreprises pour défendre leurs intérêts économiques et dans une moindre mesure par les États pour défendre

---

12   Nous complèterons notre définition par celle, plus précise, de Pascal Lorot : « la géoéconomie est l'analyse des stratégies d'ordre économique – notamment commercial –, décidées par les États dans le cadre de politiques visant à protéger leur économie nationale ou certains pans bien identifiés de celle-ci, à aider leurs « entreprises nationales » à acquérir la maîtrise de technologies clés et/ou à conquérir certains segments du marché mondial relatifs à la production ou la commercialisation d'un produit ou d'une gamme de produits sensibles, en ce que leur possession ou leur contrôle confère à son détenteur – État ou entreprise « nationale » – un élément de puissance et de rayonnement international et concourt au renforcement de son potentiel économique et social. La géoéconomie s'interroge sur les relations entre puissance et espace, mais un espace « virtuel » ou fluidifié au sens où ses limites bougent sans cesse, c'est-à-dire donc un espace affranchi des frontières territoriales et physiques caractéristiques de la géopolitique. Corollaire de cette définition, un dispositif géoéconomique regroupera l'ensemble des instruments à la disposition d'un État, susceptibles d'être mobilisés par lui au service de la satisfaction de tout ou partie des objectifs susmentionnés qu'il s'assignerait. Enfin, dernière précision, les stratégies géoéconomiques sont le fait, le plus souvent des États développés mais peuvent, le cas échéant, être initiées par des pays industrialisés non-membres du « club occidental » pris au sens classique ». Pascal Lorot, « De la géopolitique à la géoéconomie », *Géoéconomie*, 2009/3 (n° 50), pp. 9-19. DOI : 10.3917/geoec.050.0009.

13   Yves Lacoste, « Géopolitique, économie et nation », *Géoéconomie*, 2009/3 (n° 50), pp. 39-44.

14   Pour une définition de l'intelligence économique, voir notamment Bulinge Franck, Moinet Nicolas, « L'intelligence économique : un concept, quatre courants », *Sécurité et stratégie*, 2013/1 (12), pp. 56-64.

les intérêts économiques de leurs entreprises, la géoéconomie intègre dans l'analyse les autres facteurs de rivalités dans l'espace. On dira que la géoéconomie est au service de la puissance politique tandis que l'intelligence économique est au service de la puissance économique. Les veilles stratégiques qui découlent de ces deux approches mèneront donc à deux formes de diplomaties économiques.

C'est en cela que réside la différence entre la diplomatie économique du Maroc en Afrique et celle de la Turquie par exemple, principalement guidée par une nouvelle génération d'entrepreneurs attirés par la conquête de nouveaux marchés. Ankara a en effet triplé le nombre de ses ambassades sur le continent ces quinze dernières années, dans le but de satisfaire les acteurs privés[15], tandis que sur le plan politique, elle n'a pas véritablement formulé de politique africaine. Elle est donc plus visible économiquement et culturellement, qu'influente politiquement. Le Maroc poursuit un chemin différent.

Il apparaît dès lors que la diplomatie économique marocaine constitue à ce stade un levier, un moyen tactique soumis aux impératifs politiques, et non l'inverse. Cette tendance pourrait éventuellement changer aussitôt que le Royaume accéderait au statut de moyenne puissance émergente à l'échelle internationale, et conforterait son intégration économique. Dans de nombreux cas, les accords de libre-échange et le manque de visibilité de la nationalité des entreprises ont effectivement réduit les capacités d'intervention des États dans le domaine économique : l'empêchement du recours aux droits de douanes ou au contrôle des changes a fait disparaître la possibilité de pratiquer une politique d'ajustement. Pour le moment, contrairement à la diplomatie classique, caractérisée par sa propension à rester discrète, la diplomatie économique se singularise par sa valorisation médiatique. La présence des bureaux « d'experts » (Think Tanks, agences de notations, bureaux d'évaluation etc.) ont bouleversé les règles du jeu : l'objectif est de savoir et de faire savoir. Cette nouvelle tendance sied particulièrement bien à la diplomatie marocaine puisqu'elle lui offre une hyper-visibilité. L'économie, contrairement à la guerre, est un lieu commun de la politique aussi stratégique que dépassionné. Pour paraphraser Clausewitz[16], on peut dire que, dans le cas du Maroc, la diplomatie économique n'est que la poursuite de la politique de puissance par d'autres moyens.

---

15   Pour une comparaison entre les diplomaties économiques turque et marocaine, voir :
      Dafir, « La diplomatie économique marocaine en Afrique subsaharienne », *art. cit.*
16   Clausewitz, Carl von, *De la guerre*, Paris : Éditions de Minuit, 1959, 760 p.

2 Politiques d'investissements sectoriels sous la bannière de la coopération Sud-Sud

La présence des entreprises marocaines en Afrique procède d'une volonté politique. Elle doit donc contribuer à conforter le cadre de légitimation de l'influence marocaine sur le continent, porté entre autres par l'identité de rôle « solidaire » du Maroc, « pont entre le Nord et le Sud ». Comme l'indique ce rapport : « la stratégie économique développée par le Maroc en direction du continent africain, ambitionne d'ériger notre pays en hub régional, au service du co-développement dans les différents domaines clés pour notre avenir commun »[17]. Le concept de co-développement[18], élément de langage fréquemment mobilisé par l'appareil diplomatique, renvoie à l'insertion de la politique économique extérieure dans le cadre de la coopération Sud-Sud prônée le Royaume, et illustrée par la priorité donnée aux secteurs qui contribuent au développement durable plutôt qu'à l'exploitation des ressources. Cette orientation fut notamment exprimée par le Roi lors de son discours au Forum Économique d'Abidjan[19], qui soignait alors son image de Roi-VRP et défendait le savoir-faire des entreprises nationales[20].

Tout d'abord la diplomatie économique a consisté en l'implication des entreprises publiques ou privées – à travers des partenariats publics privés – dans la mise en œuvre de projets nationaux ou locaux africains relatifs au développement des infrastructures, de l'agriculture, de l'éducation et de la santé, en répondant aux appels d'offre publics des ministères concernés. Parmi les domaines les plus significatifs, on peut compter :

1) La construction d'infrastructures : ponts, hôpitaux, routes, ports, réseaux ferroviaires ou encore logements sociaux. On peut citer le réaménagement urbain et la réhabilitation écologique de la Baie de Cocody en Côte d'Ivoire, la construction de 15 000 logements sociaux au Tchad, ou encore la construction du port de Malabo en Guinée Équatoriale. Ces nombreux chantiers ont permis

---

17   « Relations Maroc-Afrique : l'ambition d'une "nouvelle frontière" », *doc. cit.*
18   « Le "co-développement", "pierre angulaire" de la diplomatie de Sa Majesté le Roi vis-à-vis de l'Afrique (The National Interest) », *MAP Express*, 30 avril 2014.
19   « La crédibilité veut que les richesses de notre Continent bénéficient, en premier lieu, aux peuples Africains. Cela suppose que la coopération Sud/Sud soit au cœur de leurs partenariats économiques ». « Discours de SM le Roi au Forum économique maroco-ivoirien à Abidjan », *art. cit.*
20   « Nos propres projets d'infrastructure sont entièrement réalisés sur la base de l'expertise marocaine, depuis la conception, jusqu'à la réalisation et la mise en œuvre, qu'il s'agisse par exemple d'autoroutes, d'électrification, de barrages, de ports ou d'aéroports ». *Ibid.*

aux dirigeants de démontrer l'engagement du Maroc dans la modernisation des infrastructures africaines, axe prioritaire de l'Agenda 2063 de l'Union africaine.

2) La gestion de l'eau et de l'électricité : l'ONEE (Office National de l'Électricité et de l'Eau potable) a notamment réalisé des missions d'expertise sur l'assainissement des villes (Dakar, Praia, Djibouti), d'électrification du réseau rural (Mauritanie, Cap Vert, Tchad, Niger), ou de gestion par affermage des sociétés d'eau et d'électricité africaines (Cameroun). Ces avancées ont permis notamment aux dirigeants du Royaume de démontrer ses capacités en matière de lutte contre l'exclusion en Afrique, dans le cadre notamment des OMD puis des ODD.

3) La coopération en matière d'agriculture : premier exportateur de phosphates, le Maroc s'est spécialisé dans la production d'engrais et dans la formation d'ingénieurs agricoles. Chaque année, le Salon de l'Agriculture de Meknès (SIAM) accueille une cinquantaine de pays participants dont des chefs d'États africains à l'instar d'Ali Bongo, visiteur régulier du Salon. Ces échanges ont conduit à la signature d'un accord portant sur la construction de deux usines d'engrais au Maroc et au Gabon, utilisant le phosphate marocain et le gaz gabonais, et à la négociation d'autres projets de ce type. Ces perspectives ont offert aux dirigeants marocains un moyen de confirmer l'élaboration d'une politique de sécurité alimentaire en dehors du cadre des dons humanitaires institués par le Palais.

Parallèlement à ces projets publics ou partenariats publics-privés, la politique économique extérieure est particulièrement dynamique dans des secteurs qui ne relèvent pas directement de la coopération au développement. Cette stratégie consiste en l'investissement sous forme de rachat d'entreprises ou de parts d'entreprises déjà existantes, une pratique qui n'est pas l'apanage des acteurs privés marocains puisqu'ils ne font que reproduire une méthode déjà existante en Afrique. En Malaisie par exemple, les « opérations de coopération Sud-Sud » sont entendues comme des « opérations de privatisation d'entreprises africaines à leur profit »[21]. On observe la reproduction de cette pratique de privatisation par les Marocains principalement dans le domaine des :

1) Finances (qui représentent 47 % des IDE marocains). Par exemple, la Banque Marocaine du Commerce Extérieur (BMCE), a acquis en 2007 35 % des part de la Bank of Africa, présente dans une quinzaine de pays. Comme le souligne cet administrateur de la BMCE « le secteur qui justifie précisément notre rôle

---

21   Lauseig, Jérôme, « Quand la Malaysia Inc. joue la carte Sud-Sud en Afrique subsaharienne », *Politique africaine*, n° 76, 2012, p. 63-75.

en Afrique en tant que groupe privé est bien évidemment la finance »[22]. C'est aussi l'orientation adoptée par Attijarriwafa Bank, première plus grosse banque marocaine représentée en Afrique. Le groupe dispose désormais d'une filiale au Sénégal (la CBAO), possède la moitié des parts de la banque togolaise BIA et de la Banque Internationale du Mali, et continue de s'étendre dans l'ensemble des pays d'Afrique de l'Ouest, sahélienne et centrale[23]. Attijariwafa Bank est devenue la 4e plus importante banque africaine, suivie du Groupe Banques Populaires, autre banque marocaine, et 5e dans ce classement[24]. Toutes ces banques marocaines contribuent à consolider la politique africaine du Maroc, dans la mesure où elles investissent dans la majorité des projets d'infrastructures ou agroalimentaires évoqués plus haut.

2) Télécommunications (25% des IDE). Par exemple, la compagnie Maroc Télécom[25], a acquis 54% de Mauritel (Mauritanie) en février 2001, 51% de Gabon Telecom en 2007, 51% d'Onatel (Burkina Faso) en 2007[26] et 51% de Sotelma (Mali) en 2009. Elle détient également, depuis 2014 les opérateurs africains Moov, présents au Gabon, au Togo, au Bénin, en Côte d'Ivoire, au Niger et en République Centrafricaine.

3) Holdings et Industries (13% des IDE). Les holdings marocaines investissent dans des secteurs diversifiés, dont l'industrie (en particulier les cimenteries) mais aussi le tourisme, les énergies renouvelables et la grande distribution. La holding Ynna (groupe de la famille Chaâbi) et la SNI-ONA (holding de la famille royale) sont les plus actives en Afrique. Dans le domaine minier, l'entreprise

---

22   Brahim Benjelloun Touimi, « La présence de l'entreprise marocaine en Afrique : l'exemple de la BMCE Bank », dans Abdelhak Azzouzi (dir.), *Annuaire marocain de la stratégie et des relations internationales*, Centre marocain interdisciplinaire des études stratégiques et internationales, Paris, l'Harmattan, 2013.

23   « Point sur les relations du Maroc avec les pays de l'Afrique Subsaharienne », Rabat : Ministère de l'Économie et des Finances, Direction des Études et des Prévisions Financières, mai 2010.

24   « Attijariwafa Bank, 4e banque en Afrique, selon « The Economist » », *Financial Afrik*, 22 juillet 2016.

25   L'État marocain détient à 30% Maroc Telecom et la compagnie émiratie Etisalat en possède 51% depuis 2013. En 1999, Maroc Telecom appartenait encore à 100% à l'État marocain. La compagnie française Vivendi a racheté progressivement des parts de la compagnie jusqu'à en obtenir 53% en 2007. Puis la compagnie des émiratie Etisalat a racheté les parts françaises en 2013 en contrepartie de la cession par Etisalat à Maroc Telecom de certains opérateurs qu'elle possédait en Afrique.

26   Site de Maroc Telecom : www.iam.ma. Voir aussi le rapport d'activité de 2014 à l'adresse : http://www.iam.ma/Lists/Publication/Attachments/63/RADD-MT2014.PDF.

Managem, filiale de l'ONA, détient ou exploite plusieurs gisements en Guinée, au Mali, au Gabon au Burkina Faso et au Niger[27].

Plus généralement, le gouvernement a encouragé l'ensemble des entreprises privées, en particulier les PME, en libéralisant l'investissement étranger par une circulaire datant de 2007[28]. Dans cette perspective, un fond financier a été créé pour encourager et soutenir les investissements des opérateurs privés marocains en Afrique. De même, le gouvernement a participé à la création de Forums économiques bilatéraux avec la Côte d'Ivoire, le Sénégal, le Mali, la Guinée ou encore le Gabon, destinés à susciter les rencontres, instaurer un climat de confiance et aider les entreprises nationales à identifier les opportunités d'affaires. Parallèlement, une première « Caravane de l'Export » conduite par le gouvernement a été initiée en 2009 en Afrique de l'Ouest. Cette caravane est depuis réorganisée chaque année.

Tandis que les IDE marocains en Afrique subsaharienne représentent désormais plus de la moitié du total des investissements directs marocains à l'étranger[29], la diplomatie économique est envisagée essentiellement dans sa dimension bilatérale. Dans le cadre de sa politique de coopération bilatérale évoquée plus haut, et dans l'objectif de parfaire la constitution de son aire d'influence, le Royaume a institutionnalisé une diplomatie économique bilatérale par la mise en place d'un cadre juridique constitué de près de 500 accords. Les accords commerciaux proposés par le gouvernement sont de trois nature, à l'image des normes internationales. Il existe donc les conventions fondées sur la clause de la Nation la Plus Favorisée (NPF), les conventions de type préférentiel et les accords relatifs au système global des préférences commerciales. Une telle hiérarchisation des accords peut servir des objectifs politiques : le NPF en particulier conforte l'existence d'une relation diplomatique spéciale. Reproduisant une stratégie économique française en Afrique, le Royaume avait déjà signé près de 14 accords commerciaux de type NPF avec des pays d'Afrique de l'Ouest et centrale dans les années 1970-1990[30]. Cette démarche se poursuit aujourd'hui.

---

27   Kamal Fahmi, « La stratégie de Managem pour son déploiement en Afrique » *Journée d'étude sur les relations maroco-africaines*, Rabat, Centre Jacques Berque, Centre d'Études Sahariennes, Conseil National des Droits de l'Homme, Fondation KAS, 3 octobre 2014, Rabat. Coordination : Yousra Abourabi. https://www.youtube.com/watch?v=Gm_K4qV48oY.

28   Office des Changes, circulaire 1720. Un relèvement du montant transférable à l'étranger a été opéré en 2010. Circulaire 1732.

29   Voir Annexe 10.

30   « Relations Maroc-Afrique : l'ambition d'une "nouvelle frontière" », *doc. cit.*

Résultats encourageants de cette politique, la balance commerciale du Maroc avec l'Afrique, qui était déficitaire au début des années 2000 (−7,2 millions de DH), est devenue excédentaire (4,4 milliards en 2018) ce qui est un bon signe du développement du commerce extérieur. Ces échangent continuent d'augmenter de 13% par an en moyenne depuis dix ans. Le gouvernement ne s'est donc pas lancé dans cette politique à fonds perdus, loin de là, mais les gains économiques sont faibles comparés aux moyens engagés pour les réaliser. Les exportations marocaines ne représentent que 0,4% du marché d'Afrique subsaharienne[31]. De même, les échanges économiques du Royaume avec l'Afrique ne représentent encore aujourd'hui que 6,4% de ses échanges extérieurs. Il apparaît donc que la diplomatie économique du Royaume est à la fois inédite et relative, porteuse et fragile. Il existe un décalage significatif entre la façon dont la présence économique marocaine est médiatisée et valorisée, aussi bien au Maroc qu'en Afrique, et l'ancrage réel du Royaume dans l'économie africaine, tant le gouvernement peine à mobiliser le secteur privé (en particulier les PME), ou à suivre de près la mise en œuvre des accords en raison d'un certain nombre de facteurs structurels[32]. Tandis que la vitesse avec laquelle le Maroc s'est imposé économiquement en Afrique – grâce aux grandes entreprises nationales et privées encouragées par le Roi – apparaît remarquable ; son poids dans les échanges commerciaux africains est encore largement négligeable, comparé aux moyennes puissances extérieures comme la Turquie. Cet écart conforte l'idée que la diplomatie économique constitue un levier que le politique souhaite développer à son service, et non l'inverse.

La subordination de l'économie aux impératifs politiques, dans un pays qui se veut libéral et qui projette sa puissance sur la construction d'une identité de rôle, soulève un défi : la diplomatie économique, à l'instar des autres diplomaties sectorielles, doit dès lors nécessairement porter une marque identitaire. Afin de résoudre cette équation, le Maroc, là encore, reproduira des pratiques bien connues chez les États néolibéraux ayant adopté le New Public Management comme pratique de la bureaucratie gouvernementale. Il s'agit notamment du *nation branding*.

---

31   *Ibid.*

32   C'est le cas par exemple d'Abdelkader Amara, Ministre de l'Industrie, des Finances et des Nouvelles technologies élu en 2011 (PJD), connu pour avoir été réticent à l'ouverture économique vers l'Afrique. Voir à ce sujet : THIAM, Bachir, « Caravane de l'export : Ratés diplomatiques ? », *L'Économiste*, 5 juin 2012.

3   La promotion de l'identité de l'État par le *nation branding* et le capital immatériel

Au regard des faiblesses structurelles de l'économie nationale et du long chemin qui reste à parcourir par les entreprises marocaines pour devenir compétitives sur le marché africain, le Maroc tente parallèlement de mettre à profit l'identité nationale au service de sa diplomatie économique. Dans cette perspective, le gouvernement recourt à la stratégie marketing de la labellisation, à savoir le *nation branding* (ou marque nationale). La marque nationale est une façon de promouvoir l'identité d'un pays par des instruments inspirés du management des entreprises. Simon Anholt (Conseiller politique spécialiste du marketing des territoires, Vice-Président du Conseil de la Diplomatie du Gouvernement Britannique) est l'auteur du concept. Selon lui la « marque nationale correspond à l'identité nationale rendue tangible, robuste, communicable et avant tout utile »[33]. Le gouvernement crée sa propre marque, avec un ou plusieurs logos apposés sur des produits locaux (artisanat, biens comestibles, production culturelle et audiovisuelle, etc....) dont il garantit l'authenticité. Sa mise en place permet de valoriser l'image du pays, renforcer son attractivité pour les investisseurs et les touristes, et promouvoir sa culture. Cette politique doit permettre de renforcer la coopération entre le Ministère du Tourisme et celui de l'Industrie par exemple, à travers la concertation sur la stratégie de communication et le choix des produits à valoriser. Pour convaincre les gouvernements du bien-fondé de cette stratégie, Simon Anholt défend l'idée selon laquelle « le seul type de gouvernement qui peut se permettre d'ignorer l'impact de sa réputation nationale est celui qui ne souhaite pas participer à la communauté globale, et qui n'a pas l'intention que son économie, sa culture ou ses citoyens bénéficient des riches influences et opportunités qu'offre le reste du monde »[34]. Ainsi depuis quelques années, plusieurs États séduits par cette nouvelle approche se sont intéressés au *nation branding* à une vitesse fulgurante conduisant à un effet domino instantané.

La Suisse est l'une des premières nations à avoir créé un organisme dédié baptisé « Présence suisse » en 2001. En 2009, la Corée du Sud a également créé le « *Presidential Council of Nation Branding* », afin de grimper les échelons du

---

33   Cité dans : Aronczyk, Melissa, « Research in Brief How to Do Things with Brands: Uses of National Identity », *Canadian Journal of Communication Corporation*, vol. Vol 34, 2009, p. 291-296. Voir aussi : Anholt, Simon, *Competitive Identity. The New Brand Management for Nations, Cities and Regions*, Basingstoke : Palgrave Macmillan, 2006.

34   Anholt, *Competitive Identity. The New Brand Management for Nations, Cities and Regions, op. cit.*, p. 13.

« *Anholt-GfK Ropers Nation Brands Index* »[35]. De même, la « *Marca España* » a vu le jour en 2012[36], la « Marque France » en 2013[37], ainsi qu'une série d'autres marques nationales. Au sein du royaume chérifien, on assiste à la création d'un « Label Maroc » en 2013. L'idée paraît simple : si les États-Unis peuvent exporter leur « *American Dream* », les Allemands leur « *Deutsche Qualität* », et la Corée du Sud son « *Gangnam Style* », le Maroc peut également proposer sa spécificité. L'important est d'avoir un « récit économique » à raconter. Dans cette perspective, à l'image des plans d'émergence évoqués dans la première partie de cette étude, de nombreux acteurs publics et privés participent à la réflexion sur les valeurs ou les biens spécifiques à l'identité marocaine. L'enjeu est décisif : l'Institut Royal des Études Stratégiques en a fait un axe de recherche essentiel dans le cadre de ses réflexions sur la « compétitivité globale » du Maroc. Selon le Monarque alaouite, « la promotion du « Label Maroc » n'est pas un simple slogan, mais plutôt un objectif stratégique dont la réalisation permettra de concrétiser toutes les opportunités de coopération possibles dans tous les domaines »[38]. À l'image du Canada[39], qui a fait du *nation branding* un axe de diplomatie publique et une composante de son *soft power*, le Maroc inscrit la labellisation du pays comme une composante essentielle de sa diplomatie économique.

D'autre part, le Maroc tente aussi de combler ses faiblesses structurelles et de dépasser le principe de la croissance par la mise en valeur de ses ressources immatérielles. Depuis 2014, l'État s'intéresse à l'identification et la valorisation de son « capital immatériel » (*Intellectual Capital* ou *Intangible Capital* en anglais). Sans surprise, le terme est également issu des théories néo-institutionnelle, de même qu'il est largement diffusé au sein des structures normatives libérales. Emprunté au jargon entrepreneurial, le capital immatériel signifie à l'origine l'appréciation des actifs immatériels d'une entreprise comme l'intelligence de ses ressources humaines, la qualité de ses logiciels ou encore son potentiel d'innovation. Dans le milieu économique, on estime que plus l'entreprise communique sur son capital immatériel, et plus la durée de sa

---

35   Schwak, Juliette, « South Korea Nation Branding: Global Recognition As The Final Step in A Successful Capitalist Development », *Perspectives Internationales*, 2015.

36   Voir le site dédié : http://marcaespana.es/.

37   « Lancement de la mission « marque France » », *Le portail du Ministère de l'Économie et des Finances*, 30 janvier 2013.

38   « Discours de Sa Majesté le Roi à la Conférence des Ambassadeurs », Ministère des Affaires étrangères et de la Coopération, 30 août 2013.

39   Potter, Evan H., *Branding Canada: Projecting Canada's Soft Power through Public Diplomacy*, Montreal : McGill-Queen's University Press, 2009, 464 p.

cotation en bourse sera longue[40]. Ce capital que l'on qualifie aussi de structurel ou relationnel, a été introduit dans les théories économiques pour tenter de proposer une alternative à l'approche financiarisée de la croissance, tout en préservant une économie capitaliste.

C'est en 2006 que cette expression a acquis la valeur de concept politique, suite à la publication d'un rapport de la Banque mondiale intitulé « Where is The Wealth Of Nations? ». Selon ce rapport, « le capital immatériel inclut le travail brut, le capital humain, le capital social et d'autres facteurs importants comme la qualité des institutions »[41] : l'innovation et la recherche scientifique, la production artistique, ou encore la productivité des travailleurs, la confiance sociale et la qualité des institutions peuvent être définis comme des composantes du capital immatériel des États. En plus du capital naturel et du capital produit, le capital immatériel constitue l'une des trois composantes de la richesse des nations, qu'il convient désormais de reconnaître et de mesurer. En soustrayant du montant total de la richesse monétaire du pays la valeur des capitaux naturels et produits, on obtient la valeur du pourcentage du capital immatériel. Plus ce taux serait élevé, plus le potentiel de développement durable du pays serait avéré. Séduits par cette théorie, de nombreux pays ont dès lors procédé à la mise en place d'institutions dédiées à l'identification et à la valorisation de leur capital immatériel, à l'exemple de la France, qui a créé une commission sur l'économie de l'immatériel en 2006. Au Maroc, la recherche du capital immatériel est une idée introduite par un discours royal en 2014. Selon le Monarque « le capital immatériel s'affirme désormais comme un des paramètres les plus récents qui ont été retenus au niveau international pour mesurer la valeur globale des États et des entreprises »[42]. L'intérêt porté à ce concept démontre l'importance que l'État accorde à la valorisation de son identité. Cela conforte l'idée que diplomatie économique, bien qu'elle soit envisagée sous un angle libéral, apparaît tout aussi bien liée à la construction d'une identité et à la recherche d'une reconnaissance diplomatique.

---

40 Bejar, Yosra, *La Valeur Informationnelle du Capital Immatériel : Application aux Entreprises Technologiques Nouvellement Introduites En Bourse (1997-2004)*, PhD thesis, Université Paris Dauphine – Paris IX, 2006.

41 « Where is The Wealth Of Nations? Measuring Capital for the 21st Century », Washington, D.C. : The World Bank, 2006, p. 17.

42 « Discours royal à l'occasion du 15ème anniversaire de la Fête du Trône », *Maroc.ma – Le portail officiel du Maroc*, 30 juillet 2014.

4   Accélérer les échanges pour réaliser l'intégration régionale :
       la course aux transports maritimes

A priori, tous ces efforts auraient dû conduire à l'accroissement des échanges commerciaux entre le Maroc et l'Afrique ces vingt dernières années[43]. En réalité, cette hausse statistique est principalement due à la croissance des importations de gaz en provenance de l'Algérie, tandis qu'avec l'Afrique subsaharienne, les échanges commerciaux ont augmenté timidement et les produits échangés ne se sont pas trop diversifiés sur la période étudiée[44], alors même que l'ensemble des études menées sur le sujet tendent à démontrer que le potentiel de ces échanges est véritablement prometteur. Parmi les raisons qui ralentissent le développement du commerce régional, on compte parfois le désintérêt des entrepreneurs, la faible utilisation du régime de commerce préférentiel mis en place par l'État, l'insuffisance de relais des *success stories* des entreprises marocaines en Afrique, l'inadaptation des produits destinés à l'exportation au marché africain, le manque d'informations relatives aux opportunités et aux facilités offertes par le continent (rôle des conseillers économique)[45], le manque de moyens d'investissements concurrentiels, mais surtout l'absence de lignes directes terrestres ou maritimes qui pourraient faciliter le commerce avec de nombreux pays africains ainsi que de politiques publiques permettant de sécuriser les investissements.

Alors que le transport constitue le principal vecteur de l'intégration économique interétatique régionale, l'Afrique accuse un manque considérable de réseaux de transport. Son développement figure également parmi les principaux objectifs qui avait été fixés par le NEPAD. Une étude de la géographie des réseaux africains permet par ailleurs de rendre compte de cette lacune. Sur le plan terrestre, le continent est caractérisé par une faible densité routière : une seule route, achevée en 2002 après la construction du tronçon manquant en Mauritanie, relie le Maroc à l'Afrique de l'Ouest, en longeant la côte maritime ; aucune grande route nationale transsaharienne ne relie le Royaume aux pays sahéliens[46]. Il en va de même sur le plan ferroviaire : le Maroc apparaît

---

43   Voir Annexe 12.

44   *Relations Maroc-Afrique : l'ambition d'une « nouvelle frontière », op. cit.*

45   Il apparaît que les contacts entre les conseillers économiques des ambassades et les entrepreneurs sont encore peu institutionnalisés comme le mentionne ce rapport officiel : « Ce déficit informationnel ne se limite pas au manque de diffusion des opportunités et des facilités qu'offre ce cadre aux opérateurs économiques, en fait, ces derniers sont quasiment absents dans l'ensemble du processus de préparation et de négociation des accords ». « Point sur les relations du Maroc avec les pays de l'Afrique Subsaharienne », *doc. cit.*

46   Voir Annexe 13.

totalement isolé de son sud[47]. Le transport maritime, l'un des plus importants en matière de commerce en Afrique (plus de 90% du commerce est échangé par voie maritime), est un peu plus développé (il existe environs 80 grands ports en Afrique), bien qu'il souffre d'un manque d'équipements, d'insécurité et de problèmes environnementaux dus à la salubrité. Malgré l'étendue de ce réseau, le Maroc subit aussi les conséquences de l'absence de liaisons directes avec les pays africains. Il existe généralement peu de liaisons directes entre les pays africains : dans de nombreux cas, les ports servent un trafic extracontinental et non régional. Le transport aérien est *in fine* celui qui s'est le plus développé ces dernières années, mais il est utilisé avant tout pour le transport des personnes : tandis que le taux de passagers est en Afrique plus important que celui de l'Amérique latine, le taux de fret est bien en-dessous de la moyenne mondiale.

À l'image de l'évolution du trafic aérien sur le continent, la Royal Air Maroc dessert 26 pays en Afrique[48], alors qu'elle n'était présente que dans la moitié d'entre eux il y a encore quelques années. En plus de servir directement la politique étrangère du Maroc en assurant le transport des fonctionnaires et des entrepreneurs, la RAM contribue à faire connaître le pays puisqu'elle s'impose progressivement comme une compagnie de choix pour les Africains qui se rendent ou viennent d'Europe en transitant par Casablanca. Actuellement quatrième plus grosse compagnie aérienne africaine, la RAM constitue un cas exemplaire d'entreprise bénéficiant matériellement de l'ouverture sur l'Afrique. Elle contribue à son tour à appuyer la politique africaine Royaume. Les communiqués de presse de la compagnie sont à ce titre particulièrement évocateurs du cadre de légitimation discursif de l'État. On peut lire par exemple dans ce communiqué que le développement de la RAM procède d'une « stratégie de renforcement de son ancrage dans son milieu naturel en développant son réseau dans le continent et en améliorant son offre et ses services au profit de la clientèle en Afrique. (...) Royal Air Maroc a enregistré ce résultat grâce notamment à son implication sincère et responsable dans le développement du continent conformément à la politique de solidarité adoptée par le Royaume en Afrique »[49]. À ce stade le transport aérien est utilisé bien plus pour le transport des passagers que pour l'échange des marchandises.

---

47 « Point sur les relations du Maroc avec les pays de l'Afrique Subsaharienne », *doc. cit.*

48 Algérie, Tunisie, Libye, Mauritanie, Sénégal, Burkina Faso, Mali, Côte d'Ivoire, Ghana, Cap Vert, Nigéria, Guinée-Bissau, Bénin, Niger, Angola, Congo, Guinée Équatoriale, Libéria, Sierra Leone, Cameroun, République Centrafricaine, Gambie, RDC, Togo, et Gabon.

49 Communiqué de presse « Marché Afrique », RAM, Casablanca le 30-12-2014 http://www.royalairmaroc.com/corporate/Espace-presse/Communiqu%C3%A9-de-presse/(offset)/45.

Afin de développer son commerce extérieur et de répondre aux objectifs de développement du continent, notamment les ODD et l'Agenda 2063, le Maroc envisage de combler le déficit d'infrastructures terrestres à travers sa participation aux chantiers publics, dont nous avons donné quelques exemples précédemment, de même qu'il s'est orienté vers le commerce maritime. Jusqu'au début des années 2000, le Maroc disposait d'un seul grand port de commerce, le port de Casablanca, relié principalement à l'Europe et à la Méditerranée. En 2002, la construction d'un port plus important à Tanger, dans le détroit de Gibraltar, deuxième voie maritime la plus fréquentée au monde, fut confiée à une agence publique. Depuis son inauguration en 2007, le port de Tanger Med s'est progressivement imposé comme l'un des plus importants ports d'Afrique et se présente comme un futur vecteur de l'intégration économique euro-africaine. Tanger Med rompt en effet radicalement avec le système portuaire marocain. Sa conception et son organisation s'inspirent du modèle asiatique (Singapour, Malaisie, Chine) : il comprend de nombreuses zones franches, commerciales et industrielles, tandis que ses activités sont tournées vers le commerce d'exportation[50]. On observe dès lors que de nombreuses lignes maritimes se sont établies entre les ports européens et les ports africains en passant par Tanger Med[51]. Pour le moment, ces lignes sont exploitées principalement par des compagnies étrangères. À terme, le gouvernement ambitionne d'encourager la création de compagnies maritimes nationales tournées vers le commerce africain. Dans cette perspective, le gouvernement a soutenu notamment la création d'une compagnie maroco-nigériane (MNM African Shipping Line) qui dessert depuis Tanger et Casablanca, les ports ouest-africains. Le Maroc peine encore, cependant, à établir des lignes de transport directes. Selon ce spécialiste de la politique maritime marocaine : « tout armateur voulant participer au trafic marocain (escale directe) vers la COA (côte ouest africaine) est obligé de combiner avec les ports européens ou d'autres ports pour rentabiliser son exploitation. Par conséquent, toute ligne directe à créer devrait être subventionnée pour supporter les surcoûts »[52]. Face à la concurrence des armateurs étrangers qui empruntent le port de Tanger Med, les entrepreneurs marocains ne peuvent s'imposer sans l'aide de l'État.

La course aux transports maritimes constitue de ce fait un enjeu géoéconomique : la capacité de l'État à négocier l'ouverture de lignes maritimes directes

---

50   Nora Mareï, « Le détroit de Gibraltar dans la mondialisation des transports maritimes », *EchoGéo*, 10 février 2012, n° 19.

51   voir Annexe 14.

52   « Maroc-Afrique de l'Ouest : Trop peu de lignes maritimes ? », *Africa News Agency*, 19 mars 2015, http://www.africanewsagency.fr/?p=1738, consulté le 5 septembre 2016.

et à installer les représentations de la Chambre de Commerce dans les pays africains, encouragerait le développement d'une nouvelle génération d'armateurs marocains qui participeraient à l'intégration économique du Maroc au sein du continent. Or c'est exactement ce que l'État recherche : la représentation commerciale du Royaume dans l'ensemble de l'Afrique atlantique. Sur le long terme, le gouvernement ambitionne de réaliser son intégration régionale sur tous les plans : financier, commercial, mais aussi monétaire[53]. Le commerce intra-africain ne représente environ que 15% du total des échanges économiques du continent. Le Royaume n'a donc pas nécessairement besoin de faire beaucoup pour marquer sa différence et être reconnu, sur la scène diplomatique, comme un acteur de l'intégration intra-africaine. De nombreux Marocains estimaient de façon idéaliste qu'il était possible qu'à la fin de la décennie 2010 « prévale une Union Économique voire une Union Monétaire : l'African Économic Community »[54]. Dans cette perspective, le gouvernement avait déjà signé des accords de non double imposition avec de nombreux pays, et avait adhéré ou négocié des partenariats avec des Communautés Économiques Régionales : l'UEMOA en Afrique de l'Ouest, la COMESSA au Sahel en 2001, et la CEMAC en Afrique centrale. Toutes ces transformations, bien que faiblement notoires à l'échelle internationale, démontrent pourtant une forte volonté politique d'intégration régionale.

5 Diplomatie d'influence : le rôle des leviers culturel et religieux

Diplomatie économique et diplomatie religieuse sont communément admises pour être les deux principaux leviers du *soft power* de Joseph Nye, défini comme « la capacité à obtenir ce que vous voulez par l'attraction plutôt que la coercition ou le paiement »[55] et plus spécifiquement comme la « capacité d'affecter les autres dans l'objectif cooptatif de façonner l'agenda, persuader et susciter une attraction positive afin d'obtenir les résultats que l'on préfère »[56]. Nye distingue le concept de *soft power* en tant pouvoir de cooptation et de séduction, du *hard power*, en tant que pouvoir de contrainte. Pour l'auteur, le *soft power* ne dépend pas du *hard power*, et il ne faut pas le confondre avec l'influence dans la mesure où il ne permet pas d'atteindre un but précis, mais

---

53   *Relations Maroc-Afrique : l'ambition d'une « nouvelle frontière »*, *op. cit.*

54   Benjelloun Touimi, « La présence de l'entreprise marocaine en Afrique : l'exemple de la BMCE Bank », *art. cit.*

55   Nye, Joseph S., *Soft Power: The Means to Success in World Politics*, New York : PublicAffairs, 2004, p. 11.

56   Nye, Joseph S., *The Future of Power*, New York : PublicAffairs, 2011, p. 20-21.

d'avoir un impact sur la réalisation d'un but. L'influence doit être considérée selon l'auteur comme une forme de *hard power*, et ne fonctionne que face à des États moins puissants. À l'inverse, la cooptation est la capacité de façonner ce que veulent les autres. L'attraction doit reposer sur des valeurs communes, et le devoir de contribution à ces valeurs. C'est ce qu'Adam Smith a nommé, en économie, la main invisible qui conduit au marché. À ce titre, Nye a identifié trois principales ressources du *soft power* :

- L'attractivité de la culture, qui comprend non seulement les éléments culturels, les croyances et la langue mais aussi des produits commerciaux emblématiques (le Coca Cola des Américains, le Pokémon des Japonais) ;
- Les valeurs politiques, qui doivent permettre de diffuser une image positive du pays (les affaires de ségrégation, de répression et autres phénomènes de violence pratiquées par un État à l'égard de la population érodent le *soft power*) ;
- La politique étrangère, qui doit être perçue comme légitime et ayant une autorité morale (les Guerres du Golfe ont rendu par exemple les États-Unis impopulaires) ;

Théorisé dans les années 1990 pour décrire les ressources de l'hégémonie américaine, le concept est aujourd'hui très populaire, tout aussi critiqué[57] que mobilisé dans de nombreux cas empiriques. D'une part, il offre aux chercheurs un concept théorique simple et suffisamment large pour identifier l'ensemble des ressources de puissance autres que la coercition militaire ou l'embargo économique, au point que son caractère heuristique s'apparente à une vraie mine d'or. D'autre part il offre aussi aux dirigeants des petits et grands États l'espoir d'exercer une puissance politique simplement sur la base de la popularité de leurs marques nationales et de leurs cultures. Embrassés par Hillary Clinton, Barack Obama, ainsi que de nombreux dirigeants, le *soft power*, le *hard power*, et la combinaison des deux dénommée *smart power*[58], se sont imposés comme des expressions normales du langage politique. Au Maroc,

---

57   Todd Hall, « An Unclear Attraction: A Critical Examination of Soft Power as an Analytical Category », *The Chinese Journal of International Politics*, 20 juin 2010, vol. 3, n° 2, pp. 189-211 ; Janice Bially Mattern, « Why 'Soft Power' Isn't So Soft: Representational Force and the Sociolinguistic Construction of Attraction in World Politics », *Millennium – Journal of International Studies*, 6 janvier 2005, vol. 33, n° 3, pp. 583-612 ; Colin S. Gray, *Hard Power and Soft Power: The Utility of Military Force as an Instrument of Policy in the 21st Century*, Strategic Studies Institute, 2012.

58   C'est Susan Noessel qui, en premier lieu, a introduit le concept de *smart power* dans un article paru en 2004 dans la revue Foreign Affairs. Le terme fut ensuite repris par Hillary Clinton dans ses discours, de même que Joseph Nye a commenté ce concept dans le prolongement de ses travaux sur le *hard* et le *soft power*. Voir : Susan Noessel, « Smart Power », *Foreign Affairs*, mars/avril 2004.

universitaires et journalistes identifient souvent les ressources culturelles et religieuses mobilisées par l'État comme des outils diplomatiques au service d'un *soft power* royal[59]. De même, le pouvoir contribue à légitimer ce concept. Dans ses discours, la Monarchie affirme que « la richesse d'un pays ne se mesure pas seulement à l'aune des indicateurs économiques mais aussi et surtout par son *soft power*, sa stabilité, son histoire, sa richesse culturelle et la densité de son patrimoine »[60], et entend utiliser la diffusion de son modèle culturel et identitaire dans le cadre de sa diplomatie. Tout cela démontre que le *soft power* apparaît aussi bien à l'échelle des acteurs qu'à celle des observateurs, comme un concept juste et pertinent pour décrire la puissance marocaine.

Il convient de souligner que le *soft power*, n'est pas, comme le suggère son nom, une forme de puissance en soi, ce qui porte à de multiples confusions. La lecture des nombreuses études empiriques qui font usage du concept nous montre qu'il existe un écart important entre le *soft power* comme ressource et le *soft power* comme type de puissance. Si le *soft power* est compris comme une ressource, il conviendrait tout aussi bien d'évoquer directement les diplomaties culturelles, économiques, publiques et autres, à l'œuvre dans l'exercice de la puissance. Si le *soft power* est un type de puissance, sa dimension hégémonique telle que conférée par Joseph Nye est pertinente dans le cas des États-Unis, mais écarte de fait le Maroc de cette catégorie.

En effet, parmi les mesures qui constituent le *soft power* marocain, en tant que type de puissance, on peut citer en premier la création des centres culturels marocains à l'étranger. À l'image de France avec ses Centres Culturels Français ou bien de la Chine avec ses Instituts Confucius (Hanban), le Royaume a inauguré sa première Maison du Maroc (Dar Al Maghrib) à Montréal en 2012. Depuis, d'autres centres ont été ouverts ou sont en cours de construction dans les capitales européennes qui accueillent une forte communauté marocaine. Ces centres culturels ne sont nullement destinés à diffuser le modèle culturel marocain parmi d'autres nationalités, mais plutôt à offrir aux Marocains résidants à l'étranger un lieu permettant de préserver « l'identité marocaine » de leurs enfants. En Afrique, on compte pourtant déjà 65 instituts et 23 classes *Confucius* chinois[61], une cinquantaine de Centres Culturels

---

59   « Le « Soft Power », nouvelle arme de la diplomatie marocaine ? », *L'opinion.ma*, 8 octobre 2014, « Les Marocains du monde, un soft power au service du Maroc », *Challenge*, 20 février 2015, Youssef Aït Akdim, « La Tidjaniyya, arme secrète du « soft power » marocain en Afrique », *Le Monde.fr*, 29 avril 2016, Nazarena Lanza, « La Tijaniyya fait partie du soft power marocain » », *Al Huffington Post Maghreb*, 25 juillet 2016.

60   « Texte intégral du Message Royal à l'occasion du premier Concert de la Méditerranée », *Maroc.ma*, 9 juillet 2016.

61   Site de l'Institut Confucius : http://english.hanban.org/node_10971.htm.

Français[62], 23 *Goethe Institute* allemands[63], une quinzaine d'*Institutos Cervantes* espagnols[64]. De même, la Turquie a également construit ces dernières années 7 *Yunus Emre* en Afrique[65], et le Brésil coordonne déjà près de 8 *Centros Culturais Brasileiros* sur le continent. Contrairement à ces pays le Royaume n'a pas prévu de dispositif destiné à enseigner ses dialectes ou à faire connaître ses arts et cultures à grande échelle en Afrique, en raison d'une part, de la faible présence de Marocains résidents dans ces pays et d'autre part, du faible intérêt du gouvernement pour ce type de levier, qui relève justement du *soft power*.

Le Maroc n'est pas, actuellement, un modèle normatif, culturel, économique ou religieux à l'échelle internationale ou même régionale, lui permettant d'exercer une puissance douce propre à satisfaire ses intérêts nationaux. En revanche, il déploie effectivement un ensemble de politiques culturelles, normatives et religieuses qui participent d'une « diplomatie d'influence » médiane. Souvent associée au *soft power*, la diplomatie d'influence lui est effectivement commensurable, mais renvoie plus précisément à l'utilisation intensive du levier diplomatique (au lieu des opérations militaires ou des politiques de sanction), par sa diversification sectorielle. La fin de la version marocaine de la doctrine Hallstein ainsi que la fin annoncée de la politique de la chaise vide à l'UA, laissent suggérer que la politique étrangère s'oriente vers une diplomatie d'influence. La diplomatie d'influence vise le rayonnement par la légitimation et la recherche de la reconnaissance d'une identité (de normes, de valeurs et de croyances). Le *soft power* vise l'hégémonie par la diffusion et la tentative de faire adopter cette identité. C'est pourquoi la diplomatie d'influence apparaît plus adaptée à la mesure des ambitions et des capacités du Royaume. La politique africaine du Maroc doit être interprétée à l'aune de ce dernier concept. Tandis qu'elle s'appuie sur des moyens sensiblement similaires à ceux décrits par Joseph Nye dans le cas du *soft power*, ces moyens sont insuffisants ou parfois trop récents pour répondre aux objectifs politiques tels que définis par le Maroc.

De plus, si le *soft power* dépend essentiellement des leviers non étatiques (associations, institutions culturelles, universités, entreprises, individus.), et ne peut être promu qu'*a posteriori* par les gouvernants (pour Nye, la réussite

---

62   Voir la liste à l'adresse : https://www.data.gouv.fr/fr/datasets/liste-des-instituts-francais-et-de-leurs-antennes/.

63   Site de l'Institut Goethe : https://www.goethe.de/en/wwt.html.

64   Site de l'Institut Cervantes : http://www.cervantes.es/sobre_instituto_cervantes/direccio nes_contacto/sedes_mundo.htm#afr.

65   Site de l'institut Yunus Emre : http://www.yee.org.tr/en/.

du *soft power* dépend de l'effacement de l'État dans ce domaine), la diploma-tie d'influence est au contraire extrêmement centralisée et repose sur le choix d'une maitrise par l'État de l'ensemble des vecteurs propres à diffuser sa puis-sance. C'est aussi pourquoi le *soft power* est plus adapté au cas américain qu'aux petites et moyennes puissances émergentes. Les médias américains ou encore l'Agence américaine pour le Développement International (USAID) n'entre-tiennent pas le même rapport avec leur gouvernement que *Al Jazeera* avec l'État Qatari, MBC avec l'Arabie Saoudite ou Reliance avec l'Inde[66]. Ces derniers sont beaucoup plus intimement liés au pouvoir, et relèvent plus d'une diplomatie publique, ou plus largement d'une diplomatie d'influence, que d'un *soft power*. Au Maroc, le développement du groupe *Medi1* (radio, télévision et presse) sur le continent a été directement le fait des conventions bilatérales signées sous la présidence du Roi et de ses homologues africains. La radio émet ses ondes au Gabon depuis 2013 et en Côte d'Ivoire depuis 2015. La chaîne de télévision *Medi1* est aussi une illustration directe de la nouvelle forme de coopération franco-marocaine en Afrique. La chaîne était au départ franco-marocaine, avant de devenir marocaine, puis privée. Elle fut créée en 2006 conjointe-ment par les gouvernements français (sur la demande de Jacques Chirac) et marocain, dans l'objectif de promouvoir la culture franco-maghrébine dans la région. Depuis 2015, deux versions de la chaîne existent : une version franco-phone destinée à être diffusée en Afrique (confortant la politique de la franco-phonie), et une version arabophone tournée vers le Maghreb. Bien que Medi1 ait fait l'objet d'un désengagement progressif de l'État, sa présence en Afrique est directement encouragée et soutenue par l'appareil diplomatique ; une il-lustration notable de la centralité du rôle de l'État dans le processus de diffu-sion culturelle, appuyant l'idée qu'il s'agit là d'une diplomatie d'influence et non d'un *soft power*. Cette diplomatie d'influence mobilisera d'autres instru-ments tels que les missions d'expertise, la formation universitaire, notamment en langue française[67], ou encore l'institutionnalisation des relations et des échanges avec les réseaux confrériques soufis transsahariens.

---

66   « Pour des raisons largement bureaucratiques, beaucoup de ce que le gouvernement des États-Unis a entrepris en faveur des médias étrangers, de la réforme de l'éducation et de la démocratisation, n'a pas été considéré comme de la « diplomatie publique » à proprement parler et a principalement été mis en œuvre par d'autres agences que celles dédiées expli-citement à la diplomatie publique – en particulier, l'Agence d'information des États-Unis USIA, l'Agence pour le développement international USAID et le *National Endowment for Democracy* ». Lord, Carnes, « Diplomatie publique et soft power », *Politique américaine*, n° 3, 2012, p. 61-72.

67   Yousra Abourabi, « Le Maroc francophone : identité et diplomatie africaine », *art. cit.*

6   L'institutionnalisation des échanges avec les réseaux confrériques
         soufis transsahariens

Parmi les différentes ressources mobilisées dans le cadre de cette diplomatie
d'influence, les confréries soufies constituent un acteur incontournable. En
étant assignés d'une mission religieuse, instituée par le statut de Commandeur
des croyants, les sultans du Maroc ont entretenu des liens d'allégeance avec
certaines confréries soufies transnationales en Afrique de l'Ouest depuis le
XIXᵉ siècle. La Confrérie Tîjâniyya en particulier s'est imposée progressivement comme un relais transnational majeur dans la diplomatie culturelle et
religieuse du Maroc en Afrique. Implantée principalement en Afrique du nord,
de l'ouest et du Sahel (du Maroc à la Tunisie, du Sénégal au Soudan, de la Sierra
Leone à la République Centrafricaine), la Confrérie Tîjâniyya se distingue des
autres confréries soufies par son discours apologétique[68] ainsi que par le caractère exceptionnel de sa propagation et de sa réussite. Les Tîjânes sont aussi
connus pour avoir joué un rôle déterminant dans les conquêtes de pouvoir
au sein du monde soudano-sahélien. Confrérie maghrébine au départ, elle
porte aujourd'hui une identité davantage transsaharienne, tant elle a connu
un remarquable succès dans cette région : son adaptation aux effets de la modernité, et son ancrage aussi bien social que spirituel ont été à l'origine de sa
popularité dans les nouveaux États décolonisés. Cet ancrage découle aussi du
soutien apporté par la France coloniale à la Confrérie, et inversement. À titre
d'exemple, en 1916, à la demande du Maréchal Lyautey, les principaux représentants de cette confrérie ont envoyé des dizaines de lettres aux dirigeants
marocains leur demandant d'aider la France à étendre son autorité politique au
moyen de l'autorité religieuse des Tîjânes. De même, en 1925, lors de la Guerre
du Rif, des cheikhs soufis ont déployé une importante propagande auprès des
Rifains pour les convaincre de se soumettre à la France[69]. Dans l'ensemble,
de nombreux maîtres tîjânes ont prononcé leur fidélité à la République. Ce
compromis politique opéré avec les Français a d'autant plus favorisé l'essor de
la Tîjâniyya en Afrique occidentale durant cette période[70]. C'est l'une des nombreuses raisons pour lesquelles la Confrérie se pense aujourd'hui exclusive et
demande à ses adeptes d'abandonner leurs autres affiliations.

---

68   Triaud, Jean-Louis et Robinson, David, *La Tîjâniyya : une confrérie musulmane à la
      conquête de l'Afrique*, KARTHALA Éditions, 2000, pp. 9-17.
69   Triaud, Jean-Louis, « La tijâniyya, voie infaillible ou "voie soufie réinventée". Autour
      du pamphlet anti-tijânî d'Ibrâhîm Al-Qattân », dans Triaud, Jean-Louis et Robinson,
      David (dir.), *La Tîjâniyya : une confrérie musulmane à la conquête de l'Afrique*, Karthala,
      2000, p. 198.
70   Triaud et Robinson, *La Tîjâniyya, op. cit.*, pp. 9-17.

Au Maroc la Confrérie Tîjâniyya n'a pas un caractère de masse, mais elle se développe autour d'un noyau d'élites protégées par le pouvoir. La ville de Fès, ancienne capitale de l'Empire chérifien, aujourd'hui capitale spirituelle du Royaume, est un lieu de pèlerinage majeur pour tous ses adeptes, car elle recueille la tombe de son fondateur, Ahmed Al-Tîjâni[71]. Il existe aussi d'autres *zaouias* (centres spirituels) tîjânes dans différentes villes du Maroc, fréquentées aussi bien par des Marocains que par des Subsahariens, en particulier des Sénégalais. Au Sénégal effectivement, les Tîjânes représentent plus de la moitié des musulmans. Le Sénégal accueille aussi trois des quatre principaux sièges spirituels (Tivaouane, Kaolack et Madina-Gounass). C'est pourquoi la confrérie possède un pouvoir politique important dans ce pays, d'autant plus qu'elle occupe une place centrale dans la préservation de « l'identité musulmane » de la société, face à l'animisme et aux valeurs occidentales[72]. Pour de nombreux Tîjânes sénégalais, posséder une *ijaza* (c'est-à-dire le droit de pouvoir initier un autre aux pratiques de la confrérie) de la part d'un cheikh Marocain constitue une marque de légitimité, tant les cheiks tîjânes marocains occupent symboliquement une position élevée dans la hiérarchie de la confrérie[73]. Cette reconnaissance spirituelle conforte également l'allégeance historique des Tîjânes envers le trône alaouite, que le Royaume indépendant a souhaité dès lors institutionnaliser au sein de l'État moderne. Ainsi, les figures religieuses sont au centre des échanges politiques entre le Sénégal et le Maroc, depuis l'indépendance. Fait illustratif de cette tendance, lors de son escale à Dakar au moment de son retour d'exil de Madagascar, Mohammed v fut accueilli au Sénégal par des personnalités tîjânies[74]. Ce fut le cas aussi de Hassan ii qui a toujours consacré un moment de rencontre avec les dignitaires soufis dans le cadre de ses échanges diplomatiques avec les dirigeants sénégalais.

Parmi ces dignitaires, certains font figure de leader politique. Le Cheikh Ibrahim Mahmoud Diop notamment, avait rencontré Mohammed v et Hassan ii, et avait entretenu des relations étoffées avec des oulémas, des ministres et des érudits marocains. Lors de ses conférences de théologie dans les universités marocaines ou dans l'enceinte du Palais, il plaidait régulièrement pour le développement de la coopération diplomatique entre le Maroc et le Sénégal, et fut à l'origine d'un rassemblement des figures internationales de la Tîjâniyya à Fès, venus pour la plupart d'Afrique de l'Ouest. Durant une

---

71   Johara Berriane, « Intégration symbolique à Fès et ancrages sur l'ailleurs : Les Africains subsahariens et leur rapport à la zaouïa d'Ahmad al-Tijânî », *L'Année du Maghreb*, 23 décembre 2014, n° 11, pp. 139-153.

72   Sambe, *Islam Et Diplomatie, op. cit.*, p. 75.

73   *Ibid.*, p. 104-105.

74   Sambe, *Islam Et Diplomatie, op. cit.*

fameuse conférence qu'il avait animée en 1987, intitulée « Où va l'Afrique musulmane ? », le Cheikh avait soumis publiquement au Roi une demande de
bourses à destination des étudiants de théologie ouest-africains et obtenu gain
de cause auprès de Hassan II, qui ordonna aussitôt aux Ministères concernés
de « tenir une réunion en vue de prendre les dispositions pour appliquer les
propositions du cheikh »[75]. On peut donc dire que la Confrérie Tîjâniyya a été
l'initiatrice du développement d'une diplomatie religieuse par le gouvernement marocain, comprenant entre autres une politique de formation en théologie à destination des étudiants africains.

Par ailleurs, Ibrahim Mahmoud Diop fut aussi à l'origine de la création de
la « Ligue des Oulémas du Maroc et du Sénégal pour l'amitié et la coopération islamique », inaugurée en 1985 sous les patronages du Roi Hassan II et du
Président Abou Diouf, et dont il fut le dirigeant jusqu'à sa mort en 2014. Cette
ligue, financée notamment par le Ministère marocain des Affaires islamiques
et des Habous, a conforté le poids des échanges politico-religieux ainsi que la
politique de bourses à destination des étudiants ouest-africains en général et
sénégalais en particulier. Dans l'ensemble, il apparaît clairement que la conni-
vence entre Ibrahim Mahmoud Diop et Hassan II a été à l'origine d'une nouvelle forme d'institutionnalisation des échanges religieux par l'État.

Aujourd'hui l'appartenance d'un homme politique, marocain ou sénégalais,
au réseau tîjâne, le prédispose à occuper un rôle clef dans le développement
de la diplomatie culturelle bilatérale ou régionale. Comme le remarque Bakary
Sambe, « l'imaginaire religieux dépasse, quelquefois, la portée réelle des relations sénégalo-marocaines qu'il enracinera dans un cadre symbolique voire
sacré. Ainsi les politiques orientent leur action selon cet imaginaire qui, finalement, deviendra la base d'une réelle coopération bilatérale »[76]. Dans le cas
du Sénégal en effet, on ne peut parler des relations maroco-sénégalaises sans
évoquer la Confrérie Tîjâniyya. On voit bien que le couple maroco-sénégalais
constitue en quelque sorte un « couple franco-allemand » à l'échelle de l'islam
en Afrique de l'Ouest : bien qu'étant d'obédience mouride, le nouvel homologue de Mohammed VI, le Président sénégalais Abdoulaye Wade (2000-2012),
s'est recueilli avec sa délégation au mausolée de Ahmed Tîjâni à Fès lors de
sa première visite officielle au Maroc. Ce geste politique conforte la consécration des liens religieux comme principal levier des relations diplomatiques
maroco-sénégalaises, et participe de l'institutionnalisation d'une « diplomatie
de pont » (définie auparavant) sur la diffusion du soufisme et du malékisme

---

75   Cité dans : Cheikh Ibrahima Diop fils, « À propos des relations maroco-sénégalaises »,
      Dakaractu.com, 21 mai 2015.
76   Sambe, *Islam Et Diplomatie, op. cit.*, p. 76-77.

en Afrique. La ville de Fès accueille désormais une importante communauté de migrants subsahariens, et plus particulièrement Sénégalais, adeptes de la Confrérie Tîjâniyya, qui contribuent indirectement à cet effort politique.

Ce legs historique est aujourd'hui reconsidéré et revalorisé, sur les plans discursif et institutionnel, dans le cadre d'une diplomatie religieuse caractérisée notamment par le développement d'un réseau politico-religieux transsaharien. Dès l'intronisation de Mohammed VI en 1999, le Ministre des Affaires islamiques fut chargé de transmettre un message royal aux Tîjânes du Sénégal (sans passer par les canaux diplomatiques classiques), réitérant l'attachement du trône alaouite à la Confrérie. De leur côté, les Tîjânes sénégalais ont réaffirmé « l'allégeance de la Confrérie et de ses cheikhs au trône des Alaouite »[77]. Mohammed VI a pour sa part conforté le processus d'institutionnalisation des rapports entre la Confrérie et le pouvoir par la désignation d'un représentant officiel de la Tarîqa Tîjâniyya au Maroc. La restructuration du champs religieux à partir de 2002, la nomination d'un nouveau ministre d'obédience soufie (Ahmed Taoufiq), et l'intégration du soufisme parmi les composantes de « l'islam officiel » de l'État marocain participent également de cette démarche.

L'institutionnalisation des échanges entre les confréries et l'État a été conduite de façon progressive. Dans un premier temps, le Ministre des Affaires islamiques Ahmed Toufiq fut chargé de l'organisation d'une première « Réunion Générale de la Tarîqa Tîjâniyya à Fès » en 2007, rassemblement de nombreux maîtres soufis africains, et d'y lire le message royal portant sur l'engagement de la dynastie alaouite à soutenir la Confrérie. Cette politique s'est poursuivie par l'organisation des Conférences Internationales de la Tîjâniyya (en 2007, 2009 et 2014), puis des Assises annuelles de la Confrérie Tîjâniyya à Fès à partir de 2012, au lendemain de la crise au Mali : un événement religieux transnational entièrement pris en charge par le Royaume. Parallèlement, le gouvernement a annoncé l'octroi de bourses de voyages pour les pèlerins et un don de corans destinés aux 70 millions d'adeptes que compte la confrérie en Afrique. Outre le Ministère des Affaires islamiques, le Ministère du Tourisme a aussi été mobilisé pour contribuer à cet effort. Selon le vice-président du Conseil Régional du Tourisme (CRT) de Fès, l'objectif promu « est d'enrichir le spirituel d'une dimension culturelle, en l'abordant pas seulement sur le plan de la pratique religieuse mais en l'associant aussi à l'histoire tout entière de Fès »[78]. La Royal Air Maroc (RAM) a donc été mise à contribution pour offrir des billets d'avion aux adeptes effectuant un pèlerinage à Fès, ou de proposer *a minima* des tarifs

---

77   Déclaration du Cheikh Maodo Sy, cité dans : Bakary Sambe, « Tidjaniya : usages diplomatiques d'une confrérie soufie », *Politique étrangère*, 14 janvier 2011, Hiver, n° 4, pp. 843-854.

78   « Fès fait sa promotion au Cameroun », *L'Économiste*, 24 mai 2006.

préférentiels, participant ainsi à une réinvention des routes transsahariennes. Ce sont principalement les Maliens qui ont bénéficié de cette politique : à titre d'exemple, en 2015, entre 6 et 7 millions de Tîjânes maliens profitaient de tarifs préférentiels avec la RAM pour se rendre à Fès[79].

Notons sur ce point que cette diplomatie religieuse a très vite pris une enver- gure touristique et commerciale. Ensemble, le Conseil Régional du Tourisme de Fès et la RAM ont créé un forfait voyage de 8 jours dénommé « *ziara tîjânia* » pour attirer de nouveaux pèlerins. Face à cette stratégie commerciale, d'autres agences de voyages se concurrencent actuellement au Sénégal et au Maroc pour vendre à leur tour des formules de voyage aux pèlerins, récupérant à leur faveur la présentation du Royaume comme principal pôle spirituel de la Tîjâniyya[80]. Dès 2014, le nombre de touristes religieux au Maroc a atteint 41 267 personnes[81], illustration de l'étroite corrélation entre la diplomatie écono- mique et la diplomatie culturelle et religieuse du Royaume.

Sur le plan politique, les rencontres annuelles de la Tîjâniyya à Fès forment l'occasion de diffuser un message royal lu à tous les pèlerins, ce qui renforce la visibilité du soutien du trône à la Confrérie, assure la diffusion du modèle religieux marocain au sud du Sahara, contribue à la promotion du Maroc en tant que terre d'accueil des réseaux soufis transnationaux, et consolide le rôle des confréries comme un levier politique dans le développement de la coopé- ration diplomatique avec certains pays, à l'instar du Sénégal et du Mali. À ce titre, le Roi a reçu les représentants d'autres confréries transnationales soufies à l'instar de la Tarîqa Qadirya et de la Tarîqa Mouridia, et exerce la même ap- proche d'institutionnalisation des liens, à plus faible échelle. Lors des confé- rences islamiques dirigées par Mohammed VI à Rabat, les chefs religieux les plus représentatifs du paysage confrérique africain sont désormais conviés. La Confrérie Tîjâniyya a cependant un statut particulier dans la diplomatie ma- rocaine. Plus qu'un levier religieux au service d'une diplomatie culturelle, le soutien apporté à la Tîjâniyya participe également d'une politique destinée à diffuser l'islam du « juste milieu » prôné par le Royaume.

---

79   « Royal Air Maroc signe à Bamako une convention de partenariat avec le Conseil fédéral des Tîjânes du Mali », *Le Matin*, 23 février 2014.

80   Lanza, Nazarena, « Quelques enjeux du soufisme au Maroc : le tourisme religieux sé- négalais et la construction d'un imaginaire sur l'amitié », dans Khrouz, Nadia et Lanza, Nazarena (dir.), *Migrants au Maroc, cosmopolitisme, présence d'étrangers et transforma- tions sociales*, Rabat, 2015, p. 65-72.

81   « Visite officielle de SM le Roi au Sénégal », 2015.

7   La diffusion d'un islam du « juste milieu » en Afrique par la
       formation religieuse

Durant des siècles, les empires marocains ont contribué à diffuser les préceptes et les rites de l'école malékite en Afrique. Aujourd'hui encore, la promotion du malikisme au sud du Sahara figure au centre des préoccupations du
Royaume, dans la mesure où ce lien constitue le socle de tout discours portant
sur les liens culturels maroco-africains. Sous Hassan II, la réédition des ouvrages classiques du rite malékite à l'exemple du *Matn d'Ibn 'Ashir* a conforté
leur enseignement dans les madrasas sénégalaises[82]. À ce titre, Hassan II avait
déclaré que le « Maroc se considère comme investi de la mission de préservation et de la diffusion de la religion musulmane par le biais des universités,
des mosquées, des oulémas et des professeurs »[83]. De même, le *makhzen* de
Mohammed VI affirme que le Maroc a « le mérite d'avoir propagé les valeurs
islamiques » en Afrique[84].

De nos jours, devant l'ampleur des mouvements associés au rite wahhabite
(salafistes par exemple) et agissant dans la région, le Maroc se redonne le rôle
de promouvoir le rite malékite et le soufisme comme des modèles religieux
propres à préserver les coutumes des populations locales contre toute forme
d'extrémisme. La guerre au Mali en 2012 a été l'occasion pour le Royaume d'initier une nouvelle forme de coopération religieuse. Puisque le Mali partage avec
le Maroc le rite malékite, ainsi que la pratique soufie, et en vertu d'un accord
bilatéral entre les deux pays, Mohammed VI a initié la création d'un centre
de formation des imams malien à l'islam marocain en 2013. Cet établissement
fut d'abord dédié à la formation de 500 imams maliens, mais il ambitionne
aujourd'hui de former des imams de différents pays qui en ont fait la demande
(Nigéria, Tunisie, Côte d'Ivoire, Guinée, Sénégal ...).

La particularité de ce centre de formation réside dans le fait qu'il ne dispense
pas seulement des cours de théologie mais aussi des cours d'histoire (l'histoire
des relations maroco-africaines entre autres), de géographie, des droits humains, de l'analyse des médias, de la santé ou encore du calcul astronomique[85].
Construit en moins d'un an, le Centre s'apparente à un campus universitaire
moderne et bien équipé, fréquenté aussi bien par des Marocains que par
des étrangers. Les femmes y sont aussi formées en tant que *Mourchidates*

---

82   Sambe, *Islam Et Diplomatie, op. cit.*, p. 53.
83   Hassan II, Conférence de Presse à Taëf, 9 février 1980, dans Discours et interventions du
       Roi Hassan II, 1982)1983, p. 166.
84   « SM le Roi, Amir Al-Mouminine, préside à Casablanca la cérémonie d'annonce de la
       création de la Fondation Mohammed VI des Oulémas africains », *Maroc.ma*, s. d.
85   « 500 imams maliens bientôt formés au Maroc », *Jeune Afrique*, 12 novembre 2013.

(prédicatrices religieuses), dans l'optique de veiller à la féminisation du corps religieux. Les années d'étude sont entièrement prises en charge par le gouvernement : nourris, logés et blanchis, les étudiants reçoivent en plus une petite bourse mensuelle d'environ 200 euros. Aussi, afin de permettre aux imams africains notamment de trouver une activité rémunératrice une fois de retour dans leur pays, le centre a intégré des ateliers de formation professionnelle *ad hoc* (électricité, métiers du bâtiment, culture, agriculture, informatique etc.).

Dénommé « Institut Mohammed VI de formation des imams », ce centre de formation a pour but de contrer les tendances wahhabites et salafistes et de prôner un Islam plus « tolérant ». Il constitue un levier de la politique de sécurité préventive déployée par le Gouvernement. En même temps, la formation des imams participe, selon le pouvoir, de la mise en valeur d'un « capital historique du Maroc, pays d'ouverture et de tolérance, espace de coexistence et d'interaction entre les cultures et les civilisations »[86]. À travers ce cadre de légitimation rhétorique, le Royaume construit son identité de rôle sur les plans religieux et culturel. Dans cette perspective l'islam marocain est qualifié d'islam du « juste milieu », comme nous l'avons annoncé au début de cette étude, conformément au réseau dialogique établi par les dirigeants.

La définition d'une diplomatie religieuse à travers le paradigme du juste milieu s'opère dans une logique dialectique : « Le Royaume du Maroc demeure un modèle d'attachement à l'Islam sunnite prônant le juste milieu et la tolérance et proscrivant l'extrémisme, le fanatisme et l'ostracisme »[87]. Plus généralement il semblerait que pour la Monarchie, au-delà des valeurs religieuses du Maroc, ses valeurs « culturelles ancestrales (sont aussi) fondées sur la modération et le juste milieu »[88]. Au sein du gouvernement, la diffusion diplomatique d'un islam du juste milieu est portée en premier lieu par les libéraux. Dans une analyse des campagnes législatives marocaines, Mounia Bennani-Chraïbi distingue notamment quatre approches de la politique religieuse : « Une vision totalisante de l'islam, un islam du 'juste milieu' allié avec le 'bon sens' marocain, un pôle cantonnant le religieux dans la sphère privée, et une tendance 'élitaire' invitant à la production de l'authenticité par la rupture avec l'imitation du passé et de l'autre, en renouant avec la créativité et l'esprit critique »[89]. L'auteure identifie ces quatre tendances à quatre groupes socio-professionnels, respectivement : « celui d'une contre élite instruite et islamisée, celui des

---

86   Message du Roi du Maroc du 30 août 2013 adressé à la 1ère Conférence des Ambassadeurs.

87   « Discours de SM le Roi à la Nation à l'occasion du 13e anniversaire de la Fête du Trône », 30 juillet 2012.

88   « Discours de S.M le Roi Mohammed VI à l'occasion du 9e anniversaire de la fête du trône », *Maroc.ma*, 30 juillet 2008.

89   Bennani-Chraïbi, *Scènes et coulisses de l'élection au Maroc*, *op. cit.*, p. 155.

entrepreneurs, celui d'une gauche conduite à redéfinir son rapport à l'islam, ou encore celui d'une petite élite intellectuelle et artistique »[90]. Au-delà des libéraux, de plus en plus de groupes politiques soutiennent et s'approprient ce concept pour définir l'islam marocain.

Présenté comme islam du « juste milieu », donc, le modèle religieux marocain est construit, taillé et ajusté à des fins politiques. La formation des imams constitue depuis son lancement en 2012 une démarche qui participe indéniablement à la diffusion et l'institutionnalisation du rite malékite et du soufisme, ainsi que des choix doctrinaux et rituels du Maroc. Il faut en effet reconnaître la force de proposition marocaine : à la suite de l'annonce de la formation des imams maliens, la presse locale et étrangère s'est emparée du sujet avec beaucoup d'enthousiasme. Plusieurs pays comme la Tunisie, le Nigéria, la Guinée, la Côte d'Ivoire, ou le Gabon, ont souhaité bénéficier de cette formation. Au-delà de la région, d'autres pays ont été séduits par cette approche, comme la Tchétchénie, les Maldives, mais aussi la France, qui a envoyé une cinquantaine d'imams à Rabat en 2015. Des organismes étrangers se sont également emparés de l'opportunité de soutenir financièrement le Maroc dans ces projets.

Très vite, en juillet 2015, le Roi créé la « Fondation Mohammed VI des Oulémas Africains », placée directement sous sa présidence, ainsi que sous la présidence-déléguée du Ministre des Affaires islamiques et des Habous. Selon ce dernier, la création de cette institution s'inscrit dans la continuité de l'exercice d'un rayonnement religieux illustré par « la construction de mosquées dans ces pays, la présence régulière d'Oulémas africains aux causeries hassaniennes du Ramadan, la création de la Ligue des Oulémas du Maroc et du Sénégal, la mise en place de l'Institut des études africaines et l'organisation de conférences sur les tarîqa soufies »[91]. L'objectif promu par cette institution, qui rassemble les principaux représentants religieux musulmans des Afriques de l'Ouest, Centrale et Sahélienne, est de promouvoir l'islam du « juste milieu » dans la région, d'institutionnaliser et de contrôler les échanges religieux, et de consolider les relations diplomatiques maroco-africaines[92]. Parallèlement à la construction de ce réseau, le Royaume a multiplié les dons offerts aux organisation islamiques des Afriques de l'Ouest et Sahélienne. En Côte d'Ivoire par exemple le Conseil supérieur islamique (COSIM), le Conseil national islamique

---

90   *Ibid.*
91   « SM le Roi, Amir Al-Mouminine, préside à Casablanca la cérémonie d'annonce de la création de la Fondation Mohammed VI des Oulémas africains », *art. cit.*
92   *Ibid.*

(CNI) et la Ligue islamique des prédicateurs de Côte-d'Ivoire (LIPCI) ont déjà reçu des aides marocaines[93].

Toute cette effervescence, dont il n'est pas encore possible de mesurer les répercussions, pointe du doigt le besoin d'expérimenter des approches innovantes face à la montée des extrémismes. L'efficacité partielle de l'approche militaire ainsi que la difficulté de construire une vision commune de la sécurité régionale, facilite l'engouement face à ce type d'initiatives, alors même qu'il est difficile d'en prévoir les conséquences. Nous tenterons donc d'en tracer les contours dans la partie suivante.

---

93 Bamba, Mamadou, « Mobilité des Musulmans ivoiriens au Maroc : entre formation islamique et tourisme religieux », dans Khrouz, Nadia et Lanza, Nazarena (dir.), *Migrants au Maroc, cosmopolitisme, présence d'étrangers et transformations sociales*, Rabat, 2015, p. 72-80.

CHAPITRE 8

Les conséquences de la politique africaine du Maroc : entre gains relatifs et transformations géopolitiques

1 Introduction

L'un des principaux débats en Relations Internationales figure dans la définition de la dynamique ontologique de l'ordre international : est-ce la structure qui détermine le comportement, les intérêts et l'identité des agents, ou
au contraire, est-ce que ce sont les agents, en tant qu'acteurs autonomes, qui
fondent la structure ? Autrement dit, qui du système international ou de ses
acteurs détermine l'autre ? Après une trentaine d'années de débats entre les
différentes écoles classiques des Relations Internationales[1] la réponse la plus
logique fut apportée par les constructivistes : les agents et la structure se
co-constituent, de façon réflexive. D'une part, la structure sociale mondiale influence le comportement et la nature des États et des acteurs non-étatiques ;
d'autre part l'État et les acteurs non-étatiques contribuent à façonner le système international.

D'un côté, certaines normes internationales, de même que certaines données géopolitiques héritées de l'histoire du continent, ont façonné l'identité,
les représentations et les intérêts du Royaume. C'est le cas de l'influence du
libéralisme sur la stratégie d'émergence nationale, ou encore de l'influence
de l'héritage colonial dans la culture administrative. D'autres transformations
géopolitiques à l'œuvre continuent d'influencer l'identité et le comportement
du Maroc en tant qu'agent étatique, à l'instar du développement de la migration transsaharienne, de l'émergence de la guerre contre le terrorisme au Sahel,

---

1 Pour les individualistes, c'est l'agent qui détermine la structure : les relations sociales qu'il
   entretient peuvent affecter son comportement, mais ne déterminent ni son identité, ni ses
   intérêts. Pour les structuralistes, c'est le contraire. La structure a un effet constitutif sur leurs
   identités et leurs intérêts et contribue à les façonner. Pour Waltz par exemple, « la structure opère comme une cause » qui structure l'agent. Sur le débat agent – structure voir par
   exemple : Wendt, Alexander E., « The Agent-Structure Problem in International Relations
   Theory », *International Organization*, vol. 41, n° 3, 1987, p. 335-370 ; Dessler, David, « What's
   at stake in the agent-structure debate ? », *International Organization*, vol. 43, n° 03, 1989,
   p. 441-473 ; Tang, Shiping, « International System, not International Structure : Against the
   Agent – Structure Problématique in IR », *The Chinese Journal of International Politics*, vol. 7,
   n° 4, 2014, p. 483-506.

ou encore des bouleversements climatiques. En élargissant le cadre d'analyse, on s'aperçoit également que les nouveaux rapports de puissance mondiaux liés à l'émergence la Chine ou encore à la rivalité russo-américaine ont des retentissements sur la façon dont le Maroc va développer sa politique africaine. Nul doute, dès lors, quant à l'influence de la structure, définie comme un processus social international, sur la constitution de l'identité de la puissance marocaine. Cette dernière grande partie tendra à confirmer ce postulat.

D'un autre côté, le Maroc s'est aussi démarqué des autres agents étatiques par la construction progressive d'une identité de rôle singulière, constituée notamment par le style et la double autorité symbolique et exécutive du Monarque, la revendication d'un rôle de pont géo-civilisationnel ou encore la diffusion d'un islam du juste milieu. La question qui se pose est donc la suivante : la politique étrangère, et plus spécifiquement la politique africaine du Royaume, contribue-t-elle à façonner ce nouvel ordre mondial « multiplex[2] » ? Cette interrogation nous renvoie directement à deux autres problématiques théoriques déjà soulevées dans cet ouvrage : quel est le poids des petites et moyennes puissances dans le système international, et inversement, comment ce type de puissances s'adapte-t-il aux transformations de l'environnement ? Ambitieuse, la politique étrangère du Maroc est forcée d'aller au bout de ses intentions et d'assumer ses nouvelles responsabilités : celles de l'élaboration de politiques de sécurité propres à préserver son identité de rôle sur le continent. Limitée dans ses moyens et dans ses appuis, cette politique doit aussi explorer et anticiper les futures évolutions internationales, afin de maximiser ses gains. Tels sont les enjeux qui seront étudiés dans cette partie.

2   Les effets de la diplomatie culturelle et religieuse dans le développement de la migration vers le Maroc

L'émergence économique du Maroc, sa transition politique et sa diplomatie religieuse et culturelle en Afrique, de même que les évolutions géopolitiques à l'œuvre dans la région, ont transformé le paysage migratoire au sein du Royaume. Connu pour être historiquement une terre d'émigration (15% de la population réside à l'étranger)[3], le Maroc est depuis le milieu des années 1990 une destination pour les migrants, venus principalement d'Afrique

---

2   Acharya, *Rethinking power, institutions and ideas in world politics, op. cit.* Voir note n° 20.

3   « La problématique de la migration dans les politiques et stratégies de développement en Afrique du Nord », Rabat : Nations Unies Commission économique pour l'Afrique Bureau pour l'Afrique du Nord, 2014, p. 97.

subsaharienne. Le nombre de subsahariens qui séjournent pour une durée courte (soins hospitaliers, tourisme religieux, formations professionnelles de courte durée, entrainements militaires) augmente progressivement, et la part des immigrés qui s'installent au Maroc pour une durée moyenne ou longue a connu un fort accroissement ces dernières années, faisant du Maroc un véritable carrefour migratoire aux portes de l'Europe.

En effet, alors que le Maroc a l'un des taux d'expatriation des étudiants des plus élevés au monde, il est devenu tout aussi bien convoité par les étudiants étrangers, et plus spécifiquement africains. Dès 2012, on comptait près de 15 577 étrangers issus de 134 pays, dont la majorité étaient subsahariens. Si ce chiffre paraît encore dérisoire, notons que le taux d'augmentation du nombre d'étudiants étrangers résidant au Maroc entre 2000 et 2009 est de 732%[4]. Cette mobilité estudiantine continue de se poursuivre pour atteindre 20 000 étudiants par an actuellement. C'est pourquoi il est tout à fait envisageable de voir le nombre d'étudiants subsahariens puis de jeunes diplômés vivant au Maroc devenir véritablement important durant la prochaine décennie. Déjà, près de 44% de ces étudiants affirment ne pas avoir de second projet migratoire après le Maroc, et comptent rester travailler après leurs études au moins pendant quelques années[5]. Aussi, ceux qui n'ont pas pu renouveler leur bourse au moment de leur passage en Master commencent déjà à s'intégrer dans le marché du travail en trouvant de petits emplois pour étudiants. Selon une enquête réalisée auprès des étudiants subsahariens[6], si le choix de ces derniers était porté sur le Maroc faute d'opportunités dans un pays du Nord (la France notamment), la moitié des interrogés affirment avoir un lien avec le Royaume, le plus souvent via un membre de la famille qui résidait ou réside dans ce pays. On observe dès lors que les réseaux d'étudiants, de religieux, de politiques et de travailleurs subsahariens qui ont vécu ou séjourné au Maroc sont fortement imbriqués. Plus généralement, pour ces étudiants, ce séjour est une occasion de vivre une expérience à l'étranger sans aller loin, tant la culture marocaine est différente de celle qu'ils connaissent, et constitue aussi un moyen de développer leurs carrières professionnelles. Comme le constate ce rapport : « Pour les Africains diplômés, originaires d'Afrique subsaharienne comme les médecins,

---

4   Mahamadou Laouali, Souley et Meyer, Jean-Baptiste, « Le Maroc, pays d'accueil d'étudiants étrangers », *Hommes et migrations. Revue française de référence sur les dynamiques migratoires*, n° 1300, 2012, p. 114-123.

5   *Ibid.*

6   Berriane, Johara, « Les étudiants subsahariens au Maroc : des migrants parmi d'autres ? », *Méditerranée. Revue géographique des pays méditerranéens / Journal of Mediterranean geography*, n° 113, 2009, p. 147-150.

les artistes, les entrepreneurs, les commerçants, le Maroc offre de nouvelles opportunités économiques de promotion sociale que l'Europe n'offre plus »[7].

Ces différents réseaux migratoires affirment désormais leur présence aussi bien par leur dimension quantitative que par leur visibilité sociale. La présence des chrétiens notamment a entraîné la revitalisation des églises officielles (celle qui sont reconnues par les autorités marocaines), en particulier évangéliques avec une dominance pentecôtiste. Parallèlement à cette fréquentation, de nombreux lieux de cultes informels émergent à la faveur des restrictions concernant les cultes autorisés au Maroc. On ne dispose pas de chiffres concernant la fréquentation de ces lieux de cultes informels, mais on sait que les églises officielles totalisent actuellement près de 3000 membres dont près de 95% sont subsahariens : les principales nationalités représentées sont le Congo, la RDC, la Côte d'Ivoire, le Cameroun et la Centrafrique[8], pays francophones. Cette possible corrélation entre la diplomatie culturelle du Royaume et l'augmentation de la migraton est d'ailleurs soulevée par de nombreux observateurs. D'après une enquête sur la fréquentation des églises marocaines par les Subsahariens, « le poids respectif des nationalités varie au gré des accords de coopération universitaires passés par le Maroc »[9].

Confortant cette hypothèse, il existe une présence de plus en plus importante de pèlerins subsahariens, directement liée à l'institutionnalisation des liens du Palais avec les réseaux confrériques, ainsi qu'aux facilités de séjour qui découlent de la politique commerciale qui accompagne cette diplomatie. Il apparaît selon cette étude sur les migrants ivoiriens que « le Maroc est devenu une référence, voire un modèle, aux yeux des musulmans ivoiriens et plus particulièrement de la communauté des Tîjânes » : « en Côte-d'Ivoire ces étudiants se présentent parfois comme de véritables érudits des sciences islamiques et participent, à leur tour, à la propagation de l'islam malékite dans le pays »[10]. C'est pourquoi les religieux sont de plus en plus nombreux à effectuer un séjour de moyenne ou longue durée au Maroc. Les religieux les plus représentés constituent sans surprise les Sénégalais, confortant l'existence

---

7   « La problématique de la migraton dans les politiques et stratégies de développement en Afrique du Nord », *doc. cit.*, p. 16.

8   Coyault, Bernard, « L'africanisation de l'Église évangélique au Maroc : revitalisation d'une institution religieuse et dynamiques d'individualisation », *L'Année du Maghreb*, n° 11, 2014, p. 81-103.

9   *Ibid.*

10   Bamba, « Mobilité des Musulmans ivoiriens au Maroc : entre formation islamique et tourisme religieux », *art. cit.*

d'un « couple interétatique »[11] maroco-sénégalais travaillant à diffuser l'islam soufi dans la région. L'immigration des Sénégalais au Maroc est d'ailleurs la plus ancienne : elle a débuté dans les années 1960-1970[12]. La récente institutionnalisation des liens avec la Confrérie Tîjâniyya et les réseaux de migration établis par ces derniers ont néanmoins favorisé l'installation de nouveaux Sénégalais à Fès, dont certains se sont mariés à des Marocaines. Ce flux a ensuite entraîné d'autres flux : on compte désormais des femmes domestiques, des sportifs, ou encore des commerçants sénégalais au Maroc[13]. Malgré cette imbrication étroite, les religieux ne se considèrent pas comme des migrants ordinaires, tant leur statut est hautement politique. D'après une enquête, ces derniers « font généralement partie de la classe moyenne aisée et ne sont pas confrontés à la problématique de la migration. Au contraire, ils tiennent à souligner la distance entre eux et les « migrants » avec lesquels ils ne partagent que la nationalité »[14]. Néanmoins, ils se mélangent parfois aux étudiants qui cherchent à intégrer les réseaux soufis à la recherche de leurs compatriotes, ou aux travailleurs qui souhaitent renforcer leur pratique de l'islam.

Le Maroc a soutenu cette mobilité des étudiants, des religieux et dans une moindre mesure des travailleurs, par l'assouplissement des lois sur l'entrée et les conditions de séjour pour les Africains. Certaines nationalités bénéficient de ces facilités consulaires depuis longtemps. C'est le cas des Sénégalais, en premier lieu, qui n'ont pas besoin de visa pour se rendre au Maroc, et qui possèdent également le droit de résider et de travailler, selon une convention signée en 1964, stipulant que « sans préjudice des conventions intervenues ou à intervenir entre les deux parties contractantes, les nationaux de chacune des parties pourront accéder aux emplois publics de l'autre État dans les conditions déterminées par la législation de cet État »[15]. Plus récemment, des

---

11   Le couple inter-étatique est une métaphore qui implique des acteurs internationaux contemporains « engagés dans une coopération sécuritaire, plus ou moins fermement attachés, et induis dans un processus de transformations internationales » Vassort-Rousset, Brigitte (dir.), *Building Sustainable Couples in International Relations*, London : Palgrave Macmillan UK, 2014, p. 1.

12   Ait Ben Lmadani Fatima, « La migration des Sénégalais au Maroc », *Journée d'étude sur les relations maroco-africaines*, Rabat, Centre Jacques Berque, Centre d'Études Sahariennes, Conseil National des Droits de l'Homme, Fondation KAS, 3 octobre 2014, Rabat. Coordination : Yousra Abourabi. URL de la vidéo : https://www.youtube.com/watch?v=YwCgHbAMKjA.

13   *Ibid.*

14   Lanza, « Quelques enjeux du soufisme au Maroc : le tourisme religieux sénégalais et la construction d'un imaginaire sur l'amitié », *art. cit.*

15   « Convention d'établissement entre le Gouvernement de la République du Sénégal et le Gouvernement du Royaume du Maroc », http://adala.justice.gov.ma/, 22 décembre 1965.

accords de suppression de visa ont été signés avec le Gabon, la Côte d'Ivoire, la Guinée Conakry, le Mali, le Congo et le Niger. Sur le plan diplomatique, le discours élaboré par les dirigeants tend à diffuser une image accueillante du Royaume vis-à-vis de ses « frères » africains alors même qu'à l'échelle continentale, le Maroc ne fait pas partie des pays les plus ouverts au séjour des africains. Selon l'Indice d'Ouverture sur les visas en Afrique, élaboré par la Banque Africaine de Développement en 2016, le Maroc occupait la 41e position sur 54 pays africains[16].

Par ailleurs, hormis les restrictions en matière de visa, une partie des migrants résidant au Maroc, hormis peut-être les religieux, rencontrent des difficultés à s'intégrer, ce qui favorise leur repli au sein des communautés subsahariennes à l'intérieur desquelles émergent des liens de solidarité. D'une part, comme le remarque cette sociologue, la stigmatisation des étudiants subsahariens par les Marocains et les écarts culturels dont ils sont parfois victimes les éloignent des étudiants marocains[17]. Si la religion aurait pu être notamment un facteur de rapprochement parmi les musulmans, il apparaît paradoxalement que certains étudiants subsahariens musulmans considèrent être surpris par le « manque de religiosité » des Marocains[18] – tant les approches et les pratiques sont différentes – ce qui les poussent à se replier vers leurs compatriotes et à revendiquer leur identité nationale ou régionale. Cette communauté complexe, en construction, se superpose dès lors à une autre communauté issue d'un réseau migratoire transnational informel qui se développe massivement au Maroc, les migrants africains qui se dirigent vers l'Europe ; rendant encore plus difficile la gestion d'un tel phénomène par les autorités gouvernementales. Heureusement, une autre partie des étudiants et travailleurs est parfaitement intégrée, tandis que ceux qui souffrent des phénomènes d'exclusions sont soutenus par une partie de la société civile marocaine largement mobilisée dans des réseaux associatifs d'intégration ou de soutien à la politique marocaine d'intégration. Dans les deux cas, la présence croissante de migrants africains au Maroc constitue une conséquence de sa position géographique, aux portes de l'Europe, mais aussi et de plus en plus de sa politique économique tournée vers l'émergence et de la valorisation de cette posture par une diplomatie africaine qui défend l'ouverture et l'intégration.

---

16   « Indice d'ouverture sur les visas en Afrique », *Banque africaine de développement*, s. d.
17   Berriane, « Les étudiants subsahariens au Maroc », *art. cit.*
18   *Ibid.*

3   **Vers un mix des politiques étrangère et intérieure : l'exemple de la politique climatique et environnementale**

La seconde conséquence et perspective de la politique africaine du Maroc réside dans l'imbrication de plus en plus profonde des politiques domestiques et de la politique étrangère, où chacune prend appui sur l'autre pour servir le même objectif, devenant de plus en plus concertées et interdépendantes – alors que pendant longtemps, rappelons-le, la politique étrangère demeurait un domaine cloisonné, qui échappait plus que les autres politiques publiques, et moins que la politique de défense, à la publicisation et à la gouvernementalité. Avec Jean-Noël Ferrié, on dénommera ce phénomène le mix intérieur-extérieur des politiques publiques[19]. La politique environnementale et climatique du Maroc offre un exemple probant de cette nouvelle tendance à l'œuvre. Depuis une dizaine d'années, l'institutionnalisation d'une gouvernance climatique mondiale[20], destinée à renforcer la coopération autour de la lutte contre le réchauffement climatique, s'accélère. Celle-ci a été soutenue par un ensemble d'études s'efforçant de relier l'environnement aux *high politics* : outre les rapports scientifiques bien documentés du GIEC, les préoccupations environnementales sont remontées dans les priorités des décideurs par une sécuritisation de cette problématique soutenue par des communautés épistémiques engagées[21]. Tandis qu'en Afrique les préoccupations environnementales furent longtemps perçues comme un « luxe occidental », un intérêt secondaire qui ne pourrait être envisagé qu'une fois le développement socio-économique du continent et son insertion dans la mondialisation accomplis, la protection de l'environnement et l'adaptation au changement climatique sont présentées aujourd'hui comme les conditions de cette sécurité économique, alimentaire, sanitaire et plus largement politique du continent.

Les nouveaux discours politiques reflètent ce changement de représentation. Meles Zenawi, ancien Premier Ministre de l'Éthiopie et négociateur en chef de l'Union africaine à la Cop de Copenhague, déclarait ainsi que « Nous savons tous que l'Afrique n'a pratiquement pas contribué au réchauffement

---

19   Yousra Abourabi, Jean-Noël Ferrié, « La diplomatie environnementale du Maroc en Afrique : un mix intérieur-extérieur », *Telos*, 7 juin 2018.

20   La notion de gouvernance climatique mondiale a été officialisée pour la première fois dans la Convention-cadre des Nations Unies sur les changements climatiques (CCNUCC) en 1992.

21   Voir à ce sujet Compagnon Daniel, « Chapitre 38. L'environnement dans les RI », dans : Balzacq *Thierry*, Ramel *Frédéric*, éd., *Traité de relations internationales*. Paris, Presses de Sciences Po (P.F.N.S.P.), « Références », 2013, pp. 1019-1052. URL : https://www.cairn.info/traite-de-relations-internationales--9782724613308-page-1019.htm.

planétaire mais qu'elle est la première à en subir les conséquences les plus lourdes »[22]. Au sein de cette nouvelle vision prônée par le groupe des négociateurs africains sur le climat, il n'est plus question de présenter l'Afrique en seule victime exigeant des compensations, mais de mobiliser les acteurs locaux et d'engager des efforts à la fois politiques et financiers. Ce n'est donc pas un hasard si, quelques années plus tard, la Cop22 de Marrakech en 2016, chargée d'encourager la ratification de l'accord de Paris formulé lors de la Cop21, a été pensée et présentée comme une Cop Africaine. Tel était le souhait de la France, exprimé par Ségolène Royale en sa qualité de Présidente de la Cop21, qui mettait en avant « l'Afrique comme victime du réchauffement climatique, mais aussi l'Afrique comme solution »[23] ; et telle était aussi l'ambition du Maroc, qui y a vu une opportunité diplomatique de concrétiser davantage sa politique africaine. À ce stade, il importe moins de connaitre les facteurs suscitant l'intégration grandissante de l'Afrique dans le régime international du climat[24], que de comprendre comment elle s'y place et surtout comment le Maroc tente d'y jouer un rôle.

Rappelons que les États africains sont représentés au sein des Cop à travers le Groupe Africain des Négociateurs (AGN), ensemble de hauts fonctionnaires chargés de formuler et de défendre les intérêts climatiques communs des différents États membres de l'UA. Pendant longtemps, ces derniers ont défendu exclusivement le principe du « pollueur-payeur », exigeant des financements extérieurs pour l'adaptation des Africains au changement climatique[25]. Avec le changement de vision mentionné plus haut, une partie des dirigeants reconnaissent et acceptent le principe onusien de « responsabilités communes mais différenciées », qui tient compte à la fois de la responsabilité historique des puissances pollueuses, des disparités économiques mondiales et de la nécessité d'une participation globale.

---

22 *Discours prononcé au sommet de Copenhague le 16 décembre 2010.*
23 Adrien Barbier, « Pour Ségolène Royal, la COP de novembre à Marrakech doit être « africaine » », *Le Monde Afrique*, 7 août 2016, URL: https://www.lemonde.fr/afrique/article/2016/08/07/pour-segolene-royal-la-cop-de-novembre-a-marrakech-doit-etre-africaine_4979478_3212.html#mfhIFxKi7JyEGwHB.99.
24 Celle-ci a fait l'objet d'une littérature abondante. En français, voir la synthèse de Bérard Yann, Compagnon Daniel, « Politiques du changement climatique : des controverses scientifiques à l'action publique », *Critique internationale*, 2014/1 (n° 62), pp. 9-19. DOI: 10.3917/crii.062.0009. URL: https://www.cairn.info/revue-critique-internationale-2014-1-page-9.htm.
25 *Gouvernance climatique en Afrique. Un manuel pour les journalistes.* Fondation Heinrich Böll et IPS Africa, Johannesburg, 2012, 72 pages. URL: https://ng.boell.org/sites/default/files/climate_governance_handbook_french_version.pdf.

Après avoir créé une Unité du Changement Climatique et de la Désertification, désigné un Comité des Chefs d'États et de Gouvernement sur les Changements Climatiques (CAHOSCC), puis donné naissance au Centre Africain pour la Politique Climatique en 2008[26], l'UA formule sa première stratégie africaine sur les changements climatiques en 2014[27]. Le nouvel objectif prôné au sein de cette stratégie est de « forger un continent qui fonctionne comme une équipe et parle d'une seule voix pour faire face aux impacts du changement climatique »[28]. Le document stratégique reconnaît que l'économie verte est fondamentale pour assurer la sécurité alimentaire et l'emploi au sein du continent, et propose une cinquantaine d'objectifs à atteindre et près de 200 actions à réaliser par les États en faveur de l'adaptation, de l'atténuation et du financement. Un ensemble de programmes continentaux ont aussi vu le jour, à l'instar du fameux Programme de Développement pour l'Information Climatique en Afrique (Clim-Dev) en 2010 ou de l'Initiative Africaine pour les Énergies Renouvelables en 2015.

À ce stade et en dépit de cet élan prometteur, les mesures climatiques africaines n'ont pas été clairement définies ou sont encore marquées par la conditionnalité des aides extérieures. De nombreux pays n'ont pas encore formulé une stratégie ou une politique dédiée. Bien qu'encouragés au sein des Cop à formuler des plans nationaux d'adaptation et d'atténuation, la majorité des États africains peinent encore à définir leurs besoins, leurs objectifs, ou, lorsque ces derniers ont pu faire l'objet de politiques spécifiques, la phase de mise en œuvre demeure constamment ajournée. Les bonnes pratiques ou *success-stories* sont encore marginales, peu ambitieuses ou faiblement médiatisées, tandis que les impératifs politiques, diplomatiques ou sécuritaires immédiats l'emportent sur les stratégies environnementales à long terme. Les raisons sont multiples : outre le manque d'information, d'intérêt, de compétences, de technologies ou de financements, les gouvernances intra-africaines dans ce domaine peinent à embrasser le régime international du climat. Celui-ci est lui-même questionné dans sa capacité à imposer des accords contraignants aux États, ou même à susciter une mobilisation d'envergure au sein d'une approche *bottom-up*[29].

---

26   Le centre est chargé d'accompagner les États membres à formuler des orientations politiques dans ce domaine.

27   *Stratégie Africaine sur les Changements Climatiques*, Union Africaine, Addis Abeba, mai 2014, 84 pages. URL: http://www.un.org/fr/africa/osaa/pdf/au/cap_draft_auclimate strategy_2015f.pdf.

28   *Ibid.*, p. 26.

29   Steinar Andresen, « Do We Need More Global Sustainibility Conferences ? », dans Peter Dauverne (ed.), *Handbook of Global Environmental Politics* (2ᵉ éd.), Cheltenham, Edward Elgar, 2012, p. 87-96.

Au sein du continent, le Maroc se démarque et fait figure de « bon élève » international. Selon l'indice 2019 de performance des changements climatiques (CCPI) élaboré par les ONG Germanwatch, NewClimate Institute et Climate Action Network International, dévoilé durant la Cop24, le Maroc est le deuxième pays le plus performant dans cette lutte, après la Suède[30]. Il figurait déjà à la cinquième place depuis quelques années. Ceci résulte en majeure partie de la transition énergétique amorcée par l'État et de ses engagements ambitieux, motivés justement par sa politique africaine.

En effet, le Maroc a rapidement, au moment du déploiement de sa politique africaine, établi les objectifs d'un Plan National contre le Réchauffement climatique, ainsi qu'une Stratégie Énergétique Nationale dont l'un des rôles est de définir les moyens de cette transition énergétique. Ainsi plusieurs institutions publiques ont vu le jour entre 2010 et 2011 : l'Agence Marocaine de l'Énergie Solaire (MASEN), l'Agence de Développement des Énergies Renouvelables et de l'Efficacité Énergétique (ADEREE), l'Institut de Recherche en Énergies Solaires et Énergies Nouvelles (IRESEN) et la Société d'Investissement Énergétique (SIE). Cette dernière a mobilisé un moyen efficace de promotion des grands projets énergétiques, à savoir le partage du risque avec les promoteurs en participant au capital de la société et en se retirant une fois le projet terminé. Toutes ces contributions démontrent que le projet de transition énergétique est véritablement considéré comme une priorité nationale. Cet effort est déterminé par des intérêts « éco-éco », autrement dit économico-écologiques[31], cédant à la logique du « gagnant-gagnant ». Il s'agit notamment de la possibilité d'attirer des investissements extérieurs et de développer le tissu industriel local pour sortir de la dépendance énergétique. Il s'agit aussi de consolider la croissance économique tout en s'inscrivant dans une perspective écologique permettant l'atténuation du réchauffement climatique.

À travers cette nouvelle stratégie financière, le Maroc nourrit l'ambition de faire porter le poids des énergies renouvelables dans le mix énergétique à 42% à l'horizon 2020 et à 52% à l'horizon 2030, dépassant notamment les objectifs européens. Ces énergies seraient principalement issues des sources solaires et éoliennes. Depuis 2013, les énergies hydriques et éoliennes représentent effectivement plus de 16% de la production électrique. Le parc de Tarfaya, opérationnel depuis 2014, constitue déjà le plus grand parc éolien d'Afrique. Le parc

---

30   À noter cependant que tous les pays africains n'ont pas été évalués. Néanmoins, ceux qui l'ont été figurent parmi les derniers. Il s'agit de l'Égypte (24e rang), l'Afrique du Sud (39e) et de l'Algérie (47e).

31   Plusieurs chercheurs défendent ce modèle fondé sur une vision néolibérale. Voir notamment : Lester R. Brown, *Eco-Économie. Une autre croissance est possible, écologique et durable*, Paris, Seuil, 2003.

solaire Noor inauguré en 2016 dans la région de Ouarzazate, se projette comme la plus grande centrale solaire du monde.

Il est important de souligner que ces programmes de développement des énergies renouvelables sont partiellement financés et réalisés par l'État marocain. De plus, les dirigeants ont su convoquer l'aide de plusieurs bailleurs, comme la Banque mondiale, la BAD, le PNUE, le GIZ ou encore de l'AFD. Certains programmes sont aussi soutenus par le Fond de Développement Énergétique, qui est principalement financé par l'Arabie Saoudite et les Émirats Arabes Unis. Plusieurs investisseurs français (Quadran) ou espagnols (Abengoa) contribuent également au financement direct des projets. L'effort engagé pour faire participer ce réseau d'acteurs complexe était tel que la gouvernance qui en découle est étroitement coordonnée aux plus hauts niveaux de l'État.

La transition énergétique est rapidement devenue une politique aussi sensible que l'exige le développement d'une diplomatie climatique continentale propre à consolider la politique africaine du Maroc. L'organisation de la Cop22 en 2016 a marqué le coup d'envoi de cette politique par le lancement, à l'initiative de Mohammed VI, du « Sommet Africain de l'Action ». Durant ce sommet réunissant une cinquantaine d'États, le Maroc s'est efforcé de se présenter comme un leader pour le climat propre à défendre les intérêts des États africains, notamment sur les questions de financement. Dans sa stratégie discursive, le Roi déclarait ainsi que l'Afrique « paie un lourd tribut dans l'équation 'climat' » et que les « acteurs ne manquent pas de force d'engagement, ni de bonne volonté, mais qu'il leur arrive de manquer de moyens »[32]. Ce n'est pas un hasard si la centrale solaire Noor a été inaugurée également en marge de la Cop22. Il s'agissait pour le Royaume de montrer sa capacité à attirer des financements (et pas seulement des aides) colossaux sur des projets tout aussi ambitieux, tout en remplissant ses engagements. Parallèlement, les représentants marocains proposaient aux pays africains leurs services les aider à obtenir des financements. Dans la même perspective, un grand nombre de programmes tels que l'initiative pour l'Adaptation de l'Agriculture Africaine (AAA)[33] ou le Centre Compétences sur le Changement Climatiques (4C)[34] ont été inaugurés dans l'objectif, indiqué par cette ex-ministre de l'environnement, « de mutualiser l'expertise existante au Maroc pour la déployer vers les pays africains, dans

---

32   « Discours du Roi Mohammed VI au 1er Sommet Africain de l'Action », Marrakech, 16 novembre 2016.

33   Voir le site web à l'adresse : http://aaainitiative.org/fr/initiative.

34   Voir le site web à l'adresse : https://www.4c.ma/fr.

le cadre du rôle de leadership qui échoit au Maroc en matière de lutte contre les effets des changements climatiques en Afrique »[35].

L'ambition de la politique climatique du Maroc constitue donc indéniablement une conséquence de sa politique africaine, dans la mesure où la mise en place d'une transition énergétique a été envisagée comme une opportunité politique. Cette opportunité s'annonce dans un contexte continental marqué à la fois par un intérêt déclaré de l'UA pour la lutte contre le changement climatique, et des difficultés structurelles à mettre en œuvre les politiques conséquentes au sein des États. Bien que cette transition énergétique ne fasse pas pour autant du Royaume un pays écologique[36], et bien qu'il existe encore au sein du milieu dirigeant des positions frileuses face à l'engagement environnemental, les perspectives de la politique climatique marocaine en Afrique sont nombreuses.

La politique climatique du Maroc illustre un nouveau mécanisme d'action publique en œuvre, le « mix intérieur-extérieur »[37], à travers lequel des politiques publiques (en l'occurrence la politique énergétique) peuvent être développées de façon à s'inscrire dans une orientation de la politique étrangère, de telle sorte que l'État prend de nouveaux engagements internationaux qui deviennent à leurs tours contraignants sur le plan domestique.

4 Entériner la fin d'un clivage MENA – Subsaharan Africa : un projet régionaliste socialement construit

En l'espace d'une décennie, le Maroc est devenu le premier investisseur africain en Afrique de l'Ouest, de même qu'il a réintégré l'Union africaine après 33 ans d'absence. Fort de sa nouvelle position, le Royaume entend aujourd'hui intégrer la CEDEAO. Le 24 février 2017, le Ministère des Affaires Étrangères et de la Coopération Internationale formulait ainsi une demande d'adhésion à la CEDEAO[38] dans un communiqué envoyé à Ellen Johnson Sirleaf, présidente

---

35 Hakima El Haite citée dans « Mohammed Nbou nommé directeur du Centre de Compétences en Changement Climatique », Énergie & Stratégie, n° 46, 1er trim. 2017, p. 16. URL : http://www.fedenerg.ma/wp-content/uploads/2017/04/ES_46.pdf.

36 La protection de l'écosystème, le tri des déchets ou encore l'utilisation des produits polluants ne font pas l'objet de politiques ambitieuses.

37 Jean-Noël Ferrié et Yousra Abourabi « La diplomatie environnementale du Maroc en Afrique : un mix intérieur-extérieur », *art. cit.*

38 Créée en 1975, la Communauté Économique des États d'Afrique de l'Ouest l'intégration économique et la coopération politique entre les 15 États membres qui la composent. Cette communauté régionale est liée par un Traité multilatéral dont la dernière version a été révisée en 1993. La CEDEAO a affiché de nombreux développements en matière

en exercice de l'organisation. Cette décision était inhabituelle car c'est la première fois que le Maroc demande à rejoindre en tant que membre plein une Communauté Économique Régionale africaine (CER), que c'est la première fois que la CEDEAO se confronte à ce type de demande[39], et que c'est la première fois que l'UA voit un État membre vouloir adhérer à une nouvelle CER. Le Maroc fait partie de l'UMA dans le découpage admis par l'UA et aucun autre pays n'avait déjà demandé à changer ou à cumuler son appartenance à deux régions.

Dans un premier temps, la CEDEAO a donné son « accord de principe » en juin 2017, surprenant l'ensemble de la classe politique. Six mois plus tard, l'accord a été questionné lors du Sommet des Chefs d'États et de Gouvernements à Abuja. Les interrogations sur la pertinence d'une telle intégration étaient multiples : le Maroc ne représente-t-il pas un concurrent économique ? N'a-t-il pas des intentions hégémoniques ? Sa population se considère-elle africaine ?

Des questions plus fondamentales, touchant à l'identité même de la CEDEAO ont également été échangées : si on le voulait, comment admettre un nouveau membre ? L'identité d'État prônée par le Maroc est-elle compatible ou soluble avec l'identité ouest-africaine ? Les problématiques évoquées dans les discussions ont dévoilé des réticences qui ont marqué un temps d'arrêt dans le processus. Si bien qu'au Maroc, alors que la décision de déposer une demande d'adhésion à la CEDEAO n'avait pas fait l'objet d'une consultation, elle est devenue un sujet de débat public, dévoilant des réticences domestiques face à l'ouverture de frontières à l'ensemble ouest-africain, face à l'adhésion au principe de laïcité de l'État ou même, dans un horizon plus lointain, face à la possibilité de changer le dirham marocain contre une monnaie commune.

Du côté de la CEDEAO, afin de montrer que la demande est prise au sérieux, de ne pas démentir l'accord de principe et ne pas froisser le partenaire marocain, un groupe de 5 États (Nigérian, Côte d'Ivoire, Ghana, Guinée, Togo) fut chargé de mener une étude d'impact approfondie. Parallèlement à cette étude – dont le calendrier des livrables n'a pas été déterminé – et pour montrer une bonne volonté, la Commission de la CEDEAO fut chargée de définir les « prérequis et les préconditions » de l'adhésion de tout nouveau membre et d'élaborer un Projet d'Acte communautaire « qui définira le processus de prise de décision ».

---

de libre circulation, d'harmonisation des politiques et de normes et de coopération sécuritaire.

39   L'éventualité de l'élargissement de la Communauté n'a jamais été envisagé dans le texte fondateur. Voir le *Traité révise de la CEDEAO*, Communauté Économique des États d'Afrique de l'Ouest, Abuja, 1993, 56 pages. URL : http://www.ecowas.lnt.

Ce processus a ainsi permis de dévoiler les groupes d'acteurs ouest-africains les plus réticents à l'intégration régionale telle que voulue par le Maroc. Il s'agit en premier lieu des patronats des différents pays (en particulier au Nigéria et au Sénégal) mais aussi de groupes politiques qui soutiennent les positions algérienne et sud-africaines sur le Front Polisario. En réponse à ces représentations géopolitiques, le Nigéria en particulier fait l'objet d'une diplomatie bilatérale soutenue[40]. En effet, autour de l'État Nigérian, c'est le patronat, en particulier le MAN (Manufacturers Association of Nigeria) dont le pouvoir d'influence est important, qui semble percevoir les ambitions marocaines comme une menace pour ses propres intérêts économiques. La concurrence que pourrait provoquer l'arrivée des grandes entreprises marocaines (et des produits marocains) est perçue comme inévitable et néfaste par ses derniers. Le lancement de la ZLECA (Zone de libre-échange continentale africaine) pourrait en partie rendre caduc ce débat, mais d'autres enjeux (par exemple la question de la convergence réglementaire) demeurent encore problématiques. L'argument marocain a été de soutenir que l'éventuelle collaboration des entreprises marocaines et ouest-africaines pourrait en réalité générer davantage de bénéfices.

Le patronat n'est pas le seul groupe d'acteurs réticent. Toujours au Nigéria, un groupe d'ex-ambassadeurs s'est clairement prononcé contre la marocanité du Sahara et contre la pertinence d'une telle adhésion. D'autres groupes d'acteurs (diplomatiques, politiques, chercheurs, groupements d'agriculteurs, fonctionnaires au sein de la CEDEAO) des différents pays de la région sont réticents pour d'autres raisons : la demande d'adhésion du Maroc est perçue comme une offensive diplomatique qui ne servirait que des intérêts marocains hégémoniques, dans un contexte où l'Afrique de l'ouest peine à accomplir les objectifs qu'elle s'est elle-même fixée. Ces acteurs peinent à voir ce que le Maroc pourrait apporter pour renforcer par exemple la gouvernance, la sécurité ou le développement pour des raisons liées à des perceptions historiques, évoquées au début de l'ouvrage.

En réponse à ces réticences le message officiel transmis par l'État marocain, à travers le président de l'Institut Amadeus, est que « le Maroc n'est pas pressé ». À travers ce cadre de légitimation discursif, le Maroc conforte l'idée qu'il projette bien une stratégie régionaliste plutôt que de régionalisation. Comme le distingue pertinemment Daniel Bach, « la notion de régionalisme tient compte des idées ou des idéologies, des programmes, des politiques et des objectifs qui visent à transformer et à identifier l'espace social en un projet

---

40   Yousra Abourabi : « Maroc-Nigéria : vers la reconstruction de la géopolitique régionale »,
        Middle East Eye, 23 juin 2018, https://www.middleeasteye.net/fr/opinions/maroc-nig-ria
        -vers-une-reconstruction-de-la-g-opolitique-ouest-africaine-211542393.

régional »[41]. Plus spécifiquement, le régionalisme « postule la construction explicite d'une identité, en opposition à sa formation. Il renvoie à la mise en œuvre d'un programme, voir à la définition d'une stratégie. Il peut s'agir de construction institutionnelle dans le cadre d'une Organisation intergouvernementale (OIG), mais aussi la conclusion d'arrangements politico-juridiques bilatéraux »[42]. La régionalisation se distingue du régionalisme car elle « renvoie à des processus. Ceux-ci peuvent être le fruit de la concrétisation de projets régionalistes. La régionalisation peut également résulter de l'agrégation de stratégies individuelles, indépendantes de toute aspiration ou stratégie régionaliste identifiée »[43]. Cette stratégie repose effectivement sur deux axes : d'une part, l'État s'efforce de mobiliser davantage les acteurs non-étatiques par le développement d'une diplomatie publique (économique, culturelle etc.). D'autre part, il inscrit sa volonté d'intégration dans le cadre de demandes formelles soumises à des acteurs institutionnels régionaux, sans volonté extensive de capture souverainiste de ces organisations multilatérales et sans vouloir passer par une diplomatie de club pour tenter de « forcer » l'adhésion.

En même temps, il s'agit bien d'un régionalisme « par le haut », construit par les dirigeants marocains de façon à conforter une politique africaine plus globale. Remarquons que quelques mois succédant à cette demande, le Roi entérinait publiquement l'échec de l'UMA et la nécessité pour le Maroc de repenser ses cercles d'intégration continentale. Pour le Roi, « force est de constater que la flamme de l'UMA s'est éteinte parce que la foi dans un intérêt commun a disparu » (Discours d'Addis Abeba, 2017), et que par conséquent « hélas, l'UMA n'existe plus » (Discours d'Abidjan, 2017). Il s'efforcera plus généralement de valoriser la CEDEAO au détriment de l'UMA, en déclarant que « l'UMA est la région la moins intégrée du continent africain, sinon de toute la planète », et en présentant la CEDEAO comme « un espace fiable de libre circulation des personnes, des biens et des capitaux » (Discours d'Addis Abeba, 2017).

La candidature du Maroc forme un projet régionaliste et non pas d'une régionalisation car cette candidature est formulée *a priori*, et non *a posteriori*, d'une intégration effective, qu'elle soit transnationale ou institutionnelle, de même qu'elle repose sur la volonté de reconnaissance d'une identité partagée ou d'une communauté de valeurs (ce qui n'est pas forcément le cas dans une régionalisation). Néanmoins, ce projet régionaliste en construction a pour objectif d'aboutir à une régionalisation sous la forme d'un « projet

---

41   Bach, « Régionalismes, régionalisation et globalisation », *art. cit.*, p. 346.

42   *Ibid.*

43   *Ibid.*, p. 347.

holistique »[44], c'est-à-dire une forme d'intégration politique qui s'inscrit dans un processus de refondation du panafricanisme, et dans laquelle l'écart entre régionalisme et régionalisation est le plus faible. Cette vocation régionaliste remet en question la pertinence d'un espace maghrébin séparé d'un espace ouest-africain, et plus généralement celle d'un espace Nord-africain ou « MENA » distinct de l'espace Subsaharien. Au contraire, la politique africaine du Maroc ouvre la voie à de nouvelles perspectives de recherche qui devront redessiner de nouvelles aires régionales du point de vue des acteurs pour mieux les appréhender en tant qu'observateurs.

---

44   *Ibid.*

Le Maroc, une puissance médiane

En l'espace de 20 ans, le Maroc de Mohammed VI a accompli d'importants progrès : la pauvreté a reculé, la classe moyenne s'est élargie, les infrastructures publiques se sont développées, de même que les systèmes de santé, d'éducation et d'administration se sont modernisés. Sur le plan économique, la progression constante du taux de croissance (passant de 1,8% en 1999 à 4,4% en 2015[1]) due à l'activité manufacturière et des services, l'ouverture des échanges commerciaux, ainsi que l'essor des investissements étrangers, a permis au Royaume de revendiquer le statut de pays en voie d'émergence et de cinquième puissance économique continentale[2]. Actuellement, d'autres projets sont en cours, poursuivant cette dynamique. Par exemple, le parc solaire Noor, inauguré en 2016 constituait à son inauguration la plus grande centrale solaire du continent. Le Royaume chérifien ambitionne déjà d'être reconnu comme un acteur à l'avant-garde de la transition énergétique africaine. La Cop22, organisée à Marrakech en novembre 2016, marque symboliquement le point de départ du déploiement de cette nouvelle diplomatie climatique[3].

Ce constat général occulte évidemment le phénomène des disparités socio-économiques qui se creusent, les conséquences de ce développement sur l'environnement et l'équilibre écologique du Royaume, de même que les retards en matière d'éducation, de développement social, d'équité de genre et d'autres droits humains. Indépendamment de ces limites, et comme c'est souvent le cas sur la scène internationale, ce sont d'abord les données macro-économiques, les statistiques en matière de croissance et les grands projets nationaux (infrastructures, réformes institutionnelles, programmes sociaux), qui, lorsqu'ils sont bien médiatisés et valorisés, comptent en premier lieu dans l'appréciation de la valeur d'un État par ses pairs. De ce fait, le Royaume ambitionne justement d'être reconnu comme une puissance émergente à l'horizon 2030.

Le Maroc illustre aussi une tendance plus générale, où la participation à l'économie globale et l'assimilation de certaines normes libérales constitue aussi un choix instrumentalisé pour conforter le régime. Cette capacité instrumentale peut être utilisée comme un levier dans la défense des intérêts

---

1　Données de la Banque mondiale, 2016 : http://donnees.banquemondiale.org/indicateur/NY.GDP.MKTP.KD.ZG?end=2015&locations=MA&start=1967&view=chart.

2　Voir notamment le Titre 2.

3　Voir le site marocain sur la Conférence : http://www.cop22.ma/.

© KONINKLIJKE BRILL NV, LEIDEN, 2021　|　DOI:10.1163/9789004439160_011

nationaux à l'échelle internationale, ainsi que dans la reconnaissance du régime en place comme interlocuteur essentiel et crédible. Le Maroc a ainsi fait de l'accueil des bureaux régionaux des institutions internationales, des ONG politiques, ainsi que des conférences multilatérales, un élément tout aussi essentiel de la reconnaissance de son identité de rôle.

Au cœur de cette entreprise, la Monarchie constitue le premier acteur décisionnel de la politique intérieure et extérieure du Royaume. Après avoir initié une transition politique et engagé d'importantes réformes démocratiques, sous l'effet conjugué des revendications sociales, des pressions internationales, mais aussi assurément de sa propre volonté, le Roi a transformé le paysage sociopolitique marocain. Fort de la pérennité de son lignage (la dynastie alaouite règne au Maroc depuis le XVIᵉ siècle), de son autorité symbolique (en tant que Commandeur des croyants) et de son statut politique (au sommet du système décisionnel), Mohammed VI a récupéré à son compte le legs politique et institutionnel de Hassan II, tout en opérant une distanciation vis-à-vis du défunt Monarque et en développant son propre style. Les réformes initiées par le Roi ont de ce fait contribué à renforcer sa légitimité tout autant que sa popularité. Rappelons à ce titre cette observation de Jean-Noël Ferrié et Baudouin Dupret, citée au début de cette étude : « Le Maroc est le seul pays d'Afrique du Nord et du Moyen-Orient à avoir réussi à entamer des réformes de manière suffisamment profondes pour qu'on ne puisse plus se résoudre – sauf de manière polémique – à le dire tout bonnement autoritaire »[4]. Faits illustratifs de cette tendance, contrairement à Hassan II, Mohammed VI n'a jamais été l'objet d'une tentative de coup d'État, tandis que sa légitimité ne fut pas remise en question lors du Printemps arabe.

L'autorité monarchique a donc pris une forme moins absolue et plus exécutive, à l'avènement du règne de Mohammed VI. Le changement de style de ce dernier est aussi lié à une évolution dans la définition des intérêts royaux. Ces intérêts ne résident pas dans la préservation de la légitimité du pouvoir, tant celui-ci est bien consolidé, mais relèvent plus généralement de la défense des anciens et des nouveaux rôles du Monarque : Commandeur des croyants, Roi des pauvres, Roi entrepreneur, garant des traditions de la nation ou encore défenseur de l'intégrité territoriale ; autant de rôles qui découlent d'une lente construction de l'identité publique de la Monarchie. Mohammed VI reproduit l'incarnation de ces rôles à l'échelle domestique comme à l'échelle extérieure, conférant progressivement à la diplomatie marocaine un caractère singulier.

---

4   Dupret et Ferrié, « B. Dupret et J.N. Ferrié. L' « exception » marocaine », *art. cit.*

À la faveur d'une part de l'émergence progressive du pays, et d'autre part, de l'incitation du Monarque, l'appareil diplomatique s'est développé. L'administration tente imparfaitement mais obstinément de reproduire les cadres institutionnels occidentaux pensés selon les nouveaux principes du *New Public Management*, et promus par ses bailleurs internationaux, acteurs d'une puissante communauté épistémique néolibérale. Parallèlement, le profil socio-académique des diplomates s'est diversifié, tandis que la formation des jeunes recrues s'est professionnalisée. En outre, les ambassades sont désormais nombreuses, spécialement en Afrique. Au fur et à mesure que la diplomatie moderne couvre de nouveaux domaines (diplomatie culturelle, publique, économique etc.), on observe une plus importante prise en charge par le gouvernement des questions de politique étrangère qui ne relèvent pas des intérêts vitaux ou suprêmes de la nation. Les différentes vagues de remplacement de consuls et d'ambassadeurs qui ont eu lieu ces dernières années, sur ordres directs du Roi, participent de cette orientation visant à redonner à l'appareil diplomatique les moyens d'assumer ses prérogatives.

Toutefois, le Ministère des affaires étrangères demeure un « ministère de souveraineté ». Autrement dit, bien que les diplomates disposent de plus amples moyens et responsabilités dans l'exercice de leurs fonctions, la politique étrangère, plus que toutes les autres politiques publiques, est conçue et orientée en premier lieu par la Monarchie. Au sein du Cabinet Royal, le Conseiller aux affaires étrangères et son équipe assistent le Monarque dans ce processus décisionnel, et travaillent avec le Ministre sur les questions jugées stratégiques. Plus généralement les grandes orientations en matière de politique étrangère sont communiquées par la Monarchie à travers ses discours officiels, que les diplomates doivent s'efforcer de mettre en œuvre, sous la surveillance et le contrôle assidu du Palais. Tous ces efforts d'exécution participent d'une politique de puissance, définie intrinsèquement comme la poursuite de l'émergence économique et politique, relationnellement comme la projection d'une influence dans des champs sectoriels, et inter-subjectivement comme la construction et la recherche de reconnaissance d'une identité de rôle singulière. Ces trois dimensions de la puissance sont étroitement imbriquées.

On observe dès lors qu'un réseau dialogique autour de la notion de « juste milieu » a émergé progressivement au sein des sphères politiques, universitaires et médiatiques. Compris comme une pratique modérée de l'islam mais aussi comme une identité géoculturelle, le juste milieu constitue, non pas une doctrine politique formulée *a priori*, mais un élément de langage propre à caractériser les normes, valeurs et rôles que l'État marocain diffuse ou exerce, et à travers lesquels il souhaite être reconnu en tant que puissance. Autrement dit, le juste milieu permet de définir « l'identité de rôle » du Maroc sur la scène internationale. Il ne faut pas voir dans l'usage de ce concept développé par Wendt[5] une tentative d'application stricte de la théorie de l'auteur au cas empirique marocain, mais plutôt un emprunt conceptuel chargé d'une définition qui sied bien à notre propos. En effet, le Royaume entend valoriser, au service de sa politique de puissance, sa situation géographique au carrefour de différentes aires géoculturelles, son identité nationale redéfinie dans le sens d'une meilleure prise en compte de la diversité culturelle, le nouveau style de la Monarchie, à la fois enracinée et populaire, ainsi que les valeurs politico-religieuses qui prônent la modération et la tolérance.

Guidé par ces nouvelles ambitions, le Royaume de Mohammed VI a progressivement fait du continent africain, en particulier de l'Afrique subsaharienne, le terrain d'expression privilégié de sa politique étrangère. On aurait facilement imaginé que le monde arabo-musulman puisse être la principale préoccupation du Royaume. Il apparaît pourtant que l'Afrique figure en tête des priorités diplomatiques marocaines en raison d'un certain nombre de déterminants historiques et géopolitiques, si bien que le Maroc se dit Africain et non plus seulement arabe ou musulman.

En premier lieu, le statut du Sahara a constitué, depuis la décolonisation du territoire par l'Espagne en 1975, un sujet de contentieux entre le Front Polisario, mouvement indépendantiste soutenu par l'Algérie, et l'État marocain. Plus généralement, les revendications territoriales marocaines dans les actuelles Mauritanie et Algérie, formulées au lendemain de l'indépendance à travers le projet du « Grand Maroc », et bien que ces revendications aient été formulées sur la base de systèmes d'allégeance pré-coloniaux, ont suscité l'inimitié de nombreux dirigeants africains. Accentuées par les clivages idéologiques de la Guerre froide, ces dissensions ont conduit à la reconnaissance par l'OUA du Front Polisario comme une république indépendante dénommée Rasd, et au départ du Royaume de cette organisation en 1984 en guise de protestation, dénonçant la violation de son intégrité territoriale. Durant les quinze années qui ont suivi, la version de la « doctrine Hallstein » pratiquée par le Maroc a accentué son exclusion des principales sphères d'influence panafricaines. Le conflit du Sahara apparaissait dès lors comme un problème africain, dont l'issue figurait désormais dans la capacité du Royaume à regagner la confiance des anciens États affiliés au bloc de l'Est et à affirmer plus généralement sa présence au sein du continent. Le Sahara, dans la représentation géopolitique marocaine, est son « trait d'union » avec l'Afrique subsaharienne, sans lequel il demeurerait coupé géographiquement et politiquement du reste du continent.

---

5   Wendt, *Social Theory of International Politics, op. cit.*, p. 224.

En second lieu, la politique africaine de la France durant la Guerre froide a en partie déterminé les représentations et le comportement du Royaume en Afrique. Allié d'une France puissanciste, le Maroc de Hassan II a mené de nombreuses opérations Afrique visant à soutenir des mouvements de libéralisation mais aussi à faire pièce à l'avancée du communisme. La communauté d'intérêts francophile soutenue par la République a aussi permis au défunt Roi de tisser des liens étroits avec les dirigeants des principaux États alliés de la France, en particulier le Sénégal, la Côte d'Ivoire, et le Gabon. Fort de son expérience, le Royaume s'est appuyé sur ce réseau pour s'engager militairement, cette fois-ci de façon officielle, dans l'un des plus importants conflits armés du continent à cette période, au Congo. Peu à peu, le gouvernement a développé sa propre politique de coopération avec ces États, sous le regard parfois bienveillant et parfois malveillant de la France.

À l'avènement du règne de Mohammed VI, les représentations géopolitiques de la classe dirigeante marocaine étaient déterminées par ces conditions historiques. D'un côté, l'Algérie et ses alliés africains, en particulier le Nigéria et l'Afrique du Sud, mais aussi l'Angola, le Mozambique ou encore l'Éthiopie, ont constitué un « axe hostile » aux revendications marocaines, et furent longtemps représentés comme les « ennemis de l'intégrité territoriale » et par conséquent des *hostis* au sens schmittien. D'un autre côté, les pays d'Afrique de l'Ouest, centrale et sahélienne, qui forment aussi principalement des pays francophones, sont désignés comme des « pays frères » avec lesquels le Royaume a envisagé de développer sa coopération en premier lieu et de renforcer ses liens diplomatiques et politiques. De ces représentations découlent deux principaux axes de politique étrangère.

À l'égard de ce premier groupe d'acteurs, les dirigeants marocains adoptent dans certains cas une politique restreinte, au sens où pendant de nombreuses années, peu d'effort furent déployés pour échanger, négocier ou coopérer. Lorsque c'était le cas, ces efforts étaient fortement limités ou fragilisés par l'hostilité affichée de ces pays à l'égard du Royaume. C'est le cas de l'Afrique du Sud, dont le potentiel de coopération a été fortement mis à mal par le soutien de cette dernière au Front Polisario. Dans d'autres cas, le Maroc a pu faire abstraction du sentiment d'inimitié au profit d'une politique de la main tendue, marquant une rupture avec sa version de la doctrine Hallstein.

Ainsi l'objectif du Royaume est de conforter ses alliances et de les élargir aux pays hostiles à ses revendications territoriales, dans une logique de déconstruction des postures idéologiques et de la mise en avant des atouts du Maroc. Une politique qui porte le sceau de Mohammed VI, puisqu'en tant que chef de l'exécutif, il concourt à conférer à cette nouvelle politique une tonalité singulière, à l'image de l'identité de rôle défendue par le Royaume. Surnommé

« Mohammed VI l'Africain » par la presse locale et internationale, il a résolument donné le coup d'envoi à cette politique africaine par ses nombreuses visites officielles sur le continent[6], qui participent de la diffusion de l'image d'un Roi solidaire et entrepreneur.

La politique africaine de Mohammed VI est de ce fait définie à la fois par son propre style, par les déterminants historiques qui ont façonné les représentations des États africains, et par les moyens dont dispose le Royaume à l'ère de la mondialisation néolibérale. Elle est conditionnée par des ambitions de puissance, qui ne sont pas seulement formulées en termes structurels et économiques, à travers des plans d'émergence, mais aussi en termes relationnels et géopolitiques, à travers l'exercice d'une influence diplomatique dans un espace territorialisé. Dans l'objectif d'affirmer ce nouveau statut, un cadre de légitimation fut déployé. Celui-ci repose sur différents répertoires discursifs formulés de façon inductive, c'est-à-dire en trouvant des liens *a posteriori* entre des cadres normatifs communément admis et l'action diplomatique marocaine. Ainsi, le Maroc se présente comme un État africain à travers la démonstration des liens séculaires entretenus entre les anciens empires et les pays sahariens, jusqu'à l'inscription de son africanité comme un caractère essentiel de l'identité nationale dans la dernière constitution de 2011. Il se présente aussi comme un État solidaire, à travers l'appropriation du cadre normatif de la coopération Sud-Sud et de la sécurité globale, et l'inscription de sa politique de coopération dans ce cadre. Il se présente enfin comme un État modéré et ouvert, à travers la valorisation de son identité de rôle du « juste milieu » sur le plan diplomatique. Ces différents cadres de légitimation discursifs ont renforcé l'intérêt de nombreux pays africains à l'égard du Royaume, un intérêt visible notamment dans la diplomatie émotionnelle affichée par leurs dirigeants.

En dépit de ces nouvelles perspectives, le Maroc restait confronté, dans l'exercice de sa politique africaine, à la difficulté posée par son exclusion des mécanismes institutionnels de l'UA, et à l'hostilité affichée des plus importantes puissances continentales. Cette double limite l'a conduit à élaborer une « stratégie indirecte » que nous avons définie sur le plan diplomatique comme la pratique offensive et extensive de la diplomatie par un État, dans des champs et des domaines différents de ceux de ses adversaires, de façon à éviter tout affrontement direct, contourner l'espace conflictuel et obtenir des gains supplémentaires sans aucun lien avec le conflit qui l'oppose à ces derniers.

En effet, le Royaume a privilégié au départ une diplomatie bilatérale sélective en Afrique, qui présente l'avantage de pouvoir sectoriser la coopération, développer les relations à la mesure du degré d'entente et des moyens du

---

6   Voir Annexe 1 et 1 bis.

gouvernement, et avoir la capacité de doter chaque relation d'une originalité propre. Ainsi la politique déployée au sein des pays francophones consiste au départ en la multiplication des accords de coopération bilatéraux plutôt qu'en une approche régionale conduite au travers d'un mécanisme multilatéral. D'autre part, le gouvernement s'est intéressé à la coopération trilatérale (dénommée aussi triangulaire ou tripartite), qui regroupe généralement un acteur donateur (pays du Nord), un État pivot (le Maroc), et un ou plusieurs États bénéficiaires (en Afrique). Ce type de coopération lui permet généralement de lever des fonds d'un côté et d'assurer un rôle d'expert de l'autre. Enfin, afin de contourner son absence de l'UA tout en démontrant son aptitude à jouer le jeu du multilatéralisme, le Maroc fut à l'origine de la création de nouvelles organisations ou forums multilatéraux africains, non rattachés à l'UA, de même qu'il a intégré, en tant que membre observateur, les principales organisations régionales des Afriques de l'Ouest, Sahélienne et Centrale. Ces différentes approches confirment que la conduite de la diplomatie du Royaume se situent dans un cadre stratégique qui lui est propre, fondée sur la multiplication des moyens d'action plutôt que sur une spécialisation dans une diplomatie de niche.

Plus concrètement, cette diplomatie recouvre différents domaines, à la faveur de l'augmentation de l'activité diplomatique internationale et de la multiplication des enjeux et des acteurs de cette diplomatie. En ce sens, on peut dire que le Maroc s'adapte bien à la modernité. Grâce à sa diplomatie économique, il s'est imposé comme le deuxième investisseur africain sur le continent (après l'Afrique du Sud), et le premier en Afrique de l'Ouest : construction d'infrastructures, projets immobiliers, rachat de banques et d'opérateurs téléphoniques, investissements agricoles ; autant de projets réalisés sous la bannière de la coopération Sud-Sud. Grâce au déploiement d'une diplomatie culturelle, il s'érige progressivement comme un pôle universitaire pour les étudiants africains, participant au passage à la diffusion du modèle éducatif français. Grâce au déploiement, enfin, d'une diplomatie religieuse, il renforce l'autorité symbolique du Monarque au-delà des frontières nationales et participe à la diffusion d'un modèle religieux marocain dénommé islam du « juste milieu ». Ces différents domaines de la diplomatie ont mobilisé le Palais, le Gouvernement mais aussi des acteurs non-étatiques tels que les entrepreneurs, les médias, la société civile, ou encore les confréries religieuses transnationales en illustration d'une véritable modernisation de l'appareil diplomatique. Dans l'ensemble, cette politique n'a pas encore eu d'effets décisifs sur l'économie des pays africains, mais elle a conforté la présence et le poids du Royaume en Afrique, de même qu'elle a relevé son ambition de faire de cet espace sa profondeur stratégique. Le retour du Maroc au sein de l'UA en 2017 en constitue l'illustration la plus pertinente.

Comme pour toute politique étrangère, il fallait s'interroger sur les conséquences de la politique africaine du Maroc sur son environnement géopolitique ainsi que sur l'évolution de la reconnaissance de l'État en tant que puissance. Ces conséquences sont de trois ordres. Premièrement, le Maroc est devenu un carrefour migratoire. En effet, le Maroc n'est plus seulement un point de transit, mais une véritable étape pour les migrants qui s'installent pour une durée pouvant aller jusqu'à 12 ans[7], à la faveur du développement socio-économique du Royaume et de la diffusion d'une image accueillante au sein du continent, confortée par les diplomaties religieuses et culturelles, de même que par la suppression des visas envers plusieurs pays ouest-africains a aussi favorisé le phénomène migratoire. Une nouvelle forme de migration, étudiante et religieuse, se manifeste et s'exprime dans le paysage social marocain. L'augmentation de la migration économique a suscité une sécuritisation de cette problématique, illustrée par un certain nombre de violences observées à l'égard des migrants sans papiers, ainsi que par l'expression décomplexée d'un racisme anti-Noir au sein des réseaux sociaux, altérant l'image d'un Royaume africain et solidaire. Ce phénomène a néanmoins accéléré la formulation d'une politique migratoire visant la régularisation et l'intégration des migrants. En dépit des pressions européennes, visant à faire du Maroc une zone tampon, ce dernier a pris en compte les recommandations du Conseil National des Droits de l'Homme pour élaborer une nouvelle politique migratoire adaptée aux intérêts marocains en Afrique, de même qu'il a soumis un projet à l'ONU en faveur de la création d'un mécanisme panafricain de coopération sur la question migratoire. Malgré les limites et les difficultés rencontrées dans la mise en œuvre de cette politique migratoire, il faut retenir que la particularité de ce dispositif en construction réside dans l'approche du phénomène. En effet, la migration n'est pas présentée comme un problème sécuritaire, mais plutôt comme un facteur de développement. Nul doute que ces évolutions contribueront à favoriser la migration africaine vers le Maroc dans les années futures.

Deuxièmement, dans le contexte du développement d'une gouvernance climatique globale et d'un changement de paradigme relatif à l'intérêt de l'UA pour la lutte contre le changement climatique, le Maroc a fait de sa transition énergétique un levier au service d'une reconnaissance de son rôle de leader dans ce domaine. La capacité du Maroc à attirer des financements extérieurs pour des projets industriels ambitieux dans le domaine des énergies renouvelables a été valorisée sur le terrain diplomatique de façon à ouvrir des perspectives prometteuses pour de nombreux pays africains souhaitant participer

---

7   « Enquête sur la migration subsaharienne au Maroc 2007 », Association Marocaine d'Études et de Recherche en Migrations (AMERM), juin 2008, p. 43.

davantage à cet effort écologique mondial. Le lancement du « Sommet Africain de l'Action » ainsi que nombreux programmes continents pilotés par le Maroc (comme l'initiative de l'Adaptation de l'Agriculture Africaine) illustrent pleinement ce phénomène en cours.

Troisièmement le Maroc ambitionne désormais de dessiner un nouvel arc géopolitique regroupant les pays ouest-africains. Dans cette perspective, une demande officielle d'adhésion fut soumise à la CEDEAO. Cette politique régionaliste résulte des efforts diplomatiques engagés dans ces pays, confortant du côté marocain la représentation du Royaume comme partie prenante d'un espace ouest-africain au détriment d'un espace maghrébin ou arabe. Confortés dans ce choix par l'accroissement des menaces sécuritaires transnationales (terrorisme, criminalité organisée etc.) ainsi que l'insertion du Royaume dans un complexe de sécurité régional ouest-africain, les dirigeants ont aussi élaboré un nouveau cadre discursif de légitimation autour de la nécessité de développer la coopération régionale en matière de sécurité.

Finalement, fort de ses réformes politiques et institutionnelles, de son développement économique et social, et du déploiement de sa diplomatie en Afrique, le Maroc constitue un cas d'étude remarquable dans l'analyse de la politique étrangère des petits pays. Guidé par des intérêts de puissance (comprise comme la quête de l'émergence, l'exercice d'une influence diplomatique au sein d'un espace territorialisé et la projection d'une identité de rôle), le Royaume a connu un essor considérable sur la scène africaine en moins de vingt ans seulement. Cet essor est mesurable dans l'accueil réservé au Roi lors de ses tournées africaines, dans la diplomatie émotionnelle échangée par les Chefs d'États africains, ou encore dans la reprise par les médias africains, des éléments de langage officiels marocains. De même, les Présidents africains sont de plus en plus nombreux à se rendre au Maroc. Plus généralement, les domaines de la coopération se sont élargis, en particulier au sein des pays d'Afrique de l'Ouest. Enfin, le Royaume est amené à jouer un rôle de plus en plus important dans la sécurité sahélienne.

Premier gain relatif[8] de cette politique, de nombreux États ont retiré leur reconnaissance de la Rasd. Sur les 88 pays qui avaient reconnu le Front Polisario comme un État indépendant (majoritairement pendant la Guerre froide), 43 ont suspendu leurs relations avec cet acteur (majoritairement sous le règne de Mohammed VI). En Afrique, sur les 36 pays qui reconnaissaient le Front

---

8   Sur la différence entre gains absolus et gains relatifs, voir Powell, « Absolute and Relative Gains in International Relations Theory », *art. cit.*

Polisario comme un État indépendant, 22 ont retiré cette reconnaissance ou gelé leurs relations[9].

Le deuxième gain relatif à cette politique réside dans l'évolution du rapport du Maroc à la France. Ces relations sont toujours aussi étroites que durant la Guerre froide, mais leur nature semble avoir changé. On ne peut plus parler d'alliance loyale au service des politiques africaine et arabe de la France, mais bien plus d'une alliance de compromis, définie comme un pacte politique qui regroupe deux États au sein d'une relation asymétrique, mais suffisamment interdépendante pour permettre à l'État le plus faible de participer ou de créer lui-même un autre système ou sous-système d'alliances. Tandis que, pendant la Guerre froide, les relations maroco-africaines étaient globalement dépendantes des dispositifs stratégique, politique, institutionnel et normatif français, la politique africaine contemporaine s'exerce à travers des mécanismes communs ou similaires à ceux de la France, tout en se détachant, dans ses fondements et dans ses intérêts, de la politique africaine de l'ancienne puissance coloniale. De plus, le Maroc affirme désormais son intention de diversifier ses alliances internationales au profit de la Russie et de la Chine, sans que cela ne sacrifie, ne menace ou n'altère le bon déroulement de sa coopération avec la France.

On note aussi des gains absolus dans cette politique. Ceux-ci résident dans les effets de la coopération au développement déployée par le Royaume sur le continent. Force est de constater que les projets de construction réalisés, les aides accordées aux Pays les Moins Avancés, les dons humanitaires octroyés, ou encore les formations professionnelles délivrées, bien qu'ils ne paraissent que très insignifiants en comparaison du montant des aides chinoises ou françaises, participent à leur échelle au développement du continent. Le fait qu'ils proviennent d'un État africain, lui-même en train d'accomplir son propre développement, les rendent plus remarquables, d'autant plus que le Maroc n'exige pas de contrepartie politique immédiate et se projette pas en puissance hégémonique. Contrairement à l'attitude de la Chine vis-à-vis de la reconnaissance de Taiwan, la reconnaissance de la marocanité du Sahara occidental par les États n'est plus une condition du développement des relations diplomatiques. Le cas du Mali, pays qui a longtemps entretenu des relations avec le Front Polisario et avec lequel le Royaume a engagé une coopération étroite depuis quelques années, est à ce titre particulièrement illustratif. Il apparaît plutôt que les gains du Maroc résident dans son affirmation et dans sa reconnaissance en tant que puissance africaine sur le continent par l'image qu'il diffuse, confirmant le paradigme constructiviste

---

9 Annexes 5 et 5 bis.

selon lequel la recherche de reconnaissance d'une identité de rôle peut être conçue comme un intérêt national aussi important que la sécurité ou les gains économiques.

À l'échelle internationale, le Maroc ne constitue ni une puissance économique compétitive, ni une puissance militaire offensive, ni une puissance normative influente. Sur le plan économique, son poids dans les échanges africains demeure réduit, en comparaison du poids des puissances moyennes extérieures à l'Afrique (Turquie, Brésil). En matière d'innovation et de transformation industrielle, le gouvernement est encore peu performant. Néanmoins, les échanges commerciaux avec l'Afrique continuent de croitre de 12% par an en moyenne, ce qui est considérable. De même, le solde commercial est largement excédentaire en faveur du Maroc depuis 2008. Si le Royaume est encore fortement dépendant des aides et des investissements extérieurs, sa capacité à maintenir ou à créer des liens avec des partenaires économiques extérieurs est remarquable.

Sur le plan militaire, son armée est aguerrie et moderne, et constitue la 7ᵉ plus forte armée du continent. Cependant, si le Maroc est présent dans de nombreux théâtres conflictuels africains à travers sa participation aux OMP, il ne projette pas de jouer un rôle décisif en matière de sécurité militaire continentale à l'échelle bilatérale. Les formations dispensées aux officiers africains lui permettent de tisser un réseau au service d'une diplomatie d'influence, mais n'ont pas pour ambition de transformer le paysage militaire africain. Le Maroc ne souhaite pas prendre le risque d'intervenir dans des missions offensives où sa légitimité n'est pas reconnue ; de même que ses capacités de déploiement extérieur sont limitées par la mobilisation massive de l'armée dans la sécurisation des frontières, tandis que les coûts représentés par de tels déploiements restent prohibitifs. Plus généralement sa doctrine stratégique est défensive. Le système de renseignement semble s'être définitivement modernisé et surtout semble mieux travailler de concert avec le système diplomatique. Cependant dans un continent aussi marqué par les crises et les guerres et dont la volonté est de pouvoir résoudre ses propres conflits sans l'aide d'une puissance étrangère, une puissance africaine sera donc reconnue en fonction de sa capacité à jouer un rôle prégnant dans ce domaine, ce qui constitue un défi de taille pour le Royaume.

Sur le plan normatif, et bien qu'il s'efforce d'avoir son propre cadre de pensée normatif à travers notamment la dimension religieuse, le Maroc demeure aussi véritable caisse de résonance normative de communautés épistémiques extérieures. « Bon élève » international, il poursuit avec un intérêt particulier la mise à niveau de ses institutions à l'image des institutions françaises, mesure ses progrès à l'aune des critères promus par le FMI, l'ONU, la Banque mondiale, l'Union européenne ou les différents bureaux d'experts américains. Le contenu des nombreux rapports publiés par le Ministère de l'Économie et des Finances illustre bien cette tendance. Bien que la diffusion d'un modèle de gestion du champ religieux, fondé sur l'islam marocain du « juste milieu », constitue un vecteur normatif novateur, cette expérience est récente, toujours en construction, et dépend du contexte sécuritaire marqué par la montée du terrorisme transnational. À l'échelle africaine, des projets idéels et régionalistes tels que la « Renaissance africaine », « la *Pax Africana* » ou encore le panafricanisme ont, à différents moments de l'histoire, constitué des cadres discursifs inscrivant les pays dans l'histoire de la construction continentale. Le Maroc inscrit discursivement son action dans le cadre de la « coopération sud-sud » et de « confiance à l'Afrique » et ne manque pas d'initiatives continentales. Il reste néanmoins confronté au défi de la traduction de ce cadre discursif en cadre normatif propre qui lui permette de distinguer fondamentalement dans son approche. Cela prend du temps.

En conséquence, le Maroc peut être défini comme une puissance médiane. Cette qualification permet d'échapper à l'approche hiérarchique verticale classique de la puissance, qui tend à classer celles-ci de la plus grande à la plus petite. Cette vision, héritée du traité de Chaumont (1814), fut d'autant plus considérée durant la Guerre froide pour appuyer l'idée d'un équilibre des puissances. La grande puissance, ou *great power*, renvoie à l'hégémon réaliste. La puissance moyenne qu'elle soit « traditionnelle » ou « émergente » déploie une politique étrangère qui tend à favoriser le multilatéralisme et la coopération[10]. La petite puissance, enfin, incapable d'assurer sa sécurité par ses propres moyens, doit compter sur ses alliances à de grandes puissances[11]. La qualification de puissance médiane échappe aussi à l'approche hiérarchique horizontale classique de la puissance, qui tend à les classer selon leur champ de projection. Cette dernière vise à rendre compte du champ de projection de la puissance : régionale, multilatérale ou globale. Les approches hiérarchiques verticales et horizontales sont pertinentes mais imprécises quant à l'identification des particularités de la puissance marocaine. De plus, nonobstant cette scientificité d'apparence, il n'existe dans les deux cas aucun consensus autour de la définition des attributs d'une puissance moyenne ou d'une puissance régionale par exemple. Ces visions hiérarchiques rendent presque insoluble le travail du chercheur qui souhaiterait saisir la forme d'influence particulière d'un petit État dans le système. Le Maroc est-il une moyenne puissance émergente

---

10   Jordaan, « The concept of a middle power in international relations », *art. cit.*
11   Rothstein, Robert L., *Alliances and small powers*, New York : Columbia University Press, 1968, 331 p.

comme la Turquie, une puissance régionale comme le Nigéria ou une petite puissance sous-régionale comme le Sénégal ? Sous quelle rubrique convient-il de ranger ce pays ? L'approche hiérarchique de la puissance apparaît d'autant plus limitée qu'elle suggère l'existence d'une lutte permanente entre les États pour parvenir au statut le plus élevé de la hiérarchie, un postulat normatif masculiniste qui occulte d'emblée les spécificités inhérentes aux intérêts de chaque puissance. L'adjectif « médian » revêt donc ici une double acception : relationnelle d'un côté, et identitaire de l'autre.

Sur le plan relationnel, la particularité du Royaume est de parvenir, en dépit de ses faibles ressources matérielles, à se placer à niveau médian d'autonomie souveraine et diplomatique. L'idée de médianeté doit être considérée non pas comme un jugement normatif ou subjectif, mais comme un instrument de mesure inscrit dans une échelle réflexive. Contrairement à la moyenne, généralement définie à l'aune d'une échelle fixée de façon normative, la puissance médiane est identifiée au regard constant des capacités, des ressources et des relations des autres États, ainsi qu'en fonction du degré de reconnaissance de cette autonomie souveraine et diplomatique par les Autres.

Par autonomie souveraine, tout d'abord, on entend l'ordre intra-étatique, à savoir la stabilité du régime, la pérennité des institutions, la capacité du pouvoir à résister à la contestation interne et à intégrer des réformes, mais aussi la reconnaissance de la légitimité de ce pouvoir. Plus généralement, il s'agit de la capacité de l'État à opérer librement ses choix politiques et à légitimer son action, tout en minimisant sa soumission aux procès des autres nations, ainsi que sa sensibilité aux tentatives de déstabilisation endogènes. Le lien entre souveraineté et puissance fut souligné par de nombreux auteurs, à l'instar de Raymond Aron, démontrant au passage que l'affirmation de la souveraineté n'est pas incompatible avec l'idée de démocratie puisque, même au sein des régimes démocratiques subsiste la nécessité d'avoir « un Homme ou un groupe d'Hommes qui assument la responsabilité unique pour l'exercice de l'autorité politique », reprenant ainsi une formule de Hans Morgenthau[12]. La souveraineté ne saurait être absolue ou indivisible en plusieurs unités politiques, mais elle constitue néanmoins un élément fondamental de la puissance, tandis qu'inversement, la puissance se manifeste entre autres par la capacité de faire accepter par l'autre un abandon au moins partiel de son autonomie souveraine. L'idée de reconnaissance est par ailleurs essentielle dans la définition de l'autonomie souveraine. Tandis que la souveraineté seule peut être admise sur le plan juridique (en ce sens, tous les États décolonisés sont désormais souverains), l'autonomie souveraine renvoie à un degré de liberté dans l'élaboration

---

12   Aron, *Paix et guerre entre les nations, op. cit.*, p. 725.

de la politique ainsi qu'à un degré de reconnaissance de sa légitimité. À l'heure où de nombreux États sacrifient une partie de cette autonomie souveraine sur l'autel de la mondialisation, la capacité du pouvoir à préserver une image populaire et légitime constitue la condition *sine qua non* pour mobiliser toutes les ressources possibles dans l'accomplissement de ses ambitions en matière de politique étrangère.

Dans le cas du Maroc, l'ordre est soumis à une autorité unique, suprême, et reconnue légitime. On ne cessera de le répéter. L'exemple le plus récent illustrant cette configuration historique est celui des vagues de contestation de 2011 : la Monarchie est en effet sortie renforcée du « Printemps arabe ». Le pouvoir a incarné le rôle de réformateur, en plus d'avoir fait preuve d'une remarquable résilience face aux tentatives de déstabilisation. En réalité, la nouvelle constitution, tout en participant de la libéralisation et de la démocratisation du régime, a renforcé le pouvoir exécutif du Monarque, de même que sa légitimité, tant le Roi fut partie prenante du processus de changement. Cette tendance a renforcé à son tour la légitimité du régime marocain à l'échelle internationale. Elle s'illustre tout d'abord dans la capacité de l'État à ne pas s'incliner totalement devant les tentatives d'importation de modèles extérieurs, tout en n'étant pas perçu comme un État contestataire. La nature du lien entre autonomie souveraine et puissance s'est aussi manifestée par la faculté du souverain à mobiliser et fédérer de nouveaux acteurs dans la conduite de la politique africaine, en plus du Gouvernement, comme le secteur privé et les réseaux confrériques, de même que cette politique a suscité l'adhésion de l'opinion publique. Cette autonomie souveraine constitue également, à l'échelle internationale, une garantie de l'exécution d'une politique. Elle conforte l'idée qu'une ambition déclarée sera effectivement poursuivie, même si cela prend du temps.

D'autre part, par autonomie diplomatique, on entend la capacité de l'État à résister à l'influence des puissances étrangères dans le choix de ses orientations diplomatiques, de façon à pouvoir satisfaire tout ou une partie de ses intérêts. L'autonomie diplomatique se rapproche de l'autonomie stratégique telle que définie dans le domaine de la défense, à savoir l'autonomie des moyens militaires avec une capacité d'entraînement. Elle renvoie donc à l'autonomie des moyens diplomatiques avec cette même capacité d'entraînement appliquée à la politique étrangère, à savoir l'adhésion et le soutien de plusieurs acteurs aux propositions formulées par l'État sur la scène internationale. Enfin, elle renvoie à la non-dépendance vis-à-vis d'un système d'alliance ou de la protection des partenaires pour satisfaire des intérêts considérés comme vitaux.

Le Maroc a atteint un degré médian d'autonomie diplomatique, visible en premier lieu dans l'évolution de la relation franco-marocaine, qui, comme nous l'avons rappelé plus haut, a évolué vers une alliance de compromis. Le degré de dépendance fut donc minimisé par l'augmentation de l'interdépendance entre les deux pays. L'affirmation de l'autonomie dans les orientations diplomatiques s'est manifestée à travers les conditions d'élaboration et la conduite de cette politique africaine, de même que, plus récemment encore, à travers l'orientation asiatique de la politique étrangère. Enfin, la capacité d'entrainement s'est illustrée par l'adhésion d'un certain nombre de pays à l'islam du « juste milieu » prôné par le Maroc, et la participation de ces derniers aux formations religieuses organisées au sein du Royaume.

Sur le plan identitaire enfin, la médianeté renvoie à l'identité de rôle telle que construite et projetée par le Maroc sur la scène internationale. Sa quête de légitimité et de reconnaissance l'a progressivement poussé à définir et à affirmer son identité de rôle, autour notamment de la notion de « juste milieu ». En plus de servir officiellement une définition de l'identité religieuse, le juste milieu peut aussi caractériser un positionnement diplomatique. La recherche de compromis entre le manque de ressources matérielles ou relationnelles d'une part, et la projection de nouvelles ambitions fondées sur l'assurance de l'autonomie d'autre part, implique, pour une puissance médiane telle que le Maroc, de rechercher un rôle de pont, de médiateur, ou de modérateur. Cette posture est visible dans l'intérêt prégnant pour la coopération tripartite, dans l'affirmation du caractère modéré des valeurs politiques, ou encore dans l'affirmation de l'identité géoculturelle du Royaume. La spécificité de cette posture est que le Maroc a les caractéristiques d'un « petit État »[13], tout en ayant les ambitions d'une « puissance moyenne »[14] en matière de politique étrangère. Évidemment, une étude comparative est nécessaire pour compléter l'étude et la démonstration de la pertinence du concept de puissance médiane, tant dans ses spécificités propres que dans son application au cas marocain, et constitue de ce fait l'ouverture proposée par ce travail.

Pour conclure, la politique africaine du Maroc, en plus de constituer une manifestation de ses nouvelles ambitions, a effectivement renforcé son statut de puissance. Dire du Maroc qu'il est une puissance africaine n'est donc plus aujourd'hui une figure de style ou un slogan politique, mais une véritable tendance observable à l'échelle des relations internationales du continent. Tant au niveau de son identité que dans ses rapports politiques avec les autres États africains, le Royaume a su saisir le *kaïros*, cet instant décisif qui, à l'instar de la décision stratégique dans la bataille, représente l'opportunité d'une action favorable. Au sein d'une Afrique en mouvement, sur le point de franchir un tournant historique dans ses relations internationales, la politique étrangère du Maroc s'est placée opportunément au cœur de cette nouvelle destinée.

---

13   Hey, Jeanne A.K. (dir.), *Small States in World Politics: Explaining Foreign Policy Behavior*, Boulder : Lynne Rienner Pub, 2003, 210 p.

14   Jordaan, « The concept of a middle power in international relations », *art. cit.*

Les visites d'État de Mohammed VI à l'étranger 2000-2016 (tableau)

Date de la visite royale	Pays
2016 (mai)	Chine
2016 (avril)	Arabie Saoudite et EAU
2016 (mars)	Russie
2015 (décembre)	Émirats Arabe Unis
2015 (novembre)	France
2015 (février)	France
2015 (mai-juin)	Côte d'Ivoire
2015 (mai-juin)	Gabon
2015 (mai-juin)	Guinée Bissau
2015 (mai-juin)	Sénégal
2015 (mai)	Arabie Saoudite
2014 (mai)	Tunisie
2014 (mars)	Gabon
2014 (mars)	Guinée Conakry
2014 (février)	Côte d'Ivoire
2014 (février)	Mali
2013 (novembre)	États-Unis
2013 (septembre)	Mali
2013 (septembre)	Sénégal
2013 (septembre)	Côte d'Ivoire
2013 (septembre)	Gabon
2012 (novembre)	Hawaii
2012 (mai)	France
2009 (avril)	Guinée Équatoriale
2006 (novembre)	Sénégal
2006 (février-mars)	Gabon
2006 (février-mars)	République Démocratique du Congo
2006 (février-mars)	République du Congo
2006 (février-mars)	Gambie
2005	Japon

© KONINKLIJKE BRILL NV, LEIDEN, 2021 | DOI:10.1163/9789004439160_012

(suite.)

Date de la visite royale	Pays
2005 (juillet)	Niger
2005 (avril)	Singapour
2005 (février-mars)	Burkina Faso
2005 (février-mars)	Mauritanie
2005 (février-mars)	Sénégal
2005 (février-mars)	Gabon
2004 (novembre-décembre)	Argentine
2004 (novembre-décembre)	Pérou
2004 (novembre-décembre)	Brésil
2004 (novembre-décembre)	Chili
2004 (novembre-décembre)	République Dominicaine
2004 (novembre-décembre)	Mexique
2004	Égypte
2004 (juin)	Sénégal
2004 (juin)	Niger
2004 (juin)	Benin
2004 (juin)	Cameroun
2004 (janvier)	Émirats Arabes Unis
2003	Malaisie
2003 (juin)	Mauritanie
2003	Égypte
2002 (septembre)	Afrique du Sud
2002	Jordanie
2002	Russie
2002 (septembre)	Gabon
2002	Koweït
2002	Syrie
2002	Liban (Sommet Arabe)
2002 (juin)	Qatar
2002	Thaïlande
2002 (février)	Chine
2002 (janvier)	Arabie Saoudite
2001 (janvier)	Cameroun
2001	Sénégal

(*suite.*)

Date de la visite royale	Pays
2001 (septembre)	Mauritanie
2001 (février)	Inde
2000	Égypte
2000	Italie
2000 (mars)	France

SOURCE : TABLEAU ÉLABORÉ PAR L'AUTEURE À PARTIR DES COMMUNIQUÉS DE PRESSE DE LA MAP

Les visites d'État de Mohammed VI à l'étranger 2000-2016 (carte)

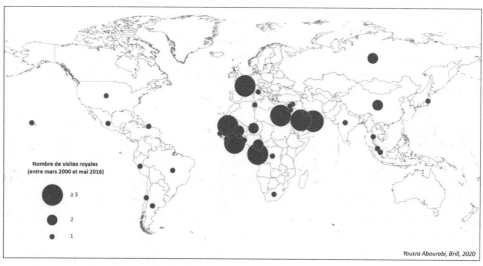

SOURCE : CARTE RÉALISÉE PAR L'AUTEURE

© KONINKLIJKE BRILL NV, LEIDEN, 2021 | DOI:10.1163/9789004439160_013

Les discours du Roi : statistiques

Année	Nombre de messages et discours
2015	11
2014	20
2013	52
2012	16
2011	11
2010	17
2009	17
2008	25
2007	16
2006	11
2005	25
2004	26
2003	26
2002	21
2001	31
2000	57
1999	25

SOURCE : TABLEAU RÉALISÉ PAR L'AUTEURE SUR LA BASE DES SITES WEB DE LA MAP ET DU PORTAIL OFFICIEL DU ROYAUME (*MAROC.MA*)

Les IDE à destination du Maroc (1)

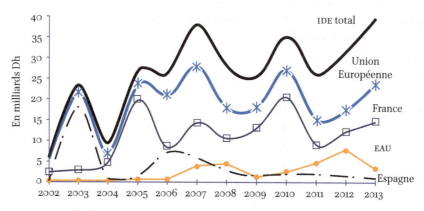

Source : Office des Changes

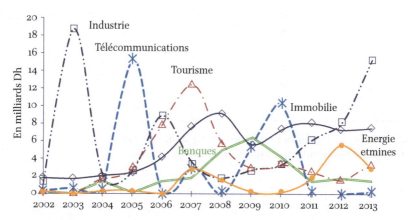

Source : Office des Changes

IDE au Maroc par pays et par secteur

SOURCE : *PROJET DE LOI DE FINANCES POUR L'ANNÉE BUDGÉTAIRE 2015*, RAPPORT, RABAT, MINISTÈRE DE L'ÉCONOMIE ET DES FINANCES, DIRECTION DES ÉTUDES ET DES PRÉVISIONS FINANCIÈRES, 2015

Les IDE à destination du Maroc (2)

Source : *L'Économiste*, 8 juin 2017.

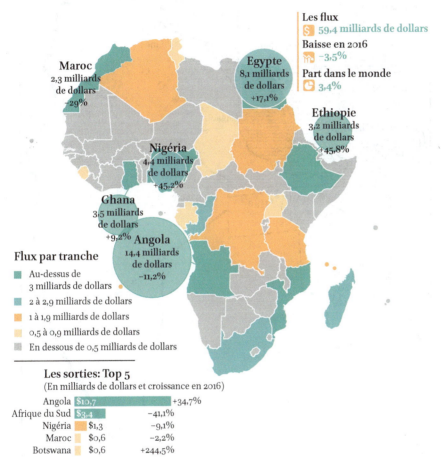

Afrique : les flux d'IDE inégalement répartis (2016) (valeurs et variations)
SOURCE : CNUCED – INFO : S.M.

© KONINKLIJKE BRILL NV, LEIDEN, 2021 | DOI:10.1163/9789004439160_016

Carte du « Grand Maroc »

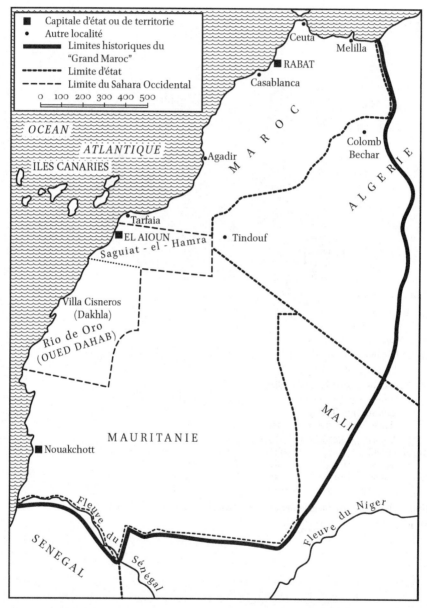

Légende :
- ■ Capitale d'état ou de territorie
- • Autre localité
- Limites historiques du "Grand Maroc"
- Limite d'état
- Limite du Sahara Occidental

0 100 200 300 400 500

OCEAN ATLANTIQUE

ILES CANARIES

Ceuta
Melilla
■ RABAT
Casablanca
• Agadir

MAROC

Colomb Bechar

ALGERIE

Tarfaia
■ EL AIOUN
Saguiat - el - Hamra
• Tindouf

Villa Cisneros (Dakhla)
Rio de Oro (OUED DAHAB)

MALI

MAURITANIE

■ Nouakchott

Fleuve du Niger

Fleuve du Sénégal

SENEGAL

SOURCE : BUGWARABI, NICODEME, *LA POLITIQUE SUDSAHARIENNE DU MAROC DE 1956 À 1984*, THÈSE DE DOCTORAT, PARIS, FRANCE : UNIVERSITÉ PANTHÉON-SORBONNE, 1997, 467 P.

Pays qui ont retiré leur reconnaissance de la RASD

Pays	Date de retrait de la reconnaissance de la RASD
Jamaïque	14 sept. 16
Surinam	09 mars 16
Paraguay	03 janv. 14
Panama	20 nov. 13 (reprise en 2016)
Haïti	11 oct. 13
Saint-Vincent et les Grenadines	13 févr. 13
Barbade	12 févr. 13
Zambie	3 mars. 11
Papouasie Nouvelle Guinée	3 avr. 11
Burundi	25 oct. 10
Saint Christophe et Niévés	16 août 10
Antigua et Barbuda	12 août 10
Grenade	11 août 10
Commonwealth de la Dominique	22 juin 10
Guinée-Bissau	30 mars 10
Malawi	16 sept. 08
Iles Seychelles	18 mars 08
Cap-Vert	27 juil. 07
Cambodge	14 août 06
Tchad	17 mars 06
Madagascar	06 avr. 05
Albanie	10 nov. 04
Serbie et Monténégro	oct. 04
Équateur	juin 04
Sierra Leone	2003
République Dominicaine	2002
Paraguay	2002
Honduras	2002
Colombie	2000
Costa Rica	2000
Vanuatu	7 sept. 00
Kiribati	3 sept. 00

© KONINKLIJKE BRILL NV, LEIDEN, 2021 | DOI:10.1163/9789004439160_018

(*suite.*)

Pays	Date de retrait de la reconnaissance de la RASD
Tuvaru	3 sept. oo
Nauru	3 sept. oo
Libéria	1997
Swaziland	1997
Pérou	1996
Burkina Faso	1996
Sainte Lucie	1989

SOURCE : TABLEAU ÉLABORÉ PAR L'AUTEURE À PARTIR DE SOURCES MULTIPLES

Carte des postures diplomatiques concernant le statut du Sahara occidental marocain

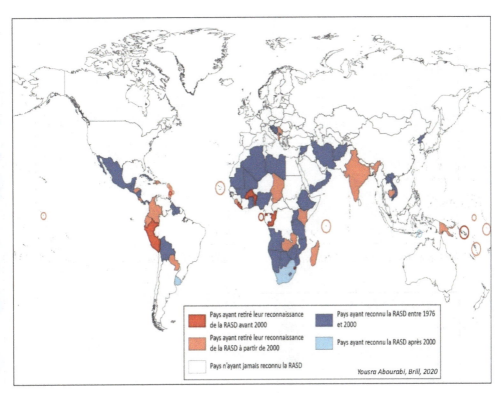

SOURCE : CARTE ÉLABORÉE PAR L'AUTEURE

Exportation de matériels de guerre français au Maroc (2008-2014)

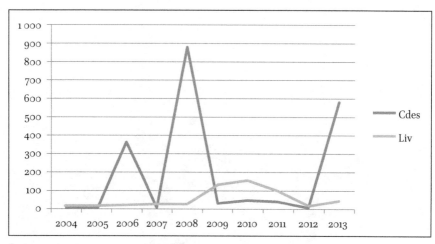

Évolution des commandes/livraisons 2004-2013 en millions d'euros (euros courants)

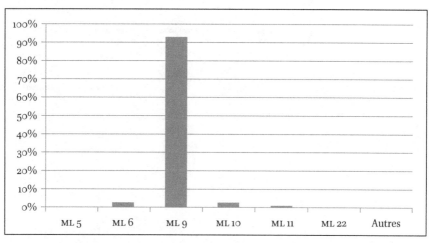

Répartition des Autorisations (AEMG) délivrées en 2013 par catégories de matériels de guerre et assimilés (en pourcentage)

SOURCE : *RAPPORT AU PARLEMENT 2014 SUR LES EXPORTATIONS D'ARMEMENT DE LA FRANCE*, PARIS, MINISTÈRE DE LA DÉFENSE, 2014

Les IDE marocains en Afrique (1)

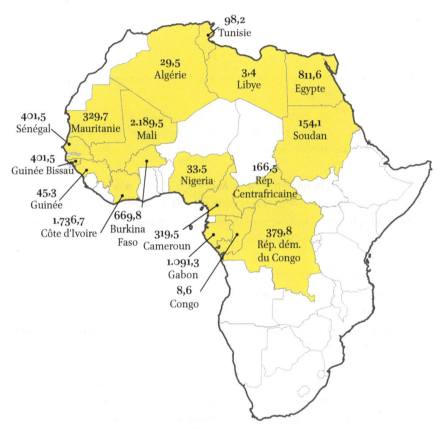

Six pays concentrent 75% des flux (en millions de DH)

SOURCE : « IDE MAROCAINS EN AFRIQUE 41 MILLIARDS DE DH INVESTIS EN CINQ ANS »,
L'ÉCONOMISTE, 27 MARS 2014

Cadre de légitimation de la politique africaine. Exemple de document relatif à la coopération Sud-Sud

Source : « Maroc, pays solidaire : coopération Sud-Sud », Ministère des Affaires étrangères et de la coopération

Le Maroc a eu, de tout temps, des liens étroits et profonds avec les pays du Sud, notamment ceux d'Afrique subsaharienne.

Au gré de son ouverture sur le monde, le Maroc a établi des relations de coopération avec les pays du Continent dans divers secteurs, en l'occurrence les secteurs clés, qui constituent le pivot de cette coopération tels que le commerce, la pêche, le transport, l'agriculture, la formation et la santé.

Les préoccupations africaines du Maroc se sont traduites dans les faits, dès les premières années de son indépendance, par l'organisation, en 1960, de la Conférence de Casablanca sous l'égide de Feu S.M. Mohammed v, et qui a pu réunir les principaux leaders africains. Ces démarches ont été couronnées de grands succès et ont débouché sur la création, en 1962 à Addis-Abeba, de l'ex-Organisation de l'Unité Africaine (OUA).

Le Maroc s'est fait, par conséquent, le devoir d'intégrer dans sa politique étrangère la défense des causes africaines. Il s'est également engagé à répondre aux attentes légitimes des peuples du continent à un développement qui répond à leurs attentes et aspirations.

Historiquement, les liens séculaires unissant le Maroc et les pays d'Afrique traduisent son enracinement dans le Continent, d'où le devoir de solidarité du Maroc envers ses frères du Sud dans l'effort de développement, comme en témoigne la tenue au Maroc de plusieurs conférences sur le développement de l'Afrique.

Depuis 1983, le Maroc a renforcé sa place sur le Continent, en entretenant des relations politiques exemplaires avec la plupart des pays et en menant une coopération Sud-Sud solidaire et agissante.

L'engagement du Maroc en faveur de la coopération Sud-Sud a été exprimé au sommet de l'État. Il est traduit par les actions de Sa Majesté le Roi Mohammed VI, depuis son intronisation, pour plaider une solidarité agissante en faveur de l'Afrique subsaharienne.

Sa Majesté le Roi Mohammed VI a ainsi multiplié les déplacements dans plusieurs pays africains, en introduisant à la coopération du Maroc avec les pays africains, un nouvel aspect, celui de la coopération en matière de développement humain, en plus de la coopération sectorielle visant plusieurs domaines.

Le Maroc a pris une série de mesures concrètes en matière d'assistance financière. C'est ainsi que Sa Majesté le Roi Mohammed VI, avait décidé, lors du Sommet Afrique-Europe de 2000, d'annuler l'ensemble des dettes du Maroc envers les Pays africains les Moins Avancés (PMA), et d'offrir un accès en franchise, de droits et hors contingents, à l'essentiel de produits d'exportation en provenance de ces pays. Cette mesure s'est traduite par une augmentation des exportations de ces pays vers le Maroc.

C'est donc convaincu de son intérêt stratégique, que le Maroc a érigé la coopération Sud-Sud, en tant qu'axe principal de sa politique extérieure et s'emploie, par divers moyens, à renforcer cette coopération aux niveaux régional et interrégional.

C'est dans cet esprit que le Maroc a adhéré, en 2001, à la Communauté des États Sahélo Sahariens (CEN-SAD). Le Maroc, également mobilisé pour promouvoir le développement de l'Afrique en plaidant pour un partenariat rénové, a manifesté son soutien au Nouveau Partenariat pour le Développement de l'Afrique (NEPAD) dans tous les forums internationaux, ainsi que pour la promotion des échanges commerciaux dans le cadre de l'Union Économique et Monétaire d'Afrique de l'Ouest (UEMOA).

Sur le plan international, le Maroc ne cesse de plaider et de soutenir la question du développement dans les pays du Sud. C'est ainsi que lors de sa Présidence du Groupe des 77 et la Chine, en 2003, le Maroc a réaffirmé son engagement en faveur de la coopération Sud-Sud, notamment en direction des pays d'Afrique subsaharienne.

Dans ce sens, le Maroc a organisé, en 2007, à Rabat, en partenariat avec le Programme des Nations Unies pour le Développement (PNUD), la Première Conférence Africaine sur le Développement Humain. Cette Conférence a eu pour objectif de répondre à l'ambition du Maroc de promouvoir un développement humain global équilibré et harmonieux, à travers le renforcement de la coopération Sud-Sud et la mise en œuvre des engagements pris dans divers forums internationaux, notamment ceux liés aux Objectifs du Millénaire pour le Développement (OMD).

Dans un discours adressé aux participants à cette Conférence, Sa Majesté le Roi Mohammed VI a réaffirmé la position du Maroc de placer le développement de la coopération Sud-Sud en tête des priorités de sa politique étrangère, notamment en Afrique.

La Déclaration de Rabat, adoptée à l'issue des travaux de cette conférence, a fait état de l'engagement des responsables Africains à promouvoir la coopération dans le domaine du développement humain à travers leurs stratégies et plans d'action aux niveaux régional et sous-régional.

Les efforts du Maroc pour donner à la coopération Sud-Sud un visage humain et empreint de solidarité, se traduisent par son engagement constant en faveur des causes nobles de la paix et du développement, ainsi que par ses positions solidaires toujours manifestées à l'égard des préoccupations des pays du Sud, et de leurs aspirations au progrès et au bien-être.

La nouvelle route qui relie le Maroc à l'Afrique de l'Ouest

Ouverture des frontières maroco-mauritaniennes en 2002, et construction du tronçon manquant (Nouadhibou-Nouakchott) en 2005.

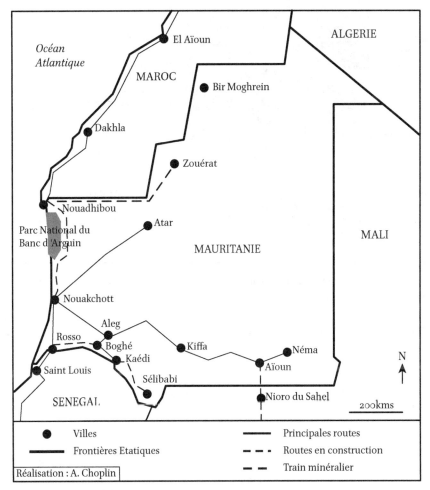

Le reseau routier en Mauritanie

SOURCE : ALAIN ANTIL ET ARMELLE CHOPLIN, « LE CHAÎNON MANQUANT. NOTES SUR LA ROUTE NOUAKCHOTT-NOUADHIBOU, DERNIER TRONÇON DE LA TRANSSAHARIENNE TANGER-DAKAR », *AFRIQUE CONTEMPORAINE*, 1 OCTOBRE 2005, N° 208, PP. 115-126

Les IDE marocains en Afrique (2)

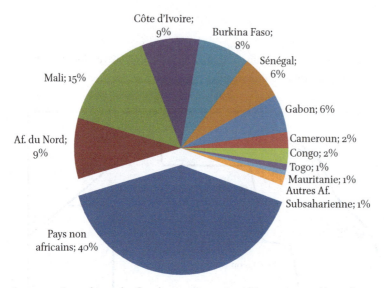

Structure géographique des flux des IDE marocains à l'étranger, cumulés sur la période 2003 et 2013 (chiffres préliminaires)
SOURCE : OFFICE DES CHANGES

Pays	2003	2004	2005	2006	2007	2008	2009	2010	2011	2012	2013[*]
Mali	0	0	0	0	0	671	1647	1577	189	207	458
Côte d'Ivoire	2	0	0	0	0	0	644	884	0	900	426
Togo	0	0	0	0	0	0	0	0	0	0	308
Maurice	0	0	0	0	0	0	0	0	0	0	123
Guinée	0	0	0	0	1	0	0	0	6	83	90
Cameroun	0	0	0	3	0	59	17	26	435	134	70
Rép. Centrafricaine	0	0	0	0	0	0	0	0	39	31	53
Gabon	0	0	0	0	295	0	184	1271	19	62	24
Mauritanie	0	0	0	0	0	2	1	79	98	32	24
Burkina Faso	0	0	0	2459	0	0	0	0	0	57	19
Congo	0	0	0	5	18	18	0	575	0	82	15
Ghana	0	0	0	0	0	0	5	0	0	0	10
Niger	0	0	0	0	0	0	0	0	0	0	7

* "Chiffres préliminaires"

(suite.)

Pays	2003	2004	2005	2006	2007	2008	2009	2010	2011	2012	2013
Sénégal	0	36	10	5	283	1431	297	12	2	21	4
Guinée Bissau	0	0	0	0	0	0	0	0	0	0	3
Ethiopie	0	0	0	0	0	0	0	0	0	0	2
Guinée Equatoriale	0	0	0	9	16	0	0	0	1	1	0
Gambie	0	0	0	0	0	0	0	1	0	0	0
Nigeria	0	16	0	0	0	0	0	0	0	0	0
Total IDE en Af. Sub	2	52	10	2481	613	2181	2795	4424	788	1610	1637
Total IDE à l'étranger	189	189	1511	4123	5082	4236	3839	5016	1710	3532	3015
Part de l'Af. Sub en %	1,3%	27,3%	0,6%	60,2%	12,1%	51,5%	72,8%	88,2%	46,1%	45,6%	54,3%

SOURCE : *RELATIONS MAROC-AFRIQUE : L'AMBITION D'UNE « NOUVELLE FRONTIÈRE »*, RAPPORT, RABAT, MINISTÈRE DE L'ÉCONOMIE ET DES FINANCE, DIRECTION DES ÉTUDES ET DES PRÉVISIONS FINANCIÈRES, 2014

UA : Motion de 28 États pour la suspension de la RASD

Source : « Motion au nom de 28 pays en vue de la suspension prochaine de la fantomatique RASD des activités de l'Union africaine », *Le Matin.ma*, 18 juillet 2016.

« Texte intégral de la motion adressée par Son Excellence, Ali Bongo Ondimba, Président de la République Gabonaise, au nom du Bénin, du Burkina Faso, du Burundi, du Cap Vert, du Comores, du Congo, de la Côte d'Ivoire, de Djibouti, de l'Érythrée, du Gabon, de la Gambie, du Ghana, de la Guinée, de la Guinée-Bissau, de la Guinée-Équatoriale, du Libéria, de la Libye, de la République Centrafricaine, de la République Démocratique du Congo, de Sao Tomé, du Sénégal, du Seychelles, de Sierra Leone, de la Somalie, du Soudan, de Swaziland, du Togo, de la Zambie ».

« Monsieur le Président,

Les 28 Chefs d'État,

A. Ayant à l'esprit les idéaux authentiques de la construction africaine ;

B. Fidèles aux principes et objectifs de l'Union africaine, notamment la réalisation d'une plus grande unité et solidarité entre les États africains, la défense de leur souveraineté et de leur intégrité territoriale, la promotion de la paix, la sécurité et la stabilité sur le Continent, la promotion de la coopération internationale, tenant dûment compte de la Charte des Nations et la création des conditions appropriées permettant au Continent de jouer le rôle qui est le sien dans l'économie mondiale ;

C. Regrettant l'absence du Royaume du Maroc des instances de l'Union africaine, et conscients des circonstances particulières dans lesquelles la « république arabe sahraouie démocratique » a été admise à l'Organisation de l'Unité Africaine ;

D. Accueillant très favorablement la teneur du Message historique adressé par SA MAJESTE LE ROI MOHAMMED VI, Roi du Maroc, au Président en exercice du 27ᵉ Sommet de l'UA pour distribution auprès des Chefs d'État et de Gouvernement y participant.

© KONINKLIJKE BRILL NV, LEIDEN, 2021 | DOI:10.1163/9789004439160_025

1. Saluent la décision du Royaume du Maroc, membre fondateur de l'OUA et dont la contribution active à la stabilité et au développement du Continent est largement reconnue, d'intégrer l'Union africaine et entendent œuvrer pour que ce retour légitime soit effectif dans les meilleurs délais ;

2. Décident d'agir en vue de la suspension, prochaine, de la « république arabe sahraouie démocratique » des activités de l'Union africaine, et de tous ses organes, afin de permettre à l'UA de jouer un rôle constructif et de contribuer positivement, aux efforts de l'ONU, pour un dénouement définitif au différend régional sur le Sahara.

Au nom de ces 28 pays, je vous prie de bien vouloir faire verser cette motion parmi les documents de ce Sommet et d'en faire assurer la distribution auprès des États membres.

Veuillez agréer, Monsieur le Président, l'assurance de ma haute considération ».

Les échanges commerciaux avec l'Afrique

Source : *Relations Maroc-Afrique : l'ambition d'une « nouvelle frontière »*, Rapport, Rabat, Ministère de l'Économie et des Finance, Direction des Études et des Prévisions Financières, 2014.

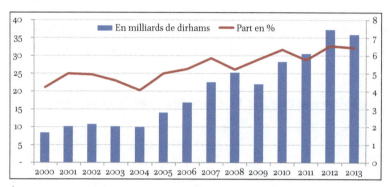

Échanges commerciaux du Maroc avec l'Afrique (en milliards de dirhams)
SOURCE : OFFICE DES CHANGES, ÉLABORATIONS DEPF

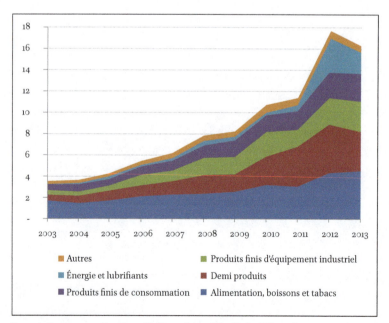

Exportations marocaines vers l'Afrique (en milliards de dirhams)
SOURCE : OFFICES DES CHANGES, ÉLABORATIONS DEPF

© KONINKLIJKE BRILL NV, LEIDEN, 2021 | DOI:10.1163/9789004439160_026

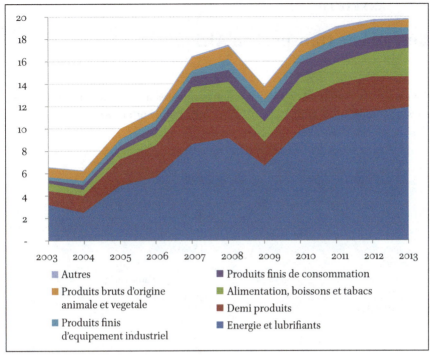

Importations marocaines en provenance de l'Afrique (en milliards de dirhams)

SOURCE : OFFICES DES CHANGES ÉLABORATIONS DEPF

Réseaux de transport en Afrique

Source : OCDE (2019), « Accessibilité et infrastructures des villes frontalières », *Notes ouest-africaines*, n° 23, Éditions OCDE, Paris, https://doi.org/10.1787/256fcaa4-f

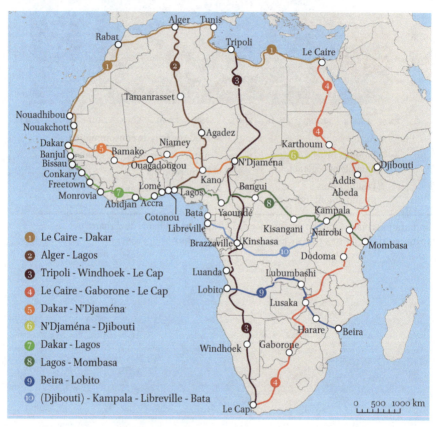

SOURCES : ADAPTÉ DE BAD-CEA 2003, CEA-UA-BAD 2010

Lignes maritimes Maroc – Afrique

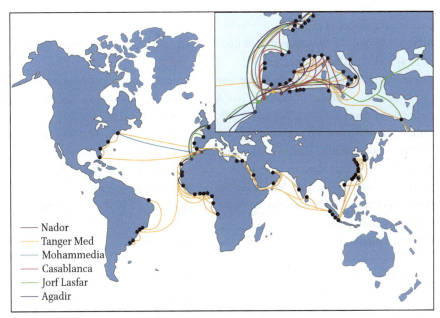

Principales lignes maritimes touchant les ports marocains

SOURCE : « STRATÉGIE PORTUAIRE À L'HORIZON 2030 », RABAT : MINISTÈRE DE L'ÉQUIPEMENT ET DES TRANSPORTS, 2011, P. 62

Bibliographie

1   Sources académiques générales

1.1   *Ouvrages et thèses*

Acharya, Amitav, *Rethinking power, institutions and ideas in world politics: whose IR?*, New York, Routledge, 2014, 272 p.

Altoraifi, Adel, *Understanding the Role of State Identity in Foreign Policy Decision-Making. The Rise and Demise of Saudi-Iranian Rapprochement (1997-2009).*, London, The London School of Economics and Political Science, 2012, 349 p.

Anholt, Simon, *Competitive Identity. The New Brand Management for Nations, Cities and Regions*, Basingstoke, Palgrave Macmillan, 2006, 146 p.

Aron, Raymond, *Paix et guerre entre les nations*, Paris, Calmann-Lévy, 1962, 804 p.

Aron, Raymond, *De Giscard à Mitterrand : 1977-1983*, Fallois, 2005, 900 p.

Badie, Bertrand, *Un monde sans souveraineté, les états entre ruse et responsabilité*, Fayard, 1999, 306 p.

Balzacq, Thierry, Ramel, Frédéric, éd., *Traité de relations internationales*, Paris, Les Presses de Sciences Po, 1228 p.

Battistella, Dario, Petiteville, Franck, Smouts, Marie-Claude et Vennesson Pascal, *Dictionnaire des relations internationales*, 3ᵉ édition, Paris, Dalloz, 2012, 584 p.

Beaufre, André, *Introduction à la stratégie*, Paris, Armand Colin, Pluriel, 1963, 192 p.

Bejar, Yosra, *La Valeur Informationnelle du Capital Immatériel : Application aux Entreprises Technologiques Nouvellement Introduites En Bourse (1997-2004)*, Thèse, Université Paris Dauphine – Paris IX, 2006.

Bevir, Mark, Daddow, Oliver J. et Hall, Ian, *Interpreting global security*, London New York, Routledge, 2014, 179 p.

Bitterling, David, *L'invention du pré carré : construction de l'espace français sous l'Ancien Régime*, Paris, Albin Michel, 2009, 262 p.

Booth, Ken et Wheeler Nicholas J., *The security dilemma: fear, cooperation and trust in world politics*, New York, Palgrave Macmillan, 2008, 364 p.

Bourdieu, Pierre, *Interventions, 1961-2001 : science sociale & action politique*, Marseille, Agone, Contre-feux, 2002, 487 p.

Braud, Philippe, *L'émotion en politique : problèmes d'analyse*, Presses de la Fondation nationale des sciences politiques, 1996, 276 p.

Bravo, Alain, Friedel, Paul et Appriou, Alain, *La sécurité globale : Réalité, enjeux et perspectives*, Paris, CNRS éditions, 2009, 343 p.

Buzan, Barry, Waever, Ole et Wilde, Jaap de, *Security: a new framework for analysis*, Lynne Rienner Publisher, Boulder, 1998, 239 p.

Campbell, David, *Writing Security: United States Foreign Policy and the Politics of Identity*, Revised edition., Minneapolis, Univ Of Minnesota Press, 1998, 308 p.

Cardon, Dominique, *La démocratie Internet : Promesses et limites*, Paris, Seuil, 2010, 102 p.

Carron de La Carrière, Guy, *La diplomatie économique : le diplomate et le marché*, Paris, Economica, 1998, 224 p.

Clausewitz, Carl Von, *De la guerre*, Paris, Éditions de Minuit, 1959, 760 p.

Commission sur la sécurité humaine (dir.), *La sécurité humaine maintenant : rapport de la Commission sur la sécurité humaine*, Paris, Presses de Sciences Po, Collection académique, 2003, 311 p.

Cooper, Andrew F. (dir.), *Niche Diplomacy : Middle Powers After the Cold War*, New York, Palgrave Macmillan, 1997, 221 p.

Coutau-Bégarie, Hervé et Motte, Martin, *Approches de la géopolitique : de l'Antiquité au XXIᵉ siècle*, Paris, Economica Institut de stratégie comparée, Bibliothèque stratégique, 2013.

Dark, K.R. (dir.), *Religion and International Relations*, New York, Basingstoke, Palgrave Macmillan, 2000, 293 p.

Devin, Guillaume, *Sociologie des relations internationales*, Paris, La Découverte, 2013, 125 p.

Dunn, Kevin C. et Shaw, Timothy M. (dir.), *Africa's Challenge to International Relations Theory*, Palgrave Macmillan, 2013, 288 p.

Eckert, Denis et Kolossov Vladimir, *La Russie : Un exposé pour comprendre, un essai pour réfléchir*, Flammarion, 1999, 132 p.

Finnemore, Martha, *National Interests in International Society*, New York, Cornell University Press, 1996, 180 p.

Foucault, Michel, *Les mots et les choses : une archéologie des sciences humaines*, Paris, Gallimard, Collection Tel, 1990, 404 p.

Freund, Julien, *L'essence du politique*, Paris, Dalloz, 2003, 867 p.

Hall, Todd H., *Emotional diplomacy : official emotion on the international stage*, Ithaca, Cornell University Press, 2015, 248 p.

Hey, Jeanne A.K. (dir.), *Small States in World Politics : Explaining Foreign Policy Behavior*, Boulder, Lynne Rienner Pub, 2003, 210 p.

Hurrelmann, A., Schneider, S. et Steffek, J. (dir.), *Legitimacy In An Age Of Global Politics*, 2007, Basingstoke, Palgrave Macmillan, 2007, 273 p.

Jaffrelot, Christophe, Gabas, Jean-Jacques, Losch, Bruno et Sgard, Jérôme, *L'enjeu mondial : Les pays émergents*, Paris, Les Presses de Sciences Po, 2008, 381 p.

Jervis, Robert, *The logic of images in international relations*, Princeton, N.J., États-Unis d'Amérique, Princeton University Press, 1970, 281 p.

Jervis, Robert, *Perception and misperception in international politics*, Princeton (N.J.), Princeton University Press, 1976.

Keohane, Robert Owen, *Power and governance in a partially globalized world*, London ; New York, Routledge, 2002, 298 p.

Keohane, Robert Owen, *After hegemony: cooperation and discord in the world political economy*, Princeton, Princeton University Press, 2005, 220 p.

Kessler, Marie-Christine, *Les ambassadeurs*, Paris, Les Presses de Sciences Po, 2012, 413 p.

Kherad, Rahim (dir.), *Sécurité humaine : théorie et pratique(s)*, en l'honneur du doyen Dominique Breillat colloque international [5 et 6 février 2009, Faculté de droit et des sciences sociales de Poitiers], Paris, A. Pedone, 2010.

Koschut, Simon et Oelsner, Andrea (dir.), *Friendship and international relations*, Basingstoke, Palgrave Macmillan, 2014, 216 p.

Kupchan, Charles A., *How Enemies Become Friends: The Sources of Stable Peace*, Princeton, Princeton University Press, 2012, 448 p.

Lacoste, Yves, *Géopolitique : la longue histoire d'aujourd'hui*, Nouvelle édition, Paris, Larousse, 2009.

Macleod, Alex et O'Meara, Dan, *Théories Des Relations Internationales : Contestations Et Résistances*, Athéna Éditions (CAN), 2010, 661 p.

Merle, Marcel, *Sociologie des relations internationales*, Paris, Dalloz, 1982, 527 p.

Mezran, Karim K., *Negotiation and Construction of National Identities*, Boston, Martinus Nijhoff Publishers, 2007, 248 p.

Nye, Joseph S., *Soft Power: The Means to Success in World Politics*, New York, PublicAffairs, 2004, 213 p.

Nye, Joseph S., *The Future of Power*, New York, PublicAffairs, 2011, 320 p.

Petito, Fabio et Hatzopoulos, Pavlos (dir.), *Religion in International Relations. The Return from Exile*, Basingstoke, Palgrave Macmillan, 2003, 286 p.

Potter, Evan H., *Branding Canada: Projecting Canada's Soft Power through Public Diplomacy*, Montreal, McGill-Queen's University Press, 2009, 464 p.

Rothstein, Robert L., *Alliances and small powers*, Institute of war and peace studies., New York, Columbia University Press, 1968, 331 p.

Schmitt, Carl, *La notion de politique*, Paris, Flammarion, 1992, 323 p.

Sindjoun, Luc, *Sociologie des relations internationales africaines*, Paris, Karthala, 2002, 250 p.

Strange, Susan, *States and Markets*, New York, Blackwell Publishers, 1988, 266 p.

Telhami, Shibley et Barnett, Michael N., *Identity and Foreign Policy in the Middle East*, Cornell University Press, 2002, 228 p.

Thomas, Scott M., *The Global Resurgence of Religion and the Transformation of International Relations*, Basingstoke, Palgrave Macmillan, 2005, 300 p.

Vassort-Rousset, Brigitte (dir.), *Building Sustainable Couples in International Relations*, London, Palgrave Macmillan, 2014, 255 p.

Voss, James F. et Sylvan, Donald A., *Problem representation in foreign policy decision making*, Cambridge, Cambridge University Press, 1998, 347 p.

Wendt, Alexander, *Social Theory of International Politics*, Cambridge, UK ; New York, Cambridge University Press, 1999, 447 p.

1.2   *Articles de revues et chapitres d'ouvrages*

Acharya, Amitav, « Mondialisation et souveraineté : une réévaluation de leur lien », Revue internationale de politique comparée, 2001, vol. 8, n° 3, pp. 383-394.

Albert, Mathias et Buzan, Barry, « Securitization, sectors and functional differentiation », *Security Dialogue*, 1 août 2011, vol. 42, n° 4-5, pp. 413-425.

Allison, Graham T. et Zelikowv Philip D., « L'essence de la décision. Le modèle de l'acteur rationnel », *Cultures & Conflits*, 1 mars 2000, n° 36.

Aronczyk, Melissa, « Research in Brief How to Do Things with Brands: Uses of National Identity », *Canadian Journal of Communication Corporation*, 2009, Vol 34, pp. 291-296.

Bach, Daniel C., « Régionalismes, régionalisation et globalisation », dans *Le politique en Afrique – État des débats et pistes de recherche*, Karthala., Paris, 2009, pp. 343-361.

Balzacq, Thierry, « La sécurité : définitions, secteurs et niveaux d'analyse », *Fédéralisme Régionalisme*, 2003/2004, Vol 4 (en ligne).

Balzacq, Thierry, « The Three Faces of Securitization: Political Agency, Audience and Context », *European Journal of International Relations*, 6 janvier 2005, vol. 11, n° 2, pp. 171-201.

Balzacq, Thierry et Ramel Frédéric (dir.), Battistella Dario, « La France », dans *Traité de relations internationales*, Paris, Les Presses de Sciences Po, 2013, pp. 157-180.

Boulding, K.E., « National Images and International Systems », *The Journal of Conflict Resolution*, 1959, vol. 3, n° 2, pp. 120-131.

Bourdieu, Pierre, « Sur le pouvoir symbolique », *Annales. Histoire, Sciences Sociales*, 1977, vol. 32, n° 3, pp. 405-411.

Braspenning, Thierry, « Constructivisme et réflexivisme en théorie des relations internationales », *Annuaire français des Relations Internationales*, 2002, III, pp. 314-329.

Braudel, Fernand, « Histoire et Sciences sociales : La longue durée », *Annales. Histoire, Sciences Sociales*, 1958, vol. 13, n° 4, pp. 725-753.

Criekemans, David, « Réhabilitation et rénovation en matière de pensée géopolitique », *L'Espace Politique. Revue en ligne de géographie politique et de géopolitique*, 11 février 2011, n° 12.

Darviche, Mohammad-Saïd, « Sortir de l'État-nation : Juan Linz avec et au-delà de Max Weber », *Revue internationale de politique comparée*, 1 septembre 2006, vol. 13, n° 1, pp. 115-127.

David, Charles-Philippe et Rioux, Jean-François, « Le concept de sécurité humaine », dans Jean-François Rioux (dir.), *La sécurité humaine : une nouvelle conception des relations internationales*, Paris, l'Harmattan, Collection Raoul-Dandurand, 2002.

Dessler, David, « What's at stake in the agent-structure debate? », *International Organization*, juin 1989, vol. 43, n° 3, pp. 441-473.

Dupret, Baudouin, Klaus, Enrique et Ferrié, Jean-Noël, « Derrière le voile. Analyse d'un réseau dialogique égyptien », *Droit et Société*, 2008, n° 68, pp. 153-179.

Dussouy, Gérard, « Vers une géopolitique systémique », *Revue internationale et stratégique*, 2002, vol. 47, n° 3, pp. 53-66.

Edobé, Joseph-Vincent et Ebogo, Frank, « Le Cameroun », dans *Traité de relations internationales*, Paris, Les Presses de Sciences Po, 2013, pp. 89-112.

Grosser, Pierre, « De l'usage de l'Histoire dans les politiques étrangères », dans Frédéric Charillon (dir.), *Politique étrangère : nouveaux regards*, Paris, Presses de Sciences Po, 2002, pp. 361-388.

Hall, Todd, « An Unclear Attraction: A Critical Examination of Soft Power as an Analytical Category », *The Chinese Journal of International Politics*, 20 juin 2010, vol. 3, n° 2, pp. 189-211.

Hey, Jeanne, « Introducing Small State Foreign Policy », dans Jeanne Hey (dir.), *Small States in World Politics*, Lynne Rienner., Boulder, 2003, pp. 1-11.

Honneth, Axel, « La reconnaissance entre États », *Cultures & Conflits*, 26 décembre 2012, n° 87, pp. 27-36.

Hopf, Ted, « The Promise of Constructivism in International Relations Theory », *International Security*, 1 juillet 1998, vol. 23, n° 1, pp. 171-200.

Hopf, Ted, « The logic of habit in International Relations », *European Journal of International Relations*, 12 janvier 2010, vol. 16, n° 4, pp. 539-561.

Jordaan, Eduard, « The concept of a middle power in international relations: distinguishing between emerging and traditional middle powers », *Politikon*, 2003, vol. 30, n° 1, pp. 165-181.

Katzenstein, Peter J., « Small States and Small States Revisited », *New Political Economy*, 1 mars 2003, vol. 8, n° 1, pp. 9-30.

Kempf, Olivier, « Le Maréchal de Vauban, premier géopoliticien français ? », *Stratégique*, janvier 2010, n° 99, pp. 35-50.

Kessler, Marie-Christine, « La politique étrangère comme politique publique », dans Frédéric Charillon (dir.), *Politique étrangère : nouveaux regards*, Paris, Presses de Sciences Po, 2002, pp. 167-192.

Kubálková, Vendulka, « Towards an International Political Theology », *Millennium – Journal of International Studies*, 12 janvier 2000, vol. 29, n° 3, pp. 675-704.

Laïdi, Zaki, « Négociations internationales : la fin du multilatéralisme », *Esprit*, 1 novembre 2013, Novembre, n° 11, pp. 108-117.

Lambert, Alain et Migaud, Didier, « La loi organique relative aux lois de finances (LOLF) : levier de la réforme de l'État », *Revue française d'administration publique*, 1 mars 2006, no. 117, n° 1, pp. 11-14.

Lord, Carnes, « Diplomatie publique et soft power », *Politique américaine*, 15 novembre 2012, n° 3, pp. 61-72.

Löwenheim, Oded et Heimann, Gadi, « Revenge in International Politics », *Security Studies*, 9 décembre 2008, vol. 17, n° 4, pp. 685-724.

Luttwak, Edward N., « Power relations in the new economy », *Survival*, 1 juin 2002, vol. 44, n° 2, pp. 7-18.

Macleod, Alex, Masson, Isabelle et Morin, David, « Identité nationale, sécurité et la théorie des relations internationales », *Études internationales*, 2004, vol. 35, n° 1, pp. 7-24.

McEwan, Cheryl et Mawdsley Emma, « Trilateral Development Cooperation: Power and Politics in Emerging Aid Relationships », *Development and Change*, 1 novembre 2012, vol. 43, n° 6, pp. 1185-1209.

Öniş, Ziya et Kutlay, Mustafa, « The dynamics of emerging middle-power influence in regional and global governance: the paradoxical case of Turkey », *Australian Journal of International Affairs*, 21 juin 2016 (en ligne).

Petiteville, Franck, « De la politique étrangère comme catégorie d'analyse des relations internationales », *Critique internationale*, 2003, n° 20, n° 3, pp. 59-63.

Powell, Robert, « Absolute and Relative Gains in International Relations Theory », *The American Political Science Review*, 1991, vol. 85, n° 4, pp. 1303-1320.

Putnam, Robert D., « Diplomacy and Domestic Politics: The Logic of Two-Level Games », *International Organization*, 1 juillet 1988, vol. 42, n° 3, pp. 427-460.

Ramel, Frédéric, « Représentations, images et politique étrangère : anciens débats, nouveaux outils », *Revue française de science politique*, 2000, vol. 50, n° 3, pp. 531-538.

Ripley, Brian, « Psychology, Foreign Policy, and International Relations Theory », *Political Psychology*, 1993, vol. 14, n° 3, pp. 403-416.

Simplicio, Francisco, « South-South Development Cooperation: A Contemporary Perspective », dans Renu Modi (dir.), *South-South Cooperation*, Palgrave Macmillan UK, International Political Economy Series, 2011, pp. 19-41.

Smith, Karen, « International Relations in South Africa: A Case of 'Add Africa and Stir'? », *Politikon*, 1 décembre 2013, vol. 40, n° 3, pp. 533-544.

Snidal, Duncan, « Rational Choice and International Relations », dans *Handbook of International Relations*, London, SAGE Publications, 2002, pp. 73-94.

Tang, Shiping, « International System, not International Structure: Against the Agent – Structure Problématique in IR », *The Chinese Journal of International Politics*, 12 janvier 2014, vol. 7, n° 4, pp. 483-506.

Vernant, Jacques, « La recherche en politique étrangère », *Politique étrangère*, 1968, vol. 33, n° 1, pp. 9-17.

Wendt, Alexander, « The Agent-Structure Problem in International Relations Theory », *International Organization*, 1 juillet 1987, vol. 41, n° 3, pp. 335-370.

Wendt, Alexander, « Anarchy is what States Make of it: The Social Construction of Power Politics », *International Organization*, 1 avril 1992, vol. 46, n° 2, pp. 391-425.

1.3   *Études*

Abdenur, Adriana E., *The Strategic Triad: Form and Content in Brazil's Triangular Cooperation Practices*, International Affairs Working Paper New York University, 2007, 1007/6, 18 p.

Charillon, Frédéric, « La Francophonie comme profondeur stratégique ? », dans Bagayoko Niagalé et Ramel Frédéric (dir), *Francophonie et profondeur stratégique*, Institut de Recherche Stratégique de l'École Militaire, coll. Études, n° 26, 2013, pp. 5-9.

Gray Colin, S., *Hard Power and Soft Power: The Utility of Military Force as an Instrument of Policy in the 21st Century*, Carlisle, Strategic Studies Institute, US Army War College, 2012, 76 p.

Holtom, Paul, Bromley, Mark, Wezeman, Pieter D. et Wezeman, Siemon T., *Trends in International Arms Transfers*, SIPRI Fact Sheet, SIPRI, mars 2013, 8 p.

Ramel, Frédéric, *Recherche ennemi désespérément. Origines, essor et apport des approches perceptuelles en relations internationales*, Chaire Raoul-Dandurand en études stratégiques et diplomatiques UQAM, Quebec, Cahiers Raoul Dandurand, n° 4, 2001, 60 p.

2   Sources académiques sur le Maroc et l'Afrique

2.1   *Ouvrages et thèses*

Abitol, Michel, *Histoire du Maroc*, Paris, Perrin, 2009, 673 p.

Abourabi, Yousra, *Maroc*, Bruxelles, De Boeck, 2019.

Abusitta, Abdelgadir, *La dimension africaine dans la politique étrangère libyenne 1969-2002*, Thèse, Université d'Auvergne – Clermont-Ferrand I, 2012, 372 p.

Adebajo, Adekeye et Mazrui, Ali A., *The Curse of Berlin: Africa After the Cold War*, Oxford University Press, 2014, 414 p.

Arrigoni, Michael, *La dimension militaire du conflit au Sahara occidental : enjeux et stratégies*, Thèse, Université de Reins, 1997, 408 p.

Ayache, Germain, *Études d'histoire marocaine*, Rabat, Maroc, SMER, 1979, 412 p.

Bat, Jean-Pierre, *Le syndrome Foccart : La politique française en Afrique, de 1959 à nos jours*, Paris, Folio, 2012, 838 p.

Belhaj, Abedessamad, *La dimension islamique dans la politique étrangère du Maroc*, Louvain, Presses univ. de Louvain, 2009, 302 p.

Ben' Achir, Bou'Azza et Schérer, René, *Esclavage, diaspora africaine et communautés noires du Maroc*, Paris, L'Harmattan, 2005, 259 p.

Benjelloun, Thérèse, *Visages de la diplomatie marocaine depuis 1844*, Casablanca, Eddif, 1991 255 p.

Bennani-Chraïbi, Mounia, *Scènes et coulisses de l'élection au Maroc : les législatives 2002*, Paris, Karthala, 2005, 333 p.

Bensaâd, Ali (dir.), *Le Maghreb à l'épreuve des migrations subsahariennes : immigration sur émigration*, Paris, Karthala, 2009, 446 p.

Berramdane, Abdelkhaleq, *Le Maroc et l'Occident : 1800-1974*, Paris, Karthala 1987, 447 p.

Berramdane, Abdelkhaleq, *Le Sahara occidental, enjeu maghrébin*, Paris, Karthala, 1992, 357 p.

Boubkraoui, Lhouceine, *Essai de formalisation du fonctionnement de l'économie marocaine*, thèse, Université Paris I Panthéon-Sorbonne, 1983, 442 p.

Brahime, Abdeljebbar, *Les facteurs d'élaboration de la politique étrangère au Maroc : étude de cas*, Thèse, Université Nanterre La Défense, 1984, 294 p.

Bugwarabi, Nicodeme, *La politique sudsaharienne du Maroc de 1956 à 1984*, Paris, Université Panthéon-Sorbonne, 1997, 467 p.

Centre D'études Internationales (dir.), *Une décennie de réformes au Maroc : 1999-2009*, Paris, France, Karthala, 2009, 427 p.

Del Sarto, Raffaella A., *Contested state identities and regional security in the Euro-Mediterranean area*, New York, Palgrave Macmillan, 2006, 281 p.

El Hamel, Chouki, *Black Morocco a history of slavery, race, and Islam*, Cambridge, Cambridge University Press, African studies, 2013, 331 p.

El Houdaïgui, Rachid, *La politique étrangère sous le règne de Hassan II : acteurs, enjeux et processus décisionnels*, Paris, L'Harmattan, 2003, 306 p.

Faligot, Roger, Guisnel Jean et Kauffer Rémi, *Histoire politique des services secrets français : de la Seconde Guerre mondiale à nos jours*, Paris, La Découverte, 2013, 738 p.

Fernández-Molina, Irene, *La política exterior de Marruecos en el reinado Mohamed VI (1999-2008) : actores, discursos y proyecciones internas*, Madrid, Universidad Complutense de Madrid, 2013, 716 p.

Fernandez-Molina, Irene, *Moroccan Foreign Policy under Mohammed VI, 1999-2014*, Routledge, 2015, 251 p.

Foucher, Michel, *Frontières d'Afrique : Pour en finir avec un mythe*, Paris, CNRS, 2014, 61 p.

Jouve, Marie-Hélène, *Effet et usage de l'opinion publique dans les relations franco-marocaines : la crise des années 1990-1991*, Paris, Mémoire de D.E.A., Université de Paris I Panthéon-Sorbonne, 1991, 90 p.

Kontchou Kouomegni, Augustin, *Le Système diplomatique africain : bilan et tendances de la première décennie*, Paris, A. Pedone, 1977, 279 p.

Laroui, Abdallah, *Les Origines sociales et culturelles du nationalisme marocain : 1830-191*, Paris, La Découverte, 1977, 481 p.

Lugan, Bernard, *Histoire du Maroc : des origines à nos jours*, Paris, Ellipses, 2011, 408 p.

Marfaing, Laurence et Wippel, Stephen, *Les relations transsahariennes à l'époque contemporaine : un espace en constante mutation*, Paris, Karthala, 2004, 486 p.

Misk Hassane Milacic, Slobodan, *Les relations bilatérales entre le Royaume chérifien et l'union soviétique 1956-1991 analyse combinatoire des jeux symboliques et enjeux matériels*, Thèse, Université Bordeaux 1, 1993, 412 p.

Modi, Renu (dir.), *South-South Cooperation: Africa on the Centre Stage*, Berlin, Springer, 2011, 263 p.

Moha, Édouard, *Histoire des relations franco-marocaines ou Les aléas d'une amitié*, Paris, Picollec, 1995, 326 p.

Mokhefi, Mansouria et Antil, Alain, *Le Maghreb et son Sud : vers des liens renouvelés*, Paris : CNRS, 2012.

Mouline, Mohammed Nabil, *Le califat imaginaire d'Ahmad al-Mansûr légitimité, pouvoir et diplomatie au Maroc*, Paris, Presses Universitaires de France, Proche Orient, 2008, 500 p.

Otayek, René, *La politique africaine de la Libye : 1969-1985*, Paris, Karthala, 1986, 226 p.

Regragui, Ismaïl, *La diplomatie publique marocaine une stratégie de marque religieuse ?* Paris, l'Harmattan, Histoire et perspectives méditerranéennes, 2013, 147 p.

Rivet, Daniel, *Lyautey et l'institution du protectorat français au Maroc : 1912-1925 Tome II*, Paris, L'Harmattan, 1996, 297 p.

Rivet, Daniel, *Histoire du Maroc*, Paris, Fayard, 2012, 248 p.

Riziki, Mohamed Abdelaziz, *Sociologie de la diplomatie marocaine*, Paris, L'Harmattan, 2014, 587 p.

Saaf, Abdallah (dir.), *Le Maroc et l'Afrique après l'indépendance*, Rabat, Université Mohammed V, Institut des Études Africaines, Actes de colloque, 1996, 58 p.

Sambe, Bakary, *Islam Et Diplomatie : La Politique Africaine Du Maroc*, Gaithersburg, Phoenix Press International, 2011, 286 p.

Steffen, Marfaing Laurence Wippel, *Les relations transsahariennes à l'époque contemporaine*, Paris, Karthala, 2003, 490 p.

Tozy, Mohamed, *Monarchie et islam politique au Maroc*, Paris, Presses de Sciences Po, 1999.

Triaud, Jean-Louis et Robinson David, *La Tijâniyya : une confrérie musulmane à la conquête de l'Afrique*, Paris, Karthala, 2000, 514 p.

Vermeren, Pierre, *Le Maroc de Mohammed VI : la transition inachevée*, Paris, France, la Découverte, 2011, 331 p.

Villers, Gauthier de, *De Mobutu à Mobutu : trente ans de relations Belgique-Zaïre*, Bruxelles, De Boeck Supérieur, 1995, 268 p.

Waterbury, John, *Le commandeur des croyants : la Monarchie marocaine et son élite*, Presses Universitaires de France, 1975, 399 p.

Wu, Shiwei, *Les échanges commerciaux et la coopération économique entre la Chine et les pays méditerranéens occidentaux : Le modèle d'intégration transrégionales*, Thèse, Université Pascal Paoli, 2015, 398 p.

Zartman, Ira William, *International relations in the new Africa*, New York, Prentice-Hall, 1966, 175 p.

2.2 *Articles académiques et chapitres d'ouvrages*

Abourabi, Yousra, « La découverte de pétrole au large des Iles Canaries : un facteur de conflit entre le Maroc et l'Espagne ? », Paris, *Centre Interarmées de Concepts de Doctrines et d'Expérimentations*, 2014, 8 p.

Abourabi, Yousra, « Le Maghreb face au sahel : des tentatives de coopération sécuritaire à l'avènement de diplomaties religieuses », dans Abidi Hasni, *Monde arabe ; entre transition et implosion*, Paris, éditions Erick Bonnier, collection Encre d'Orient, 2015, 330 pages.

Abourabi, Yousra, « Les relations internationales du Maroc », dans Dupret B. (et al.), *Le Maroc au Présent*, Centre Jacques Berque, Éditions de la Fondation Ibn Saoud, Casablanca, 2015, 1017 pages.

Abourabi, Yousra, « Penser les relations internationales africaines à travers l'étude des régionalismes », *Revue Française de Science Politique*, 2017/5 (Vol. 67), pp. 931-945.

Alaoui, Hicham Ben Abdallah El, « L'autre Maroc », *Pouvoirs*, 1 avril 2013, n° 145, n° 2, pp. 59-69.

Alioua, Mehdi, « Le Maroc, un carrefour migratoire pour les circulations euro-africaines ? », Hommes et Migrations, 2013, n° 1303, pp. 139-145.

Antil, Alain et Choplin Armelle, « Le chaînon manquant. Notes sur la route Nouakchott-Nouadhibou, dernier tronçon de la transsaharienne Tanger-Dakar », *Afrique contemporaine*, 1 octobre 2005, n° 208, pp. 115-126.

Augé, Benjamin, « Les nouveaux enjeux pétroliers de la zone saharienne », *Hérodote*, 23 septembre 2011, n° 142, pp. 183-205.

Ayache, Germain, « Le sentiment national dans le Maroc du XIXe siècle », *Revue Historique*, octobre 1968, vol. 130, pp. 393-410.

Bach, Daniel C., « Nigeria's "Manifest Destiny" in West Africa: Dominance without Power », *Africa Spectrum*, 2007, vol. 42, n° 2, pp. 301-321.

Baghzouz, Aomar, « Le Maghreb, le Sahara occidental et les nouveaux défis de sécurité », *L'Année du Maghreb*, 1 novembre 2007, III, pp. 523-546.

Bamba, Mamadou, « Mobilité des Musulmans ivoiriens au Maroc : entre formation islamique et tourisme religieux », dans Nadia Khrouz et Nazarena Lanza (dir.), *Migrants au Maroc, cosmopolitisme, présence d'étrangers et transformations sociales*, Konrad Adenauer Stiftung, Centre Jacques Berque, Rabat, 2015, pp. 72-80.

Barre, Abdelaziz, « La politique marocaine de coopération en Afrique », dans Abadallah Saaf (dir.) *Le Maroc et l'Afrique après l'indépendance*, Rabat, Université Mohammed V, Institut des Études Africaines, 1996.

Belhaj, Abdessamad, « L'usage politique de l'islam : l'universel au service d'un État. Le cas du Maroc », *Recherches sociologiques et anthropologiques*, 15 avril 2007, n° 37-2, pp. 121-139.

Belkaïd, Akram, « La diplomatie algérienne à la recherche de son âge d'or », *Politique étrangère*, 9 juillet 2009, Été, n° 2, pp. 337-344.

Benchemsi, Ahmed, « Mohammed VI, despote malgré lui », *Pouvoirs*, 1 avril 2013, n° 145, n° 2, pp. 19-29.

Bendourou, Omar, « La consécration de la Monarchie gouvernante », *L'Année du Maghreb*, 12 octobre 2012, VIII, pp. 391-404.

Benhima, Yassir, « Le Maroc à l'heure du monde (XVe-XVIIe siècle). Bilan clinique d'une historiographie (dé)connectée », *L'Année du Maghreb*, 1 juillet 2014, n° 10, pp. 255-266.

Benjelloun Touimi, Brahim, « La présence de l'entreprise marocaine en Afrique : l'exemple de la BMCE Bank », dans Abdelhak Azzouzi (dir.), *Annuaire marocain de la stratégie et des relations internationales*, Centre marocain interdisciplinaire des études stratégiques et internationales., Paris, L'Harmattan CMIESI, 2012.

Benkhalloul, Mohamed, « Le traité d'union maroco-libyen d'Oujda (13 août 1984) dans la presse marocaine de langue arabe », *Annuaire de l'Afrique du Nord (CRESM)*, 1986, vol. 23, pp. 693-704.

Benkhattab, Abdelhamid, « Le rôle de la politique saharienne franquiste dans l'internationalisation de l'affaire du Sahara occidental », dans Centre d'Études Internationales (dir.), *Le différend saharien devant l'Organisation des Nations Unies*, Paris, Karthala, 2011, pp. 27-45.

Berriane, Johara, « Les étudiants subsahariens au Maroc : des migrants parmi d'autres ? », *Méditerranée. Revue géographique des pays méditerranéens / Journal of Mediterranean geography*, 31 décembre 2009, n° 113, pp. 147-150.

Berriane, Johara, « La formation des élites subsahariennes au Maroc », dans Mansouria Mokhefi et Alain Antil (dir.), *Le Maghreb et son Sud : vers des liens renouvelés*, Paris, CNRS éditions, 2012.

Berriane, Johara, « Intégration symbolique à Fès et ancrages sur l'ailleurs : Les Africains subsahariens et leur rapport à la zaouïa d'Ahmad al-Tijânî », *L'Année du Maghreb*, 23 décembre 2014, n° 11, pp. 139-153.

Boilley, Pierre, « Géopolitique africaine et rébellions touarègues. Approches locales, approches globales (1960-2011) », *L'Année du Maghreb*, 20 décembre 2011, VII, pp. 151-162.

Bouhout, El Mellouki Riffi, « La politique marocaine de coopération avec l'Afrique Subsaharienne », dans Abdallah Saaf (dir.), *Le Maroc et l'Afrique après l'indépendance*,

Rabat, Maroc, Université Mohammed V, Publications de l'Institut des Études Africaines, 1996, pp. 57-86.

Bouzidi, Mohammed, « Le Maroc et l'Afrique sub-saharienne », *Annuaire de l'Afrique du Nord*, 1979, vol. 17, pp. 87-111.

Brière, Sophie et Martinez, Andrea, « Changements et résistances en matière d'institutionnalisation de l'égalité entre les sexes : le cas du Maroc », *Recherches féministes*, 2011, vol. 24, n° 2, p. 153.

Catusse, Myriam, « Le « social » : une affaire d'État dans le Maroc de Mohammed VI », *Confluences Méditerranée*, 1 septembre 2011, n° 78, n° 3, pp. 63-76.

Catusse, Myriam, « Au-delà de « l'opposition à sa Majesté » : mobilisations, contestations et conflits politiques au Maroc », *Pouvoirs*, 1 avril 2013, n° 145, n° 2, pp. 31-46.

Chaponnière, Jean-Raphaël, « Le basculement de l'Afrique vers l'Asie », *Afrique contemporaine*, 22 septembre 2010, n° 234, pp. 25-40.

Chena, Salim, « L'Algérie : de la puissance idéologique à l'hégémonie sécuritaire », dans Mansouria Mokhefi, Alain Antil (dir.), *Le Maghreb et son Sud : vers des liens renouvelés*, Paris, CNRS éditions, 2012, pp. 19-40.

Chena, Salim, « Le Maghreb après les indépendances : (re)définition, (re)composition, (re)construction », *L'Espace Politique*, 22 novembre 2012, n° 18 pp. 2-15.

Chéneau-Loquay, Annie, « L'Afrique au seuil de la révolution des télécommunications », *Afrique contemporaine*, 22 septembre 2010, n° 234, pp. 93-112.

Chikh, Slimane, « La politique africaine de l'Algérie », *Annuaire de l'Afrique du Nord*, 1979, vol. 17, pp. 1-54.

Coyault, Bernard, « L'africanisation de l'Église évangélique au Maroc : revitalisation d'une institution religieuse et dynamiques d'individualisation », *L'Année du Maghreb*, 23 décembre 2014, n° 11, pp. 81-103.

Coyault, Bernard, « Les églises de maison congolaises de Rabat : la participation du secteur informel à la pluralisation religieuse au Maroc », dans Nadia Khrouz et Nazarena Lanza (dir.), *Migrants au Maroc, cosmopolitisme, présence d'étrangers et transformations sociales*, Konrad Adenauer Stiftung, Centre Jacques Berque., Rabat, 2015, pp. 55-64.

Cravinho, João Gomes et Darviche Mohammad-Saïd, « Les relations post-coloniales portugaises », *Pôle Sud*, 2005, n° 22, pp. 89-100.

Crouzel, Ivan, « La « renaissance africaine » : un discours sud-africain ? », *Politique africaine*, 15 novembre 2012, n° 77, pp. 171-182.

Dafir, Amine, « La diplomatie économique marocaine en Afrique subsaharienne : réalités et enjeux », *Géoéconomie*, 1 février 2013, n° 63, n° 4, pp. 73-83.

Daguzan, Jean-François, « La politique étrangère de l'Algérie : le temps de l'aventure ? », *Politique étrangère*, 2 septembre 2015, Automne, n° 3, pp. 31-42.

Dalle, Ignace, « Pierre Vermeren. Le Maroc de Mohammed VI. La transition inachevée », *Afrique contemporaine*, 25 janvier 2012, n° 239, n° 3, pp. 154-156.

Darracq, Vincent, « Jeux de puissance en Afrique : le Nigeria et l'Afrique du Sud face à la crise ivoirienne », *Politique étrangère*, 29 juin 2011, Été, n° 2, pp. 361-374.

Delafosse, Maurice, « Les débuts des troupes noires du Maroc », *Hespéris – Institut des Hautes Études Marocaines*, trimestre 1923, pp. 1-12.

Desrues, Thierry et Kirhlani, Said, « Dix ans de monarchie exécutive et citoyenne : élections, partis politiques et défiance démocratique », *L'Année du Maghreb*, 17 décembre 2010, VI, pp. 319-354.

Dris-Aït Hamadouche, Louisa, « L'Algérie et la sécurité au Sahel : lecture critique d'une approche paradoxale », *Confluences Méditerranée*, 2014, vol. 90, n° 3, p. 105.

Durand, Hubert, « La France a-t-elle une politique marocaine ? », *Confluences Méditerranée*, vol. 23, Automne 1997, pp. 171-177.

Elhamadi, Mohsine, « Modernisation du champs religieux au Maroc 1999-2009 », dans *Une décennie de réformes au Maroc (1999-2009)*, Karthala, 2009, pp. 117-142.

Ellis, Stephen, « Africa after the Cold War: new patterns of government and politics », *Development and change*, 1996, vol. 27, n° 1, pp. 1-28.

Fernández-Arias, Carlos, « Sahara Occidental : Un año después de Baker », *Política Exterior*, 2005, vol. 19, n° 107, pp. 73-82.

Ferra, Francisco Santana, « Un « espace phonique » lusophone à plusieurs voix ? Enjeux et jeux de pouvoir au sein de la Communauté des Pays de Langue portugaise (CPLP) », *Revue internationale de politique comparée*, 2007, vol. 14, n° 1, pp. 95-129.

Ferrié, Jean-Noël, « Les limites d'une démocratisation par la société civile en Afrique du Nord », Études et Documents du CEDEJ, 2004, n° 7.

Ferrié, Jean-Noël et Dupret Baudouin, « La nouvelle architecture constitutionnelle et les trois désamorçages de la vie politique marocaine », *Confluences Méditerranée*, 2011, vol. 78, n° 3, p. 25.

Ferrié, Jean-Noël, « Dispositifs autoritaires et changements politiques. Les cas de l'Égypte et du Maroc », *Revue internationale de politique comparée*, 29 avril 2013, Vol. 19, n° 4, pp. 93-110.

Ferrié, Jean-Noël, « Démocratisation de l'Afrique du Nord et du Moyen-Orient : l'impossible accélération de l'histoire », dans *Monde arabe, entre transition et implosion : les dynamiques internes et les influences externes*, Paris, E. Bonnier, impr. 2015, Global studies institute, 2015.

García, Raquel Ojeda et Collado, Ángela Suarez, « El Sáhara Occidental en el marco del nuevo proyecto de regionalización avanzada marroquí », *RIPS : Revista de Investigaciones Políticas y Sociológicas*, 5 décembre 2013, vol. 12, n° 2, pp. 89-108.

Gèze, François, « Armée et nation en Algérie : l'irrémédiable divorce ? », *Hérodote*, 2005, n° 116, n° 1, pp. 175-203.

Goldsmith, Benjamin, « Imitation in International Relations: Analogies, Vicarious Learning, and Foreign Policy », *International Interactions*, juillet 2003, vol. 29, n° 3, pp. 237-267.

Grimaud, Nicole, « L'introuvable équilibre maghrébin », dans Samy Cohen et Marie-Claude Smouts (dir.), *La Politique extérieure de Valéry Giscard d'Estaing*, Presses de la Fondation Nat. des Sciences Politiques, 1985, pp. 323-347.

Hamadouche, Louisa Dris-Aït, « L'Algérie face au « printemps arabe » : l'équilibre par la neutralisation des contestations », *Confluences Méditerranée*, 17 juillet 2012, n° 81, pp. 55-67.

Hassani-Idrissi, Mostafa, « Manuels d'histoire et identité nationale au Maroc », *Revue internationale d'éducation de Sèvres*, 1 septembre 2015, n° 69, pp. 53-64.

Hibou, Béatrice, « La « décharge », nouvel interventionnisme », *Politique africaine*, 1 mars 1999, n° 73, n° 1, pp. 6-15.

Hillali, Mimoun, « Du tourisme et de la géopolitique au Maghreb : le cas du Maroc », *Hérodote*, 27 novembre 2007, vol. 127, n° 4, pp. 47-63.

Hugon, Philippe, « Les nouveaux acteurs de la coopération en Afrique », *International Development Policy | Revue internationale de politique de développement*, 1 mars 2010, n° 1, pp. 99-118.

Hugon, Philippe, « La crise va-t-elle conduire à un nouveau paradigme du développement ? », *Mondes en développement*, 12 juillet 2010, n° 150, n° 2, pp. 53-67.

Jacquemot, Pierre, « L'émergence de classes moyennes en Afrique », *Afrique contemporaine*, 18 février 2013, n° 244, pp. 124-125.

Kaké, Ibrahima Baba, « L'aventure des Bukhara (prétoriens noirs) au Maroc au XVIIIe siècle », *Présence Africaine*, 1 juin 1969, n° 70, pp. 67-74.

Lamouri, Mohamed, « L'affaire du Sahara : de l'Organisation de l'Unité Africaine à l'Organisation des Nations Unies », dans Centre d'études internationales (dir.), *Le différend saharien devant l'Organisation des Nations Unies*, Paris, France, Karthala, 2011, pp. 65-79.

Lanza, Nazarena, « Quelques enjeux du soufisme au Maroc : le tourisme religieux sénégalais et la construction d'un imaginaire sur l'amitié », dans Nadia Khrouz et Nazarena Lanza (dir.), *Migrants au Maroc, cosmopolitisme, présence d'étrangers et transformations sociales*, Konrad Adenauer Stiftung, Centre Jacques Berque., Rabat, 2015, pp. 65-72.

Lauseig, Jérôme, « Quand la Malaysia Inc. joue la carte Sud-Sud en Afrique subsaharienne », *Politique africaine*, 15 novembre 2012, n° 76, pp. 63-75.

Lecoutre, Delphine, « Vers un gouvernement de l'Union africaine ? Gradualisme et statu quo v. immédiatisme », *Politique étrangère*, 20 octobre 2008, Automne, n° 3, pp. 629-639.

Lewin, André, « Les Africains à l'ONU », *Relations internationales*, avril 2006, n° 128, pp. 55-78.

Mahamadou, Laouali, Souley et Meyer, Jean-Baptiste, « Le Maroc, pays d'accueil d'étudiants étrangers », *Hommes et migrations. Revue française de référence sur les dynamiques migratoires*, 1 novembre 2012, n° 1300, pp. 114-123.

Mareï, Nora, « Le détroit de Gibraltar dans la mondialisation des transports maritimes », *EchoGéo*, 10 février 2012, n° 19.

Maslouhi, Abderrahim El, « La gauche marocaine, défenseure du trône. Sur les métamorphoses d'une opposition institutionnelle », *L'Année du Maghreb*, 1 novembre 2009, V, pp. 37-58.

Méric, Édouard, « Le conflit algéro-marocain », *Revue française de science politique*, 1965, vol. 15, n° 4, pp. 743-752.

Milhorance de Castro, Carolina, « La politique extérieure Sud-Sud du Brésil de l'après-Lula. Quelle place pour l'Afrique ? », *Afrique contemporaine*, 25 juin 2014, n° 248, pp. 45-59.

Mohsen-Finan, Khadija et Zeghal, Malika, « Opposition islamiste et pouvoir monarchique au Maroc », *Revue française de science politique*, 1 mars 2006, Vol. 56, n° 1, pp. 79-119.

Nigoul, Claude, « De Gaulle et Hassan II », dans Mustapha Sehimi (dir.), *De Gaulle et le Maroc*, Publisud / Sochepress., Paris, Les Témoins de l'Histoire, 1990, pp. 179-192.

Noessel, Susan, « Smart Power », *Foreign Affairs*, mars/avril 2004.

Otayek, René, « Libye et Afrique : Assistance financière et stratégie de puissance », *Politique africaine*, mai 1981, I (2), pp. 77-98.

Rakotonirina, Haingo Mireille, « Le dialogue interrégional UE-Afrique depuis Cotonou : le cas de la facilité de soutien à la paix en Afrique », *Politique européenne*, n° 22, pp. 125-147.

Richards, Paul, « La terre ou le fusil ? », *Afrique contemporaine*, 1 septembre 2005, n° 214, pp. 37-57.

Saaf, Abdallah, « L'expérience marocaine de transition politique », *IEMed Institut Européen de la Méditerranée*, 2009.

Saaf, Abdallah, « Le partenariat euro-maghrébin », dans Khadija Mohsen-Finan (dir.), *Le Maghreb dans les relations internationales*, Paris, CNRS Éditions, 2011, pp. 189-211.

Saidy, Brahim, « La politique de défense Marocaine : articulation de l'interne et de l'externe », *Maghreb – Machrek*, 1 décembre 2009, n° 202, n° 4, pp. 115-131.

Saidy, Brahim, « Relations civilo-militaires au Maroc : le facteur international revisité », *Politique étrangère*, 1 décembre 2007, Automne, n° 3, pp. 589-603.

Sakpane-Gbati, Biléou, « La démocratie à l'africaine », *Éthique publique. Revue internationale d'éthique sociétale et gouvernementale*, 31 décembre 2011, vol. 13, n° 2.

Sambe, Bakary, « Tidjaniya : usages diplomatiques d'une confrérie soufie », *Politique étrangère*, 14 janvier 2011, Hiver, n° 4, pp. 843-854.

Sehimi, Mustapha, « L'influence gaullienne sur la constitution marocaine », dans *De Gaulle et le Maroc*, Publisud / Sochepress., Paris, Les Témoins de l'Histoire, 1990, pp. 104-122.

Serre, Françoise De La, « Les revendications marocaines sur la Mauritanie », *Revue française de science politique*, 1966, vol. 16, n° 2, pp. 320-331.

Slyomovics, Susan, « Témoignages, écrits et silences : l'Instance Équité et Réconciliation (IER) marocaine et la réparation », *L'Année du Maghreb*, 2008, IV, pp. 123-148.

Stalon, Jean-Luc, « L'africanisation de la diplomatie de la paix », *Revue internationale et stratégique*, 1 juin 2007, vol. 66, n° 2, pp. 47-58.

Sylla, Ndongo Samba, « From a marginalised to an emerging Africa ? A critical analysis », *Review of African Political Economy*, 3 octobre 2014, vol. 41, sup. 1, pp. 7-25.

Taylor, Ian et Marchal Roland, « La politique sud-africaine et le Nepad », *Politique africaine*, 15 novembre 2012, n° 91, pp. 120-138.

Triaud, Jean-Louis, « La tijâniyya, voie infaillible ou « voie soufie réinventée ». Autour du pamphlet anti-tijânî d'Ibrâhîm Al-Qattân », dans Jean-Louis Triaud et David Robinson (dir.), *La Tijâniyya : une confrérie musulmane à la conquête de l'Afrique*, Karthala, 2000, pp. 165-199.

Vircoulon, Alain, « L'Afrique du Sud et le Maghreb », dans Mansouria Mokhefi et Alain Antil (dir.), *Le Maghreb et son Sud : vers des liens renouvelés*, Paris, CNRS éditions, 2012, pp. 59-72.

Vloeberghs, Ward, « Quand le Royaume rayonne : La géopolitique marocaine au prisme du commerce extérieur », *Confluences Méditerranée*, 2011, vol. 78, n° 3, p. 157.

Wyk, Jo-Ansie van, « Nuclear diplomacy as niche diplomacy: South Africa's post-apartheid relations with the International Atomic Energy Agency », *South African Journal of International Affairs*, 1 août 2012, vol. 19, n° 2, pp. 179-200.

Zekri, Khalid, « Aux sources de la modernité marocaine », *Itinéraires. Littérature, textes, cultures*, 1 novembre 2009, n° 2009-3, pp. 43-55.

Zoubir, Yahia H., « Algeria and U.S. Interests: Containing Radical Islam and Promoting Democracy », *Middle East Policy*, 1 mars 2002, vol. 9, n° 1, pp. 64-81.

Zoubir, Yahia H., « Les États-Unis et le Maghreb : primauté de la sécurité et marginalité de la démocratie », *L'Année du Maghreb*, 1 mars 2007, II, pp. 563-584.

Zoubir, Yahia H., « Stalemate in Western Sahara: Ending International Legality », *Middle East Policy*, 1 décembre 2007, vol. 14, n° 4, pp. 158-177.

Zoubir, Yahia H., « Les États-Unis et L'Algérie : antagonisme, pragmatisme et coopération », *Maghreb – Machrek*, 1 juin 2009, n° 200, n° 2, pp. 71-90.

2.3   *Études et séminaires*

2.3.1   Études

Abourabi, Yousra et Durand de Sanctis Julien, *L'émergence de puissances africaines de sécurité : Étude comparative*, Paris, Institut de Recherche Stratégique de l'École Militaire, 2016, 87 p.

Antil, Alain, *Le Royaume du Maroc et sa politique envers l'Afrique sub-saharienne*, Paris, Institut français des relations internationales, novembre 2003.

Antil, Alain, *Le Maroc et sa « nouvelle frontière » : lecture critique du versant économique de la stratégie africaine du Maroc*, Institut français des relations internationales, juin 2010.

Boulanger Martel, Simon Pierre, « Transfert d'armes vers l'Afrique du Nord. Entre intérêts économiques et impératifs sécuritaires », Note d'Analyse, GRIP, 24 mars 2014,
19 pages.

Cherkaoui, Mustapha, *Quel potentiel de développement des relations de coopération
Maroc-Nigeria*, Rabat, Institut Royal des Études Stratégiques, 10 mai 2012.

Cordesman, Anthony H. et Nerguizian Aram, *The North African Military Balance.
Force Developments & Regional Challenges*, Washington, Center For Strategic and
International Studies – Burke Chair in Strategy, 2010, 124 p.

Enquête sur la migration subsaharienne au Maroc 2007, Association Marocaine d'Études
et de Recherche en Migrations (AMERM), 2008, 125 p.

*Intégrer la sécurité humaine dans les politiques de sécurité nationale dans le nord-ouest
de l'Afrique*, Centre pour le contrôle démocratique des forces armées – Genève
(DCAF), 2010, 64 p.

Jaïdi, Larabi et Abouyoub, Hassan, *Le Maroc entre le statut avancé et l'Union pour la
Méditerranée*, Rabat, Friedrich Ebert Stiftung et Fondation Abderrahim Bouabid.,
Les cahiers bleus, n° 12, 2008, 56 p.

Kandel, Maria, « La stratégie américaine en Afrique : les risques et les contradictions
du « light footprint » », dans Maria Kandel (dir.), *La stratégie américaine en Afrique*,
Paris, Études, Institut de Recherche Stratégique de l'École Militaire., n° 36, 2014,
pp. 13-32.

Lutz, Fanny, « Une décennie de frénésie militaire Dépenses militaires au Moyen-Orient
et en Afrique du Nord », Note d'Analyse, GRIP, 26 février 2013, pp. 14-15.

McNamee, Terence, Mills, Greg et Pham, Peter J., *Morocco and the African Union.
Prospects for Re-engagement and Progress on the Western Sahara*, Discussion Paper,
Johannesburg, The Brenthurst Foundation, 2013, 27 p.

Rhoufrani, Talal, *Les relations Maroc – Afrique du Sud : réalité et perspectives*, Rabat,
Institut Royal des Études Stratégiques, 31 mai 2012.

Sahara occidental : le coût du conflit, International Crisis Group, Rapport Moyen-Orient/
Afrique du Nord n° 65, 11 juin 2007, 32 p.

Zouitni, Hammad, *La diplomatie marocaine à travers les organisations régionales (1958-
1984)*, Casablanca, Fondation Konrad Adenauer, 1998, 252 p.

2.3.2   Présentations orales à des séminaires et autres évènements
           scientifiques

Ait Ben Lmadani, Fatima, « La migration des Sénégalais au Maroc », *Journée
d'étude sur les relations maroco-africaines*, Rabat, Centre Jacques Berque, Centre
d'Études Sahariennes, Conseil National des Droits de l'Homme, Fondation KAS,
3 octobre 2014, Rabat. Coordination : Yousra Abourabi. URL de la vidéo : https://
www.youtube.com/watch?v=YwCgHbAMKjA.

Anich, Rudolph, « Contexte et enjeux de la migration au Maroc », *Journée d'étude sur les relations maroco-africaines*, Rabat, Centre Jacques Berque, Centre d'Études Sahariennes, Conseil National des Droits de l'Homme, Fondation KAS, 3 octobre 2014, Rabat. Coordination : Yousra Abourabi. URL de la vidéo : https://www.you tube.com/watch?v=n1SNVKkWOvg.

Cherkaoui, Mustapha ancien Ambassadeur du Maroc au Nigéria, « Le Maroc et la lutte contre l'extrémisme religieux : le cas de Boko Haram au Nigéria », *Journée d'étude sur les relations maroco-africaines*, Rabat, Centre Jacques Berque, Centre d'Études Sahariennes, Conseil National des Droits de l'Homme, Fondation KAS, 3 octobre 2014, Rabat. Coordination : Yousra ABOURABI. URL de la vidéo : https:// www.youtube.com/watch?v=MsSEGV2NRAc.

Conférence à l'occasion de la « Journée de l'Afrique » au Ministère des Affaires étrangères et de la Coopération, à laquelle nous avons assisté, Rabat, le 23 mai 2013.

Fahmi, Kamal, « La stratégie de Managem pour son déploiement en Afrique » *Journée d'étude sur les relations maroco-africaines*, Rabat, Centre Jacques Berque, Centre d'Études Sahariennes, Conseil National des Droits de l'Homme, Fondation KAS, 3 octobre 2014, Rabat. Coordination : Yousra Abourabi. URL de la vidéo : https:// www.youtube.com/watch?v=Gm_K4qV48oY.

Gaïd Salah, Ahmed, « L'Armée de Libération Nationale, arme de l'information et de la diplomatie », Colloque organisé par *Direction de la Communication, de l'Information et de l'Orientation de l'État-Major de l'Armée Nationale Populaire*, Alger, 22 octobre 2014. URL : http://www.mdn.dz/site_principal/index.php?L=fr#undefined.

« Intervention de Nabil Adghoghi au séminaire de l'IRES sur le partenariat Maroc – CCG », *ires.ma*, 30 avril 2013.

3   Sources non académiques

3.1   *Essais et ouvrages journalistiques*

Alaoui, Moulay Hicham el, *Journal d'un prince banni : Demain, le Maroc*, Paris, Grasset, 2014, 368 p.

Bonnier, Henry, *Une passion marocaine*, Paris, Artège, 2015, 204 p.

Bruyère-Ostells, Walter, *Dans l'ombre de Bob Denard : Les mercenaires français de 1960 à 1989*, Paris, Nouveau Monde éditions, 2014, 391 p.

Hughes, Stephen O., *Le Maroc de Hassan II*, Rabat, Bouregreg, 2003, 473 p.

Péan, Pierre, *Affaires africaines*, Fayard, Paris, 1983, 213 p.

Péan, Pierre, *Nouvelles affaires africaines : Mensonges et pillages au Gabon*, Paris, Fayard, 2014, 96 p.

Saint-Prot, Charles, *Mohammed V ou la Monarchie populaire*, Monaco, Éditions du Rocher, 2012, 245 p.

3.2   *Articles de presse et de revues spécialisées*

Abourabi, Yousra, « Maroc Nigéria : vers une reconstruction de la géopolitique ouest-africaine », *Middle East Eye*, 23 juin 2018. URL : https://www.middleeasteye .net/fr/opinion-fr/maroc-nigeria-vers-une-reconstruction-de-la-geopolitique -ouest-africaine.

Abourabi, Yousra et Ferrie, Jean-Noël, « La diplomatie environnementale du Maroc en Afrique : un mix intérieur-extérieur », *Revue Telos*, 7 juin 2018. URL : https://www.telos-eu.com/fr/politique-francaise-et-internationale/la-diplomati e-environnementale-du-maroc-en-afrique.html.

Airault, Pascal, « La nouvelle diplomatie de M6 », *Jeune Afrique*, 26 janvier 2009, URL : http://www.jeuneafrique.com/205594/politique/la-nouvelle-diplomatie-de-m6/.

Aït Akdim, Youssef, « Entretien avec Mohammed Bachir Rachdi : « Le Maroc doit veiller à la cohérence de ses stratégies » », *JeuneAfrique.com*, 10 juin 2014, URL : http:// www.jeuneafrique.com/9339/economie/mohammed-bachir-rachdi-le-maroc-doit -veiller-la-coh-rence-de-ses-strat-gies/.

Aït Akdim, Youssef, « La Tidjaniyya, arme secrète du « soft power » marocain en Afrique », *Le Monde.fr*, 29 avril 2016, URL : http://www.lemonde.fr/international/ article/2016/04/29/la-tidjaniyya-arme-secrete-du-soft-power-marocain -en-afrique_4911069_3210.html.

Akalay, Aïcha, « Quelle est cette identité marocaine qu'on nous envie selon Mohammed VI ? », *Telquel.ma*, 30 juillet 2015, URL : http://telquel.ma/2015/07/30/ quelle-identite-marocaine-quon-envie-selon-mohammed-vi_1457920.

Alaoui, Hicham Ben Abdallah El, « Le « printemps arabe » n'a pas dit son dernier mot », *Le Monde diplomatique*, 1 février 2014, n° 719, n° 2, URL : https://www.monde-diplomatique.fr/2014/02/EL_ALAOUI/50074.

Anouzia, Ali, « Nominations d'ambassadeurs, qu'est ce qui a changé ? », *Lakome*, 12 mars 2013, URL : http://www.maghress.com/fr/lakomefr/1502.

Aourid, « Penser notre diplomatie », *Zamane*, 12 janvier 2015, URL : http://zamane.ma/ fr/penser-notre-diplomatie/.

Belhaj, Soufiane, « Rajeunissement du corps diplomatique », *Aujourd'hui le Maroc*, 10 novembre 2008, URL : http://www.maghress.com/fr/aujourdhui/64998.

Belkaïd, Akram, « L'obsession des complots dans le monde arabe », *Le Monde diplomatique*, 1 juin 2015, URL : https://www.monde-diplomatique.fr/2015/06/BELKAID/ 53074.

Benattallah, Halim, « Par-delà la participation du Maroc au Sommet des pays du CCG, quels messages en direction de l'Algérie ? », *Le Quotidien d'Oran*, 25 avril 2016, URL : http:// www.lequotidien-oran.com/index.php?news=5228160&archive_date=2016-04-14.

Benkhalloul, Mohamed, « La fin des ministères de souveraineté ? », *La vie eco*, 28 novembre 2011, URL : http://www.lavieeco.com/news/politique/la-fin-des-minis teres-de-souverainete--20784.html.

Bennani, Driss, « Enquête. Voyage au cœur de la diplomatie marocaine », *Telquel*, 28 mars 2012, URL : http://telquel.ma/2012/03/28/Enquete-Voyage-au-coeur-de-la -diplomatie-marocaine_413_1702.

Berrada, Mohammed, « Les relations maroco-françaises pour un partenariat rénové », *Défense Nationale*, octobre 1999, n° 10.

Bin-Nun, Yigal, « Le Maroc et le Mossad, Les relations secrètes israélo-marocaines », *Le Journal Hebdomadaire*, 3 juillet 2004, URL : https://www.academia.edu/8566046/Le_ Maroc_et_le_Mossad_Les_relations_secr%C3%A8tes_isra%C3%A9lo-marocaines.

Bin-Nun, Yigal, « Nos contacts avec le Maroc datent de la guerre des Sables », *Le Courrier d'Algérie*, 14 septembre 2009, URL : https://www.academia.edu/8569160/ Nos_contacts_avec_le_Maroc_datent_de_la_guerre_des_Sables.

Blum, Elena et Lamlili, Nadia, « Lobbying : ce que dépensent les pays africains aux États-Unis », *JeuneAfrique.com*, 16 mai 2014, URL : http://www.jeuneafrique.com/ 163760/politique/lobbying-ce-que-d-pensent-les-pays-africains-aux-tats-unis/.

Boucek, Christopher, « Saudi Extremism to Sahel and Back », *Carnegie Endowment for International Peace*, 26 mars 2009, URL : http://carnegieendowment.org/ 2009/03/26/saudi-extremism-to-sahel-and-back-pub-22891.

Braeckmann, Colette, « Belges et Zaïrois signent à Rabat l'accord de réconciliation », *Lesoir.be*, 25 juillet 1989, URL : https://www.lesoir.be/art/%252Fbelges-et-zairois-signent-a-rabat-l-accord-de-reconcili_t-19890725-Z01V9W.html.

Brousky, Omar, « Le Maroc enterre trente ans d'arabisation pour retourner au français », *Le Monde.fr*, 19 février 2016, URL: http://www.lemonde.fr/afrique/article/ 2016/02/19/maroc-le-roi-mohamed-vi-enterre-trente-ans-d-arabisation-pour-retou rner-au-francais_4868524_3212.html.

Cabirol, M., « Défense : la France a exporté pour 6,3 milliards d'euros d'armes en 2013 », *La Tribune*, 29 janvier 2014.

Cheikh Ibrahima Diop fils, « À propos des relations maroco-sénégalaises », *Dakaractu. com*, 21 mai 2015, URL : http://www.dakaractu.com/A-PROPOS-DES-RELATION S-SENEGALO-MAROCAINES_a90207.html.

C.J., « Les trois grands mérites de l'intervention française », *Le Monde diplomatique*, 1 mai 1977, URL : https://www.monde-diplomatique.fr/1977/05/C_J_/34239.

Dabo, Mamadou, « Au Mali de l'hospitalité et de l'africanité : Adieu les visées Azawadiennes, le Roi marocain s'installe », *Mali Actu*, 21 février 2014, URL : http:// maliactu.net/au-mali-de-lhospitalite-et-de-lafricanite-adieu-les-visees-azawad iennes-le-roi-marocain-sinstalle/.

Decraene, Philippe, « L'évolution politique : les résolutions adoptées à Casablanca sus- citent les inquiétudes de certains États », *Le Monde diplomatique*, février 1961, URL : http://www.monde-diplomatique.fr/1961/02/DECRAENE/24053.

Delort, Nicolas, « Statut avancé : passer du symbolique au pratique », *Institut Amadeus*, 2010, URL : http://www.amadeusonline.org/publications/analyses/251-statut-avance-passer-du-symbolique-au-pratique.html.

Demetz, Jean-Michel et Lagarde, Dominique, « Moulay Hicham : « La solution au Maroc : une monarchie réformée » », *L'Express*, 15 mai 2011, URL : http://www.lexpress.fr/actualite/monde/moulay-hicham-la-solution-au-maroc-une-monarchie-reformee_992647.html.

Didi, Abdeljalil, « L'ancrage africain enrichit l'identité locale et nationale du Maroc », *Almaouja.com*, 19 novembre 2014, URL : http://www.almaouja.com/ouarzazate-terre-d-afrique/815-ancrage-africain-enrichit-identite-locale-et-nationale-du-maroc.

Drugeon, Anthony, « En Afrique, la diplomatie marocaine a listé ses pays hostiles », *Telquel.ma*, 7 janvier 2015, URL : http://telquel.ma/2015/01/07/en-afrique-diplomatie-marocaine-liste-ses-pays-hostiles_1429111.

Dupret, Baudouin et Ferrié Jean-Noël, « L' « exception » marocaine : stabilité et dialectique de la réforme », *Moyen-Orient*, juin 2012, n° 14, URL : http://www.cjb.ma/268-les-archives/164-archives-publications-des-chercheurs/376-archives-publications-des-chercheurs-2012/b-dupret-et-j-n-ferrie-l-exception-marocaine-stabilite-et-dialectique-de-la-reforme-1843.html.

El Affas, Aziza, « Mouvement dans le réseau diplomatique », www.lecomoniste.com, 12 mars 2013, vol. 3986, URL : http://www.leconomiste.com/article/904385-mouvement-dans-le-r-seau-diplomatique.

El-Fassi, Allal, « Les revendications marocaines sur les territoires sahariens : le point de vue de M. Allal el-Fassi », *Le Monde diplomatique*, 1 janvier 1960, URL : http://www.monde-diplomatique.fr/1960/01/ALLAL_EL_FASSI/23406.

Faure, Philippe, « Le partenariat franco-marocain : une relation exceptionnelle », *L'ENA hors les murs, n° Hors Série*, « Le Maroc pays en mouvement », février 2006.

Fauvet, Jacques, « La Mauritanie a toujours fait partie du Maroc », *Le Monde*, 10 avril 1956, URL : http://www.lemonde.fr/archives/article/1956/04/10/bull-la-mauritanie-a-toujours-fait-partie-du-maroc-auquel-elle-a-meme-donne-son-nom-bull-il-n-est-pas-logique-que-l-algerie-continue-de-vivre-sous-un-regime-colonial-nous-sommes-p_3113854_1819218.html.

Gelfand, L., « Spend to Thrive, Country Briefing: Algeria », *IHS Janes Defense Weekly*, 28 janvier 2009.

Gravier, Louis, « Le Maroc défend ses intérêts nationaux à l'écart des antagonismes des Grands », *Le Monde diplomatique*, 1 septembre 1969, URL : http://www.monde-diplomatique.fr/1969/09/GRAVIER/29191.

Grosrichard, Ruth, « Le juif en nous. Au cœur de l'identité marocaine », *Telquel*, 22 novembre 2008, n° 348, URL : http://juifdumaroc.over-blog.com/article-le-juif-en-nous-au-coeur-de-l-identite-marocaine-40476094.html.

Guerraoui, Driss, « « La Semaine de Sa Majesté le Roi Mohammed VI à Hawaii » en livre », *Quid.ma*, 28 juillet 2015, URL : http://www.quid.ma/politique/la-semaine-de -sa-majeste-le-roi-mohammed-vi-a-hawaii-en-livre/.

Harit, Fouâd, « Maroc-Guinée : les grandes décisions de Mohammed VI et Alpha Condé », *Afrik.com*, 5 mars 2014, URL : http://www.afrik.com/maroc-guinee-les -grandes-decisions-de-mohammed-vi-et-alpha-conde.

Innocent, Marc, « La quête de l'« émergence » en Afrique, ou la fin de l'afro-pessimisme », *Abidjan.net*, 19 mars 2015, URL : http://news.abidjan.net/h/529149.html.

Iraqi, Fahd, « Omar Kabbaj : le conseiller Afrique de Mohammed VI », *Jeune Afrique*, 21 juin 2016, URL : http://www.jeuneafrique.com/mag/334014/politique/omar-kabbaj -expertise-africaine/.

Jaidi, L., « Trois vérités sur l'accord Maroc-USA », *La Vie Économique*, 12 avril 2004, URL : http://lavieeco.com/news/debat-chroniques/trois-verites-sur-laccord-maroc -usa-4511.html.

Johnson, Matt, « The $20 Million Case for Morocco », *Foreign Policy*, 26 février 2014, URL : https://foreignpolicy.com/2014/02/25/the-20-million-case-for-morocco/.

Lacouture, Jean, « Les revendications sahariennes du Maroc s'affirment et s'étendent », *Le Monde diplomatique*, mai 1958, URL : https://www.monde-diplomatique.fr/1958/ 05/LACOUTURE/22584.

Lacouture, Jean, « À chacun son neutralisme : il n'y a pas de non-alignement, il y a des pays non alignés », *Le Monde diplomatique*, 1 octobre 1961, URL : http://www. monde-diplomatique.fr/1961/10/LACOUTURE/24432.

Lacouture, Jean, « Le Maroc voit se prolonger son isolement diplomatique », *Le Monde diplomatique*, 1 septembre 1963, URL : https://www.monde-diplomatique. fr/1963/09/LACOUTURE/25544.

Lakmahri, Samir, « Maroc-Afrique du Sud : les dessous d'un gâchis », *Zamane*, 6 décembre 2013, URL : http://zamane.ma/fr/maroc-afrique-du-sud-les-dessous-dun -gachis-2/.

Lanza, Nazarena « La Tijaniyya fait partie du soft power marocain », *Al Huffington Post Maghreb*, 25 juillet 2016, URL : http://www.huffpostmaghreb.com/2016/07/25/ softpower-maroc-lanza-naz_n_11179050.html.

Larbi, Amine, « Benkirane : L'africanité du Maroc, inébranlable par les manœuvres de ses ennemis », *Lemag.ma*, 18 mars 2013, URL : http://www.lemag.ma/Benkirane -L-africanite-du-Maroc-inebranlable-par-les-manoeuvres-de-ses-ennemis_a68543 .html.

Lefèvre, Jean, « À propos de la crise congolaise. Le Maroc confirme la vocation afri- caine de sa politique étrangère », *Le Monde diplomatique*, 1 septembre 1960, URL : https://www.monde-diplomatique.fr/1960/09/LEFEVRE/23819.

Lhomme, Fabrice, Davet, Gérard et Benchemsi, Ahmed, « « SwissLeaks » : Sa Majesté Mohammed VI, client numéro 5090190103 chez HSBC », *Le Monde*, 8 février 2015,

338   BIBLIOGRAPHIE

URL : http://www.lemonde.fr/economie/article/2015/02/08/swissleaks-sa-majeste -mohammed-vi-client-numero-5090190103-chez-hsbc_4572324_3234.html.

Majdi, Yassine, « Les secrets du lobbying marocain aux États Unis dévoilés », *Telquel. ma*, 27 février 2014, URL : http://telquel.ma/2014/02/27/les-secrets-du-lobbying -marocain-aux-etats-unis-devoiles_11425.

Marchat, Henri, « Les revendications marocaines sur les territoires sahariens : la réponse de M. Henri Marchat », *Le Monde diplomatique*, 1 janvier 1960, URL : http:// www.monde-diplomatique.fr/1960/01/MARCHAT/23440.

Mathieu, O., « Course aux armements et leadership algérien », *JeuneAfrique.com*, 5 mai 2012.

Mbaye, Amadou L., « Le Roi du Maroc en Afrique Subsaharienne : Mohammed VI, l'Africain », *SeneNews.com*, 24 mai 2015, URL : http://www.senenews.com/2015/05/24/ le-roi-du-maroc-en-afrique-subsaharienne-mohammed-vi-lafricain-2_128254.html.

Merchet, Jean-Dominique, « En 2020, le Maroc entend être une puissance industrielle émergente », *L'Opinion.fr*, 7 avril 2014, URL : http://www.lopinion.fr/7-avril-2014/ en-2020-maroc-entend-etre-puissance-industrielle-emergente-11078.

Monjib, Maâti, « Kadhafi et Hassan II, des ennemis de trente ans », *Zamane.ma*, 24 mars 2014, URL : http://zamane.ma/fr/kadhafi-et-hassan-ii-des-ennemis-de -trente-ans-2/.

Mouhsine, Réda, « El Mostafa Sahel. Adieu conciglieri ! », *Telquel.ma*, 17 octobre 2012, URL : http://telquel.ma/2012/10/17/El-Mostafa-Sahel-Adieu-conciglieri_540_4587.

Mounombou, Stevie, « Mohammed VI à Libreville », *Gabonreview*, 3 juin 2015, URL : http://gabonreview.com/blog/mohammed-vi-a-libreville-le-4-juin/.

Nicet-Chenaf, Dalila, « Les pays émergents : performance ou développement ? », *La Vie des Idées*, 4 mars 2014, URL : http://www.laviedesidees.fr/Les-pays-emergent s-performance-ou.html.

Rfaif, Najib, « L'arabattitude dans tous ses États », *La Vie Éco*, 16 avril 2004, URL : http:// lavieeco.com/news/debat-chroniques/larabattitude-dans-tous-ses-etats-4531.html.

Ribouis, Olivier, « Terrorisme en Tunisie : Alger accuse le Maroc », *La Nouvelle Tribune*, 16 décembre 2013, URL : http://www.lanouvelletribune.info/international/17306-ter-rorisme-en-tunisie-alger-accuse-le-maroc.

Schwak, Juliette, « South Korea Nation Branding: Global Recognition As The Final Step in A Successful Capitalist Development », *Perspectives Internationales*, 4 janvier 2015.

Sehimi, Mustapha, « La réforme silencieuse », *Maroc Hebdo*, 3 septembre 2004, n° 630, URL : http://www.maghress.com/fr/marochebdo/118056.

Sfali, Adam, « Bernard Lugan : L'Africanité du Maroc, d'historique à agissante », *Lemag. ma*, 3 mars 2014, URL : http://www.lemag.ma/Bernard-Lugan-L-Africanite-du -Maroc-d-historique-a-agissante_a81187.html.

Sfali, Adam, « Après le discours du Roi à Riyad, la Chine propose un accord de libre-échange au Maroc », *Lemag.ma*, 23 avril 2016, URL : http://www.lemag.ma/

Apres-le-discours-du-Roi-a-Riyad-la-Chine-propose-un-accord-de-libre-echange
-au-Maroc_a98709.html.

Silmani, Leïla, « Un ambassadeur pas comme les autres », *Jeune Afrique*, 3 mai 2010,
URL : http://www.jeuneafrique.com/197123/politique/un-ambassadeur-pas-comme
-les-autres/.

Soudan, François, « Mohammed VI, African King », *Jeune Afrique*, 15 juin 2015, URL :
http://www.jeuneafrique.com/mag/235744/politique/mohamed-vi-african-king/.

Thiam, Adam, « Tournée africaine de Mohammed VI : Majesté, ce peuple vous attend ! »,
maliweb, 22 mai 2015, URL : http://www.maliweb.net/economie/cooperation/
tournee-africaine-de-mohammed-vi-majeste-ce-peuple-vous-attend-979012.html.

Thiam, Bachir, « Caravane de l'export : Ratés diplomatiques ? », *L'Économiste*, 5 juin
2012, URL : http://www.leconomiste.com/article/895148-caravane-de-l-export-rat-s
-diplomatiquesde-notre-envoy-sp-cial-libreville-bachir-thia.

Thiam, El Hadji Abdoulaye, « Mohammed Chraibi, consul honoraire du Sénégal
au Maroc : « Le Sénégal a la chance d'avoir un homme de dossiers » », Lesoleil.sn,
2 avril 2012, URL : http://www.lesoleil.sn/index.php?option=com_content&view
=article&id=13852%3Amohammed-chraibi-consul-honoraire-du-senegal-au-maroc
--l-le-senegal-a-la-chance-davoir-un-homme-de-dossiers-r&catid=70%3Apoli
tique-nationale&Itemid=57.

• • •

« 500 imams maliens bientôt formés au Maroc », *Jeune Afrique*, 12 novembre 2013,
URL : http://www.jeuneafrique.com/Article/ARTJAWEB20131112102010/.

« 75.000 femmes offrent un cadeau inattendu au roi Mohammed VI », *H24info*, 19 juin
2015, URL : http://www.h24info.ma/maroc/le-cadeau-inattendu-de-75000-femmes
-au-roi-mohammed-vi-video/33995.

« Accueil populaire pour le Roi Mohammed VI à Abidjan », *Connectionivoirienne*,
31 mai 2015, URL : http://www.connectionivoirienne.net/110619/cote-divoire-accueil
-populaire-pour-le-roi-mohammed-vi-a-abidjan.

« Adoption du rapport Tannock : L'entrisme acharné des adversaires mis en échec »,
MAP Maroc.ma, 23 octobre 2013, URL : http://www.maroc.ma/fr/actualites/adoption
-du-rapport-tannock-lentrisme-acharne-des-adversaires-mis-en-echec.

« Affaire Georges Ouégnin humilié : Mohamed VI a plutôt honoré l'ancien Chef
du Protocole d'État », *Abidjan.net*, 22 mars 2013, URL : http://news.abidjan
.net/h/454889.html.

« Affaire Hezbollah : vers une empoignade entre l'Algérie et les monarchies du Golfe
à la Ligue arabe », *Al Huffington Post*, 4 juillet 2016, URL : http://www.huffpostma
ghreb.com/mohamed-saadoune/affaire-hezbollah--vers-une-empoignade-entre
-lalgerie-et-les-monarchies-du-golfe-a-la-ligue-arabe_b_9416048.html.

« Affaire Karim Wade : Mohamed VI, négociateur de l'ombre ? », *Dakaractu.com*, 15 mars 2013, URL : http://www.dakaractu.com/Affaire-Karim-Wade-Mohamed-VI -negociateur-de-l-ombre_a40682.html.

« Altercation entre l'ambassadeur algérien et Marocain à l'ONU » (sic.), *Algérie Focus*, 24 février 2013, URL : http://www.algerie-focus.com/2013/02/altercation-entre -lambassadeur-algerien-et-marocain-a-lonu/.

« Amrani s'entretient avec le ministre ivoirien de l'industrie », *Maroc.ma*, 22 mai 2013, URL : http://www.maroc.ma/fr/actualites/amrani-sentretient-avec-le-ministre -ivoirien-de-lindustrie.

« Attijariwafa Bank, 4e banque en Afrique, selon « The Economist » », *Financial Afrik*, 22 juillet 2016, URL : http://www.financialafrik.com/2016/07/22/attijariwafa -bank-4e-banque-en-afrique-selon-the-economist/.

« Aux yeux des Américains, l'Algérie est plus importante qu'elle ne le pense – Francis Ghiles sur Radio M (audio) », *Maghreb Émergent*, 1 avril 2014, URL : http://www.ma ghrebemergent.com/actualite/maghrebine/36188-aux-yeux-des-americains-l-alger ie-est-plus-importante-qu-elle-ne-le-pense-francis-ghiles-sur-radio-m-audio.html.

« Ce que signifie la vague de nomination d'ambassadeurs pour la diplomatie maro-caine », *Al Huffington Post*, 7 février 2016, URL : http://www.huffpostmaghreb. com/2016/02/07/nomination-ambassadeurs-m_n_9180500.html.

« Chronologie des accords et conventions liant le Maroc et la Côte d'Ivoire », *Abidjan. net*, 19 mars 2013, URL : http://news.abidjan.net/h/454618.html.

« Comment le Mossad a aidé le Maroc à tuer Ben Barka », *Courrier international*, 26 mars 2015, URL : http://www.courrierinternational.com/article/renseignement -comment-le-mossad-aide-le-maroc-tuer-ben-barka.

« Coopération : le roi du Maroc accrédite son ambassadeur auprès de la CEEAC », *Adiac Congo*, 17 février 2014, URL : http://adiac-congo.com/content/cooperation-le -roi-du-maroc-accredite-son-ambassadeur-aupres-de-la-ceeac-8289.

« Dakhla 2016 : a la Coopération Sud-Sud au cœur du débat », *Guinée Matin – Les Nouvelles de la Guinée profonde*, 17 février 2016, URL : http://guineematin.com/ actualites/dakhla-2016-lafrique-et-la-cooperation-sud-sud-au-coeur-du-debat/.

« Damen livre une seconde frégate marocaine du type SIGMA », *MerEtMarine.com*, 13 février 2012.

« Dans la voie du développement et du progrès », *Le Monde diplomatique*, 1 mars 1970, URL : http://www.monde-diplomatique.fr/1970/03/A/29529.

« Diplomatie : Le Parlement africain mène une guerre contre le Maroc », *le360.ma*, 19 octobre 2015, URL : http://www.le360.ma/fr/politique/diplomatie-le-parlement -africain-mene-une-guerre-contre-le-maroc-54739.

« Dossier. Mohammed VI, l'Africain », www.le360.ma, 2015, URL : http://www.le360 .ma/fr/dossier/dossier-mohammed-vi-lafricain-40651.

« En Guinée-Bissau, un jour chômé pour la visite de Mohammed VI », *Telquel.ma*, 28 mai 2015, URL : http://telquel.ma/2015/05/28/jeudi-28-mai-chome-en-guinee-bissau-en-raison-visite-mohammed-vi_1449245.

« Fès fait sa promotion au Cameroun », *L'Économiste*, 24 mai 2006, URL : http://www.leconomiste.com/article/fes-fait-sa-promotion-au-cameroun.

« Forum de partenariat Maroc-France à Paris », *MAP – Maroc.ma*, 20 mai 2015, URL : http://www.maroc.ma/fr/actualites/forum-de-partenariat-maroc-france-paris.

« Hommage au Maroc pour la libération de l'Angola », *La Nouvelle Tribune*, 10 septembre 2012, URL : http://lnt.ma/hommage-au-maroc-pour-la-liberation-de-langola/.

« IDE marocains en Afrique 41 milliards de DH investis en cinq ans », *L'Économiste*, 27 mars 2014, URL : http://leconomiste.com/article/927811-ide-marocains-en-afrique41-milliards-de-dh-investis-en-cinq-ans.

« La BAD et l'Algérie redéfinissent les bases d'un partenariat renforcé », *Groupe de la Banque Africaine de Développement*, 21 avril 2016, URL : http://www.afdb.org/fr/news-and-events/article/afdb-and-algeria-redefine-the-foundations-for-strengthened-partnership-15621/.

« L'africanité du Maroc ne s'est jamais démentie », *Afrique7*, 19 septembre 2013, URL : http://www.afrique7.com/politique/7815-lafricanite-du-maroc-ne-sest-jamais-dementie.html.

« L'Algérie se sert de l'arme des psychotropes pour nuire au Maroc », *LeMatin.ma*, août 2014, URL : http://lematin.ma/express/2014/contrebande_l-algerie-se-sert-de-l-arme-des-psychotropes-pour-nuire-au-maroc/207415.html.

« L'Arabie Saoudite facilite la réconciliation entre le Maroc et la Mauritanie », *Yabiladi.com*, 8 avril 2016, URL : http://www.actu-maroc.com/larabie-saoudite-facilite-la-reconciliation-entre-le-maroc-et-la-mauritanie/.

« La Russie salue les efforts du Maroc pour le règlement du conflit du Sahara », *CORCAS*, 2 mars 2007, URL : http://www.corcas.com/Sahara-Occidental/La-Russie-salue-les-efforts-du-Maroc-pour-le-r%C3%A8glement-du-conflit-du-Sahara--738-1483-958.aspx.

« La Tanzanie se dirige vers le retrait de reconnaissance de la chimérique « RASD » | », *le360.ma*, 7 avril 2015, URL : http://fr.le360.ma/politique/la-tanzanie-se-dirige-vers-le-retrait-de-reconnaissance-de-la-chimerique-rasd-36715.

« La Zambie retire sa reconnaissance à la pseudo « rasd » », *Maghress*, 4 avril 2011, URL : http://www.maghress.com/fr/eljadida24fr/1305.

« Le climat des affaires favorise les IDE au Maroc », *L'Économiste*, 25 juin 2015, URL : http://www.leconomiste.com/article/973365-le-climat-des-affaires-favorise-les-ide-au-maroc.

« Le « co-développement », « pierre angulaire » de la diplomatie de Sa Majesté le Roi vis-à-vis de l'Afrique (The National Interest) », *MAP Express*, 30 avril 2014, URL :

http://www.mapexpress.ma/actualite/opinions-et-debats/le-co-developpement
-pierre-angulaire-de-la-diplomatie-de-sa-majeste-le-roi-vis-a-vis-de-lafrique-the
-national-interest/.

« Le congrès réitère l'appui des USA au plan d'autonomie marocain pour le Sahara |
Plan Autonomie », URL : http://plan-autonomie.com/5265-le-congres-reitere-lapp
ui-des-usa-au-plan-dautonomie-marocain-pour-le-sahara.html.

« Le discours provocateur de Bouteflika déclenche une tension dans les relations
maroco-algériennes », MAP Maroc.ma, 31 octobre 2013, URL : http://www.maroc
.ma/fr/actualites/le-discours-provocateur-de-bouteflika-declenche-une-tension
-dans-les-relations-maroco.

« Le fait religieux, un incontournable de la diplomatie française », SaphirNews.com,
8 novembre 2013, URL : http://www.saphirnews.com/Le-fait-religieux-un-inco
ntournable-de-la-diplomatie-francaise_a17874.html.

« Le Maroc aura son agence d'expertise », L'Économiste, 15 juin 2015, URL : http://www.
leconomiste.com/article/972830-le-maroc-aura-son-agence-d-expertise.

« Le Maroc consacre 175 millions de dirhams pour les loyers des ambassades et
consulats », Bladi.net, 7 novembre 2015, URL : http://www.bladi.net/maroc-loyers
-ambassades-consulats,43475.html.

« Le Maroc décide le rappel en consultation de l'ambassadeur de Sa Majesté le
Roi à Alger », MAP Maroc.ma, 30 octobre 2013, URL : http://www.maroc.ma/fr/
actualites/le-maroc-decide-le-rappel-en-consultation-de-lambassadeur-de-sa
-majeste-le-roi-alger.

« Le Maroc se félicite du retour du Mali au sein de la famille francophone », Maroc.ma,
8 novembre 2013, URL : http://www.maroc.ma/fr/actualites/le-maroc-se-felicite-du
-retour-du-mali-au-sein-de-la-famille-francophone.

« Le roi Mohammed VI attendu dimanche en Côte d'Ivoire », Connectionivoirienne,
22 février 2014, URL : http://www.connectionivoirienne.net/96674/le-roi-mohammed
-vi-attendu-dimanche-en-cote-divoire.

« Les Marocains du monde, un soft power au service du Maroc », Challenge,
20 février 2015, URL : http://www.ccme.org.ma/fr/medias-et-migration/41285.

« Les ministres de souveraineté », Aujourdhui le Maroc, 20 août 2002, URL : http://www
.aujourdhui.ma/une/focus/les-ministres-de-souverainete-21610#.VnAvNcroGRt.

« Le « Soft Power », nouvelle arme de la diplomatie marocaine ? », L'opinion.ma,
8 octobre 2014, URL : http://www.lopinion.ma/def.asp?codelangue=23&id_info
=41235.

« Les premières images de corvettes chinoises destinées à l'Algérie », Médias24.com,
25 août 2014.

« Maroc-Afrique de l'Ouest : Trop peu de lignes maritimes ? », Africa News Agency,
19 mars 2015, URL : http://www.africanewsagency.fr/?p=1738.

« Marocains du monde : Mohammed VI veut « des consulats exemplaires » », *Bladi.net*, 16 août 2015, URL : http://www.bladi.net/marocains-monde-mohammed-6,42786. html.

« Maroc-Cameroun : Main dans la main », *Journal Du Cameroun*, 8 août 2013, URL : http://www.journalducameroun.com/article.php?aid=15104.

« Maroc : Fassi Fihri, le retour », *JeuneAfrique.com*, 3 mai 2013, URL : http://www.jeu neafrique.com/137551/politique/maroc-fassi-fihri-le-retour/.

« Maroc-France : Ces interventions militaires communes », *L'Économiste, n° 46211*, 18 septembre 2015, URL : http://www.leconomiste.com/article/977383-maroc-france -ces-interventions-militaires-communes.

« Maroc : Nomination de 31 nouveaux consuls », *Bladi.net*, 19 octobre 2015, URL : http:// www.bladi.net/maroc-nouveaux-consuls,43345.html.

« Maroc/Nigéria : La normalisation des relations pas prête d'avoir lieu », *Yabiladi.com*, 1 juin 2015, URL : http://www.yabiladi.com/articles/details/36246/maroc-nigeria -normalisation-relations-prete.html.

« Maroc/Sénégal : Une parfaite identité de vues et une volonté commune de promou-voir une coopération bilatérale aussi fructueuse que diversifiée », *MAP Express*, 31 juillet 2013, URL : http://www.mapexpress.ma/actualite/opinions-et-debats/ marocsenegal-une-parfaite-identite-de-vues-et-une-volonte-commune-de-pro mouvoir-une-cooperation-bilaterale-aussi-fructueuse-que-diversifiee/.

« Mbarka Bouaida, ministre déléguée auprès du ministre des Affaires étrangères et de la Coopération », *Jeune Afrique*, 5 avril 2015, URL : http://www.jeuneafrique .com/228943/politique/mbarka-bouaida-ministre-d-l-gu-e-aupr-s-du-ministre-des -affaires-trang-res-et-de-la-coop-ration/.

« Mise en garde contre la collusion polisario-Aqmi-Mujao », *lematin.ma*, 13 mai 2014, URL : http://www.lematin.ma/journal/-/202122.html.

« Mitterrand et l'Afrique : une relation marquée par le discours de La Baule », *RFI Afrique*, 8 janvier 2016, URL : http://www.rfi.fr/afrique/20160108-mitterrand-afrique -discours-baule-democratie.

« Mme Bouaida s'entretient avec le président de la CEDEAO », *MAP Maroc.ma*, 22 avril 2014, URL : http://www.maroc.ma/fr/actualites/mme-bouaida-sentretient -avec-le-president-de-la-cedeao.

« Mohamed VI mercredi en Guinée-Bissau, une première pour un roi marocain », *Telquel.ma*, 25 mai 2015, URL : http://telquel.ma/2015/05/25/mohamed-vi-mercredi -en-guinee-bissau-premiere-roi-marocain_1448562.

« Mohammed VI joue la carte Poutine », *Le Desk*, 14 mars 2016, URL : https://ledesk.ma/ grandangle/mohammed-vi-joue-la-carte-poutine/.

« Mohammed VI l'Africain », *Aujourd'hui le Maroc*, 23 septembre 2013, URL : http:// aujourdhui.ma/focus/mohammed-vi-l-africain-105111.

« Nelson Mandela et le Maroc : une longue histoire d'amitié et de fidélité », *Medias24*, 6 décembre 2013, URL : http://www.medias24.com/POLITIQUE/7075-Nelson-Man dela-et-le-Maroc-une-longue-histoire-d-amitie-et-de-fidelite.html.

« OAU considers Morocco readmission », *BBC News*, 8 juillet 2001, URL : http://news .bbc.co.uk/2/hi/africa/1428796.stm.

« Ouverture à Madrid du 1er séminaire sur l'Initiative maroco-espagnole pour la médiation en Méditerranée », *Atlasinfo.fr* 11 février 2013, URL : http://www.atlasinfo.fr/ Ouverture-a-Madrid-du-1er-seminaire-sur-l-Initiative-maroco-espagnole-pour-la -mediation-en-Mediterranee_a39182.html.

« Rapport mondial sur la compétitivité 2015-2016 : le classement des pays africains », *Agence Ecofin*, 3 septembre 2014, URL : http://www.agenceecofin.com/ gestion-publique/3009-32742-rapport-mondial-sur-la-competitivite-2015-2016 -le-classement-des-pays-africains.

4   Sources primaires

4.1   *Rapports et documents officiels*

Berthélemy, Jean-Claude, Salmon, Jean-Michel, Söderling, Ludvig et Solignac Lecomte, Henri-Bernard, *Emerging Africa*, Paris, OECD, 2002, 232 p.

Chaturvedi, Sachin, « Le dynamisme croissant de la coopération Sud-Sud », dans *Coopération pour le développement 2014 : Mobiliser les ressources au service du développement durable*, Éditions OCDE., Paris, 2015.

Huntginger, J., « Les relations économiques entre la France et le Maroc », Paris, *Avis et Rapports du Conseil Économique et Social*, 21 mai 1987, n° 10, pp. 1-25.

Lalumière, Catherine, *L'évolution de la situation au Sahara Occidental*, Bruxelles, Parlement Européen – Délégation Ad Hoc au Sahara Occidental, 2002.

Lambert, Alain, *Rapport du Sénat sur la proposition de loi organique relative aux lois de finances*, Paris, Sénat, 2000.

Larbi, George A., *The New Public Management and Crisis States*, Genève, United Nation Research Institute for Social Development, 1999, 65 p.

Lorgeoux, Jeanny et Bockel Jean-Marie, *L'Afrique est notre avenir*, Paris, Sénat – Commission des Affaires étrangères, de la Défense et des Forces Armées, 2013, 501 p.

Rhee, H., « South-South Cooperation », Séoul, *KOICA (Korean International Cooperation Agency) – Working paper*, 2010.

Roatta, Jean, *Rapport sur le projet de loi (n° 3276) autorisant l'approbation de l'accord entre le Gouvernement de la République française et le Gouvernement du Royaume du Maroc relatif au statut de leurs forces*, Paris, Assemblée Nationale, 2007.

Tenzer, Nicolas, *L'expertise internationale au cœur de la diplomatie et de la coopération du XXIe siècle. Instruments pour une stratégie française de puissance et d'influence*, Rapport, Paris, Ministère des affaires étrangères et européennes, 2008, 430 p.

Vergne, Clémence, « Le modèle de croissance marocain : opportunités et vulnérabilités », *Agence Française de Développement*, juin 2014, n° 14, Macroéconomie &
développement.

Zeleza, Paul Tiyambe, *Manufacturing African Studies and Crises*, Dakar, Codesria, 1997,
632 p.

• • •

*Background Study for the development cooperation forum. Trends in South-South and
triangular development cooperation*, New York, ECOSOC, Nations Unies, 2008, 63 p.

Charte des valeurs du diplomate marocain, Rabat, Ministère des Affaires étrangères et
de la Coopération, 2011, 20 p.

*Cinquentenaire de l'Indépendance du Royaume du Maroc – 50 ans de développement
humain – perspectives 2025*, Document de synthèse du rapport général, Ambassade
du Maroc en France, janvier 2006, 46 p.

*Examen des rapports de l'Administrateur du Programme des Nations Unies pour le dé-
veloppement*, New York, Comité de haut niveau pour la coopération Sud-Sud des
Nations Unies, 2012, 17 p.

Guide du diplomate marocain, Rabat, Ministère des Affaires étrangères et de la
Coopération, mai 2009, 202 p.

*La définition du concept de la sécurité humaine continue de diviser les États Membres à
l'Assemblée générale*, Assemblée Générale de l'ONU, Document non officiel à l'attention des organes d'information, Soixante-quatrième session, 89e plénière – matin
2010.

L'Afrique Priorité partagée du Royaume du Maroc et de l'ONU, Document d'analyse,
Ministère des Affaires étrangères et de la coopération, Date non précisée, 69 p.

*La problématique de la migration dans les politiques et stratégies de développement en
Afrique du Nord* [Rapport], Rabat, Nations Unies Commission économique pour
l'Afrique Bureau pour l'Afrique du Nord (UNECA), 2014, 97 p.

*La sécurité humaine en Afrique de l'Ouest : Défis, synergies et actions pour un agenda
régional*, Lomé, Togo, Club du Sahel et de l'Afrique de l'Ouest / OCDE, 2006, 56 p.

*La sécurité humaine en théorie et en pratique. Application du Concept de Sécurité Humaine
et Fonds des Nations Unies pour la Sécurité Humaine*, Bureau de la Coordination des
Affaires Humanitaires de l'ONU, 2009, 86 p.

Loi des Finances 2015, Rapport, Rabat, Ministère de l'Économie et des Finances,
Direction des Études et des Prévisions Financières, 2015, 187 p.

Open Government in Morocco, OECD Public Governance Reviews, OECD Publishing,
2015, 269 p.

*Plan-cadre contenant des directives opérationnelles sur l'appui des Nations Unies à la
coopération Sud-Sud et à la coopération triangulaire*, New York, Organisation des
Nations Unies – Comité de haut niveau pour la coopération Sud-Sud, 2012, 33 p.

Point sur les relations du Maroc avec les pays de l'Afrique Subsaharienne, Rapport, Rabat, Ministère de l'Économie et des Finances, Direction des Études et des Prévisions Financières, 2008, 15 p.

Projet de Loi de Finances pour l'année budgétaire 2015, Rapport, Rabat, Ministère de l'Économie et des Finances, Direction des Études et des Prévisions Financières, 2015, 141 p.

Rapport Annuel, Rapport, Rabat, Conseil Économique Social et Environnemental, 2013, 121 p.

Rapport au Parlement 2014 sur les exportations d'armement de la France, Paris, Ministère de la Défense, 2014, 107 p.

Rapport du Comité de haut niveau pour la coopération Sud-Sud, Synthèse, Assemblée générale des Nations Unies, 2007, 4 p.

Rapport sur le budget genre, Rapport, Rabat, Ministère de l'Économie et des Finances, 2014, 199 p.

Relations Maroc-Afrique : l'ambition d'une « nouvelle frontière », Rapport, Rabat, Ministère de l'Économie et des Finance, Direction des Études et des Prévisions Financières, 2014, 29 p.

Where is The Wealth Of Nations? Measuring Capital for the 21st Century, Rapport, Washington, Banque mondiale, 2006, 208 p.

4.1.1   Documents de travail, comptes rendus de réunions, résolutions, décrets

« Arrêté du 27 juin 2012 relatif à la liste des matériels de guerre et matériels assimilés soumis à une autorisation préalable d'exportation et des produits liés à la défense soumis à une autorisation préalable de transfert », www.legifrance.gouv.fr, 19 mai 2014.

« Chronologie des conventions et accords de coopération signés entre le Maroc et le Gabon », *Ministère des Affaires étrangères et de la Coopération*, MAP, 5 mars 2014.

« Communiqué de presse à l'occasion de l'annonce de l'acte constitutif de la Fondation Mohammed VI des Oulémas Africains », *Ministère des Habous et des Affaires Islamiques*, 13 juillet 2015.

« Consécration du Ministère des Affaires étrangères et de la Coopération lors du séminaire d'appropriation de la nouvelle LOF », Paris, *Ministère des Affaires étrangères et de la Coopération*, 21 octobre 2015.

« Constitution du Royaume du Maroc », Royaume du Maroc, 2011.

« Convention d'établissement entre le Gouvernement de la République du Sénégal et le Gouvernement du Royaume du Maroc », *Portail du Ministère marocain de la justice*, 22 décembre 1965.

« Coopération douanière avec le Maroc », *Portail de la République Togolaise*, 18 mars 2016.

« Coopération Maroc / Pays de l'Union européenne au profit des pays de l'Afrique », *Portail du Ministère marocain des Affaires étrangères et de la Coopération.*

« Coopération Tripartite », Deutsche Gesellschaft für Internationale Zusammenarbeit (GIZ) GmbH, décembre 2013. https://www.giz.de/en/downloads/giz2014_fr_coope ration_tripartite_Maroc.pdf.

« Déclaration de Marrakech à l'occasion du forum des médias sur le continent africain », *Maroc.ma*, 17 décembre 2015.

« Déclaration de Marrakech sur la coopération Sud-Sud », *Groupe des 77 aux Nations Unies, Assemblée générale*, 19 janvier 2004, 14 p.

« Déclaration de Paris sur l'efficacité de l'aide au développement et programme d'action d'Accra », *OCDE*, 2005/2008, 26 p.

« Décret relatif aux attributions du ministre des affaires étrangères et de la coopération et à l'organisation du ministère des affaires étrangères et de la coopération », *Ministère de la Fonction publique et de la Modernisation de l'Administration, Décret* n° 2-13-253 du 11 chaabane 1434 (20 juin 2013).

« Dossier de presse – Séminaire des Ambassadeurs de Sa Majesté le Roi accrédités en Afrique », Rabat, *Ministère des Affaires étrangères et de la Coopération*, Direction de la diplomatie publique et des acteurs non-étatiques, août 2012.

« Dossier de presse : Séminaire des Ambassadeurs marocains en Afrique. Diplomatie marocaine en Afrique : une approche renouvelée au service d'une priorité stratégique », Rabat, *Ministère des Affaires étrangères et de la coopération*, 2012 15 p.

« Exposé sur le projet de budget sectoriel du Ministère des Affaires étrangères et de la Coopération », Paris, *Ministère des Affaires étrangères et de la Coopération*, 5 novembre 2015.

« Indice d'ouverture sur les visas en Afrique », *Banque africaine de développement* (en ligne), http://www.afdb.org/fr/topics-and-sectors/initiatives-partnerships/ africa-visa-openness-index/.

« Journée internationale de la femme : La femme diplomate à l'honneur », *Ministère des Affaires étrangères et de la Coopération*, 8 mars 2012.

« Lancement de la mission « marque France » », *Portail du Ministère français de l'Économie et des Finances*, 30 janvier 2013.

« Le Maroc et la Coopération Sud-Sud / Pays les moins avancés (PMA) », Rabat, *Ministère des Affaires étrangères et de la Coopération*, 2 p.

« Le Maroc et la Coopération Tripartite », *Portail du Ministère marocain des Affaires étrangères et de la Coopération.*

« Les IDE au Maroc en 2013 », *Ambassade de France au Maroc, Service Économique Régional*, juin 2014.

Loi n° 40/1975, *Boletin Oficial*, n° 278, Madrid, 20 novembre 1975.

« Maroc, pays solidaire : coopération Sud-Sud », *Portail du Ministère marocain des Affaires étrangères et de la Coopération* (en ligne) : https://www.diplomatie.ma/ Portals/12/-%20-%20Cooperation%20Sud.pdf.

« Motion au nom de 28 pays en vue de la suspension prochaine de la fantomatique RASD des activités de l'Union africaine », texte intégral de la motion publié par *Le Matin.ma*, 18 juillet 2016.

« Note au Ministre des Affaires étrangères et de la Coopération », *Direction des Affaires américaines, MAEC*, 2 octobre 2014.

« Performance commerciale du Maroc sur le marché de l'Afrique subsaharienne », Ministère de l'Économie et des Finances, dans Abdelhak Azzouzi (dir.), *Annuaire marocain de la stratégie et des relations internationales*, Centre marocain interdisciplinaire des études stratégiques et internationales, Rabat, L'Harmattan, 2012.

« Politique étrangère : Organisations sous-régionales », *Portail du Ministère des Affaires étrangères et de la coopération*.

« Réflexion sur la stratégie du Maroc à l'égard de l'Afrique », Rabat, *Ministère marocain des Affaires étrangères*, Document diplomatique diffusé par *Chris Coleman*, 22 avril 2013, http://www.arso.org/Coleman/renouveau_de_la_pol_afr_du_Maroc.pdf.

« Relations bilatérales : Congo », *Portail du Ministère des Affaires étrangères et de la Coopération*.

« Relations bilatérales : Sénégal », *Portail du Ministère des Affaires étrangères et de la Coopération*.

« Résolution adoptée par l'assemblée générale 58/220. Coopération économique et technique entre pays en développement », *Assemblée générale des Nations Unies*, 2004.

« SM le Roi, Amir Al-Mouminine, préside à Casablanca la cérémonie d'annonce de la création de la Fondation Mohammed VI des Oulémas africains », *Maroc.ma*, 13 juillet 2015.

« Visite du Roi Mohammed VI en Côte d'Ivoire », *Portail du Ministère des Affaires étrangères et de la Coopération*, 2014, 21 p.

« Visite officielle de SM le Roi en Guinée-Conakry », *Portail du Ministère des Affaires étrangères et de la Coopération*, 2014, 49 p.

« Visite officielle de SM le Roi au Sénégal », *Maroc.ma*, 2015.

4.2   *Discours et ouvrages d'officiels*

4.2.1   Publications de personnalités officielles

Alaoui, Mohammed Ben El Hassan, *La coopération entre l'Union européenne et les pays du Maghreb* (ouvrage tiré de la thèse de Mohammed VI) Paris, Nathan, 1994, 237 p.

Basri, Driss, *Le Maroc des potentialités : génie d'un roi et d'un peuple*, Royaume du Maroc, Ministère de l'information, 1989, 318 p.

Hassan II, *Le défi*, Paris, France, A. Michel, 1976, 284 p.

Hassan II, « Assumer son destin », *Le Monde diplomatique*, 1 mars 1970.

Hassan II et Laurent Éric, *La mémoire d'un roi : entretiens avec Eric Laurent*, Paris, France, Plon, 1993, 304 p.

Robert, Maurice et Renault André, *Maurice Robert « Ministre » de l'Afrique. Entretiens avec André Renault*, Paris, Seuil, 2004, 410 p.

4.2.2   Discours, déclarations, et entretiens publiés

« Déclaration du Président Alassane Ouattara au retour du Maroc » [Vidéo], Chaîne RTI, 2015. URL : https://www.youtube.com/watch?v=AuV8ShQOjkw.

« Discours de François Mitterrand à La Baule », juin 1990.

« Discours du Président de la République Jacques Chirac à l'occasion du dîner d'État offert en l'honneur de Sa Majesté Hassan II, Roi du Maroc », 7 mai 1996.

Discours et interviews de S.M. le roi Hassan II Tome VI, [*1978-1980*], Rabat, Ministère de l'information, 1990, 574 p.

« Entretien avec Alpha Condé, Président de la République de Guinée », *Le Matin.ma*, 3 mai 2014.

« Entretien de M. Laurent Fabius, ministre des affaires étrangères et du développement international, avec la radio marocaine « Medi1 » », *diplomatie.gouv.fr*, 10 mars 2015.

« Intervention du Président Bouteflika lors du Diner-débat des parties prenantes au NEPAD », *El Mouradia – Présidence de la République*, 22 octobre 2004.

« Intervention du président de la République devant la communauté française au Lycée Lyautey de Casablanca », *Portail de la Présidence de la République française*, 5 avril 2013.

« Mezouar annonce un large mouvement dans le corps consulaire concernant environ 70 % des consulats », Vidéo, *Medi1TV*, 6 août 2015.

● ● ●

N.B. : les discours de Mohammed VI ci-dessous sont classés par date.

« Discours de SM le Roi Hassan II à l'occasion de la fête de la jeunesse », *Maroc Hebdo*, 11 juillet 1998.

« 1er Discours du Trône de Sa Majesté le Roi Mohammed VI », *Maroc.ma*, 30 juillet 1999.

« L'allocution de S.M. le Roi Mohammed VI lors du dîner officiel offert en l'honneur du Président Jacques Chirac », *Maroc.ma*, 20 mars 2000.

« Discours de S.M le Roi Mohammed VI à l'occasion du premier anniversaire de l'Intronisation du Souverain », *Maroc.ma*, 30 juillet 2000.

« Message royal aux participants au colloque organisé à Rabat à l'occasion de la célébration de la Journée Nationale de la Diplomatie Marocaine », *Maroc.ma*, 28 avril 2000.

« Allocution de S.M. le Roi Mohammed VI lors du 21ème Sommet des chefs d'État et de gouvernement d'Afrique et de France », *Maroc.ma*, 17 janvier 2001.

« Interview accordée par Sa Majesté le Roi Mohammed VI au quotidien français « Le Figaro » », *Maroc.ma*, 4 septembre 2001.

« Message de SM le Roi, Amir Al Mouminine, aux participants à la réunion inter-confessionnelle de Bruxelles sur « La paix de Dieu dans le monde » » », *Maroc.ma*, 18 décembre 2001.

« Discours de S.M le Roi Mohammed VI à l'occasion du 49ème anniversaire de la Révolution du Roi et du Peuple », *Maroc.ma*, 20 août 2002.

« Discours de SM le Roi Mohammed VI à la rencontre consultative des dirigeants des pays islamiques », *Maroc.ma*, 26 février 2003.

« Discours royal à l'occasion du 4ème anniversaire de la Fête du Trône », *Maroc.ma*, 30 juillet 2003.

« Discours de SM le Roi Mohammed VI au sommet arabe de Tunis », *Maroc.ma*, 29 mars 2004.

« Discours royal relatif à la restructuration du champ religieux au Maroc », *Ministère des Habous et des Affaires Islamiques*, 20 avril 2004.

« Discours de SM le Roi à l'occasion de la Fête du Trône », *Maroc.ma*, 30 juillet 2004.

« SM le Roi Mohammed VI, Amir Al Mouminine, adresse un message aux participants à la première édition des rencontres nationales Sidi Chiker des adeptes du sou-fisme », *Maroc.ma*, 10 septembre 2004.

« Discours de S.M. le Roi Mohammed VI à l'occasion du 5e anniversaire de la Fête du Trône », *Maroc.ma*, 30 juillet 2005.

« Discours de S.M. le Roi aux participants de la réunion de l'assemblée générale de l'ONU », *Maroc.ma*, 14 septembre 2005.

« Message de Sa Majesté le Roi Mohammed VI adressé au Sommet de l'ONU du millé-naire », *Maroc.ma*, 2 juillet 2006.

« Message de SM le Roi au XIème Sommet des chefs d'État et de gouvernement de la Francophonie », *Maroc.ma*, août 2006.

« SM le Roi Mohammed VI adresse un message aux participants à la première confé-rence africaine sur le développement humain », *Maroc.ma*, 6 avril 2007.

« Discours de S.M le Roi Mohammed VI à l'occasion du 9e anniversaire de la fête du trône », *Maroc.ma*, 30 juillet 2008.

« Discours de SM le Roi à la Nation à l'occasion du 34ème anniversaire de la Marche Verte », *MAP*, 6 novembre 2009.

« Discours de SM le Roi à la Nation à l'occasion du 11e anniversaire de la fête du Trône », *Maroc.ma*, 30 juillet 2010.

« Discours de SM le Roi à la Nation à l'occasion du 13e anniversaire de la Fête du Trône », *Maroc.ma*, 30 juillet 2012.

« Message Royal au Sommet de l'Élysée sur la paix et la sécurité en Afrique », *Maroc.ma*, 6 janvier 13.

« SM le Roi adresse un message au 42ème sommet ordinaire de la CEDEAO », *Maroc.ma*, 27 février 2013.

« Message de S.M. le Roi Mohammed VI à la conférence ministérielle Extraordinaire des PMA », *Maroc.ma*, 25 mars 2013.

« SM le Roi adresse un message de remerciements au président Ali Bongo au terme de Sa visite officielle au Gabon », *Maroc.ma*, 13 avril 2013.

« Message de SM le Roi Mohammed VI au 25ème Sommet Afrique-France », *Maroc.ma*, 31 mai 2010.

« Message du souverain à la 1ère conférence des Ambassadeurs de SM le Roi », *Maroc. ma*, 1 septembre 2013.

« Discours de SM le Roi à l'occasion du 38ème anniversaire de la Marche Verte », *Maroc. ma*, 6 novembre 2013.

« SM le Roi adresse un message de remerciements au président malien au terme de Sa visite officielle au Mali », *Maroc.ma*, 23 février 2014.

« Discours de SM le Roi au Forum économique maroco-ivoirien à Abidjan », *Maroc. ma*, 24 février 2014.

« Discours de SM le Roi adressé aux participants au 4ème sommet Afrique-Union européenne à Bruxelles », *Maroc.ma*, 3 avril 2014.

« Discours royal à l'occasion du 15ème anniversaire de la Fête du Trône », *Maroc.ma*, 30 juillet 2014.

« Discours de SM le Roi à l'occasion du 61ème anniversaire de la révolution du Roi et du peuple », *Maroc.ma*, 20 août 2014.

« Discours de SM le Roi adressé à la nation à l'occasion du 39ème anniversaire de la Marche Verte », *Maroc.ma*, 5 novembre 2014.

« Discours royal à l'occasion du 16ème anniversaire de la Fête du Trône », *Maroc.ma*, 30 juillet 2015.

« Texte intégral du Discours prononcé par SM le Roi devant le 3ème Sommet du Forum Inde-Afrique », *Maroc.ma*, 29 octobre 2015.

« Discours royal à l'occasion du 40ème anniversaire de la Marche Verte », *Maroc.ma*, 6 novembre 2015.

« Message de SM le Roi adressé aux participants au Forum Crans Montana de Dakhla », *Maroc.ma*, 18 mars 2016.

« Texte intégral du Message Royal à l'occasion du premier Concert de la Méditerranée », *Maroc.ma*, 9 juillet 2016.

« Discours de SM le Roi à la nation à l'occasion du 63ème anniversaire de la Révolution du Roi et du Peuple », *Maroc.ma*, 20 août 2016.

4.3   *Archives*

Documents diplomatiques français : 1956 Vol. II, Paris, Ministère des Affaires étrangères, Commission de publication des documents diplomatiques français, 1989, 697 p.

Documents diplomatiques français 1957. Tome I, 1er janvier-30 juin, Paris, Ministère des affaires étrangères, Commission de publication des documents diplomatiques français, 1990, 1008 p.

Documents diplomatiques français 1962, Tome I, 1ᵉʳ janvier-30 juin, Paris, Ministère des affaires étrangères, Commission de publication des documents diplomatiques français, 1998, 717 p.

4.4   *Entretiens*

Les entretiens avec les diplomates ont souhaité rester anonymes et ne sont pas mentionnés dans cette liste. Aussi, pour préserver la confidentialité des entretiens, aucun nom n'est mentionné dans l'étude.

5   Sitographie

Agence Japonaise de Coopération Internationale : www.jica.go.jp.

Agence Marocaine de Coopération Internationale : www.amci.ma.

Banque mondiale : www.banquemondiale.org ou www.worldbank.org.

Chaine de radio et télévision Mohammed VI : www.idaatmohammedassadiss.ma.

Chambre des représentants au Maroc : www.chambredesrepresentants.ma.

CIA, The World Factbook : https://www.cia.gov/library/publications/the-world-factbook.

Conférence Européenne de Support et de Solidarité avec le Peuple Sahraoui : www
    .eucocomadrid.org.

Conseil Consultatif pour les Affaires du Sahara : www.corcas.com.

Global Fire Power : www.globalfirepower.com.

Groupe des 77 aux Nations Unies : www.G77.org.

Instance Centrale de Prévention de la Corruption (Maroc) : www.icpc.ma.

Institut du Monde Arabe : www.imarabe.org.

Ministère algérien de la Défense nationale : www.mdn.dz.

Ministre délégué aux Affaires étrangères, Youssef Amrani : www.youssef-amrani.ma.

Ministère marocain de la Fonction publique et de la Modernisation de l'administration : www.mmsp.gov.ma.

Ministère marocain des Affaires étrangères et de la Coopération : www.diplomatie.ma.

Mission marocaine à Genève (ONU) : www.mission-maroc.ch.

Mission marocaine à Hawaï : www.morocco-in-hawaii.com.

Open Government Partnership : www.opengovpartnership.org.

Organisation des Nations Unies : www.un.org.

Organisation des Nations Unies pour l'Alimentation et l'Agriculture : www.fao.org.

Plan d'Autonomie marocain au Sahara occidental : plan-autonomie.com.

Portail officiel du Maroc : www.maroc.ma.

Présidence de la République algérienne : www.el-mouradia.dz.

Présidence de la République française : www.elysee.fr.

Réseau des Femmes du Fleuve Mano pour la Paix : www.marwopnet.org.

Index